本书系中国人民大学科学研究基金项目
"司法制度原理研究"的资助成果

张志铭——著

司法沉思录

北京大学出版社
PEKING UNIVERSITY PRESS

图书在版编目(CIP)数据

司法沉思录 / 张志铭著. —北京：北京大学出版社，2019.12
ISBN 978-7-301-30782-3

Ⅰ. ①司… Ⅱ. ①张… Ⅲ. ①司法制度—体制改革—研究—中国 Ⅳ. ①D926.04

中国版本图书馆 CIP 数据核字(2019)第 239946 号

书　　　名	司法沉思录 SIFA CHENSI LU
著作责任者	张志铭　著
责任编辑	杨玉洁　王欣彤
标准书号	ISBN 978-7-301-30782-3
出版发行	北京大学出版社
地　　　址	北京市海淀区成府路 205 号　100871
网　　　址	http://www.pup.cn　http://www.yandayuanzhao.com
电子信箱	yandayuanzhao@163.com
新浪微博	@北京大学出版社　@北大出版社燕大元照法律图书
电　　　话	邮购部 010-62752015　发行部 010-62750672　编辑部 010-62117788
印刷者	三河市北燕印装有限公司
经销者	新华书店
	650 毫米×980 毫米　16 开本　25.75 印张　449 千字 2019 年 12 月第 1 版　2019 年 12 月第 1 次印刷
定　　　价	59.00 元

未经许可，不得以任何方式复制或抄袭本书之部分或全部内容。
版权所有，侵权必究
举报电话：010-62752024　电子信箱：fd@pup.pku.edu.cn
图书如有印装质量问题，请与出版部联系，电话：010-62756370

序

连珠成串,结木成林。将自己二十多年间发表于不同媒介的关于司法和司法改革的篇目汇集于此,意义非同一般。在司法专题领域的观察和思考,是我的一种专业情怀,持续几十年,已然成为一种生活常态。如今经常被过誉为司法问题研究的专家,我想与这些文字有不可分的关系。

将内容广泛、数量众多的文章汇集成书,于我着实是一个很大的挑战,以致纠结徘徊许久,出版时间一再推延。其中涉及文章发表时间先后、内容新旧、篇幅长短、主题分类、时序事理等线索的胶着缠绕,最后结状成形如斯,个中理由,不一一絮叨,唯愿读者诸君明鉴。

本书取名《司法沉思录》,凸显了这些文章的一个最大特点,就是对司法和司法改革问题一种持续不断的观察和思考。司法和司法改革是当今中国法治国家建设事业的基本环节,投身其中,也是我个人的一种情怀,算不上什么了不得的抱负和担当。聊以自慰的是,在长期的学术实践中,由于坚持专业学者的定位,秉持恒定法理的分析立场,不逢迎应景,不凑合走笔,使得这些文字经得住时间的锈蚀,在诸多主题上已然显现了前瞻性。

本书隐含了我丰富的人生记忆。许多文章属于早年在《人民法院报》《法制日报》等所开"司法琐话""司法改革四人谈"专栏的文字,其背景痕迹留存于字里行间,不忍抹去。为此要特别感谢张娜女士、蒋安杰学妹、吴炎女士,感谢一同承接栏目写作任务的贺卫方教授、张卫平教授、陈卫东教授。涉及检察内容的文章,与我在国家检察官学院任职的经历不无关系,想来也另有一番滋味!

我本科、硕士就读于北京大学,能在北京大学出版社出书,是我的心愿和莫大的荣幸,而这一切,要衷心地感谢蒋浩先生,感谢责任编辑杨玉洁女士和王欣彤女士的辛勤付出!

本书出版得到李广德博士和我的其他几位年轻有为的学生的大力支持,一路走来,同道情谊,尤为可贵,念兹在兹!

最后,本书内容时间跨度近二十年,文中的一些数据已不能反映现在的实际情况,但为了保持自己一贯的研究路径与沿革,也为了体现这些文字的史料价值,本次汇集的文章基本保持原状。为了顾及全书主题及体例,应出版社编辑的要求,对个别文章标题作了调整,同时对文章发表后发现的编校错误作了校正,特此说明。

张志铭

2019年8月

目录

专题一　司法改革评议

1　推进以审判为中心的司法改革 / 003
2　中国司法改革的回顾和反思
　　——学者的角色和作用 / 006
3　司法改革感言
　　——回顾与展望 / 016
4　司法改革需要更宽阔的视野
　　——对最高人民法院五年改革纲要的一点评论 / 019
5　社会主义法治理念与司法改革 / 022
6　司法改革中的形变与神变 / 029
7　论司法改革中的主体适格问题
　　——以"先例判决制度"为例 / 033
8　司法改革中的健全思维
　　——追议"谁是司法改革的主体" / 037
9　法院如何进行"文化建设" / 041
10　检察权的性质及其正当性基础 / 044
11　简论"加强法律监督能力建设" / 047
12　对中国"检察一体化改革"的思考 / 051
13　逮捕权改由法院统一行使需要修宪 / 055

专题二　司法观念更新

1　对当下中国审判独立的认识 / 061
2　司法何以可信 / 073
3　感言司法权威 / 076
4　对一种流行司法观念的质疑 / 079
5　用效率阐释公正,追求有效率的司法公正 / 082
6　中国司法的功能形态:能动司法还是积极司法? / 085

专题三　司法职业化

1　法治社会中的法律职业 / 097
2　从"法官精英化"到"法官职业化" / 101
3　《法官法》与法官的职业化进程 / 105

专题四　司法考试制度

1　司法考试制度与依法治国 / 115
2　法律家的养成与统一司法考试 / 122
3　司法考试门槛的高与低 / 125

专题五　司法官培训、法律教育

1　对我国法官培训的两个角度的思考 / 131
2　检察官培训的目标定位 / 138
3　关于"取消法律本科专业" / 143

专题六　法律职业伦理建设

1　法律职业道德的意义 / 149
2　对法律职业道德的认知 / 153
3　国际检察官职业伦理的主要内容及其理论分析 / 156
4　对我国检察官职业伦理的初步认识 / 169

专题七 司法组织的合理构造

1. 论法院人员分类改革
   ——以法官职业化为指向 / 183
2. 关于审判委员会改革的思考 / 195
3. 关于"司法官短缺":缺编还是缺人 / 199
4. 也谈"延缓法官退休年龄" / 202
5. 围绕"从律师中选法官"的思考 / 205
6. 放言人民监督员制度 / 209
7. 检察权的合理配置 / 212

专题八 司法与传媒的关系

1. 传媒与司法的关系
   ——从制度原理分析 / 217
2. 司法审判与媒体报道的良性互动 / 231

专题九 司法责任制建设

1. 论裁判责任制改革 / 237
2. 对法院司法责任制改革的认识 / 248
3. 张扬职业理性,正确看待二审或再审改判 / 253
4. 关于"个案监督"的思考 / 255

专题十 司法程序改革

1. 司法过程的特性 / 261
2. 作为法律文化一部分的司法程序
   ——文化视角的启示 / 264
3. 审判方式改革再思考 / 270
4. "停访息诉"与制度理性 / 276
5. 信访的法律定位 / 279
6. 民事执行权的制度安排 / 283
7. 民事执行改革的几个理论问题 / 287

8 执行体制改革的想象空间 / 292

专题十一　证据与案件事实

   1 非法证据排除规则之于中国司法发展的意义 / 301
   2 解读"以事实为根据" / 311
   3 何谓法律真实？/ 315
   4 证成法律真实标准 / 319

专题十二　裁判文书说理

   1 司法判决的结构和风格
   　　——对域外实践的比较研究 / 325
   2 司法裁判文书的说理性 / 340
   3 "法官后语"与"情法交融" / 344
   4 如何看待"公开合议庭不同意见" / 348

专题十三　司法判例制度的法理

   1 司法判例和司法判例制度的法理解析 / 355
   2 司法判例作用的自然生发原理 / 360
   3 司法判例约束力的法源性质 / 363
   4 司法判例与规则创制 / 367
   5 司法判例作用的实现 / 371

专题十四　中国律师业的发展

   1 写在中国律师制度建立百年之际 / 379
   2 揭开律师数量与分布的真相 / 385
   3 现代化与中国律师制度的发展 / 388
   4 关于被刑事追究者获得律师帮助的权利
   　　——国际标准与国内立法之比较 / 392
   5 中国加入WTO后的法律服务市场监管 / 401

专题一

司法改革评议

1

推进以审判为中心的司法改革[*]

中国的司法改革已经紧锣密鼓地持续进行了二十多年。回顾司法改革历程,在总体上呈现出某种繁杂反复的景象,似乎改革永无止境,而对究竟要改什么、为什么改以及如何改等问题,却还没有足够清晰系统的回答。新一轮的司法改革做了众多布局,涉及的具体事项很多,但主导性思路依旧不够鲜明。反思、检讨过往的司法改革方案举措,从卓有成效地推进司法改革进程看,笔者认为需要明确提出以下三个方面的要求:第一,中国司法改革需要真正的顶层设计;第二,真正的顶层设计需要对司法改革有一个完整而富有内在逻辑的思路;第三,这个思路在具体操作上要聚焦司法裁判,推进以审判为中心的司法改革,建立以审判权为中心的司法权。

一、司法改革需要真正的顶层设计

司法改革要确有建树,需要真正的顶层设计。"真正的顶层设计"主要包括两个着眼点:一是基本的前置条件;二是司法改革的基本思路。所谓前置条件,指真正的司法改革顶层设计,或者说一种有品质的司法改革顶层设计,需要实现权威与智识的结合。在当代中国,坚持党的领导是使司法改革富有建设性的基本前提,应当坚持党在司法改革过程中的领导

---

[*] 本文原载《法制日报》2015年10月28日,第11版。

和组织权威。现在的问题是,司法改革方案的制订和实施,权威有余,智识不足。有别于域外权威机关授权委托、专家智力支持或主导的司法改革方案设计,我国司法改革方案的设计和制订,存在领导者虚位、部门主导、专家作用不足的问题,权威与智识缺乏有效的结合。司法改革举措不断、内容繁复、思路方向不清晰的状况,与此不无关系。中国司法改革必须实现权威和智识的结合,在基本思路上立足国家治理和司法活动的内在因果关联,围绕司法权能、司法主体、司法资源、司法责任这四个概念展开条理而系统的设计和实践。这种思路应该真诚而直白,不是单纯追求政治正确的修辞术,不是摸着石头过河,不是部门本位,不是貌似内行的想当然。

基于近现代国家和社会治理规律的技术考量,明确厘定司法权能,是国家治理与司法改革的起始点。司法改革的核心问题是在正本清源的意义上厘定司法权能的性质和边界,只有从司法权能切入,明确司法是做什么的,才能进一步思考落实如何运作司法的问题。缺乏对司法权能性质和边界的清醒认识,简单笼统地主张司法"去行政化""去地方化""去大众化",主张司法的公正、高效、权威等,都难以使司法改革具有明确的目标指向,使得老问题没有解决,新问题不断产生,耗散社会大众对司法改革的耐心和信心,使司法改革的正当性受到质疑。

二、建立以审判为中心的司法制度

明确司法权能的性质,就是要逻辑而穿透地认定,司法权就是裁判权,就是审判权,就是要通过司法改革,建立以审判为中心的司法制度。在此前提下,进一步着力要做的就是厘定裁判权主体。司法就是公正无偏的法庭,针对具体的案件争议,依据证据认定案件事实,解释和适用法律,推断并作出权威性法律决定的活动。简言之,司法就是裁决案件争议的活动。建立以审判为中心的司法制度,就是要在宏观、中观和微观意义上明确法院和法官才是裁判权、审判权或司法权的载体。在宏观上明确法院是我们国家和社会法律争议的终局裁判者。在中观上则应该按照党的第十八届四中全会指明的"推进以审判为中心的诉讼制度改革"的方向,明确只有法院和法官才是案件诉讼裁判的决定者或主导者,而公安机关、检察机关、辩护人或代理律师、当事人等公私权主体,只是诉讼裁判过程的参与者。而在微观层面,则是要在法院内部深入追问和思考"到底谁才是裁判者"这一问题,将裁判或审判组织归结为法庭,将裁判权或审判权主体落实于法官,以审判为中心,借此理顺法院内部审判、管理、监督、执行等各种结构关系,解决"审者不判,判者不审"的痼疾。

明确了裁判权、审判权或司法权的主体,就可以通过改革,聚焦法院和法官,合理配置司法裁判资源,落实司法裁判职责,平衡履职保障和行权责任,真正做到使"审理者裁判,裁判者负责"。

在笔者看来,中国司法改革的总体目标就是要构建以审判为中心的司法制度,其基本思路应该是:遵循近现代国家治理和司法的内在逻辑,立足案件裁判厘定司法性质,塑造完整而清晰的司法权能;从不同层面明确司法裁判主体,处理好裁判者履职保障和行权责任的关系,合理配置和落实裁判资源。

2

中国司法改革的回顾和反思
——学者的角色和作用*

司法改革是一个热门话题,也是一个充满想象和探索空间的话题,各色人等在此间穿梭来往,犹如彩蝶在花园中上下翻飞,蜜蜂在花丛中嗡嗡忙碌。"回顾和反思"可能是一个宽泛而缺乏限定的表述,所以在开讲之前首先有必要就主体立场作一个限定,即这里的"回顾和反思"在主体立场上是"学者的"。既然是"学者的",就应当意味着是学术的、开放的、进行时态的、可争议的、一家之言的;言外之意也就是没有什么大用的,正如所谓"秀才造反十年不成",说说而已。当然,所谓"没有什么大用",是从司法改革的最终决策的意义上说的。长久以来我一直比较关注司法改革中各方主体的参与问题,尽管党政相关部门在其中的主导地位毋庸置疑,但是学者也扮演了一定的角色,甚至在某个阶段扮演了重要角色,发挥了明显的作用。

一、中国司法改革历程回顾

在中国,司法改革的话题从提起到引起全社会的关注,是有一个过程的。其中比较明显的标志就是从举证责任开始的。大约在20世纪90年

---

* 本文系2005年6月29日在中国人民大学法学院法理学论坛第16讲上的讲演,题目和讲演主文结合作者在其他场合类似主题的讲演作了一些调整和梳理。

代初,《中华人民共和国民事诉讼法》修改确定了"谁主张谁举证"的原则。这种改革的直接动因是为了避免法院陷入尴尬境地。当时我在河北省的一个基层人民法院,该法院坐落在一个破旧的地主宅院里,据说一年的办案经费只有一万元,要想从容点运作那是根本不够的,更不要说到外地办案了。当时我们曾由法院领导带队去南方的一个开放城市办案(执行),由作为当事人一方的两个厂长跟着,吃、住、行一切全包。这在当时全国的法院系统是相当普遍的现象,所谓的"同吃同住同行,与当事人打成一片"。这样一来,司法的公正形象严重受损,社会对此也是批评谴责之声不断。人们觉得尽管法院经费严重不足是重要原因,在观念和制度安排上则是因为我们抱定的是传统官府衙门的"青天老爷""为民父母"的包揽一切的想法。面对如此被动的尴尬局面,在法院经费状况一时难以改善的情况下,自然会选择——而且是在现代司法理念主导和支持下的选择——从法院向当事人方面转移举证责任或负担的做法。

中国的司法改革由此发端。从举证责任开始,由于当事人之间、当事人与法院之间因重新分配举证责任而导致的位移逐渐扩大,从诉讼角色、诉讼机制,到司法组织、司法体制,在中国社会转型、社会结构和社会治理结构转变的大背景下,不断扩展开来,构成了中国司法改革的宏大话题。这就犹如宋玉在《风赋》中所形象描述的那样,呼啸于天地之间、摧枯拉朽横扫一切的大风,最先是"起于青苹之末"——寂静池塘中两棵水草之间的细小摩擦和位移。

从司法改革的主体参与的角度看,最初更多地表现为学者在社会上、媒体间的外在的呼吁,逐渐发展到各个部门的零零散散的改革,从下而上,最后发展到各系统、中央自上而下的大规模的推动。从时间上划分,到1995、1996年前后,司法改革还主要是学术界和媒体喜好的话题。从20世纪90年代末期开始,法院、检察院等开始出台系统的改革方案,最高人民法院出台了五年改革方案,最高人民检察院出台了三年改革方案,地方法院、检察院也纷纷出台了相关改革方案。在这一阶段,学界仍然极为活跃,并具有重要影响力。2002年党的十六大报告中明确提出要"推进司法体制改革",随后成立了由中共中央政法委员会、全国人民代表大会内务司法委员会、政法各部门、国务院法制办及中央编制办的负责人组成的中央司法体制改革领导小组,在公、检、法、司等各系统的参与下开始协调制订统一的司法改革方案。这一阶段司法改革的话题开始具有明显的

"官方主导"色彩。2004年年底,中央司法体制改革领导小组提出了《中央司法体制改革领导小组关于司法体制和工作机制改革的初步意见》(以下简称《初步意见》)。

二、中国司法改革的现状描述

中国的司法改革是中国社会转型、社会法治进程的集中体现。经过前后约20年的不断推动,应该说无论在司法理念、司法组织和程序运作,还是具体的司法技术等方面,成就都是很大的。对于如何描述和展示中国司法改革的现状,会有不同的角度和思路。但不管怎么说,中央司法体制改革领导小组推出的上述《初步意见》肯定是一个非常好的值得我们关注的文本。这是迄今为止官方对中国司法改革最系统的总结和表述,具有重要的、可资分析的研究价值。现阶段的司法改革状况基本上是各个部门或系统就该文件中涉及的内容,按照统一的分工部署,分头加以实施。

下面我想就自己对《初步意见》的领会以及其中值得关注的一些内容跟大家作一个交流。首先,该文件对我国司法体制的总体状况作出了判断,认为现行司法体制符合我国国体、政体,符合我国基本国情,虽然也存在一些不完善、不适应的地方,但主要是工作机制问题。其次,该文件反复强调司法改革要"针对群众反映的突出问题"。最后,该文件强调了司法改革的五项原则,即党对深化司法体制改革工作的统一领导、坚持四项基本原则、符合我国实际、循序渐进、严格依法办事。我想这些对于我们了解政府对司法改革的态度,分析和把握司法改革的进程,都是很重要的,需要我们认真体会。比如,强调中国司法主要是在工作机制方面存在一些问题,这意味着我们不应该在大的体制框架方面使话题过度延伸。强调司法改革要针对群众反映的突出问题,突出了司法改革的针对性、有限性,它在某种程度上不是从司法自身的逻辑来考虑的,而是从政治大局或者社会稳定的大局来考虑的。要以民意、民情为依归,老百姓需要解决什么问题我们就解决什么问题,解决限度也是以老百姓满意为准。强调循序渐进原则意味着我们在很多问题的解决上既要看到趋势,也要注重现状,比如在死刑问题上,虽然废除死刑是趋势,但我国作为世界上适用死刑罪名最多的国家,也不能一下子取消死刑。强调司法改革要严格依法办事,则是针对以往各地为了树政绩、出经验,为改革而改革的混乱做法。

该文件进一步提出了司法改革的主要内容,包括10个方面共35项,这里我想简要提示一下。

(1)诉讼制度。包括死刑复核制度(复核权上收最高人民法院);审判委员会制度(只是说改,没有具体提示。趋势是变"讨论决定案件"为审理裁决案件);民、刑案件执行机制(有较大变化);民、刑案件"依法定事由"申请再审制度;人民法庭工作机制(更加贴近百姓生活,而非一味地专业化);未成年人司法制度(蕴含了对司法类别化特征的认识);超期羁押问题;司法解释备案;司法公开。

(2)诉讼收费制度。包括法院诉讼收费规范及监督管理、法律援助和司法救助,以及律师收费等。

(3)检察院法律监督体制。包括对诉讼活动的法律监督(其中非常重要的一点就是检察长或者检察长委托的人可以列席人民法院的审判委员会讨论案件);对司法人员渎职行为的监督;对职务犯罪侦查的监督制约制度(加强上级检察院领导地位:立案、逮捕要备案,撤案、不起诉要批准,显示出的趋势是强化或落实检察院垂直领导的工作机制。人民监督员制度);对检察机关的监督。

(4)劳教制度。并不是要削减或者削弱这一制度,而是要对其予以改进,将劳教制度改为违法行为教育矫治制度。

(5)监狱体制。"全额保障、监企分开、收支分开、规范运行";社区矫正制度(值得关注)。

(6)司法鉴定体制。公安部门、安全部门、检察部门保留司法鉴定的机构,但不再对外,法院和司法行政机关不再保留司法鉴定机构,社会上要设立一些司法鉴定机构,实行行业管理和行政管理相结合,目的是解决多头鉴定引起的司法秩序混乱。

(7)律师制度改革。没有太明确的新内容。

(8)司法干部管理制度。党管干部,编制管理、分类管理、员额比例,法官、检察官逐级提升等。

(9)司法经费保障,原则是分级管理,分级负担,以后基层经费要由省级院制定统一的标准。

(10)统一国家的司法管理体制,破除部门企业管理的做法。

大家可以注意到,在上述改革内容中有许多具有非常重要的意义。但也要看到,该文件提到的许多改革项目只是明确了"要改"的要求,并没有提示"如何改",随后的制度设计和实施的任务是很艰巨的。

三、对司法改革的审视和反思

这里主要讲两个看法。

第一,司法改革主题的消解。

司法改革进行到现在,似乎存在司法改革主题的消解问题,或者更准确地说,在学者和社会谈论和关注的司法改革的主题上发生了消解问题。最重要的一个表现就是体制和机制之间的区别。学者这几年对司法改革的关注是深刻而广泛的,注重在体制层面提出建议,而《初步意见》中对体制予以充分肯定,所涉及的改革主要针对工作机制。去年有学者指出司法改革已经到了宪制改革的阶段,就是说已经触动了制度的核心。现在各部门内部机制已经进行了改革,剩下的就是对外部关系处理上的体制问题。另外,《初步意见》中确实有很多实质性的进展,比如鉴定体制的改革、死刑复核权制度的改革、青少年审判制度的改革等,具有实质意义。但是里面确实也有很多属于一般性号召的问题,没有很明确的问题意识,很难进行实际操作,陷于目标和操作的模糊状态。比如讲到律师制度改革时,虽然说了一大段话,但是没有什么实质性的指引,其实是用一般性的号召把具体的东西消解掉了。一直说律师业实行行业管理和司法行政管理相结合,但是到底应该如何结合呢,现在给人的感觉是司法行政机关管的都是要害,行业协会管的大多是服务性的、无关紧要的方面。司法改革方案的制订过程中充满了各部门本位利益的角逐,其结果使得领导层面无法统合,这是造成过多的一般性号召的原因。还有,强调司法改革要针对群众反映强烈的问题,关于这点大家都非常疑惑,因为司法改革总体来说涉及的是各种专业性问题,而群众的"民情"则多偏重于情感的宣泄,很难系统、理性地操作。由于司法改革在主题上存在这样的消解问题,少了许多新鲜感,所以现在许多学者和媒体都不太愿意谈论这个话题了。值得注意的是,现在一方面由于在司法改革方面一些激烈言论的发表,迫使主管部门不得不经常作出回应;另一方面,给大家的感觉是,如果过分强调机制和体制的划分,强调对群众意见的偏重,以及在制订改革方案时涉及过多的一般性号召,司法改革的问题意识就会削弱,很难撑得起司法改革的命题。

第二,学者主体意识的消解。

整个20世纪90年代,学者对司法改革的参与都很积极活跃,甚至到党的十六大之前,学者都认为自己是司法改革当然的旗手,大家著书立说、办讲座、开会,非常活跃。在某种意义上说,的确是学者的鼓与呼,提升了司法改革话题的热度,促成了中央司法体制改革领导小组的成立。遗憾的是,司法体制改革领导小组成立后,学者却被边缘化了,于是有评论说:"司法改革从2002年以后主要成了一个官方主导的话题。"这个评论在某种程度上是有意义的。我是在去年明确地听到这种说法的。司法改革成为官方话语,而中国学者的传统就是"为君王师",这是根深蒂固的。我们讲经世致用,讲理论与实践相结合,这些都是讲研究要进入实践中去,要影响实践,革命的理论必须转化为革命的行动、革命的实践。但是我们也经常感到,学者及其理论在联系实践后缴械投降或成为木偶摆设的情况。从司法改革主体的角度看,司法体制改革领导小组成立后,尽管由于小组背靠中央、中央政法委员会,其作用发挥在组织上有保障,但是还是不能认为这个小组是一个独立而有整合能力的领导小组。领导小组没有自己明确的利害关系和立场,主要发挥的是调和或协调的作用,在实际操作上通常还是为各个部门的意见所左右。但是,司法改革是一种高智商、高智力的活动,涉及各种复杂的分析综合和趋势判断,需要知识和资料上的积累,否则一个组织就很难进行实质性的领导,势必成为各个部门立场和意见者争论的简单平衡工具。而要取得知识上的优位,就必须要借助于学者。遗憾的是,在这个过程中学者参与很少,更谈不上起什么重要作用。所以在我看来,党对司法改革的领导,今后如果要加强的话,必然要考虑借助并依托学者的力量。学者的客观中立地位和知识专长是其天然优势。司法改革意见的出台的确有很多部门主体的参与,反复地提意见,几易其稿,但这个过程是封闭的,社会和大众不知道这个文件是怎么产生的,也很难理解其确切含义。在这方面我们的确有必要借鉴域外的做法和经验,司法改革是一个关系众人利益的公共话题,公共话题需要真正的公共参与。另外,《初步意见》出台之后,中央也发了文件,要求各部门认真实施,但具体如何实施还要靠各部门内部消化,很可能回到新一轮的部门改革。如果这一意见在实施和运作的透明性和有效性方面都很欠缺,司法改革就很难结出好的果实。

四、对今后学者在司法改革中的角色期待

总体来说,学者主体意识还是要强化,不能患得患失,从社会分工的角度,学者要真正担当起自己的社会角色和责任,要进一步影响和造就推动中国司法改革的社会舆论,这个工作还是很有意义的。

要更好地发挥学者的作用,应该期待更有品质的关于司法改革的学术讨论。这些年来司法改革成为热门话题,而且舆论与学术之间存在短路式的对接,这种舆论标准和学术标准的不统一,不免会造成学术界的虚荣和浮躁。比如前段时间讨论比较多的将"人民法院"改称"法院",这种提法有其道理,但主要理由不应该是职业化,不是要跟民众和社会保持距离,不是所谓的国际趋势。世界的司法改革实际上都是强调司法为民、司法亲民的,由于其过度专业化导致了司法贵族的出现,使得很多法官不食人间烟火,却要裁判民间的纠纷,所以大家要矫正这种状况,不断地讲司法要缩短其与社会的间隔。这个价值取向在世界范围内是没问题的,中国的司法改革如果不是这样的话就偏离正常轨道了。其实我们从立法技术、法言法语上讲是可以省略"人民"二字的,但是不要混淆这其中的意义。

还有很多人讨论审判委员会的存废问题,但是究其实际来讲,审判委员会讨论和决定重大案件只是其众多职能中的一个,无论该职能有多少问题,也不应当涉及审判委员会本身的存废问题。我们可以讨论审判委员会是不是适合讨论决定重大案件或者其讨论决定的方式是不是合适,要先抓住症结,然后再"对症下药",而这个"对症下药"并不涉及审判委员会整体存废问题。

再一个就是国家司法考试涉及的司法门槛的问题,国家司法考试到底是使得司法门槛高了还是低了?很多人都提国家司法考试要降低门槛。我最近写过一篇文章,探讨了国家司法考试门槛的含义及其高低问题。国家司法考试门槛的含义,第一是指国家司法考试的通过率,第二就是指国家司法考试通过率对我们进入法律职业的影响。这个完全是两回事。前面只是一个事实层面的问题,运用绝对数是反映不出来的,只能通

过比较,比如同国外比较、不同地区间进行比较等,但也很难得出具体的结论。比如和国外比较,我国的司法门槛并不高,我们的考试人数基数非常大,每年都对西部有优惠,且幅度很大(2002年优惠700多人进入,2003年优惠2 000多人进入)。这种比较很难得出高或者低的结论,也没什么意义。因为现在大家讲降低或者提高主要是从中西部基层司法机关面临司法官断层的问题,按照国家司法考试的要求,有的基层法院、检察院就没有法官、检察官了。这就构成了门槛的含义。但从一般意义上来讲并不构成职业门槛,比如,中国人民大学法学院学生毕业之后不一定非要从事法官、检察官或者律师等法律职业。这些职业要求通过国家司法考试,而其他职业不需要通过国家司法考试,但是法律背景同样是有用的。也就是说,在这个意义上它对于众多受过大学法学教育的学生来讲,不构成门槛的含义。任何国家的司法考试由于法律职业的小规模、死编制,就注定了必须是高门槛的,换句话说,接受过法学教育而不做法官、检察官、律师就无路可走的说法也是不准确的,所以许多关于司法门槛的议论是不着边际的。从相关性分析上讲,中国的司法官断层、中西部司法官的素质问题同国家司法考试的司法门槛高低有什么关系? 要回答这一问题,就要先搞清楚许多中西部地区的法院、检察院在法官和检察官问题上"进不去,出不来,留不住"的问题。"留不住"就是一拿到法律职业资格证书马上就去做律师了,主要是因为对法官、检察官的保障(身份保障、职务保障和待遇等)太低了,工资被拖欠,缺乏职业尊严等种种原因导致了大量司法人员的流失。这和司法考试门槛有什么关系? "进不去"指的是目前我国司法人员在素质等方面存在的不良构成问题,对于大量低素质的司法行政人员而言,即使国家司法考试的门槛降得再低,这些人也还是过不了。刚才讲到员额比例,重庆市某法院几年间一共进了460多人,但是其中审判人员只有70多人,这么多的非审判人员挤压了审判人员编制,外面的人即使通过司法考试也同样进不去。另外也存在不愿进的问题。根据对律师和法官收入的统计,就北京市来说,最好的律师的收入可能是法官收入的几十、几百倍。所以据我分析,中国现在的司法官断层和国家司法考试的"高门槛"没有太大关系。从律师角度来说,任何国家司法考试门槛都是防止律师业过度竞争、律师服务品质下降、律师服务秩序混乱等问题的重要手段。不能笼统地要求降低国家司法考试的门槛。中国律师业的人数在20世纪90年代就曾突破过10万,当时我国的领导人就曾提出律师人数要达到15万、30万,但十几年过去了还是在十一二万的规模。这个问题是很值得思考的。中国的法律需求量特别大,但这些法律需求里面有多少能转化为对律师服务的需求?律师主要聚集在大城市和经济比较发达的地方,在法律服务链上处于高端的环节,很多法律事务他们是不屑于去做的。

还有,关于法官退休年龄最近也在议论。法官到底是年轻的好还是老的好?我们常说法官是老的好,律师是年轻的好,司法职业需要长期的经验积累,这些都没有错,但如果要推迟中国法官的退休年龄,就必须去说服法院系统之外的人。那样一来,这些说法就不一定行得通了。《中华人民共和国法官法》要求担任法官必须具有本科学历,但到目前为止,经过不断的学历拉升,也仅有40%左右的达标率,其中还有不少党校生、函授生等,科班法学院毕业的很少,有一种说法是大概仅占7%到8%。在这种情形下讲法官退休年龄推迟从何谈起?所以说在中国谈论这个问题,不仅要看到理想模式,更要关注中国现状。中国司法官职业面临改造的问题,这个改造是需要时间的,需10年、20年或者更长的时间,在此期间内我们应该做什么也是值得考虑的。所以现在提到司法门槛的问题,尽管司法考试制度设计的意图是很好的,现在确实又面临着司法官职业现状的挑战,在这种情况下很多人犹豫起来,甚至要放弃,这就等于半途而废。对于司法考试制度,我们需要有毅力去坚持。

当然还有很多大的问题,比如死刑存废问题、司法的统一与地域差异问题,等等。这些年来我们的司法改革都是以大城市中心主义来设计的,实际上很难应对中国广泛地域中的司法情况。还有复杂的刑事证明中的法律真实、客观真实的问题,如果多一点分析,论述的品质可能会更高。

最后,我想学者对中国的司法改革应该有一个合理的期待。司法体制改革是政治体制改革的重要组成部分,在大的政治环境没有改善、改变之前,司法体制改革更多的也只能局限于机制意义上的局部调整,这是合乎逻辑的判断。与此相关,在今后很长一段时期内,我们对司法改革应该有一种持久的期待和努力。总体上的判断是,经过40年的改革开放,中国社会确实发生了巨大的转型,社会结构发生了很大的变化,相应的社会治理方式必须进行结构性调整,而事实上已经发生了结构性的变化。在这个意义上,我们把法治理解为是对顺应社会结构转变的治理方式重大变化的一种回应。在这种新的治理方式中,中国的司法并没有被调整到它应有的地位上来。社会变化使得很多纠纷对司法的预期和需要已经产生,但司法还没有能力去应对。这就涉及制度和政治框架中对司法的定位问题。传统治理方式中,司法是很边缘的,而在新的治理方式中,司法至少面临提升地位和强化作用的问题,这个需求已经实实在在地产生了。但是制度还没有将司法调整到应有的位置上,这从功能和结构的角度看就造成了一种尴尬和紧张局面,并且在今后的5年、10年或者更长的时间内,中国的司法将会始终面临这种紧张局面。从积极意义上说,正是这种紧张局面造成的内在张力使得中国的司法不断完善,中国的法治进程不断往前推进。未来的趋势是,尽管有时会很慢,很费周折,但由于已经产生了这种矛盾,而矛盾的解决就是司法地位的不断提升、法治的不断实现的过程。

当然在这方面也要进行开放性思考,我不太同意所谓的"司法是社会正义的最后一道防线"这样的说法。这几年由于对司法的过高期望,导致了司法不应有的尴尬,危害后果是很严重的。一个社会有其治理结构,其中司法肯定有它应有的地位。普通法国家是司法主治的社会,一切问题包括政治问题都可以转化为法律问题。中国作为具有大陆法系传统的国家,司法在社会中占据什么样的位置?这个问题是很值得探索的。在中国法治社会的建设中,司法的地位会越来越高,但最后会不会走到司法主治,使得司法成为"社会正义的最后一道防线"?范愉教授对纠纷的非诉讼解决机制的研究成果给我们提供了诸多启发。其实纠纷是不同类型的,其解决方式也是多样的,司法(诉讼)只是其中一种方式而已。尽管如此,中国司法的前景还是很乐观的。

3

司法改革感言
——回顾与展望*

中国的司法改革已经推行了十五六年,如果要对迄今为止的司法改革作一个回顾和评价,有点一言难尽的感觉。对于这种感觉,引用前人的两句诗句来表达可能比较贴切。一句是唐诗中的"山重水复疑无路,柳暗花明又一村"。总体看来,中国的司法改革在过去的十多年里变成了一个非常热门的公共话题。但是这两年来,关于司法改革的议论好像多少显得有点低迷,不是那么红火、提神。司法改革面临司法机关、法院自身难以克服的很多问题,它涉及国家整个政治体制的改革和完善,远远超出了单纯的审判领域或有限的司法领域。另一句是宋词中辛弃疾的名句:"青山遮不住,毕竟东流去。"中国司法改革的道路尽管曲折,但从前瞻的角度看,前景还是非常光明的。具体而言,笔者想在这里谈三点感受:

第一,在认识上要看到和强调两个必然:(1)法治是中国社会转型、社会治理结构和治理方式转变的必然。中国现在是一个转型社会,这种转型导致的一个趋势就是法治,就是要建立法治国家,法治已经写入我们国家的宪法。这样来讲转型中国的法治趋势可能比较抽象,其实只要我们稍加观察和思考,也可以发现法治趋势是一种显著的生活现象。比如我们每个人原来都属于国家的某个单位组织,国家通过单位组织对每个人

---

* 本文系2004年在江西省赣州市召开的"中国司法改革的现状与前瞻——地方法院现代化建设"论坛上所作的发言。

进行强有力的统制。现在情况大不相同了。单位组织对个人的约束明显削弱,很多人甚至都不再是"单位人"了。为什么会出现这样的现象,最根本的原因就在于社会转型使得政府用来调控社会的经济资源、权力资源、意识形态资源大大减少。从前每一个人都是全方位的"单位人",是国家的人、政府的人,离开了单位、离开了国家和政府很难生存下去,因此,政府的指令和意识形态能够通过单位组织充分发挥整合社会的作用。现在不同了,利益高度分化、社会高度分化、人心高度分化、意见日益多样。社会结构不同了,为达致社会整合的社会治理方式也要作相应的调整。这个调整就是从人治、德治、政策治到法治,就是必然迈向法治。(2)通过司法改革、政治体制改革强化司法在国家和社会管理中的地位和作用是实现法治、建设法治国家的必然要求。实行法治必然要强化司法和法院的作用,从世界范围看,法治社会是司法作用高度突显的社会。充分的法治尽管还不是中国的现状,但一定是中国的未来。中国的司法和法院已经是并将继续是一个"朝阳产业",对此人们已有广泛的共识。总之,看到并强调这两个必然,有助于我们增强信心,在目前司法改革面临许多难题、从而使人们在情绪上显得低迷的时候,有助于我们鼓起探索问题、解决难题的勇气。

第二,对中国十多年来的司法改革成就,应该有一个恰如其分的评价。有些学者认为,到目前为止的中国的司法改革其实并没有取得货真价实的成就,如果硬要说有什么成就的话,可能只有国家司法考试,但国家司法考试只能算一个"半拉子工程",因为它只是解决了考试的问题和司法官资格授予的问题,并没有真正解决获得资格后如何进入法律职业的问题,这种改革的意义显然要大打折扣。这样来看待中国的司法改革太过挑剔、太过消极了!笔者个人认为,中国二十多年的司法改革,其成就是非常巨大的。这不仅表现在观念认识上、人员素质上、物质设施的改善上,还表现在司法机关的组织构造和实际运作上。尤其是对中国司法发展所面临的问题,目前学界、社会和司法实务界在认识上已取得高度一致,都认为中国的司法改革及相关的政治体制改革,就是要在整体上克服三个方面的弊端:一个是司法的地方化,一个是司法的非职业化,一个是司法的行政化。尽管中国司法改革的推进遭遇了种种困难,但从今后看,从它可能取得的成就看,取决于它在多大程度上能够克服和解决这三个方面的问题。发现问题是解决问题的前提,如果这句话成立的话,那么对于中国司法的这种高度一致的问题意识不就是我们已经取得的一种了不起的成就吗？倒退5年、10年，我们能如此清晰地表达自己对中国司法的看法吗？当然，中国的司法改革和司法进步还表现在许多显性的方面，如办公设施、审判场所的改善，人员素质的提高等。

第三，今后的司法改革应当特别关注地区差异，处理好中央与地方、整体与局部的关系。现在很多地方法院都把"建设现代化法院"作为自我整合的改革和发展的口号。现代化是一个非常复杂的词语，其含义比较深刻。就目前中国地方法院的现代化建设而言，笔者想谈两点感受：(1)地方法院现代化建设有赖于整个法治环境和司法环境的改善。这几年，地方法院的改革热情可敬可佩、改革成就可圈可点，可以说，中国司法改革的很多举措都是自下而上发生的。但与此同时也要清醒地认识到，地方自主的司法改革也许面临着更为严峻的合法性和合理性的考量，而且也不大可能造成国家司法制度在整体上的迈进。(2)中国是一个地域广阔，经济、社会、文化发展差异非常大的单一制国家，东、中、西部之间的区域差异、区域内的地方差异都非常鲜明地存在，因此，中国的司法改革、司法制度建设如果要有一个比较完好的设计的话，可能不得不有赖于各地方法院基于自己的区域特点、地方特点，基于自己的经济、社会和文化发展状况，作出具有针对性的努力。我们要深入地反思和研究法制统一、司法统一在我们国家的确切含义，要在司法改革(甚至整个法制和政治体制改革)中为地方的差异性和多样性留出广阔的空间。地方法院也应该在真正意义上有所作为。

4

司法改革需要更宽阔的视野
——对最高人民法院五年改革纲要的一点评论[*]

作为对执政党依法治国、推进司法改革要求的回应，最高人民法院于1999年10月20日率先推出《人民法院五年改革纲要》，并要求各法院"认真贯彻执行"。祝铭山在关于该纲要的说明中不无自豪地说：最高人民法院拟定该纲要时曾"经过充分调查研究，征求意见，十易其稿"，由此足见主事者之认真和慎重。但是，纲要出台已经半年了，法学界和民间的反应却寥寥无几，这对于在近五六年来一直占据"热门话题"位置的司法改革来说，多少有点反常。笔者曾在不同的场合向不同审级的法官问及他们对该纲要的感觉和看法，所得到的回答多数是"还行，比较实在"；同时，笔者也多次听到一些专门研究司法问题的学者对该纲要表示的不满。对于这种不满，笔者想引用一位可爱的法官对一位可敬的学者的评论："改革纲要，肖扬院长满意，我不满意！"

其实，每当听到法官们对《人民法院五年改革纲要》"比较实在"的评价时，笔者都下意识地想起一些如今已成为大法官的人士对他们曾为同窗的优秀学者的批评："迂阔之论，不着边际！"于是乎，笔者首先想到法律职业共同体之于法治的重要性，想到法律实践与法律学识之间的评价标准是多么的不同，想到在一个转型时期的国度探讨和从事法制和司法改

---

[*] 本文原载由张明杰主编的中国社会科学院司法改革研究课题组《改革司法：中国司法改革的回顾与前瞻》，社会科学文献出版社2005年版，第530—532页。

革,需要多么大的思维跨度和多么强的超越能力!学者也好,法律实务工作者也好,他们的事业都有赖于法治的兴盛;没有一种开放的心态,没有一种超越"既存""既得"的勇气和能力,法治和司法改革就难有所成。

说到这里,笔者想表达自己对《人民法院五年改革纲要》的一点评论。笔者认为,读《人民法院五年改革纲要》这一标题,重音应该放在"五年",同时在标题前加上"最高人民法院"的限制词,这意味着:这是一个有限的改革方案。

第一,这是一个有时限的改革方案。中国自20世纪70年代末开启改革进程,迄今已有二十余年。改革是一个漫长而艰难的过程,无法毕其功于一役。中国的司法改革也同样如此。《人民法院五年改革纲要》中已充分体现了改革的长期性,在其第二部分关于"人民法院五年改革的基本内容"的最后,明确采取了开放式的表达,即"积极探索人民法院深层次的改革"——尽管在许多学者看来,其中所涉及的具体内容并没有清楚地表现出"深层次"的含义。因此,我们应该立足于一种合理的时间维度来评价《人民法院五年改革纲要》。

第二,这是一个在内容上注重可操作性的改革方案。《人民法院五年改革纲要》旨在改革法院管理体制和审判工作体制,解决困扰法院工作的各种问题,如司法地方保护主义,法官管理体制上的弊端所导致的法官专业素质和职业伦理方面的欠缺,审判工作行政化,以及基层人民法院物质资源缺乏等问题;改革的内容涉及审判方式、审判组织形式、法院内设机构、法院人事管理制度、法院办公设施、审判工作监督机制等诸多方面的众多项目。总的看来,这些方面和项目基本上属于在现行政治、法律制度的框架内法院系统内部的调整或改革。而事实上,司法改革与其他法制改革一样,涉及不同的方面和层次,交错着大小不同的利益,即使把司法改革限于解决管理体制和审判工作体制的各种问题,我们也可以甚至必须在更深刻和广泛的意义上来看待问题。同时,任何系统内部的调整皆离不开环境的有效支持。从评价的角度看,一种司法改革方案涉及的方面和层次与问题本身的内涵和外延越接近,在智识或参照系意义上的视野越宽阔,那么这种方案在学识意义上的价值一般也越高——但可能可操作性会越差。因此,我们应该立足于一种合理的空间维度来评价《人民法院五年改革纲要》。

第三,这是一个由最高人民法院提出因而在主体上有限的方案。在一个建构于理性基础的法治社会中,法律不能强求人们做不可能做到的事。同样,我们也很难要求最高人民法院超出自我的局限(包括学识视野的局限)、超出自己力所能及的范围去进行"司法改革"。从总体上看,最高人民法院的《人民法院五年改革纲要》基本上或不得不在自己"力所能及"的范围内考虑问题,因而在许多问题上不可避免地存在避实击虚、避重就轻、扭于因循的情况。这一点在纲要所涉及的审判工作监督机制、审判组织形式、法院人事管理制度、法院内设机构等方面皆有表现。需要指出的是,当今世界,许多国家都在进行司法改革。在此过程中,尽管来自法官的参与和影响必要而重大,但多元主体的民主参与则是改革者的基本组织构造。司法权毕竟首先乃社会之公器,然后才为法官和法院所主使。因此,我们应该立足于对主体局限的警觉来评价《人民法院五年改革纲要》。

从方法上说,评价一个有限改革方案的优劣高下,就要看它在多大程度上具有可伸展的能力。只有具备伸展能力的改革方案,才能达到"积极、稳妥地推进"改革的目的,才能使今日改革成为明日改革之基础,从而成为"好的改革"。反之,则今日改革之成就,恰成明日改革之对象甚至障碍,是为"恶的改革",劳民伤财,于事无补。

在笔者看来,对于中国的司法改革,我们应该在更宏大的意义上,从法治社会的司法需求出发,考虑司法权在整个国家权力结构中的合理定位问题。进言之,就是要思考如何基于现代法治的要求,建立契合中国国情的现代司法制度,就是要深入探讨中国的人民代表大会制度与现代司法制度的兼容问题,厘定执政党与司法的关系,厘定司法与人民代表大会、政府的关系,厘定参与司法过程的不同主体之间的关系,厘定司法与媒体、民众的关系。只有在厘定外部关系的基础上,才谈得上司法权内部的合理构造问题。而这恰恰需要一种更宽阔的视野。

5

社会主义法治理念与司法改革*

一、"社会主义法治理念"命题的现实针对性和重要意义

中央决定进行社会主义法治理念教育,提出社会主义法治理念的基本内涵是"依法治国""执法为民""公平正义""服务大局"和"党的领导",具有明确的现实针对性,意义重大而深远。为什么?简单一句话:中国社会选择了法治,"法治"却没有很好地关照中国。

大家知道,"依法治国,建设社会主义法治国家"同"国家维护和保障人权"已经写入了我们国家的宪法,法治已经成为我们国家和社会治理的基本方略、根本原则。中国社会选择了法治。但是,与此形成强烈反差的是,我们这些年关于法治的理论、观念和认识,并没有很好地关注中国的国情、社情和民情以及中国的文化传统。我们这些年讲法治,讲的是"现代法治",是现代法治理念、现代司法理念。我们已经对"现代的"一词习以为常、运用自如,但是思考一下就会发现,我们所追求和强调的现代性,更多的是一种普适性,这种普适性,忽视或无视特殊性。就内涵而言,我们所说的"现代的",可能在很大程度上是西方的、域外的,甚至是英美的,这就缺少了对中国社会状况的联系和关照。

中国的政制架构,如政党制度、国体和政体(包括国家的政权组织形

---

* 本文原载《法学家》2006 年第 5 期。

式和结构形式)等与现代西方法治社会的政制架构有根本的不同。从社会经济发展程度看,中国是一个发展中国家。尽管改革开放近30年来中国的整体经济规模、综合国力快速增强,但就人均国民生产总值、中国仍有数目可观的贫困人口和地区而言,中国仍然是一个发展中国家。而现代法治的许多原则和要求,都是以发达的经济和社会状况为前提的。从传统文化角度看,中国的风土人情、民风民俗也与外部世界很不一样。中国是一个东方社会,对于东方社会和西方社会,这些年从文化比较的意义上我们已经做了很多的研究,它们是两种不同类型的文化。在法律文化传统方面,中国与西方现代法治社会也有很大的不同。此外,中国地域辽阔,地貌特征复杂,资源禀赋各地不同,这些也与许多现代法治国家形成鲜明对比。由于政制架构、经济社会发展状况、文化传统或法律文化传统以及自然状况等存在种种不同,就需要我们在理论逻辑上衍生出一种思考和认识,即在我们这样一块风格殊异的土地上推行法治事业,一定会有自己的特点,拿来主义、生吞活剥是不行的,简单类比、照搬照套也是不行的。回顾和反思我们已有的法制改革和实践,在很多问题上可以说已经体会到了上述简单化做法所造成的后果。

强调社会主义法治理念,除了引导人们在法治问题上关注中国社会的特点、特色外,从更加宏大的背景上看,则是中国社会在当今世界和平崛起,成为有分量、负责任的政治和经济大国的需要。中国的和平崛起,需要我们在当今世界各种重大而共同的话题上有自己的声音,凸现自己的主体意识。诸如人权、民主、法治等,皆属于当今世界通行的话题,属于全球意识形态的核心内容。对于这些概念和命题,存在一个如何理解、如何认识意义上的"定义权"问题。而要参与定义的形成,就必须改变消极回避甚至排斥的立场和态度,不能简单地在姓"资"还是姓"社"以及"中国的"还是"西方的"意义上做选择和取舍。正如中国在人权问题上从排斥到参与、从一般参与到争夺"话语权"一样,在法治问题上中国也要有自己的声音,要立足于自己的国情和实践,为人类法治文明贡献自己的经验。

说到这里,笔者认为可以形成一种看法,这种看法是,就如何正确理解和把握中央提出的"社会主义法治理念"这一命题而言,也许最重要的不是这一提法的具体表述和具体含义,而是要看到其中所包含的现实而深刻的针对性,看到它在法治这样一种全球化的意识形态话语里所倡导和提示的一种中国视野,一种中国的主体意识。而这从根本上说是与现代社会整体协调发展的思路和策略相一致的。基于这样的理解来思考和认识"中国社会主义法治理念"这个话题,笔者认为应该很好地把握和处理法治理论和实践中所面临的普适性和特殊性的关系,处理好东方和西方、本土和域外、现代和当下的关系问题。同时,对于中国这样一个历史悠久的东方社会来讲,社会主义和法治同样都属于革命性和改造性的概念,是全新的实践,因此除上述几个维度的关系之外,还需要从传统和现实关系的角度来思考问题。

"社会主义法治理念"是"社会主义的"法治理念。对于如何确切地理解"社会主义"和"社会主义法治理念",最根本的一点就是要立足于中国社会的现实和发展需要。"社会主义"曾经简单地被当作不同于"资本主义"的意识形态化的概念,忽视了不同社会形态的共性,忽视了人类社会的共性,以及事物本身的规律性。中国近30年的改革开放,已经对"什么是社会主义"提供了很好的注解。中国不仅是中国的中国,而且是世界的中国——是一个不断放眼世界、融入全球化进程,不断在当今世界"和平崛起"的中国。所以,"社会主义法治理念"应该是一个在传统与现实、固守与开放、普遍与特殊之间折中和谐的概念,是一个立足于当代中国生存与发展需要的表述。我们不能说社会主义的法治理念就是中国的法治理念,却可以说中国的法治理念就是社会主义的法治理念。"社会主义"同"法治"一样,是一个更为抽象、一般的概念,在什么是社会主义,什么是社会主义性质的问题上,同样需要凸显中国的主体意识,倡导一种中国视野。

二、"社会主义法治理念"的内在逻辑

社会主义法治理念的基本内涵的五项内容不仅具有现实针对性,而且包含有内在关联和逻辑,是一个有机的系统。

可能许多人已经注意到,中央提出"社会主义法治理念"的命题之后,社会上尤其是学术理论界存在某种失语现象,显得比较沉默。现在政府方面、官员们讲这个话题或者说宣传这个内容比较多,但学术理论界回应的比较少。这种现象在某种意义上说是非常自然的,因为我们这么多年来一直习惯于"现代法治理念"的说法,突然间要改口为"社会主义法治

理念",不是一件容易的事。尤其是长期以来"姓资""姓社"的问题和争论一直困扰着中国社会的改革和发展,"社会主义"的理论和实践在中国表现得特别复杂,"社会主义"的用法特别容易引起人们的反思性思考,所以要改口就更不是一件轻而易举的事。另外,也许很多人还会想,社会主义法治理念的"基本内涵"为什么是五个,而不是六个、七个,或三个、四个呢?"依法治国""执法为民""公平正义""服务大局"和"党的领导"这五项原则或内容之间的关系是什么呢?引用一个专家在某个场合的说法,迄今为止,社会主义法治理念的五个基本内涵,仍然像是分离的"五个土豆"。尽管这五个理念分别被说成是"核心内容""本质要求""价值追求""重要使命"和"根本保证",给人留下的也只是每项内容都很重要的印象,而不能给人留下五项内容相互关联、是一个有机整体的感觉。如何阐释和揭示社会主义法治理念五项内容的内在逻辑联系,把"五个土豆"煮成一锅,使它们黏合、串联起来,这是我们需要思考和回答的问题。从目前情况看,社会上和理论界的沉默和失语,一定程度上也说明在整合社会主义法治理念的五个内涵、揭示其内在逻辑关联方面,人们暂时还没有一个好的思路。

笔者的体会和看法是,中央关于社会主义法治理念基本内涵的五项内容,不仅具有深刻的现实针对性,而且在学理上或理论上也是具有内在的逻辑关联的(尽管眼下人们可能还没有清楚地意识到)。对于这种内在逻辑,我们可以运用目的和手段这对范畴加以清楚地概括和揭示。我们要建设社会主义法治国家,就必须在理论和实践上回答两个方面的问题:一是为什么要实行法治,二是如何实行法治。前一个问题是目的性考量问题,是伦理意义上的一种选择,是价值偏好、价值选择的问题;后一个问题是在操作意义上关于方式、方法的思考和回答。按照目的和手段这对范畴来分析,在社会主义法治理念的五项内容中,"公平正义"和"执法为民"皆属于目的性表述。法律是关于公平和善良的一种艺术,法律和法治应该以公平正义为依归,这可以说是不同时期不同政治体的极为通行的表述。社会主义国家的法治同样要以追求公平正义为依归,以"在全社会实现公平正义"为目的。当然,对于什么是公平正义,不同时期、不同地方的人们往往有不同的认识。对于像中国这样一个人民当家作主、一切权力属于人民的"人民共和国"来说,"公平正义"的含义从根本上说还是要立足于人民的利益、立足于人民利益的实现来理解。如果是这样的话,那么我们就能很自然地得出一个结论,即,"公平正义"和"执法为民"都属于社会主义法治理念中的目的性表述,两者的合理关系是:"执法为民"是"神",是实质内容,"公平正义"是"形",是外在表现;"执法为民"是对"公平正义"的实质界定,"公平正义"是对"执法为民"的制度(或技术)保障。只有形神兼备,社会主义法治理念在目的性上才算是圆融自洽的,才能真正回到中国社会为什么要实行法治的问题上。

也许有很多人会认为,"执法为民"作为社会主义法治理念,不过是一种政治化的口号。其实也不尽然。"执法为民"的确是一个非常生活化、甚至于带有强烈政治色彩的说法,但它同样可以在执法(包括司法)的意义上进行恰当的转化。讲执法为民,最重要的有两个方面:一个是善待自己;另一个是善待别人。所谓善待自己,就是不能用自己手中掌握的公共权力去谋取私利;而善待别人,则是要尊重别人的人权和法律权利,特别是不能在不告知、不听取的情况下,专横恣意地处分当事人的权益。回顾现代执法或司法公正理念的起源"自然正义"原则,其原初的要求也是从对人和对己这两个最基本的维度来表述的。我们今天讲"执法为民",实际上最重要的也还是这样两个方面。

相对于"执法为民"和"公平正义","依法治国""服务大局"和"党的领导"这三个理念皆属于方式、方法意义上的理念表述,解决的是如何实行社会主义法治的问题,服务于法治目的即"执法为民"和"公平正义"的实现。其中,"依法治国"是对实行社会主义法治的方式、方法的综合要求,而"服务大局"和"党的领导"则是在提出综合要求同时的特别强调。在中国社会转型的复杂过程中,保持社会的安定平稳是至关重要的。发展是硬道理,但发展的基本前提是不动荡、是稳定,在这方面我们应该容易达成共识。强调"服务大局",就是要在社会转型的大背景下,在执法过程中,在纠纷的解决过程中,体现法律和法治所内含的衡平要求。法治是一种程序性的过程和操作,法治也是一种特定的组织构造。"党的领导"可以说是中国社会主义法治在组织构造方面的鲜明特征,说"党的领导是根本保障",首先或者最重要的就是指组织上的重要保障。应该明确的是,"党的领导"在中国的法治事业中至关重要,是"根本保障",但是,"党的领导"本身不是目的,因为共产党是为人民谋幸福的,"立党为公、执政为民","权为民所用、利为民所谋、情为民所系"。

三、社会主义法治理念与司法改革

司法是法治的重要环节,中国司法是中国社会主义法治事业的有机组成部分。社会主义法治在总体理念上的五个基本内涵及其内在逻辑联系,也要体现在我们对司法的认识和实践中。就司法改革而言,"社会主义法治理念"这一命题所包含的深刻启示和意义,集中表现在对司法改革的基本思路、基本框架和基本要求的反思和厘定上。从这个意义上说,中国的司法改革需要重点思考以下三个问题:

第一个问题是司法在国家和社会生活中的合理定位问题。司法是法治的重要领域,在中国"依法治国,建设法治国家"的事业中,司法必须获得它应有的地位。如何在中国的政制架构、社会治理系统和法治蓝图中合理定位司法,这是一个复杂而重大的问题。中央讲"依法治国是法治的核心内容",在这个核心内容中应该包含一种核心成分,这就是对于中国司法在中国法治进程中扮演角色的恰如其分的定位。这是一个大问题,撇开对这个问题的深入思考和明确回答,那么谈论司法改革也好,从事司法改革也好,都只能是舍本逐末、瞎摸乱撞。

第二个问题是对于司法和司法改革的目的性考量。司法改革轰轰烈烈地进行了那么多年,各种改革设想和改革措施也有了丰富展现,在这个时候,可能我们有必要在综合社会各界对司法改革的评价和期待的基础上,在社会主义法治的宏大背景下,认真地检视一下司法和司法改革的目的。我们可能会发现,对于中国司法改革的目的是否清晰、司法活动是否充分体现了正当的目的追求,社会上可能会有不同的评价或看法。司法是一个公共生活领域,司法改革是一种社会工程、社会事业,我们应该认真地对待各种不同的想法,尤其是在对司法内部的认识和司法外部的期待方面,在对司法的职业判断和生活感受的关系上,在司法的技术要求和社会影响的关系上,应该寻找有效的途径进行有效的沟通。

第三个问题是司法的方式问题。"社会主义法治理念"的提出及其在司法理念和司法活动中的展开,有助于我们检讨和反思这些年来在司法的操作方式上的很多认识。如何立足于中国社会的多样化需求,在司法的组织和运作上实现专业化和大众化、精密司法和温情司法、社会效果和法律效果、职业理性和生活逻辑之间的对接和平衡,是非常重要的。在这方面,需要我们撇除这些年来可能存在的许多观念"泡沫"。

按照社会主义法治理念基本内涵的要求,按照其中所内含的立足中国实际的主体意识的要求,我们会发现,这些年来关于司法改革的认识和实践在一些大的方面可能存在盲点。我们需要反思一下司法改革是否存在部门倾向、本位利益驱动的问题,是否存在一种在职业化的思路下缺乏与社会、与民众沟通的"精英司法"问题,是否在司法改革的思路和方案的制订上存在片面的中央化司法的问题。比如说我们经常讲中国司法的弊端之一是"司法权地方化",并针对性地提出了"司法权中央化"的改革思路。但是稍加观察和思考就会发现,国家权力在中央和地方的意义上都是一种系统综合的构造,在任何国家的地方权力系统中,都包含有司法权这种成分。因此,如果说"司法权地方化"不对,那么"司法权中央化"同样也是误导人的。其实我们真正要改革的是"司法的地方化"问题,而不是"司法权地方化"问题。在司法权的配置上如果实行的是中央化的改革思路,很容易陷入过度集权的危险之中,而且也必然是低效率的。另外,我们还需要反思一下我们的司法改革在思路和方案上是否存在太多的以城市为中心、以司法高端为标准、以沿海发达地区为样板的问题,而对于广大的乡村,对于基层司法的特殊要求,对于复杂的地区差异和区域特征,却存在关注不够的问题。司法在组织上是一种层级构造,司法的层级与司法的职业化或专业化应该是成正比关系,与司法的大众化或生活化则应该是成反比关系。还有,我们的司法改革是否在文化上存在以汉民族为中心、而对众多少数民族的传统和习惯缺乏关照的问题,等等。

中国的司法改革要想真正获得成功,就必须在很多问题上实现独到而富有成效的平衡。司法改革是一个宏大的系统工程,既涉及大的思路、定位和外部关系调整,又涉及精细的程序和技术操作,它不仅是一个战略问题,也是一个战术问题。中国的司法改革无疑还将进行下去,但其成功则需要假以时日,有大智大勇且持之以恒。因此,借中央提出"社会主义法治理念"这一命题的机会,静下心来,好好想想,好好回顾、审视和谋划一下中国司法改革的过去、现在和将来,笔者认为是特别有意义的。

6

司法改革中的形变与神变*

在2002年6月21日《人民法院报》的《司法琐话》栏目[1]中,贺卫方教授写了《法袍、法槌之外》一文,读来耐人寻味。在这篇文章中,他不仅肯定了法院"服饰道具"等外在形式的变化是司法改革的有机组成部分,并具体阐述了这种"符号"变化的意义,而且还一如既往地表现出自己对此问题的关注和独到见解,进一步就法院建筑的内外装饰风格、法院建筑的内部安排、法庭上座席的英文标注等方面的问题提出了许多建议。笔者认为这篇文章是很有针对性和建设性的。

说它具有针对性,是因为近来许多关注司法改革者常常思考一个问题,即我国的司法改革已经"轰轰烈烈"地进行了多年,多年的改革到底取得了什么成就?一种极具批判性的消极评价认为:我国司法改革这许多年来上上下下改这改那,新招频出,花样翻新,但实际上并没有什么改革算得上是"真正的改革";如果一定要说有什么的话,也就是国家司法考试,而国家司法考试虽已付诸实施,但由于配套的法律教育、职业教育培训制度不明确,也只能算是一个前景尚不明朗的"半截子工程"。对此,贺卫方教授的文章从法院"服饰道具"等外形变化的角度提出了不同的看

---

* 本文原载《人民法院报》2002年6月28日。

[1] 《司法琐话》栏目是2002年前后《人民法院报》设置的专栏,由笔者、贺卫方、张卫平不定期地就一些司法热点问题和理论问题进行讨论,关于《司法琐话》栏目的详情,可参见张卫平:《琐话司法》,清华大学出版社2005年版,尤其是序言和《人民法院报》时任责任编辑张娜女士所写的《"琐话"背后的琐话》一文。

法。他认为,司法改革除了在体制方面的改革外,也包括在外在形式上的各种符号性变化。"服饰道具"的变化虽然点滴、微末、浅表,却同样展示了司法改革的深刻内涵。比如,穿法袍、敲法槌,使法官获得尊荣感,同时强化法官的独立性、责任感,从而有力地保障司法权的消极性和中立性;法院建筑和法庭设施的改善,则营造了司法庄严肃穆的气氛,表征了我国走向法治的进程。

至于该文的建设性,则不仅在于它彰显了司法改革在符号表意方面的内容,而且还在于它在"法袍、法槌之外"所提出的一些具体建议,这些建议在司法实践中可能具有直接的应用价值。比如,关于设置专用的法官通道的设想,关于搬走石狮、以安全检测门代替冷冰冰的门警的设想,以及关于在一般情况下取消法庭席位的英文标注的建议,等等,笔者认为都是值得认真考虑的。这就好比装饰房屋,同样的投入,不同的设计会有截然不同的效果。

说到这里,禁不住使笔者想要谈谈司法改革中的形变与神变的问题。所谓形变,是指与司法相关的各种外在形式或表意符号的变化;而神变,则是指司法在内在理念或实质精神上的变化。形变与神变的关系,是司法改革中需要关注的一个重要问题。因为,司法改革无非是司法的制度理念以及表征司法制度理念的制度规则和物质设施的变革,所有的司法改革举措都可以归诸形变或/和神变,都需要考虑形变和神变的互动关系。形与神的关系是外与内、表与里、名与实的关系。如果我们的司法改革在形变与神变的关系问题上能够做到以形传神、以神定形,那么就能够在内外和谐、表里统一、名实相符的状况下进行并成就斐然。从司法改革的运作过程作动态考察,则或者是"以形带神"——形变在先,促成神变,或者是"以神定形"——神变在先,带动形变,或者是"形神互动"。因此,如果我们谈形变,必须考虑到内在的理念或精神的问题;如果我们谈神变,则必须想到适当的表意形式或符号的问题。

有鉴于此,下面笔者在关照神变的思维状态下,就司法改革中的"形变"谈些分析性的看法:

意思表达与意思实现如上所述,形变是外在形式或表意符号的变化。这些年来,我国的司法在外在形式上有了令人耳目一新的巨大变化,从法袍、法槌等"服饰道具",到法院的建筑装备、法庭的设施、开庭的程式、裁判文书的样式等许多方面,都与以往有了显著不同,从而展示了司法的崭新形象。然而,需要指出的是,所有这些外在形式的变化,都是为了表达与从前不同的一些新的司法理念,或者是对一些原有理念的新的理解,如司法公正、司法透明、司法节制、司法效率、司法权威、司法专业化,等等。符号是象征性的,它是表意的工具、意思的载体,因而是意思的表达而非意思的实现。如果我们以为法官穿上了法袍、敲响了法槌、拿上了高薪、行走于专用通道等,就实现了法官的独立、公正、权威、专业化,就能够把相关司法改革由进行时态转变为完成时态,那么就会夸大符号变化的意义,就会把符号的意思表达功能不自觉地等同于意思的实现。笔者认为,许多人之所以对法院的"服饰道具"等外在符号的变化不以为然,关键在于他们对司法改革有更殷切的期待、不愿意看见人们因外在符号的变化而沾沾自喜、故步自封。因此,应该充分肯定"服饰道具"等外在符号的变化作为司法改革的内容和成就所具有的意义,同时要不断追求现代司法的内在精神和品格,扎扎实实地进行由外而内、由表及里、循名责实的操作。

意思表达的一与多。符号是表意的,但符号和意思常常不是一一对应的:一种符号可能有多种截然不同的意思;一种意思也可能用不同的符号来表达。立足于符号来谈意思,我们会发现除去一些符号特别是专用符号具有普适性的单一意思外,更多的符号则在不同语境下会有不同的意思。符号的意思确定往往是选择、界说、合意的结果。比如,在一个贴满白色瓷砖的建筑中由一群身着黑袍的法官审理案件,我们可以解说为"黑白分明",也可以说成是"黑白混淆";究竟是"黑白分明"还是"黑白混淆",只能视具体语境而定。又如,法官的法袍比原来的军警式制服更能体现司法职业的内涵,这一点人们现在是接受了,但是,我们不能忘记这只是对"长袍"类制服的多种含义在一定语境下选择界说的结果。如果认为法袍一定就表现法官的独立性、就保障司法权的消极性和中立性、甚至显示法官决策时需要尊重传统,那就大可怀疑了。"长袍马褂"也经常被用于刻画知识分子的穷酸;但是穿了"长袍马褂",也不一定就消极被动,记得从前有一幅画,叫《毛主席去安源》,画的就是毛泽东身着长袍、手拿雨伞、风尘仆仆地赶往安源唤起民众闹革命的形象。事实上,除了在法庭上,法官以法官的身份活动时也不一定都要穿法袍。

意思表达的因循与创新 符号的意思由于语境的不同,常常处于流变之中,这就提出了因循与创新的问题。以法院门前的狮子为例。在法院门前以狮子做摆设,的确让人觉得有脱离民众的旧式衙门的味道,与民主共和、人民法院的性质不相契合。但是,联想到在其他国家的法院也看到过门前、楼前摆狮子的情况,又觉得这个问题不能作过于简单的解释。狮子是威猛权威的象征,为什么在我们这里有力量、有权威的东西总会使人产生疏远民众百姓的感觉呢?其实,这是一种文化现象,说明我们有一种脱离民众的狮子文化或法律文化,有一种视法律为国之利器、视民众为法之对象的法律文化;说明我们的民众在现实生活中还不够有权威。而在其他国家,狮子则不会被解释为脱离、惊吓民众的官方或法律权威,而是象征着在一个民主法治的社会中法律、司法所应该具有的权威。因此,一旦我们顺着对狮子的某种负面解说清除了我国法院目前所有的狮子,彻底割断法院、法律同狮子之间可能存在的类比,我们会不会突然在某一天感到若有所失,感到别国法院的狮子可爱可亲、寓意深远呢?

关于司法改革的形变问题,还可以谈得更多、想得更深。比如,在我国,法官庭审使用法槌具有众多意义,但是在国外法院参观、旁听审判,我们也见到许多没有法槌的情况。这就促使我们要思考:为什么可以没有法槌?为什么不使用法槌也可以有秩序井然、庄严肃穆的法庭审判,有司法参与者发自内心的服从?在没有法槌的审判中,在法槌更多的是一种摆设的地方,难道我们不是更能体会到法律和司法的权威深入人心吗?!

7

论司法改革中的主体适格问题
——以"先例判决制度"为例*

回顾一下,中国的司法改革在五、六年前还主要是一个局限于书斋的话题,如今则已经蔚为大观了!法院上下齐动、法院内外呼应,各级人民法院争先恐后、各种举措层出不穷,改革的冲动和激情高昂,改革的热量和潜能不断释放。掐指数来,由法院主动并在社会上造成"轰动效应"的改革"亮点"颇多,诸如庭审电视直播、主审法官制度、一步到庭、当庭宣判、证据开示制度、举证期限制度、国家司法考试、穿法袍敲法槌、裁判文书附"法官后语"、小额案件简易审判、设立执行局实行执行工作"垂直领导"、推行债权凭证制度、设立法官助理、单列书记员序列、建立组合新颖的审判机制,等等。应该说,正是这些星星点点的改革,才构成了中国司法改革的如火如荼的局面。

但是,司法改革改出了今天这样的气象,也的确到了需要我们从深层次检讨司法改革本身的正当性基础的时候,而这种检讨的一个重要方面,就是众多的司法改革主体相对于各自所推行的改革,其本身是否符合"适格性"要求的问题。我们应该从一个社会政治和法律文化传统的养成、从一个国家法律和司法制度的稳定长久、从全体公民的法律信仰的树立等需要出发,认真地问一下:各司法改革主体在推出各种引人注目的改革举措时,应该在改革的对象内容、改革的方式方法等方面注意什么,才能使

---

* 本文原载《人民法院报》2002年8月30日。

自己在主体资格上符合"适格性"的要求。

还是以"先例判决制度"为例来作点说明。"先例判决制度"是河南省郑州市中原区人民法院2002年在社会亮相的一项改革,笔者读到的记者报道,用的是一个有趣的标题,即"我国审判制度将有重大改革?郑州试行先例判决";《人民法院报》2002年8月17日的相关简短报道,则出现在头版的"法院新鲜事"栏目。可以说,这些年来法院的新鲜事的确不少,但是比较起来,中原区人民法院的这项改革,无疑是近年来在法院发生的最为耀眼的改革"亮点"之一。

按照中原区人民法院方面的解释,"所谓'先例判决制度',是指经过某种程序被确认的先例生效判决对本院今后处理同类案件具有一定的拘束力,其他合议庭或独任审判人员在处理同一类型、案情基本相同的案件时,应当遵循先例作出大体一致的判决"[1]。所谓"经过某种程序",主要是指经过该院审判委员会的审核。由于所确认的"先例判决"还被汇编成册,提供给当事人公开查阅,因而实行该制度被认为具有诸多好处,比如规范法官的自由裁量权,保证法官正确适用法律,降低改判和发还率,以及保持同类案件判决的基本一致,发挥法的指引作用,树立司法权威,节约司法资源,等等。

总体而言,笔者是赞成中原区人民法院的这项改革的,甚至认为这项改革具有明确的现实针对性,很好地回应了理论和现实发展的需要,代表了中国司法和法制发展的一个方向。之所以这样说,因为法律的作用从根本上说就是为人们的社会生活提供合理的预期,这种可预期性不仅对法律的创制提出了要求,而且更需要在法律的适用上予以落实。在司法裁判过程中提出"遵循先例"的要求,体现了法律可预期性的要求,体现了"同样情况同样对待"的公平正义原则。同时,在历史上和现实中,虽然"遵循先例"一直是普通法系国家的一个突出标志,但在当今的大陆法系国家,也越来越体会到其中的合理性,从而在制度和实践上表现出以不同的方式、在不同的程度上予以吸纳的现象。说到两大法系的趋同,这可以说是一个最为重要的方面。人同此心,心同此理。中国在"入世"和不断开放、融入世界的情况下,进行"遵循先例"的改革,无疑将大大改观中国法制和司法在世人眼中的形象。因为,多少年来,当外国的法律学者和法

---

[1] 载《人民法院报》2002年8月20日。

律实务者得知中国的法官可以不顾及自己和同行先前的判决裁判案件时，他们是多么的惊讶！

但是，肯定这项改革的意义，并不意味着放弃进行建设性的思考。这一点，对于一个意图通过改革走向法治的国家，不仅对于司法改革如此，对于其他所有的改革也一样。在改革热情高昂的情况下，我们还是应该认真审视各项改革在主体资格上的适格性问题。司法制度是国家的根本制度之一，关系到国计民生、政制稳定，原则上是不能动辄改之的。如果说我们从前没有很好地意识到这一点，或者说已经意识到这一点却因社会处于转型期而不以为然，那么在经过了二十多年的改革，我们已经建立了基本的法律框架、并高扬法治旗帜的情况下，则必须重视和强调这一点。就法院的司法改革而言，当各地各级法院纷纷推出自己的"特色改革"，大有"语不惊人死不休"的态势下，尤其要注意基于各自"身份地位"的节制美德。这种节制的美德在行动上不仅表现为当为则为，更表现为有所不为，以及将自己的所作所为限制在合理的范围内。这就需要各个法院在改革的内容或对象的选择上思考再三，在改革的方式和宣传上谨慎行事。

由此看来，中原区人民法院所推行的"先例判决制度"，就有了一些值得深入思考的地方。笔者想请大家注意前面所提到的那位记者的报道，因为这个报道在标题里用了一个扎眼的问号。这个问号问得好！因为，法院在制度上明确肯定了"先例"对今后处理同类案件的拘束力，就等于在"先例"所可能具有的强拘束力、弱拘束力、说服效力和无拘束力等诸种可能的情况中选择了"强拘束力"，意味着在"强拘束力"的意义上肯定了"先例"作为法律渊源的地位，从而使"先例"在该法院成了正式的法律渊源之一。于是，该法院的职能在一个关键点上扩张了，取得了在大陆法系国家以及我国现行的法律制度中只有拥有立法权的机关才享有的"造法"地位。这样一种改革，使得多年来法律学者的相关建议以及法院肯定"先例"效力的态度倾向在制度实践上浮出了水面。这样的改革不能不说是一种"狂飙突进"式的改革，对于这样的改革，是有必要考虑改革主体的适格性问题的。也难怪人们对此提出了这样的问题："我国审判制度将有重大改革？"

"改革无禁区"，这句话与"发展是硬道理"的说法一道，支配了近二十多年来中国人的思想观念和行动。可以说，没有这样的明确表述，就不会有中国社会今天的发展景象。今后我们依然需要这句话,以维护和张扬我们的进取精神。但是,经过二十多年的改革开放和发展,中国社会已经确立了各种新的、合理的制度和观念,从整体上说,我们将从一个改革的时代,逐步进入一个改革和因循并存的时代,并最终建立一个以因循为主的稳定平和的社会。有鉴于此,我们在说"改革无禁区"时可能需要有所节制,至少在我们这样说或做的时候,还要认真地提醒自己:主体要适格,方式要恰当。

8

司法改革中的健全思维
——追议"谁是司法改革的主体"*

针对笔者所写的《司法改革中的主体适格问题：以"先例裁判制度"为例》一文，贺卫方教授在《人民法院报》2002年9月13日《司法琐话》栏目中以《谁是司法改革的主体》为题，作出了回应。针对笔者所强调的法院在司法改革中的"节制美德"——"当为则为、有所不为"，贺卫方教授则凸显了问题的另一面，强调法院在司法改革中还应该有"勇敢和智慧"的美德——"有所不为、当为则为"。对此，笔者认为，我们在司法改革的主体问题上，从一般意义上而言就能达致一种经过折中平衡的共识：其一，司法改革是法院甚至社会全体共同的事业，从宏观层面上概括地说，它不是也不应该是某个社会主体的特权；其二，改革是创新，是对既成现实的挑战，所有的社会角色都应该勇于担当，克服"搭便车"心态，诚所谓"国家兴亡，匹夫有责"是也！

说司法改革是一项共同的社会事业，因而不能是哪一个社会主体的特权，这样一种对于"谁是司法改革的主体"的回答，可以称之为"泛主体论"。应该指出的是，这是一种宏观而概括意义上的回答。因为，正如任何语词和语句的确定含义都离不开一定的"上下文"、一定的语境一样（试想象两个朋友见面说"你好！"和两个仇人见面说"你好！"的情形），任何问题的提出及其含义，也有一个具体的语境限制问题，否则的话，就可

---

* 本文原载《人民法院报》2002年9月20日。

能提问不得要领,回答答非所问。

"谁是司法改革的主体?"这一问问得意味深长,问得饱含热情和责任!但是,这并非是一个简单提问,而是一个相当复杂的复式提问,因为要回答这个问题,需要关注提问的不同语境,在提问对象上作出具体的限定。如果这么问是以中国的整个司法改革为对象,那么如上所述,我们应该坚持的是一种最大限度的公共参与的"泛主体论";如果这样问是以某项具体的司法改革为对象,那么"作出改革决策"的主体就不应该采取"泛主体论"的立场。在这种微观而具体的层面上,"主体适格"是一个关系到具体的司法改革是否正当、影响整个司法改革是否有序的重要问题,不容得我们不予以关注和深究!

结合具体的语境或具体的司法改革举措来谈"当为则为",则在肯定各级法院在司法改革中要勇于担当的同时,还需在"主体适格"上颇加思量。所谓"当为",就是"应当作为";在司法改革这一浩大的工程中,一个法院如果当为而不为,那是一种苟且、一种失责,也根本谈不上是什么"节制"的美德。因为,"节制"的美德也好,"智勇"的美德也好,都以一定的"度"为基础。而所谓的"度",就是要具有正当性——如果在法治的意义上来界定我国的司法改革,对于这种"正当性"我们还应该在很大程度上作"合法性"的诠释。而在正当合法的意义上来分析"应当作为"的构成,则至少对于各项司法改革举措要审视两个方面:一是改革内容要正当,即目标定位正确,发现了现行司法体制中的不合理之处;二是改革主体要合格,符合现行政制框架为各级法院提供的自主空间,不超出法定的权限范围。

这么说当然强调的是司法改革的有序进行,浮现于人们脑海中的可能是改革者"戴着脚镣跳舞"的景象。但是,笔者并不认为因此就会不适当地束缚法院从事改革的手脚。正如最高人民法院副院长刘家琛法官在谈论中国法院改革的成就时所说:"中国法院系目前正处于一个推进改革的关键时期。虽然,随着改革的不断深入,越来越多地触及到体制性的障碍,但不能因体制的障碍,法院的改革就停止不前,在现行体制框架下,法院工作改革的余地仍然很宽广。"[1]

---

[1] 余瑞冬:《高法副院长刘家琛:中国法院改革取得五个"突破"》,载中国新闻网(http://www.chinanews.com/2002-08-28/26/216398.html),访问日期:2019年6月5日。

进而言之，如果我们认为处于社会转型期的中国法院在改革中不仅要有节制的美德，还须有"智勇"的美德，那么，在发现了现行司法体制中的不合理之处、而问题的解决似乎又超出了自己的权限范围时，有关法院同样可以有所作为。之所以这么说，就在于任何问题的存在和解决都有一个质和量的问题。在"当为"和"不当为"之间，许多情况下并没有截然的界限。在介于当与不当之间甚至在明显不当为之时，也可以有一个不舍微末的"增量"改进的余地。在这种意义上，改革所采取的方式和方法就非常重要。事实上，在应当作为、不应当作为或者当与不当界限不明的情况下，都有一个如何作为才恰如其分的问题，也就是改革的方式和方法的问题。改革者不仅应该是果断决策的勇士，而且也应该是善于细致操作的能手。

说到这里，笔者想进一步引申出司法改革中的健全思维问题。在探讨司法改革和作出各种具体的改革抉择时，保持健全的思维至关重要。我们经常会发现，人们在研讨或从事司法改革时，存在目的和手段、论点和论据之间不相关、不对称的情况。比如，在司法改革的研讨中，有许多研究者主张取消检察机关对法院的法律监督权，这自然招致其他一些论者尤其是来自检察院方面的研究者的"坚决反对"。但是，反对者提出的主要理由常常是：法院和法官方面有那么多的腐败现象，致使民怨沸腾，"监督了还这样，不监督还了得吗？"这里就有一个目的和手段、论点和论据的相关性和对称性的问题。因为，从制度建设的角度说，即使把法院和法官的腐败说得再吓人，也不能证明必须保留甚至强化检察院的监督权。检察院是代表政府的诉讼一方，如果因为拥有监督权而凌驾于法院和诉讼的另一方之上，又如何体现"公平审判"的基本原理和要求？分析说来，在制度和程序设计上，法院相对于检察院甚至是更强调公正无偏、更受各种制约的组织，又如何能认为来自检察院的监督是当然合理的呢？

又如，推行"先例裁判制度"的改革，的确是为了通过强调先例的作用，保障司法和法制的统一，促进司法的公正和效率。但是，在对现行制度作出重大改革之前，我们完全可以基于"同样情况同样对待"的法理，要求裁判者对自己和同行的判决予以关照。为什么一定要以肯定先例作为正式法律渊源的方式来进行呢？再如，一些法院推行在裁判文书中附加"法官后语"的改革。笔者读了有关的说明材料，但是终了还是要问：法与德、法与情到底是什么关系？在高扬法治旗帜的今天，如果我们在作出了司法判决之后还觉得在道德、情理上"心有余悸"、意犹未尽,而不能坚信自己的裁判说理可以在法理和情理(当然还有事理和文理)上做到内容和形式上的交融合一;如果我们总是对法律抱着一种道德怀疑主义、"无情无义"的看法,总是觉得只有在法理之外才能展示道德、情理,那么我们真是有充分的理由去怀疑这里的"法",也怀疑这里的"德"、这里的"情"。

司法改革的确需要各级法院勇于担当、当为则为,但不能有勇无谋,不能一味地只顾"过河",而忽视"过河"的"桥与船"的问题。一句话,任何有益的司法改革举措,都需要有良好的知识储备、健全的思维和周密的论证。

9

法院如何进行"文化建设"[*]

对于"文化"一词的含义,钱穆先生在其《中国文化史导论》中曾有过鲜明独到的界定。他认为,"文化"与"文明"两词皆关涉人类群体生活,人们也多加混用,但它们的含义应有区别:"文明偏在外,属物质方面。文化偏在内,属精神方面。故文明可以向外传播与接受,文化则必由其群体内部精神累积而产生……文化可以产出文明来,文明却不一定能产出文化来。"钱先生的看法意蕴深厚。尤其对于我们这样一个属于后发现代化的"泱泱大国",在不得不于器物层面承认"技不如人"的情况下,将内含的文化解脱于外在的文明,显然有益于维护自己的民族自尊、故国情怀、大国颜面。而且从理论上强调文化的内在性、历史传承性、对环境的依赖性以及文化与文明的非对应性等,也显示了钱先生对文化问题的深刻洞察。

文化是一个复杂的概念和理论问题,近两个多世纪以来,与中国社会曲折发展相伴相随的历次"文化热",以及其中的学说纷争、观点殊异,更使得它复杂万分。眼下我们谈论"法院文化""法院文化建设",显然已经遭遇、并将进一步受困于这种复杂性(如"法院文化建设"中的"泛文化"倾向或困扰)。不过,文化毕竟也是一种寻常的生活现象,在理论上追求宏大深刻的谈论的同时,也可以在生活常识的意义上作出具有现实针对性的理解和把握。当下法院为什么要进行"文化建设",可能一个笼统的

---

[*] 本文原载《法制日报》2006年6月22日。

理由是要使法院像法院,使法院不仅得其名而且获其实;而这样一个循名责实的要求,在近些年来法院大楼设施变得辉煌气派并为世人所关注之后,变得尤为凸出——我们是不是有一种在司法地位提高、物质条件改善后的精神上的空落感呢?清华大学前校长梅贻琦先生在论及大学的根本或精髓时有言:"所谓大学者,非谓有大楼之谓也,有大师之谓也。"同样,我们也可以认为,法院之所以为法院,不在于大楼,而在于高品质的法官和法院工作者群体,在于赋予法院设施、制度规范等外在事物以内涵、精神,使法院形神兼备、从而堪称为法院的文化积淀。因此,谈论"法院文化建设",首先要思考和回答的问题是如何才能使法院"有文化"。

如同文化概念一样,法院文化也包罗广泛,既有物质形态的法院文化,也有精神形态的法院文化,但就法院文化的本体而言,是后者。法院的文化精神是内在的,其展示需要载体,包括人员、组织、建筑、设施、装饰、制度、规范、惯例、文字、标识等各种有形和无形的事物,从而构成一个完整的表意系统。因此,"法院文化建设"必然是一项构建外部表意系统的工作。没有基本的表意条件和手段,法院的文化精神无法彰显,就不可能被认为"有文化"。

更重要的是,法院要变得"有文化",就必须立足于法院性质和功能对各种事物的文化属性和关联进行甄别,并予以恰当的揭示。作为表意法院文化的事物,应该具有与法院相关或者高度相关的文化特性(当然还包含正相关还是负相关的问题)。在我们已然选用的众多事物中,正面的例子如天平、法袍、法槌、独角兽、镜子、法庭、法官通道、权威的案例汇编、杰出法官的挂像、法律典籍等;反面的例子有法官学习室里空落落的书架,书架上摆放的武侠小说、粗制滥造的法律工具书等,不相关人物的挂像,当事人赠送的各种锦旗、牌匾,政府有关部门发放的诸如卫生标兵、计划生育先进单位一类的奖杯、奖状,组织指任的没有法律背景的院长、法官,等等。相关性考量有不同的维度,如历史和现实、业内和业外、文献和实物、域内和域外、全国和地方等,不一而足。

除去与法院相关的事物外,法院的文化形象还取决于我们对这些事物的文化特性予以恰当的表达或展示。蒙眼的正义女神,不能塑造成妖娆的凡间女子;象征司法威仪的雄狮,不能造型为看家护院的恶兽;设计精美、用料讲究的浮雕,不能配上文理不通、标点文字有错的解说;法院管理中的高科技设备,不能成为监督法官言行举止、使个人尊严荡然无存的工具。"法院文化建设"意味着在硬件和表意系统方面大量的投入,钱花了,人力、物力也耗费了,但如果表意有误,运用不当,就会弄巧成拙,愈发使法院显得没文化、缺乏文化追求。

法院要通过文化建设变得有文化、有内涵,除了需要自身在文化载体和文化表达方面艰苦努力外,还需要在寻求法院文化的社会认同、社会共识方面进行卓有成效的工作。关于什么是优秀的法官,什么是模范法院,什么是评价法院工作的恰当标准和指标,等等,都需要解决法院文化的社会共享问题,通过营造一种拥有良好的司法文化的社会环境加以实现。

法院文化建设不仅要解决"有文化"的问题,还要回答"有什么文化"的问题。法院文化是一个包罗甚广的概念,其中有共享的成分,也有因历史阶段、国别和地域、政制架构和意识形态等不同而成为特色的成分。法院的文化建设要在广泛意义上解决使法院"有文化"的问题。而穿插其中并越来越突出的则会是"有什么文化"的问题。法院的文化建设在大致解决"有文化"的问题后,继起的必然是"有什么文化"的问题,而这恰好是一个借助于一定的文化价值观进行文化识别、选择和系统构建的过程。所以,我们经常说,在法院的文化建设中,价值观问题至关重要。需要辨明的是,文化是一种与时空场景密切联系的现象,从这个意义上说,文明有高下,文化无优劣。对文化或法院文化的选择、取舍,甚至是所谓的"优劣评价",常常是基于文化或法院文化之外的因素的考量——是在某种外在因素的影响下,对文化或法院文化的属性和关系的适时性判断。对此我们不能不察。

10

检察权的性质及其正当性基础*

从法理上分析现代检察制度，首先要关注的一个问题就是检察权的性质问题。检察权到底是一种行政权还是司法权？从检察制度产生时起就是一个争论不休的问题，直到今天，依然如此。如果说检察权是司法权，为什么它具有行政权的层级结构，并表现为行政的运作方式？如果说它是一种行政权，为什么在制度和观念上会强调它的独立性，强调检察官的司法官性质？这的确是一个复杂而又关键的问题。从中国的司法实践看，对这一问题迄今还没有一个很好的解答。与这种情况形成有趣关联的是，我们这些年来讲司法改革，在很大意义上讲的都是法院的改革，好像司法权就是审判权，司法权的主体就是法院。于是就出现了一个盲点，一个非常有趣的现象，就是检察制度的丢失。检察制度在国人特别是在学术界对司法改革的谈论中、在学者的司法改革视野中好像被丢失了！这意味着什么？是不是有一种潜在的意识认为检察制度、检察权是一种行政现象，认为谈司法特别是谈现代司法、谈现代司法权的主体就应该像英美等国一样定位在司法裁判和法院法官？这样一种主观臆断是不是导致出现了漠视检察制度存在的现象？不管怎么说，在近几年关于法制和司法改革的议论中，的确有一种值得关注的把检察制度边缘化的倾向。

---

* 本文系 2002 年 4 月在珠海召开的"中国法治之路与检察改革研讨会"发言的主要内容，原载孙谦等主编：《司法改革报告——检察改革、检察理论与实践专家对话录》，法律出版社 2002 年版，第 10—14 页。

关于检察权的性质定位,笔者觉得最大的问题是许多学者是按照三权分立的政制架构来定位检察权的。按照三权分立的政制架构,检察权肯定不是立法权,需要回答的是它到底是行政权还是司法权?这样一种提问方式,给回答这一问题造成了困难。因为,从权力的性质来讲,我们应该采用的是"两分法",区分法律的制定和法律的适用,然后在法律适用这个层面上才会看到行政、审判、检察等。按照"两分法"的思路分析问题,可能对检察权的定位会清楚些。检察的职能也是一种适用法律的职能,在适用法律的意义上,法院和检察院所行使的权力在性质上到底有多大差异?另外,以"三权"作为一种不言而喻的前提预设并在这个意义上争论检察权到底是一种什么样的权力,完全脱离了我国人民代表大会制度的政制架构。我们不能无视现实。如何在人民代表大会制度的政制架构中定位检察权,这是一个需要深入思考的问题。

从法理角度分析,第二个层面的问题是检察制度的正当性基础。对这方面的追问,可以采取回归原点的办法。就是说,从发生学的意义上考察检察制度最初是基于什么样的目的而设立的。从笔者掌握的资料看,检察制度是法国大革命的产物,它是1789年作为"革命之子"产生的,到1804年《拿破仑刑法典》基本定型,然后随着拿破仑的东征西讨,这种制度在欧洲大陆传播开来。到了德国,它又结合了德国自己的传统,被有所调整。中国的检察制度是清末改制通过日本引用借鉴德国的一种体制。我国现行的检察制度虽然在1949年后受到过苏联的深刻影响,但从制度框架和基本理念上看,仍然可以归结为欧洲大陆模式。

从欧洲大陆检察制度产生的历史看,当时主要是基于三个目的:

第一个目的是权力制约,制约裁判机关。这个制约有两层意义:一是入口处的监督制约;二是对审判过程的监督。对于入口制约而言,检察官是站着的法官,裁判官是坐着的法官,检察官审查决定刑事案件是不是需要提起公诉,检察官不起诉,法官就无从审理。这与从前的纠问式裁判是不同的,纠问式裁判没有检察与审判的区分,没有这种入口控制,因而容易产生裁判的专横恣意。为了控制裁判权的专横恣意,检察权才从中分化出来,进行这种入口控制。这里引发的一个问题是公权和私权的平衡问题,如果检察机关不起诉,受害方是不是就不能够通过正当的法律途径来保障自己的权益。这方面现在已有进步,但却没有得到很好的解说。按照原初的设计,起诉与否是由检察官决定的。从监督审判过程看,检察机关对审判的监督除了入口制约外,还有一个全程监督。但是,对此人们总是会提出这样的疑问:较之于检察院上命下从的行政组织结构和运作方式,法院在制度构造上显然更为客观、更利于保证公正。出于实现公正的目的,却通过一种行政阶层式的机构去监督一种设有内部制约的机构,其合理性何在?这一问题到目前也没有得到很好的解答。

第二个目的就是控制警察,通过检察制度对警察进行合法化的控制。问题是,什么是有效的控制?有效控制是不是必须要另外设一个机构?许多学者主张"警检一体化",但一体化可以通过设立检察机构和警察机构、确立它们之间指挥和服从的关系来实现,也可以通过将检察职能设计安排在警察机构内部来实现。控制警察权是现代社会的一种趋势,但是控制的方式、控制的体制则可以有不同的合理选择。

第三个目的是保障民权。检察官应该维护法律秩序,维护社会的利益,而不是简单地维护政府和国家的利益。它应该有一个更加中立的立场,而不仅仅是代表政府去追诉被告。从检察制度产生的那一天起,对它的正当性的论证,都包含它应该搜集对被告有利的证据。如果在裁判过程中发现被告无罪,检察官应该主动提出。这样一种最初的理念与我们现在的实践中检察机关不断强化自己的打击职能、追诉职能形成鲜明对比。我们的检察制度如今是一部分职能在不断地萎缩,一部分职能在不断地强化,因此要考虑如何才能保持平衡的问题。如果仅仅把检察官的职能定位在对刑事犯罪的追诉上,那么为什么只有在受害一方才存在国家利益,而在被告一方就没有国家利益呢?为什么受害一方身上的国家利益可以得到检察机关的维护,而被告一方身上的国家利益就得不到检察机关的维护呢?这也是在理论上不能回避的一个问题。追溯检察制度的历史,我们会发现,从中世纪君主或领主的管家或代理人演变为近代民族国家中政府的代言人,检察官所代表的利益似乎扩展得不够,因为在近代民族国家中,无论被告还是原告都是国家的公民,在他们身上都有一个国家利益的问题。

检察制度作为司法制度的一部分,它涉及公权之间的关系、公权与私权的平衡。如何在法理上对检察权的性质、检察制度的正当性基础作出圆融一贯的解说,是中国检察制度改革和检察理论发展必须面对的深层次问题。

11

简论"加强法律监督能力建设"*

"着力提高法律监督能力",是对检察机关自身建设的总体要求,是检察系统内部顺应时势、回应挑战和检视现状的结果。顺应时势,是指它响应并具体贯彻了执政党提高执政能力和政法机关提高执法水平的号召;回应挑战,是指在科技日新月异、社会剧烈变迁的情况下,检察工作面临许多新情况、新问题,社会大众对法律监督的期望越来越高,需要检察机关妥善地加以应对、解决;检视现状,是指检察机关在队伍建设、制度设计、工作机制、观念认识、检察保障等方面还存在许多影响检察职能充分发挥的不利因素,需要克服并加以改善。

检察机关是国家专门的法律监督机关,法律监督是对检察职能的总体概括,法律监督能力则是对检察能力最简洁明了的表述。对于检察机关"法律监督能力"的含义,目前认识比较一致,一般是指检察机关正确履行法律职责,维护法律的统一正确实施的本领。对于这种认识,我们也可以在更加学理的意义上作如下表述:检察机关的法律监督能力(以下简称"检察能力")是检察机关在现代检察环境下,依法运用检察权和其他公共资源,履行检察职能,维护法律的统一正确实施,实现社会公平正义的本领。

深入认识检察能力,是切实提高检察能力的前提。从学理角度审视,检察能力应该是一个综合性的概念:从内在构成上分析,它是由不同资源

---

* 本文原载《国家检察官学院学报》2005年第2期。

要素组成的一个有机的系统;从外在表现考察,检察机关在功能意义上所拥有的不同形态的实际检察能力,组成了一个完整的能力体系。

检察能力的大小取决于众多的资源因素,其中最主要的是与检察机关的法律监督活动及其所追求的目的密切相关,并且有相对稳定的一些资源因素。这些因素包括:人力资源、权力资源、权威资源、组织或制度资源。

人力资源。检察机关通过检察工作人员履行自己的法律监督职能。影响检察能力的人力资源,主要是检察工作人员的数量和质量。检察人员的数量规模以及在不同职能分工意义上的合理的数量构成,直接影响检察能力的大小。当然,在达致低限的数量要求之后,对检察能力的大小强弱产生决定性影响的还是检查人员的质量或素能。检察人员的素能构成既包括知识、技能和体能等基本能力,也包括将知识、技能和体能用于履行具体检察职能的各种运作能力。在后者当中,既有各种经验性能力,如判断、筹划等思维能力,协商、领导等人事工作能力,还有至关重要的敬业精神方面的要素,如纪律性、协作性、主动性等。一个检察人员的基本素能和工作经验不管怎么出色,如果没有良好的敬业精神,也不可能把工作干好。

权力资源。检察机关为履行法律监督职能依法掌控和运用各种权力,这些权力在总体上构成了我国宪制中的检察权。检察权就是专门的法律监督权,它标识了检察机关的性质,是影响检察能力的根本要素。检察权与检察能力之间存在复杂的关联关系:一方面,检察机关及其工作人员只有掌控和行使检察权力才能充分履行法律监督的职责——权力越多越大,能力就越强;另一方面,由于公共权力在组成和运作方式方面的正当性或合法性要求,检察权也不能一味地注重扩张,以免导致权力失衡,背离民主政治的主旨。

权威资源。权威是一种源自于制度和实践的正当性(或合法性)的力量,它是一种公共影响力,是一种精神性能量。检察制度和检察实践的正当性是检察工作基于其性质、职能、原理、原则、机制、业绩、人员魅力等多重因素而具有的对社会大众的感召力和说服力。它在广泛而深刻的意义上影响了人们对检察机关法律监督工作的认可、服从和支持的程度,决定着人们的心理认同。由于检察机关法律监督职能的独特性,对于其能力的提高而言,强化和完善检察权的配置固然重要,但更重要的还是人们对检察权设置和行使的正当性认同。缺乏正当性认同的权力是强权,任何强权都无法持久。

组织或制度资源。检察机关是一个组织系统或制度体系。组织规范的健全程度、组织构造的完善程度以及运作机制的效率高低,都直接关系到检察资源的有效配置和整合,影响检察机关法律监督能力的强弱。

构成检察能力的各资源要素之间是相互联系、相互制约和相互影响的,一种要素的变化,必然引起其他要素甚至整体能力结构的变化。这种变化的相关性极为复杂,既可能是对其他要素和整体能力结构产生积极的倍增效应和协同效应,也可能是消极的限制增长或相互抵消的饱和效应。例如,检察权要素增强,其权威要素一般也会相应增强,检察能力会相应提高。但是,如果检察权扩张不当,就会因为缺乏正当性或合法性资源的支撑而降低法律监督的权威性,并影响检察能力的提高。另外,考虑到我国地域文化和社会经济发展的差异对检察能力的重大影响,从要素组合的角度我们也可能区分出不同地区检察机关不同类型的能力构造和特点。

构成检察能力基础的人力、权力、权威、组织等资源要素是检察机关履行法律监督职能所必备的内部条件或内在可能性。这些内在的能量只有在检察机关围绕特定的法律监督目标在不同领域、不同环节的聚合、配置和发挥中,才能形成或呈现为一种现实的能力。从外在的功能表现来看,检察能力具有不同的内容和形态,如刑事检察能力、查办预防职务犯罪能力、诉讼监督能力、监所检察能力、检察行政或管理能力等。贾春旺检察长(原最高人民检察院检察长)任职期间,从检察机关的职能和工作特点出发,在联系检察职能的社会作用的基础上,区分列举了法律监督能力的五种形态:履行检察职能,打击预防刑事犯罪,维护社会稳定的能力;依法打击预防职务犯罪,促进廉政建设的能力;正确处理群众诉求,化解矛盾纠纷,促进社会和谐的能力;敢于监督、善于监督、规范监督,促进严格执法和公正司法的能力;强化自身监督和制约,严格、公正、文明执法的能力。

以上从内在要素构成和外在功能表现的角度对检察机关的法律监督能力作了静态分析,展示了其系统综合的属性。检察机关"着力提高法律监督能力",首先要立足于这种综合性,视它为一项涉及检察工作方方面面的系统工程。同时,检察能力建设作为一项系统工程,还应该特别关注检察工作的环境因素。正如开篇所述,"着力提高法律监督能力"这一命题的提出,本身就是检察机关因应时势和外部环境变化的重大举措。从提高检察能力的实际过程看,它也是在一定的时空背景或现实场景中发生和展开的。

从检察环境的角度来审视"提高检察能力",应该特别注意检察能力概念在动态实现意义上的可评价性、可交流性、合目的性和针对性。

检察能力应该是一个可评价的概念。检察能力是不是提高以及提高的程度,涉及评价问题。评价包含不同的主体、内容和角度,如内部评价和外部评价,专家评价和大众评价,业绩评价和过程评价,全面评价和局部评价,等等。从中国检察事业的可持续发展看,应该特别关注不同的主体评价,尤其是内部评价和外部评价、专家评价和大众评价之间的有效沟通和交流。

检察能力应该是一个可交流的概念。交流的目的在于沟通和理解。在我们这样一个人民共和的国家,检察工作的顺利发展离不开社会大众的理解和支持。由此就决定了,在提高检察能力的建设中,应该特别注意克服可能存在或可能产生的自以为是的"自蔽"行为和倾向,要时刻注意把握社会大众对检察工作的期待,注意回应外部世界的评价。

对检察能力建设的可交流性要求,决定了检察能力在价值层面上应该是一个合目的性的概念。提高检察能力意味着强化自身,但强化自身的目的不应该是本位意义上的自我主张、自我谋划,而是为了更好地履行检察职能,是为民众、为社会、为国家谋大利意义上的维护法治和实现社会公平正义。检察能力建设应该服务于检察工作"强化法律监督,维护公平正义"的工作主题。

同时,对检察能力建设的可交流性要求,决定了检察能力的操作还应该是一个有针对性的概念。检察能力建设在学理上涉及检察工作的各个方面,但是如果立足于一定的时空场景、从业绩评价和主体交流的要求看,则不能无所侧重、没有针对性。检察机关法律监督能力是不是有所提高,常常取决于外部的业绩或结果评价,取决于检察机关在履行职能过程中是否以及在多大程度上回应了人们关注的问题、满足了人们的合理预期。在实践中,检察能力建设应该"针对人民群众反映强烈的问题和法律监督工作的薄弱环节"。

12

对中国"检察一体化改革"的思考*

"检察一体化"是检察改革和《中华人民共和国检察院组织法》修改中的一个重大问题,目前在检察系统内部形成的一种比较清晰的改革思路是,在坚持人民代表大会制度的前提下、以检察首脑为核心进行全国检察院的"检察一体化"改革。其中最为引人注目的改革举措包括:在上下级检察院的关系上确立上级院检察长对下级院检察长的提名权;在检察院内部检察长和检察委员会的关系上确立检察长的领导权(而非之前法律规定的集体领导、检察长负责)。对于检察一体化改革所要解决的问题,目前在认识上也达成了一定的共识,即克服检察地方化,按照检察制度的内在规律合理建构检察权。首先笔者要声明,对于检察一体化改革,笔者是赞成的,主要理由是:①"检察一体化"改革符合宪法和法律的规定。法律规定了上下级检察院之间是领导与被领导关系;规定了检察委员会集体领导、检察长个人负责,这些规定说明,检察院的检察权在组织构造上与法院的裁判权不一样,体现的是学理上所说的"检察一体"原则。尽管如此,在如何贯彻、如何在原理上贯穿"检察一体"方面,仍有改革的余地。我们现在所进行的检察一体化改革,可以认为是落实宪法和法律基本要求的改革。②"检察一体"原则在大陆法传统国家的检察制度中是共通的,反映了检察权行使的一般原理,体现了检察权的性质和有效实现检察职能的需要。中国的检察制度深受大陆法传统的影响,尽管具有明

---

* 本文原载《国家检察官学院学报》2007年第2期。

显的中国特色,但在追诉犯罪、保障人权的基本职能方面是一致的。"检察一体"是有效实现追诉犯罪、保障人权的必然要求。③中国是单一制国家,中央与地方的关系不同于联邦制,总体说来,中央政府、全国人民代表大会将在更大程度上统合地方意志,因此,通过检察一体化改革克服"检察地方化",是与我国的基本政体形式一致的。

同时也要强调,笔者所赞成的检察一体化改革,是定义良好的检察一体化改革,是有条件的。审视我们现在对检察一体化改革的议论,主张权力的多,谈限制权力的少;谈确立权力的多,谈权力行使的正当程序和机制的少。而在这些条件被清楚地厘定之前,要推行和建立检察一体化必然是困难的,也缺乏应有的正当性。

从域外的实践尤其是我们比较看重的大陆法系国家的实践看,"检察一体"主要是在"事权"意义上对检察权行使方式的强调,与此形成鲜明对比的是,我们的检察一体化改革,着力点是在"人权"上,即上级检察院检察长对下级检察院检察长的提名权。我国的法律已经规定了上下级检察院之间的领导和被领导关系,也可以认为是在检察权行使方式上确立了"检察一体"的要求,因此,着力于人事安排方面的权力只是在延伸的意义上、在超出"检察一体"固有的题域的主张。这样一种延伸和跨越说明了什么?笔者认为这说明我们国家法治发展的低水平,法律权威性不够,合法性不等于现实有效性。域外理论上所说的"检察一体",是指通过上令下从的方式行使检察权,即检察长在检察权行使上的指挥监督权、更换权和转移权。检察权行使上的"检察一体"当然需要在人事、组织上的保障措施,但是在这方面并不是当然地就能演绎、派生出上级检察院检察长对下级检察院检察长的"提名权"。

对于检察长和检察官的选任问题,在域外的制度和实践中可以看到有专门的制度和程序,在"检察一体"的主题下探讨的则主要是如何防止检察长借"人权"操作"事权"、滥用指令权的问题。"检察一体"是解决检察权的运作方式问题的,并不包括检察官和检察长选任上的"上令下从"。"检察一体"肯定的是上令下从和职务活动上的领导监督,但争论研讨的重点都是如何防止可能由此带来的检察长的专权滥权问题。在这方面比较一致的立场是,"检察一体"所要求的上令下从以法定主义为限制,由此产生的需要是,对检察行政和检察事务、检察事务中的法定事由和便宜范围作出必要的区分。反观我们所主张的检察一体化改革,在上述方面还缺乏应有的认识和界分。而在缺乏必要界分的情况下推行检察一体化改革,结果是否能强化检察职能、保证检察权正当有序地运作,值得怀疑。

更值得注意和讨论的是,"检察一体"是一个题域有限的原理性表述,而中国检察制度在性质和职能上具有高度特殊性,立足于中国检察机关的法律监督机关性质、中国检察机关承担的广泛职能而非单纯的追诉犯罪职能来谈论"检察一体",必然导致其题域的高度扩展。从感觉上说,超出传统的检察职能范围谈论"检察一体",简单化的方式肯定是不行的。

显然,我们目前在谈论检察一体化改革时,笼统的主张比较多,反向性思考、具体操作的正当性考虑比较少。同时,对检察一体的问题,在正向的原理贯通上认识也不到位。我们现在的很多议论和文章都是在这个意义上展开的。检察一体必然在一般意义上直接否定检察官独立。检察官独立显然是比照法官独立的提法或主张,但是如果说法官独立的话题有合理性的话,检察官独立则难以成立,因为检察权是一体化的行使方式,而裁判权是审级构造和合议制的行使方式。

当然,如果说"检察独立与检察一体化"则不会有矛盾,因为检察独立是指检察机关(而非检察官)独立于行政机关、社会团体和个人的干预,而且从域外的检察实践和理论看,排除外部尤其是政府方面的不当干预,是"检察一体"的应有之义,就此而言,检察独立和检察一体还是一致的。

理论上对检察权的性质属于行政权还是司法权一直有争议,笔者的看法是,即使肯定检察权是司法权,也要从检察职能的特点和有效实现出发,设定检察权的行使方式和程序。我们要检讨简单化地界分检察权和行政权、审判权,以及在权力行使方式、权力构造方面截然界分检察权与行政权的做法。尽管人们普遍认为中国司法的行政化是其显著弊端之一,要通过司法体制和机制改革予以解决,但就法院来说,在内部组织构造和运作方面的改革方向是去行政化。那种主张在法院内部实行"垂直领导"之类的言论,完全不得要领,因为法院司法权是审级构造和合议制运作,若真"垂直领导"了,也就没有法院制度了。与法院不同,检察院司法权是一体化、检察长负责制的组织构造和运作方式。检察院内部改革的方向是什么,有必要联系检察职能的特点以及相应的检察权行使方式来思考,基于这样的思考,至少不是简单地去行政化——可能恰好相反,是与行政首脑负责制颇为形似的上令下从的行政化。考虑到对检察长指令权严格的法定主义限定,对检察官职务行为的严格的法定主义呵护,或可称之为法定主义主导的行政化。

在上下级检察院的关系上,检察一体化改革不仅要强调检察权的中央属性,而且更要强调上级检察院检察长指令权的法定性。在检察权与中央政府之间的关系上,更需要强调"检察官是国家法意的执行者,而非政府的传声筒"。检察一体化改革涉及检察体制和检察权运作机制的重大调整,在此过程中,简单地立足中央权威、中央立场是有问题的。

在检察长和检察委员会的关系上,我们已经意识到检察委员会集体领导和检察长个人负责的矛盾,但是在解决问题的原理上,我们还没有什么认识。这里的关键是对民主的认识,民主包含丰富的内容,如民主体制、民主权利、民主作风、民主方式。民主作为体制,主要体现在国家权力的整体构造上,体现在人民代表大会制度上。尽管民主集中制是我们的政府组织原则,但它并不妨碍我们建立首长负责制,并不意味着我们在各个国家职能部门内部都要形成"双头""多头"的领导体制。政府、检察机关的职能和能动的执法性质,决定了在这些机构的内部,民主的要求主要体现在权力的运作方式上。当然,这些都是很宏大的问题。目前我们在检察委员会制度的改革上还看不出有什么明确的思路,这与在法院审判委员会改革问题上已有相对清晰思路的情况形成了反差。

总之,如何认识和贯彻检察一体,是我国检察体制和机制改革的一项重要内容,我们面临的问题是,如何立足中国国情,将目前比较简单的甚至有点空泛的主张、建议,转化为一项细致的、富有正当性的改革计划。

13

逮捕权改由法院统一行使需要修宪*

通过修改《中华人民共和国刑事诉讼法》(以下简称《刑事诉讼法》),将检察院批准或决定逮捕的权力改由法院行使,使法院成为逮捕权的专属主体,是否符合宪法,是否涉及修改宪法,这是当下中国司法改革和法制变革中的一个重要问题。

一种观点认为,《中华人民共和国宪法》(以下简称《宪法》)第37条第2款规定:"任何公民,非经人民检察院批准或者决定或者人民法院决定,并由公安机关执行,不受逮捕。"因此,检察院批准和决定逮捕的权力是《宪法》赋予的,通过修改《刑事诉讼法》而取消检察院的逮捕权是违反《宪法》的。

许多学者专家则持相反看法,如中国人民大学法学院张翔教授在2013年5月22日《法制日报》上发表的《逮捕权配置与宪法相关条款的释义》一文,他认为:上述宪法规定不应该被理解为对公权力机关的"授权条款",而应该被理解为对公权力的"限制条款",我国现有的逮捕权配置固然合乎宪法,而如果进行改革使逮捕权专属于法院,也并不违反《宪法》第37条的规定,为此启动修宪程序修改第37条也无太大必要。《宪法》第37条第2款的目的和文义,大体上可以容纳这种改革,立法机关在此问题上有充分的自由。

笔者的看法是,聚焦《宪法》第37条第2款的规定,单就《宪法》及相

---

* 本文原载微信公众号《法学学术前沿》2017年5月8日。

关法律的规定而言,将检察院批准或决定逮捕的权力改由法院专门行使,有违《宪法》规定的规范含义,涉及修改《宪法》;在没有修改《宪法》第37条第2款规定的情况下,不能通过修改《刑事诉讼法》等法律去进行此项变革。申述如下:

(1)《宪法》第37条第2款的规定位于《宪法》第二章"公民的基本权利和义务",其规范目标是保障公民人身自由,不受公权机关的非法逮捕,但是就对公权机关的限制还是授权而言,它是一般意义上对公权的限制,也内含有对检察院批准或决定逮捕、法院决定逮捕、公安机关执行逮捕的授权,构成对非法逮捕的禁止,对合法逮捕的具体宪法授权。这种授权在《中华人民共和国检察院组织法》(以下简称《检察院组织法》)和《刑事诉讼法》等法律中得以贯彻。

(2)检察院批准逮捕权、决定逮捕权以及法院决定逮捕权,不仅是宪法和法律中不同的表述,而且有各自不同的确定含义。检察院批准逮捕权专指检察院对公安机关(包括安全机关、海关缉私局)提请批准逮捕犯罪嫌疑人的请求,进行审查并决定是否批准逮捕的活动。批准逮捕,不同于决定逮捕,检察院的决定逮捕,是指检察院自侦案件中对犯罪嫌疑人的逮捕;法院决定逮捕,是指法院在审判过程中根据有关人员申请逮捕被告人的要求或者法院对自诉案件中原告申请逮捕被告人的要求,审查决定逮捕犯罪嫌疑人或被告人的活动。

法律条文举要:

《宪法》第37条第2款规定:"任何公民,非经人民检察院批准或者决定或者人民法院决定,并由公安机关执行,不受逮捕。"

《检察院组织法》第5条第(三)项规定:检察院"对于公安机关侦查的案件,进行审查,决定是否逮捕、起诉或者免于起诉"。

《刑事诉讼法》第3条规定:"对刑事案件的侦查、拘留、执行逮捕、预审,由公安机关负责。检察、批准逮捕、检察机关直接受理的案件的侦查、提起公诉,由人民检察院负责。审判由人民法院负责。除法律特别规定的以外,其他任何机关、团体和个人都无权行使这些权力。"第78条规定:"逮捕犯罪嫌疑人、被告人,必须经过人民检察院批准或者人民法院决定,由公安机关执行。"

(3)"或者"作为连接词既可以表示选择,也可以表示并存。检察院批准或决定逮捕、法院决定逮捕分属对公民逮捕的不同情况,《宪法》第

37条第2款规定中的第二个连接词"或者",表达的是并存、分列的关系,而非选择关系,因而不能理解为全国人民代表大会在刑事逮捕权配置上可以从检察院批准或决定逮捕和法院决定逮捕这两种可能中二者选其一,而只能理解为可以分别情况配置逮捕权,两者同时、分别存在。

(4)法院决定逮捕也是基于相关方的申请,如果进行宪法和相关法律的修改,的确可以把"批准"逮捕置入"决定"逮捕以简化表述,尤其是在推行监察体制改革,检察院今后可能不再自侦案件的情况下,"决定"逮捕将一概成为基于他方申请的审查批准活动。但是,就当下宪法和法律文本的表达而言,检察院"批准"逮捕具有特指的专门含义,明显不同于检察院和法院"决定"逮捕的含义。

(5)如果将检察院批准或决定逮捕的权力改由法院统一行使,不仅改变了《宪法》第37条第2款规定的实质规范含义,而且还会使其中的"人民检察院批准或者决定"逮捕成为虚无的文字,这在我们这样一个缺少宪法解释适用实践,特别注重宪法文本完善表达的国家,是没有不改的可能的。

最后要说的是,将检察院批准或决定逮捕的权力改由法院统一行使,正如已经试点改革的将检察院案件自侦权外放一样,属于中国司法改革、法制改革甚至政制改革的可能的合理选项,由此所引发的《宪法》修改,不可能也不必要成为阻止改革的理由。

专题二

司法观念更新

1

对当下中国审判独立的认识*

审判独立原则是当下和今后中国司法改革的焦点问题之一,其意义不言而喻。如何看待审判独立,其中要关注的问题是什么,讨论问题的立场和标准是什么,实现审判独立包含了什么样的制度逻辑,如何揭示审判独立的价值正当性,等等,需要我们进行深入的思考。

一、认清审判独立的现状和问题

实现社会公平正义是"依法治国,建设社会主义法治国家"最基本、最核心的价值追求。司法作为法治的关键环节,是捍卫公平正义最重要的防线,其公正与否直接关系到社会主义法治事业的兴衰成败。为了保障司法公正,《中华人民共和国宪法》第126条规定:"人民法院依照法律规定独立行使审判权,不受行政机关、社会团体和个人的干涉。"相同或类似的条款亦见于《中华人民共和国人民法院组织法》《中华人民共和国刑事诉讼法》《中华人民共和国民事诉讼法》以及《中华人民共和国行政诉讼法》等相关法律条文之中。《宪法》和相关法律的此项规定确立了我国"人民法院独立审判"的司法原则,简称为审判独立原则。

党的十一届三中全会以来,"保证人民法院依法独立行使审判权"始终是党领导政法工作强调的重心,是党执政能力建设的重要组

---

* 本文原载《中国应用法学》2017年第1期。

成部分[1],为党章、党的历次代表大会报告和党的其他文件所载明和重申。党的十一届三中全会公报明确要求:"检察机关和司法机关要保持应有的独立性。"[2]党中央在1979年9月发布的《关于坚决保证刑法、刑事诉讼法切实实施的指示》中提出,加强党对司法工作的领导,最重要的一条就是切实保证人民法院独立行使审判权,使之不受其他行政机关、团体和个人的干涉。党的十三大报告也强调"保障司法机关依法独立行使职权"[3],党的十四大再次申明。党的十五大在确立"依法治国"基本方略的同时提出了"推进司法改革,从制度上保证司法机关依法独立公正地行使审判权和检察权"[4]的任务,将独立审判列为司法改革的目标,既为审判机关深化改革指明了方向,也为审判独立原则的彻底实现铺就了制度路径。党的十六大、十七大和十八大持续深入推进司法改革,始终将"确保审判机关依法独立公正行使审判权"放在突出位置,予以特别关注。

执政党对于人民法院独立审判的高度重视不是没有原因的。如果说党的十五大之前,独立审判可以被视为"历史之果"的执政经验,是对中华人民共和国成立以来长期否定法律、轻视法律、以党代政、以言代法的历史性反思,其两度波折负载着惨痛的历史教训[5];那么在党的十五大正式提出"依法治国"和"司法改革"之后,独立审判的原则与制度应当被视

---

[1] 2004年9月19日,党的十六届四中全会通过《中共中央关于加强党的执政能力建设的决定》,其中在第五部分明确指出:"加强和改进党对政法工作的领导,支持审判机关和检察机关依法独立公正地行使审判权和检察权。"

[2] 《中国共产党第十一届中央委员会第三次全体会议公报》,载《三中全会以来重要文献选编》,人民出版社1982年版,第12页。

[3] 《中国共产党第十三次代表大会文件汇编》,人民出版社1987年版,第48页。

[4] 《高举邓小平理论伟大旗帜把建设有中国特色社会主义事业全面推向二十一世纪》,人民出版社1997年版,第36页。

[5] 早在现行《中华人民共和国宪法》(即"八二宪法")确认人民法院独立审判原则之前,我国的第一部宪法(即"五四宪法")就已经准确明白地表述过该原则,该法第78条规定:"人民法院独立进行审判,只服从法律。"可惜该原则在未得到根本性实施之前即经历两度波折,并伴随着愈演愈烈的社会动荡。第一次是1957年的"反右"斗争,当时独立审判被说成是"反对党的领导",是"以法抗党",期间发端于20世纪50年代初"镇反运动"中的"党委审批案件制度"乘机得以强化,公、检、法三机关互相制约的制度也被"一长代三长""一员顶三员"(即同一地区的公安局长、检察长和法院院长实行"分片包干",由其中一人负责主持办理,可以代行其他两人职权;同理,侦查员、检察员和审判员也可以互相代行职权)所取代,法院独立审判的原则与制度遭到否弃。直到20世纪60年代初,这些错误才开始得到纠正。不过好景不长,1966年爆发的"文化大革命"再度批判与否定了这条原则,不仅如此,公、检、法被"砸烂",人民检察院甚至被撤销,实行军管,导致司法野蛮化,公民权利惨遭践踏,酿成许多冤假错案。

作"未来之因",承担起助推中国社会转型发展的重任。中国社会的转型,"从社会治理形态和社会秩序形成的角度看,就是改变原来党政不分、国家一统的社会治理模式和社会秩序结构,在内部不断拓展社会自治空间,不断扩大个体自主的范围"[1]的过程,这就需要审判机关代表国家做好中立的第三方,以独立公正的面目衡平利益、平息纠纷,为公民社会的茁壮发育充当法治"保姆"。

然而,宪法、法律和执政党对于独立审判的强调本身并不等于独立审判的实现。当前审判未能充分独立的症结在于来自内外部的干涉力量盘根错节,严重妨碍人民法院独立行使审判权,导致司法公信力流失。在外部关系上,缠绊独立审判脚步的锁链主要是:有的地方党委政法委员会逾越党领导司法工作的权限,过问具体案件,以言代法、以权压法;有的地方人民代表大会及其常务委员会滥用监督权,采用人民代表大会个案监督、人民代表大会评议司法等方式干预法院独立审判;有的地方行政机关常以"维护社会稳定""保护国有资产"等之名行地方或部门保护主义之实,兼以其所管控的法院人、财、物为要挟,逼迫法院就范;有的新闻媒体借助近些年出现的邓玉娇案、许霆案、药家鑫案以及李昌奎案等一系列公共案件逐步掌握了操纵公共舆论形成所谓的"民意"的要诀,并借此牵制司法审判。在系统内部,阻拦独立审判进程的表现有:变上下级法院之间的监督关系为领导关系,既有上级法院提前介入下级法院未决案件,也有下级法院向上级法院请示汇报谋求裁判指示;法院内部高度行政化取向造成法官对于行政领导过于依附,使得后者在个案裁判方面具有重大影响力;法官队伍职业素养不高,职业道德堪忧,职业尊荣感缺失,职业保障不健全,这些因素综合起来直接或间接地阻碍了独立公正审判的顺利实现。

归结起来,当前审判未能充分独立与司法地方化、行政化,与法官的非职业化,与媒体滥用监督权等均有千丝万缕的联系。

二、寻求审判独立的合理解读

正确解读审判独立原则,首先有必要确定现实和理论的坐标,只有找到了坐标,才能准确理解该原则的内涵及外延。具体主要包括两个方面:

---

[1] 张志铭:《转型中国的法律体系建构》,载《中国法学》2009年第2期。

一是阐明我国审判独立原则的现实落脚点和理论对照系;二是通过对比坐标定位该原则并健全其制度构成体系。

(一)审判独立原则的现实落脚点是法官独立断案

从制度构造来看,虽然"人民法院独立审判"的主体是人民法院,但是由于"人民法院"是政治架构,或者组织科层,或者建筑实体上的概念,不能直接从事审判实践,因此人民法院的审判职能必须通过其内部的具体机构才能履行,这就是审判组织。《中华人民共和国人民法院组织法》以及三大诉讼法规定了独任庭、合议庭以及审判委员会三种审判组织形式。[1] 人民法院的审判职能依法应当而且必须通过审判组织加以实施和完成。按照上述法律规定,独任庭由审判员一人担任,合议庭由审判员或者由审判员和人民陪审员组成,而审判委员会不直接参与法庭审判,它的任务是总结审判经验,讨论重大的或者疑难的案件和其他有关审判工作的问题。[2] 由此可见,只有独任庭和合议庭才是直接承担审判职能的具体组织,而审判的具体实施者是法官。为此,《中华人民共和国法官法》第2条规定:"法官是依法行使国家审判权的审判人员。"

就审判实际而言,首先,司法的本质是判断,"司法部门既无军权、又无财权,不能支配社会的力量与财富,不能采取任何主动的行动。故可正确断言:司法部门既无强制、又无意志,而只有判断"[3],而任何判断最终必然是个体性的。其次,所有的诉讼程序是为确保法官个人充分掌握案件事实、准确适用相关法律而设置的,例如回避制度限制法官滥用私情,证据制度帮助法官获致内心确信,法庭辩论制度辅助法官甄别法律依据。诉讼程序使审判权成为法官个人公正独立裁判自洽自足的权力。最后,按照《中华人民共和国法官法》第32、33条的规定,法官有徇私枉法、滥用职权等十三项行为的,要承担相应的责任,甚至刑事责任,这说明司法责任的承担也是个体化的。

---

[1] 参见《中华人民共和国人民法院组织法》第9、10条,《中华人民共和国刑事诉讼法》第147条,《中华人民共和国民事诉讼法》第39条,《中华人民共和国行政诉讼法》第46条。

[2] 今后可以考虑对审判委员会作相应改革,借鉴域外"大法庭"或"满席审判"的做法,以开庭方式"讨论重大的或者疑难的案件"。参见张志铭:《法理思考的印记》,中国政法大学出版社2003年版,第425—428页。

[3] [美]亚历山大·汉密尔顿、约翰·杰伊、詹姆斯·麦迪逊:《联邦党人文集》,商务印书馆1982年版,第392页。

(二)审判独立原则的理论参照系是司法独立的国际标准

审判独立原则在国际上通行的相关说法是"司法独立"。比较说来,我国的"审判独立"与"司法独立"确实存在差异,其中有两点比较突出:第一,我国的审判独立要坚持党的领导,是审判技术上的独立而非政治独立。党的领导是政治、思想和组织上的领导,司法审判需要坚持党的领导,通过审判发挥政治功能。第二,我国的独立审判要接受人大和检察机关的监督。我国采取"议行合一"的国家权力架构,审判机关由人大产生,受人大监督。另外,按照宪法规定,我国检察机关是国家的法律监督机关,对于人民法院的审判活动是否合法,实行监督。

尽管如此,也应该认识到,"放眼当今世界,司法独立已经成为国际交流中的一种共同话语,确立和奉行司法独立,已经成为一种国际趋势"[1]。根据相关研究,司法独立的确存在与不同宪制架构兼容的可能性,而且事实上当今世界上的许多国家在不同的宪制架构和法律文化传统下也都很好地确认和践行了司法独立,取得了良好效果。司法独立与人权、民主、法治一样,已经内化为全球意识形态的核心内容,随之而来的就是各国对定义权的争夺。研究对比国际标准,尽量采信国际标准,有利于我国在国际舞台上更好地表达和实现自己的愿望。我们应当选取开放视角,立足国际视野,在明晰差异的基础上探讨审判独立与司法独立在内容和性质上的弥合,以便在我国的法治和司法发展中最终采纳和实现司法独立。

(三)审判独立原则与司法独立的国际标准存在贯通性

在这个全球化和多样化并行不悖的时代,司法独立概莫能外,它"一肩挑两头",兼有"变"与"不变"。"变"在随各国政治架构、法律传统和社会经济发展水平而互有区别;"不变"在它为各国宪法、法律和司法实践所确认,国际社会已经就其核心理念与关键制度归纳出可以通用的国际共识,形成了多份国际权威文件。值得指出的是,这些国际文件多以"最低标准"或"基本原则"命名,而不是"最高标准"或"具体规则",这意味着文件所规定的内容应当放之四海而皆准,是最为核心的原则与制度。

这些文件主要有:(1)国际律师协会 1982 年 10 月在印度新德里召开的第十九届双年大会上通过的《国际律师协会司法独立最低标准》;

---

[1] 张志铭:《法理思考的印记》,中国政法大学出版社 2003 年版,第 271 页。

(2)1983年6月在加拿大蒙特利尔举行的第一届世界司法独立大会一致通过的《世界司法独立宣言》;(3)1985年8月在意大利召开的第七届联合国预防犯罪和罪犯待遇大会通过的《关于司法机关独立的基本原则》;(4)1988年由联合国人权委员会提出的《关于审判人员、陪审员和陪审技术顾问的独立性及律师的独立性的宣言草案》;(5)世界法学家协会司法与律师独立中心1994年1月在西班牙马德里发表的《关于新闻媒体与司法独立关系的基本原则》;(6)1995年8月在北京召开的第六届亚太地区首席大法官会议通过的《司法机关独立基本原则的声明》。

通观这些国际文件,总结起来,司法独立包含四项基本要素,即实质独立、身份独立、集体独立和内部独立。[1] 实质独立又称职能独立或者裁判独立,是指法官在司法审判过程中个体的独立,只服从法律和良心,不受外部势力干预。身份独立是指为防止法官受到与其职位有关事项的要挟,国家需要向法官提供其正常履职所必备的任职条件和宽松环境。集体独立是指作为一个整体的司法审判机关在人、财、物等各方面应当独立于行政机关和其他机关,以保护其免受外部管控。内部独立是指应当构建相关机制以排除审判机关内部可能会对法官独立审判存在不利影响的威胁因素,最典型的如来自法院领导、同事或者上级法院的违法请托。

就我国审判独立原则而言,如前所述,审判独立的主体应当落脚到法官个人。法官作为独立的自主个体,在具体案件的裁判过程中,以事实为依据,以法律为准绳,不受外界任何因素的干扰和控制。审判独立原则的核心应该是法官独立,即国际文件所称的"实质独立"。所谓"实质",也就是说,各国同样将法官独立裁判视为最低司法独立标准中最为关键的内容,是实质性部分、主体性领域。这样,我国的审判独立原则便在与司法独立国际标准的对勘中找到了解释学上贯通性的管道,两者具有实质统一性。

仔细审视国际标准四项要素的内在结构后不难发现,实质独立处于结构的圆心,身份独立、集体独立和内部独立是实质独立的必然要求,它们拱卫在周围,犹如三把保护伞保护实质独立免受各方削减。我国的审判独立原则目前还比较缺乏相应的保障机制,导致其易受不法、不良势力的冲击。既然法官独立的重要性和核心性已经在人们的认识中有高度共

---

[1] 参见陈瑞华:《现代独立审判原则的最低标准》,载《中国律师》1996年第3期。

识,那么尝试借鉴国际经验解决当前国内审判不独立的突出问题,不失为一条捷径。

三、明晰审判独立的实践思路

(一)以积极建构的态度落实完善审判独立原则

尽管宪法和相关法律已经就审判独立原则作出规定,但不可否认的是,在实现该原则的保障制度方面,目前尚落后于国际标准,而且很有可能正是因为缺乏保障体系而导致该原则在应对现实状况时常常捉襟见肘、扭曲消解。为审判独立原则补上短板显然已经成为当务之急。问题在于应当树立什么样的心态来补短板。有一种观点认为,审判独立抑或司法独立是社会自然演变的结果,"是社会生活日趋复杂、社会分工越来越细密以及法律高度专门化的结果"[1],而不是基于先验预设的逻辑推演,即建构主义的态度。

笔者认为,应当立足于积极建构的态度来回应社会现实需要,而不能以自然发生为由消极等待。理由有三:

第一,我国属于后发现代化国家,因为历史上失掉了依靠内部促成,依循内部创新自然引发现代化变迁的机遇,同时又被迫要对国际政治、经济和文化格局作出回应,所以近代百余年来我国由始至终沉浸在焦虑与期待并存的复杂心态之中。如此的心态促使国人萌发出更加能动的现代化变革意愿,分解到法治领域,其跨越式发展呈现出较为剧烈的"赶超"西方的态势。例如,从1997年党的十五大明确提出"到2010年形成有中国特色社会主义法律体系"的立法目标,到2011年全国人民代表大会常务委员会委员长宣布建成中国特色社会主义法律体系,西方国家数百年的立法史在我国浓缩为十几年。因此,既然不能完全重复西方发达国家的道路,莫如选择建构性的态度,由国家主导进行法治建设,有规划、有步骤地推动落实审判独立原则。

第二,我国处在改革和转型的阶段,选择积极建构的态度有其社会发展的现实需要。经济的全球化需要公正独立的审判权充任居中的裁判者,合理界分商品交易人的财产权利;文化的多元化需要公正独立的审判

---

[1] 张志铭:《法理思考的印记》,中国政法大学出版社2003年版,第271页。

权充任衡平的协调者,准确勘定信息传播人的表达界限;社会的风险化需要公正独立的审判权充任仁厚的挽救者,及时补救交往参与人的风险损失。以审判独立为目标的司法改革还被比作步入政治体制改革"深水区"之前的"浅滩",只有最大限度地发挥司法改革先行先试的功能,才能准确预判政治改革方向,减轻政治改革压力。总之,主动构建与国际接轨、与现代化相协调的法律公共产品,能够减少资源浪费、避免社会动荡,为改革转型保驾护航,是一场有序、平稳的社会改良运动。

第三,端正的建构立场是树立司法权威、增强司法公信力、实现司法公正与社会公平正义的迫切需要。如果说前面两点原因是基于审判独立原则工具价值的考量,将其作为赶超先进、回应现实的手段,那么实现社会公平与司法公正则是审判独立原则本身富有的实质价值。从反面看,抱持自然主义的态度势必容易滑入放纵和迁就干扰审判独立的种种势力的泥潭,将神圣的法律原则用于讨价还价。这无异于自贬身价,"搬起石头砸自己的脚",只会让民众觉得国法颇有"弹性空间",导致司法权威降格,司法公信力单薄如纸。因此,只有牢牢坚持案件审判一断于法,以端正的态度清理整治种种司法乱象,才能实现社会稳定,才能筑牢执政根基。

(二)加快健全审判独立原则的配套实施机制

通过对比国际标准,我们已然找寻到我国审判独立原则在保障机制上与国际最低司法独立标准存在的差距。有必要正视这一差距,并着力建构具有本土特色的保障机制,打出一套组合拳,多向度出击,有针对性地解决当前的突出问题。

确保法官独立作为审判独立的核心内容。尊重法官的裁判权威,信任法官凭借内心法治信念和司法经验能够胜任审判任务。理性对待错案,科学认识错案存在的客观性,改变模糊的错案责任追究观念。加快法官职业化进程,提升法官职业的整体品质,以统一司法考试制度为纽带,贯通法学教育和职业技能培训,造就一个掌握专门的法律知识和技能、享有良好的社会地位、实行自我管理并致力于创造社会福祉的法律职业共同体。

需要强调的是,坚持法官独立必先理顺党法关系。法律贯彻执政党的意志,体现执政党的路线、方针、政策,司法机关严格依法办案就是坚持党的领导。关键是在坚持党的领导中改善党的领导。一方面,党要管住大方向,以自身的执政行为为审判独立创造良好环境。另一方面,党必须遵循党章"党必须在宪法和法律的范围内进行活动"的规定,遵循执政规律,认识到司法工作是一项专业性很强的工作,有其自身规律,不得"以党代法""以权压法",不得以任何方式干涉具体案件的审理和裁判。

建立以职务保障、法院独立和审级独立为内容的保障机制。职务保障对应国际标准中的"身份独立"。内容有二:其一是职位终身,法官一经任命非因法定事由和程序不得被停职、免职、调任或者退休,法官晋升只看任职资历,与法院行政管理级别不再挂钩;其二是物质优渥,法官享受较一般公务人员优厚的薪酬及福利待遇,使其不易为经济利益所诱惑,且再无后顾之忧。职务保障利于改善法院内部管理行政化带来的弊病,解放法官自由独立思考的意志和能力,消除法官追逐升迁的需求,引导法官追求审判公正的美誉,铸就凝聚力和责任感兼备的法律职业共同体。

法院独立对应国际标准中的"集体独立",用于破除司法地方化的痼疾,抵抗地方党委、行政机关、权力机关和新闻媒体等组织的可能的侵权威胁。法院独立的要求有:一是审判权的专属性,即国家审判权只能由审判机关行使,其他机关如行政机关、立法机关无权代行;二是审判权的自主性,即法院行使审判权不受其他机关掣肘。专属性要求党委不得审批案件,地方政府不得否决法院判决效力,地方人民代表大会不得滥用审判监督权。自主性要求推进法院体制改革,实现司法中央化,在保证司法效率的前提下斩断法院人事、财物、后勤方面受地方政府牵制的链条。另外还要明确,舆论固然有监督的权利,但也有着非理性和情绪化的特征,在当前"仇富""仇官"的社会大环境下,极容易被操纵和滥用。建议从兼顾表达自由和审判独立的角度对传媒与司法关系作出立法,使媒体监督与法官独立相协调,避免干扰法官断案的自由意志,例如可以规定禁止新闻媒体对审理未完结案件加以评论的原则。

审级独立与国际标准中的"内部独立"有所不同,它主要针对当前审判机关上下级关系错位的问题。设立审级制度的初衷是考虑到人类的认识能力有限,法官裁判不一定完全正确,上诉审法院要替下级法院负担"勘误之责",发挥纠错与救济的双重功效,因而我国宪法规定上下级法院之间是监督关系。但是在实践中,下级法院的法官为了避免二审改判或者发回重审,也为了在相关职业考评中获得竞争优势,较为普遍地存在向上级法官请示汇报的情况,这种将"监督关系"等同于"领导关系"的做法事实上变相剥夺了当事人的上诉权。鉴于此,应当重申审级独立的重要性,取消案件请示制度,返回到真真正正的二审终审制的轨道上来。

四、夯实审判独立的价值基础

国际上通常认为司法独立作为一项宪法原则,调整着国家司法机关与行政机关、立法机关等其他机构和社会团体的法律关系,被誉为现代法治国家的基石;作为一项审判原则,它保护法官抵制外界的不当干涉和控制,从而树立司法权真正的权威,成为公民抵御国家权力侵害、保卫自身正当权益的武器。我国的审判独立与司法独立在主体内容上具有很大的相通性,它们在价值意义上也存在一致性。在当前阶段的体制环境下,强调审判独立与社会正义、司法公正和基本人权的正向关系,夯实审判独立的价值基础,具有现实针对性。

(一)审判独立是社会正义和司法公正的基本保障

公正、高效、权威是我国司法制度建设的三大目标。在价值谱系上,司法公正应该是上位概念,司法高效和司法权威则是其应有体现。司法公正是司法制度与司法活动正当性与合法性的根本目的所在。而且,司法公正不是一朝一夕树立起来的,不是一处一地审判得来的,它需要全国的职业法律人长期不懈地为之努力,集腋成裘,聚沙成塔,才能令法律正义的观念广泛地深入人心。而强权之下,正义是没有发言权的。独立审判的意义就在于它倚靠制度的盾牌抵制强权侵蚀正义,把权力和权利的拥有者关进法律的笼子里。

司法公正是社会正义的一扇窗口。社会正义是如此的脆弱,以致任何一次不公正的审判都将对正义整体造成戕害。在审判无法充分独立的情况下,尽管诉讼一方在一时一地达到了自身利益的最大化,但他们忽视了这种最大化的代价却是社会整体正义水平的大大降格。审判独立直接维护司法公正,间接匡扶社会正义,从具体案件审判的小处着眼,最终导向社会公平正义。

有人担心,审判独立原则以确保法官独立断案为核心,有放纵法官管理的嫌疑,会不会造成司法擅断,引发司法腐败?应当指出,司法腐败并非审判独立的必然产物,审判独立也并非意味着取消对法官的制约。法官在审判时必须忠实于法律,既要严守实体法的规定,又要坚持程序法的要求,对于法官的个案判决,当事人可以通过提起上诉或申诉来提出质疑。律师凭借其法律专业知识补强当事人在司法审判中相较于法官的劣势地位,制约法官的裁判行为,促使其落实当事人的实体和程序权利。人民代表大会的监督权、检察机关的法律监督权、新闻媒体以及舆论的监督权如同空气一样弥散在法庭审判内外,构成全方位的监督,全面遏制司法腐败。另外,法官的身份保障有助于形成法官的职业尊荣感和职业责任感,而严格的法官惩戒制度又如同达摩克利斯之剑,任何失误或者故意犯罪不但有损其长期执业保有的个人光辉形象,更可能会导致其职业生涯的中断,甚至倾家荡产、锒铛入狱,诚可谓得不偿失。

(二)审判独立不仅是保卫基本人权的必要武器,而且本身就是国民的一项基本人权

法治的目标是限制公权、保障人权。两者之中,尊重和保障人权是法治的根本目标。人权保障被视为一项公认的国际法原则始于第二次世界大战之后。德国、日本等法西斯国家灭绝种族、践踏人权的暴行引起世界各国的极大愤慨,人们纷纷提出人权保护的强烈要求。于是战后大量关于尊重和保障人权的国际文件登上国际舞台,其中不乏将司法独立作为人权保障手段的规定。例如,第七届联合国预防犯罪和罪犯待遇大会通过的《关于司法机关独立的基本原则》开篇就写道,制定该文件的原因是要"促进并鼓励尊重人权和基本自由而没有任何歧视"。1993年6月14日,第二次世界人权大会在奥地利维也纳召开,包括中国在内的180多个国家的代表出席了会议,会议最后一致通过了《维也纳宣言和行动纲领》。该文件第一部分第27条规定:"司法工作,包括执法和检察机关、特别是独立的司法和法律专业部门,完全符合国际人权文书所载的适用标准,是充分和不歧视地实现人权的关键,也是民主和可持久的发展进程所不可或缺的。"可见,奉行司法独立以保障人权,实属当今世界潮流,已成浩浩荡荡之势,顺之者昌,逆之者亡。

要特别强调的是,审判独立或者司法独立不是司法者的一项特权,而是国民的一项基本人权。将接受公正独立审判的权利纳入人权体系,最早出现在1948年联合国大会通过的《世界人权宣言》中,其第10条规定:"人人完全平等地有权由一个独立而无偏倚的法庭进行公正的和公开的审讯,以确定他的权利和义务并判定对他提出的任何刑事指控。"在此之后,第一个区域性国际人权条约《欧洲人权公约》(又称《保护人权与基本

自由公约》)1950年在欧洲理事会主持下于意大利罗马签署,该公约第6条第1款也有类似的规定[1],并作了有益的补充。这一规定大体为1966年联合国大会通过的《公民权利和政治权利国际公约》所承接,该公约第14条第1款规定:"在判定对任何人提出的任何刑事指控或确定他在一件诉讼案中的权利和义务时,人人有资格由一个依法设立的合格的、独立的和无偏倚的法庭进行公正的和公开的审讯。"我国政府于1998年10月5日在联合国总部签署了该公约。这意味着我国政府赞同将接受公正独立的审判作为国民基本人权的内容来看待,并担负有建立健全审判独立制度的国际义务。考虑到我国现行法律的相关规定尚不完善,在实践中存在不少问题,我们更应该积极吸收借鉴国际上的成功经验,以尊重人、关怀人的价值和尊严作为导向,通过司法改革逐步缩小国内在接受公正独立审判的权利方面与人权国际标准的差距。

审判独立原则既是手段又是目的。从手段上说,审判独立发挥了净化国家和社会生活品质的功效,树立起司法公正和人权保障的大旗;从目的上看,独立审判的巨大效用已经赢得世界范围的承认,成为一国司法制度合理合法的标志。从中国目前的司法现状看,应当努力在审判独立与司法公正之间创造出良性循环的态势,让审判独立原则不再是一句口头禅、一个空架子,而是切实地获得实现,融入我国的政治和社会生活之中,塑造我们期望的法治社会。

---

[1]《欧洲人权公约》第6条第1款:"在决定某人的公民权利和义务或者在决定对某人确定任何刑事罪名时,任何人有理由在合理的时间内受到依法设立的独立而公正的法院的公平且公开的审讯。"

2

司法何以可信^{*}

一个失信的社会是一个充满风险的社会。当下中国社会存在严重的信用危机和司法信用危机。与此对应，司法公信力建设是当下法律理论界和实务界的热门话题。众说纷纭，莫衷一是。本文在已有言论的基础上，以司法何以可信为思考主题，比较学理地、理想化地谈谈自己对司法公信力建设的认识，有逻辑地回答三方面的问题，即什么是司法公信力，为什么要重视司法公信力建设，以及如何进行司法公信力建设。

一、对司法公信力含义的理解

司法公信力存在于公众与司法的关系之中，可以从公众和司法两个角度进行递进式的因果界定，即公众对司法的信任度，以及司法基于此种信任对公众的影响力。前为因，后为果。由于后者自然发生，司法公信力建设者重点关注的是前者。认识这一点很重要，可以使我们摆脱某种理论和实践上的误区。现实中，司法公信力往往直白地被理解和强调为司法对公众的影响力，无视因果，重角力，疏于说理，而司法因由手中权威资源的匮乏，又根本无法以力取胜，遂陷于一筹莫展之尴尬局面。

信用基于对承诺的履行。司法公信是社会信用的重要内容。公众对司法的信任取决于司法者能不能和是不是履行了自己的司法承诺。什么

---

* 本文原载《法制日报》2013年8月21日，第11版。

是司法承诺？简言之，就是依据事实和法律，独立公正地裁决案件争议。那么，如何或凭什么使我们自己、使他人和公众相信司法者能够履行承诺，笔者认为大致可以从理论逻辑和历史实践两个方面来考量：

一是从理论逻辑方面的考量：涉及司法者履行承诺的能力和保障两个方面，其中司法能力又主要包括司法者的职业技能和职业伦理两个方面；司法保障主要涉及司法者在职业自主和职业尊荣方面的制度赋权。

二是从历史实践方面的考量：涉及公众对司法者独立公正司法的实践的历史记忆和评价。由于司法权是一种个案裁判权，这种记忆和评价往往以对典型个案的裁判为依托。司法公信力是司法者独立公正司法实践的历史维度的产物。

二、司法公信力建设的意义

应该化繁就简，条理化地从时事政治的要求、社会的法治化治理和司法职能的实现这样三个方面来认识司法公信力的意义，时事政治和学理逻辑并重，系统全局和自身局部兼顾。司法公信力建设是时事政治的要求。提高司法公信力，是党的十八大报告确立的民主和法治建设的主题，也是最高人民法院确定的法院系统当下和今后重要的工作主题和目标追求。目前，相关的各种研讨已经次第展开，各种政策和制度措施也不断推出。作为法界中人，尤其是司法从业者，不能不顺应时势，有所关注，有所思考，有所心得。

司法公信力建设是解决当下中国社会信用危机的切入点。信守承诺是文明社会人际交往最基本的道德准则，是法律秩序的道德基础，人无信不立，社会失信则乱，制度失信必败。当下中国存在严重的信用危机。失信社会是风险社会，风险无处不在，无时不在。重建社会信用是当下和今后中国社会最重要的问题。法治是我们作出的选择，司法则应该成为切入口。司法公信力建设至关重要，它是法治信用的表征和载体，是社会诚信建设的重要内容。

司法公信力建设是司法职能圆满实现的基本前提。司法作为"最小权力"和"最具权威"的理论表明，司法的有效运作、甚至司法的存在，以司法具有公信力为基本前提。在司法公信、司法权威和司法公正诸个概念之间，理论和实践上都展现为正向的逻辑关联。

三、司法公信力建设的路径

基于以上对司法公信力的认识,笔者认为当下和今后中国的司法公信力建设要努力做好以下几点,日积月累,以求司法公信力、司法权威和司法公正状况整体之改善。

一是要不断提高司法者对司法知识和技能的把握,解决无能无信问题,明确、合理、严格地设定司法职业的准入门槛,尤其是法官职业的准入门槛;二是要高度重视司法者的职业伦理建设,解决无德无信问题,提高对职业道德和职业伦理的认知水平,并整理选取典型个案,切实开展职业伦理的规范实践;三是要为司法者独立公正办案提供系统的、细致的制度保障,明确厘定司法审判的独立和公正的辩证关系和实践逻辑,立足对司法裁判独立和公正的要求,做好做实对司法者的制度赋权和行权保障;四是要把司法工作的重心切实地置于个案裁判中,一切在于个案裁判,一切为了个案裁判,"努力让人民群众在每一个司法案件中都感受到公平正义";五是不仅要着眼当下、今后,而且要认真慎重地对待时下公众瞩目的历史旧案,真诚、公开、公正,促进公众对司法者独立公正司法的历史记忆;六是要通过司法改革,进一步明确我们国家的司法承诺,明辨司法工作的现实可能性,坚守依法履行职务的界限,有所为有所不为,洞悉司法克制原理,司法权威的"最小"和"最大"的辩证关系,反思梳理能动司法、有为才有位、司法的社会效果和法律效果等司法观念和实践。

社会失信则危机四伏,司法失信则举步维艰,要认识问题,正视问题。同时也要意识到,司法公信力建设不仅需要勇气,需要智慧,更需要耐心和韧劲。

3

感言司法权威[*]

近期以来,针对法官、法院的"暴力抗法"事件在许多地方呈上升势头。江苏省高级人民法院的一项调查表明,2005年上半年,全省共发生各类暴力抗法事件80起,其中有许多案件涉及对办案人员直接的人身伤害。与此现象相关,近年来"涉法上访"案件的数量居高不下,"缠诉缠访"问题已到了令不少法院一筹莫展的地步。种种迹象表明,中国司法的权威正遭遇严重的挑战。

时下正值中国社会转型发展的关键时期,在努力实现社会法治化治理的过程中,司法的作用已经凸显。而与司法作用发挥息息相关的,则是司法的权威性问题。如何在新的社会历史条件下、在社会治理和社会秩序构建的崭新格局中正确对待司法权威,已是我们不能不直接面对的问题。

从目前司法改革的总体情况看,我们讲司法公正比较多,讲司法权威相对要少;讲司法公正时心里比较坦然,讲司法权威时则常常心存疑虑。尤其是在社会上对司法腐败高度关注,司法系统内部腐败事件频频发生之际,讲司法权威,尤其是法院、法官自己讲司法权威,容易给人造成不正视自身问题,护短、遮丑,为自己主张利益或特权的印象。客观地看,目前在社会上的确弥漫着一种对司法的不信任氛围,其突出表现是,在对司法公正和司法权威的关系的认识上,以及在对审判独立和外部监督的关系

---

[*] 本文原载《法制日报》2005年8月20日,第3版。

的处理上,偏执一端,出现了孤立片面地强调司法公正和外部监督的"一边倒"现象。暴力抗法事件的频繁发生,固然有其错综复杂的原因,但业已存在的对司法的不信任氛围以及相伴随的认识偏误,也是其中的重要原因。

从应对司法面临的挑战、构建司法权威的角度看,目前需要我们在观念上作一些有针对性的深入思考。

首先要消除顾虑,理直气壮地主张和捍卫司法权威。司法是依法裁决诉讼争议的活动。司法的权威尽管具体体现于司法主体、司法场所、司法过程、司法决定等各个环节,但究其来源,则出自法律的权威。法律权威是建构法治社会的前提。法律无权威,司法不可能有权威。同时,司法权威表征法律权威,司法无权威则说明法律无权威。司法为国之公器,虽然司法权威为法院、法官所享有,但这种享有不是为了部门之利益,不是为了一己之私利,而是为了国家、民众之公益,因而非法院、法官之私有,而是天下人所共有。主张司法权威,就是主张公众的权益;捍卫司法权威,就是捍卫法律的尊严。

与此密切相关的一点是,在司法权威的构建过程中,必然伴随着在国家和社会生活的各种权威力量之间实现法律权威的"通约"问题。从公权比较的意义上说,司法的力量是"微不足道"的(因而才被认为对社会"最不具有危险性"),尤其是在目前的司法管理体制下,有很多权威力量都可能对司法运作构成实质影响。在这种情况下,要树立司法的权威,有待于树立法律的权威。而要树立法律的权威,使得"任何人和组织都不能凌驾于宪法和法律之上",就必须在由各种权威力量构成的社会权威系统中实现法律权威的"通约",使法律权威成为处理社会各种权威力量之间关系的"基本公约数"。要改变各种权威力量自以为是的局面,变社会交涉中"力"的比拼为"法"的较量。司法的职能在于"依法裁判",中国司法的权威要真正依靠法律的权威,享受法律权威不断提升带来的机遇,有必要在自己的职能上、在"依法裁判"的维度上进一步纯化。

其次,在司法公正和司法权威的关系上,不仅要认识和强调司法公正是司法权威的基础,同时也要特别注意司法权威是司法公正的保障。权威是一种令人服从的力量,这种力量落实于一定的人、组织和事物,则出现权威的人格化或物化。权威所造成的服从,可能是自觉的"信服",也可能是被迫的"屈服",但这些只是表象,与权威的正当性没有必然联系。权威的正当与否,取决于权威获得服从在价值层面所凭借的理由。权威的正当性基础至关重要,因为单纯依靠强力而获得服从的权威,是威权,甚至是赤裸裸的强权,必然难以持久。司法的权威也同样如此。在现代法治社会,司法权威的建立必须以司法公正作为价值凭据。司法权威要避免蜕变为司法威权、甚至司法强权,就必须以追求司法公正为依归。从根本上说,司法因公正而具有权威。同时,也要在务实而深刻的意义上认识和重视司法权威对实际达到司法公正的保障作用。由于现实中人们对公正和司法公正的感悟不同,争议在所难免。在争持不下的情况下,没有司法权威,司法公正无从实现。特别是在一些疑难案件中,为了使当事人争执不下的结果公正或实体公正尘埃落定,就必须严格奉行程序公正的原则,将实体问题转化为具体的程序技术的操作。而在此过程中,司法的权威至关重要。这也就是司法哲学中所说的"司法因权威而公正"的道理所在。

最后,在具体个案中,面对各种"暴力抗法",我们需要有一种明确的否定立场以维护司法权威。发生"暴力抗法"的原因在个案中是相当复杂的,其中不乏各种虽不合法、却在道义上响当当的理由,但正如一个人不能因救急闯红灯而免于交通处罚一样,我们也不能因为对抗司法的理由正当而不加惩罚,这其中包含了文明社会更深层次上的利弊权衡,也是我们选择法治所需要的勇气所在。在目前存在对司法不信任的氛围下,面对各种暴力抗法现象,人们很容易先入为主地认为必然存在司法不公,进而得出抗法有理的结论。对此,需要有切实有效的应对之策。

4
对一种流行司法观念的质疑*

中国社会的改革开放,为各种新观念的产生和流传提供了广阔的舞台。这一点在近年来轰轰烈烈的司法改革过程中,表现得尤为明显。不过,从制度变革的角度看,我们实在有必要对许多流行的新观念持谨慎批评的态度。个中道理不难解释:制度的变革和设计需要的是一种周全的视角,不得不兼顾各方、折冲平衡;相比之下,一种新的观念之所以产生,之所以在社会大众间流传,为决策者所接受,并进而影响制度变革,在很多情况下却非因为其思虑之周全,而恰恰在于其强调之片面。由于片面,表述才变得生动而富有个性色彩,才很好地关照了人们在特定时间、特定场合下的所思、所想,从而拨动人的心弦,引发人的共鸣。笔者认为,一些学者所说的"追求深刻的片面",表达的就是人们在观念更新上的这样一种基本倾向。

下面,笔者想以"司法是社会正义的最后一道防线"这一表述为例,通过对它的反思和质疑,来说明在制度变革中以审慎的态度对待一些流行的新观念的重要性,并借此引发对观念更新与制度变革关系等问题的深入思考。

"司法是社会正义的最后一道防线",是时下中国司法改革的实践和研究中最为流行的一种说法,它在宏观意义上表述了在现代法治社会中司法的角色和作用。由于这种表述具有格言般的风格,所包含的观念展

---

* 本文原载《人民法院报》2001年8月10日。

示了美好的司法图景,因而赢得了人们特别的好感。如今,它不仅本身如同公理一般被用于各种官方、学术和日常生活的场合,而且还被作为推论和论证的前提。比如,为了论证法院的意义和特性,人们会说,司法是社会正义的最后一道防线,法院则是体现和实现社会正义的殿堂;为了强调法官职业的重要性,人们会说,司法是社会正义的最后一道防线,法官则是正义殿堂的守护神,等等。

但是,当人们顺着这样一种说法去构筑中国司法的未来蓝图时,是不是有必要想想,这句话的确切含义是什么呢?从运用情况看,人们都比较一致地将其中的"司法"理解为"司法裁判",所不同的是,一些人是从"实然"的角度,把它作为一个事实判断,一些人则是从"应然"的角度,把其中的"是"当作"应该是",视之为一个价值判断,还有一些人是两者兼而有之。然而,在笔者看来,这句话无论在事实判断的层面,还是在价值判断的层面,其确切程度都值得怀疑。

首先,作为一种事实判断,很难认为它恰当地刻画了域内和域外的司法状况。就国内司法裁判的现状看,考虑到司法的各种不良现象,司法在国家政治权力结构中的边缘化现实,以及司法功能的有限性等,我们很难认为这一判断在事实上是成立的。在域外,尽管司法在西方法治发达社会构成国家三大公权之一端,与立法、行政成并驾齐驱之势,但这句话所反映的司法在国家和社会生活中的地位和作用,似乎比较适合英美法律文化传统以司法为中心的法治模式。我们还会发现一些类似的说法,例如,英国的培根把司法比作社会正义的源头活水,认为"不平的举动不过弄脏了水流,而不公的裁判则把水源败坏了"。法国的托克维尔在考察了美国社会的民主之后说:"使一个外来者最难理解的,是美国的司法组织",在美国,"简直是没有一个政治事件不是求助于法官的权威的"(例如,布什和戈尔在总统选举中的争议最后交由法院解决)。而在大陆法传统和其他法律文化传统的社会,司法是否具有这样的地位和作用就值得怀疑了,尽管宪法法院的创立使司法的作用大为提升。

其次,作为一种价值判断,虽然它反映了说话者的一种期待或愿望,但由于对法律和司法的特性、局限性缺乏关照,它很难转化、也很难说它应该转化为一种现实的制度设计和实际操作。假如这一价值判断成立,即司法一旦在不同的社会政治框架中获得合理的定位,它就"应该是社会正义的最后一道防线",那么,作为前提,至少需要肯定地回答以下三点疑问:第一,司法本身在正常情况下都能体现公平或正义吗?在非常情况下(如纳粹德国时期)能够完全避免成为"恐怖的司法"吗?第二,社会纠纷的解决、社会正义的实现可能诉诸各种救济渠道或措施,除司法外,大的方面还有暴力手段、外交斡旋、政治解决、行政解决、自主协商,等等,难道只有司法才应该具有保障社会正义实现的终局性吗?难道在各种纠纷解决途径之间有一个先后序列,而最终都可能以司法救济为归结吗?第三,这种表述是否能够与有限政府、有限司法的政治理念和操作原则和谐共存呢?

也许有人会说,这种说法主要是为了强调法律在国家和社会生活中的至上权威,强调司法作为法治实现基本途径的意义,以及司法裁判的终局性。果真如此的话,笔者觉得也很难认为这种表述是恰当的。因为在一个法治社会,司法作用的凸显并不一定要以贬抑其他解纷机制为前提,也不必然意味着有更多数量的纠纷必须诉诸司法的途径去解决。

5

用效率阐释公正,追求有效率的司法公正*

一、什么是效率和司法效率

按照通常的理解,效率意指单位时间里完成的工作量。因此,如果工作是计时的,则在每个时间单元里完成的工作件数越多越有效率;如果是计件的,则完成每件工作所花费的时间越少越有效率。这样一种对效率的理解,揭示了在时间投入和数量产出之间的比例关系,把它运用于对司法活动的效率评价,则是:在单位时间里裁判的案件越多,或者裁判每个案件所用的时间越少,表明效率高,反之说明效率低。

不过,对效率的常识性理解尽管简明直观,却不够全面准确,从而容易让人起疑。从根本上说,效率确实涉及的是一种投入和产出的比例关系,但是,投入不只是一个时间的投入问题,还包括人力、物力、财力等各种费用的投入;产出也不只是一个数量的问题,还有质量优劣高低的问题。如果我们把各种费用的因素以及质量的因素纳入效率思考的范围,则会出现一种复杂的图景,即时间短、数量多并不当然地意味着效率高。实际情况可能是,时间花得虽少,费用却很大;数量虽然可观,质量却一塌糊涂,因而同样没有什么效率可言。将这样一种对效率的理解引入对司

---

* 本文原载《人民法院报》主办的一次专家座谈会的发言,曾以"追求有效率的司法公正"为题载《人民法院报》2001年3月7日。

法活动的效率评价中,则以下几种情况都可以视为正效率的表现:

(1)减少时间和/或费用的投入,提高司法产品的数量;
(2)减少时间和/或费用的投入,提高司法产品的质量;
(3)同样的时间和/或费用投入,提高司法产品的数量;
(4)同样的时间和/或费用投入,提高司法产品的质量。

应该指出的是,以上所说的司法正效率的情况,是在法院既定资源状况不变的情况下提出的,是法院通过内部改革、挖潜来实现的。从中国的实际和今后的发展看,法院无疑应该获得更多的外部资源投入。只有在加大投入的同时,提高司法产品的数量和质量,才有可能满足社会的需要。当然,资源永远是短缺的,即使法院获得了更多的投入,也不得不考虑司法的效率问题,考虑如何更有效地利用好有限资源的问题。

二、司法公正必须考虑司法的效率

公正,简单地说就是公平对待,而所谓公平对待,就是"给每个人他所应得",既包括实体或结果意义上的应得,也包括程序或方式方法上的应得。司法公正说的是在司法裁判活动中对争议各方的公平对待问题。它不仅要求在裁判结果上努力做到实体公正,而且还要求在求得结果的过程中做到程序公正。尽管在理论和现实中,实体公正和程序公正之间会呈现出复杂的关系,但是有一点可以肯定:在现代法治中,不讲程序公正的实体公正不仅不具有公正之名,而且也不具有公正之实。而说到程序正义,就必然要考虑到司法活动的效率问题。人们常说,"迟到的正义是非正义",其中包含的道理就是司法公正有一个时间的维度,不必要的拖延迟误,会丧失程序的有效性,进而损害或丧失实体公正。

当然,仅仅从时间的快慢来看待效率的高低,来衡量公正的得失,还远远不够。我们常说"欲速则不达",讲的就是另一番道理,即在司法活动中,一味地盲目求快,同样达不到公正司法的目的。这里的"达不到"可能是数量上的,也可能是质量上的,还有可能两者兼而有之。因此,可以这样说,如果按照人们通常的理解,仅仅从时间和数量的角度来看待效率,那么司法公正与司法效率的关系可能是一种正相关的关系,也可能是一种负相关的关系。我们不得不在追求司法公正尤其是实体公正和追求司法效率之间,找到某种平衡。

三、司法公正与司法效率的合二为一：追求有效率的司法公正

把司法公正和司法效率并举，一同作为"审判工作的灵魂和生命"，作为"人民法院在 21 世纪的主题"，意味着司法不只是要追求公正，而且要追求有效率的公正。如果我们不把效率所涉及的投入和产出局限于时间和数量的投入和产出上，而是如上面所提及的那样，包括时间和各种费用的投入，以及数量和质量意义上的产出，那么，我们就有可能把效率的概念转化为公正的概念，就有可能在司法效率的基础上确立一种关于司法公正的数量模型。具体如下：

（1）减少时间和/或费用的投入，提高司法产品的数量，则效率越高，司法越公正；

（2）减少时间和/或费用的投入，提高司法产品的质量，则效率越高，司法越公正；

（3）同样的时间和/或费用投入，提高司法产品的数量，则效率越高，司法越公正；

（4）同样的时间和/或费用投入，提高司法产品的质量，则效率越高，司法越公正。

基于以上数量模型，我们就可以把司法公正和司法效率之间的关系表述为：没有司法效率，就没有司法公正；想要有司法公正，必然要有司法效率。

6

中国司法的功能形态:能动司法还是积极司法?*

"能动司法"是当下我国司法实务界为因应形势需要提出的响亮口号,以此为线索,笔者在一般意义上提出并探讨了我国司法的功能形态问题,认为"能动司法"作为一个外来词较之其在我国的运用状况,具有显然不同的语境和语义,我国司法强调的"能动司法",立足于司法职能的实现而非扩张,也不具有"司法克制"的反向常态制约,因而就我国司法的一般功能形态而言,更准确恰当的表述应该是"积极司法"。

一、能动司法:现象与问题

能动司法或者称司法能动主义(judicialactivism)是一个外来词,其使用在中国近年来的司法实践和司法理论研究中已呈流行之势。

分析来看,人们借用能动司法一词意欲表达和刻画的主要是中国司法发展的两种现象:就当下情势而言,能动司法主要被用来表述中国各级法院在当下世界金融危机、国内经济社会发展面临严峻挑战背景下的各种积极作为。2008年以来,全球性金融危机给我国经济社会发展带来了前所未有的困难和考验,为应对危机和挑战,响应中央保增长、保民生、保稳定的号召,我国各级人民法院均强调要最大限度地发挥司法职能,积极通过司法手段促进经济社会发展。为此,各地法院积极行动,出台了多种

---

* 本文原载《中国人民大学学报》2009年第6期。

多样的制度措施。例如,浙江省高级人民法院发布了《关于充分发挥司法职能保障经济平稳较快发展的指导意见》,制定了针对宏观经济形势变化的司法对策,明确提出以能动司法保障经济发展的任务。在江苏和上海等地,各级法院也着手建立了针对企业借贷、劳务工资、房屋拆迁以及群体性纠纷的预警防范机制,制定了司法应急处置预案。

从一般意义上看,能动司法多被用来描述和刻画当代中国社会转型发展时期司法功能和司法运作的基本形态和要求。中国正经历着一个社会全方位变迁的转型发展时期,在此转型过程中,由于社会变革导致社会生活主体的利益高度分化、社会关系日趋复杂,造成各种矛盾冲突尤其是各种群体性事件不断,纠纷和诉讼数量快速上升。在这种背景下,近年来中国司法实务和理论界普遍认为,中国的司法需要充分发挥主观能动性,积极应对经济社会领域不断出现的各类问题,为经济社会发展提供强有力的司法服务和司法保障,促进社会和谐稳定发展。

能动司法一词的流行反映了当下中国司法的一种崭新的发展取向。无论是出于应对金融危机,保增长、保民生、保稳定的迫切需要,还是基于中国社会转型这一宏大背景的考虑,能动司法都体现了中国法院服务大局、"有为才有位"的思路,展现了中国司法积极进取的精神。然而,当一种观念盛行、一种趋势形成之时,我们有必要就能动司法一词在当下中国的引进和运用,在理论上思考和回答两个方面的问题:第一,能动司法相对于中国司法在当下应对金融危机过程中种种进取的态度和做法是不是一个恰当的表述;第二,在更为一般的意义上,能动司法是否适合用来概括和表述转型时期中国司法的一般功能形态。在回答问题前,笔者想先从能动司法的固有语境和语义,以及能动司法与司法一般规律的关系的角度,作一些客观描述和比较分析。

二、能动司法固有的语境和语义

能动司法在典型意义上是出自美国语境的一个概念,尤其是与美国联邦最高法院的司法实践密切相关。

1787年美国宪法确立了美国分权和制衡的政治体制:不仅是政府权力在立法、行政和司法三个部门之间的分权和制衡,而且还包括联邦政府和各州政府之间的分权和制衡。在这种体制下,联邦法院的权力和管辖范围是有限的,因而要求联邦法院尤其是联邦最高法院以一种所谓的司法克制(judicialrestraint)的态度和方式行使权力,并在具体操作上立足于遵循先例的原则、针对具体的案件和争议去行使管辖权和作出裁判。在美国的政治哲学中,法院被认为是对社会成员的人权和权利"危险性最小"的政府部门,而法院在主张和行使权力、处理裁判事务与立法事务和行政事务的关系上所采取的克制态度,则体现了其所信奉的司法保守主义的哲学。

随着时间的推移和司法实践的发展,美国法院的权力出现了种种扩张。首先是法院获得了在合宪性问题上的司法审查权。1803年美国联邦最高法院通过"马伯里诉麦迪逊案"的判决,确立了联邦最高法院拥有对国会立法和州立法进行审查的权力。法院司法审查权的确立,可以说是美国司法权范围最重要的扩张,也被认为是司法能动主义在美国的起源。20世纪以来,随着科技进步、社会变革和立法对民权保护的增多,美国社会的矛盾和纠纷日益增加,司法管辖案件的诉讼种类和范围也日渐扩大,法院的作用和地位呈凸显之势。美国法院越来越显现出其在社会政策制定和社会矛盾解决、宪法解释和监督实施等方面的突出作用。特别是在第二次世界大战以前西方资本主义社会经济危机和罗斯福新政时期,美国联邦最高法院积极行使对国会立法的司法审查权,使得像《国家工业复兴法》《铁路退休法案》《农业调整法》等众多法律归于无效,此外还否定了联邦政府对制造业、能源、矿山、农业的管理权,重申了国家不能调整工时和工资的概念等,这些都进一步推动了司法能动主义的发展。到了20世纪五六十年代的沃伦法院时期,能动司法或司法能动主义的观念和实践在美国发展到极致。以首席大法官沃伦为代表的联邦最高法院多数派法官坚持自由主义的司法理念,在民权领域高举司法能动主义的旗帜,在反对种族歧视、保障言论自由和集会自由、堕胎、宗教信仰自由以及保护刑事被告人的人权等许多问题上都通过相应的判决改变了原有的法律。例如,在1954年的"布朗诉教育委员会案"的判决中,沃伦法院借助黑人的民权问题,推动联邦政府干预各州内部的"公共福利"事务,维护了公民平等的宪法权利。在该案中,"沃伦法院实际上是以司法裁判的形式,代表联邦政府宣告了南方州实行的种族隔离制度违宪,从而将联邦政府的干预引入了州级民权保护领域。"[1]"沃伦法院

---

[1] 白雪峰:《美国沃伦法院述评》,载《南京大学学报(人文社会科学版)》2005年第4期。

代表了作为宪法解释根本理想的民主生活方式的一种扩展性概念。"[1]至此,司法能动主义在美国的政治和社会生活中已然成为法院作用和地位的一种标识,成为美国法院尤其是美国联邦最高法院权能扩张的显著标志。

与司法能动主义产生和发展的语境相对应,能动司法一词显然有其固有的含义。根据《布莱克法律词典》,能动司法或者说司法能动主义是指与司法克制相对应的一种司法哲学,它认同法官在司法裁判过程中按照自己关于公共政策以及其他现象的个人观点来主导判决的作出,在理念上倾向于寻找各种有违宪法的行为,从而容易忽视遵从先例的原则。[2] 美国学者克里斯托弗·沃尔夫认为:"司法能动主义的基本宗旨是,法官应当审判案件,而不是回避案件,并且要广泛地利用他们的权力,尤其是通过扩大平等和个人自由的手段去促进公平——即保护人的尊严。能动主义的法官有义务为各种社会不公提供司法救济,运用手中的权力,尤其是运用将抽象概括的宪法保障加以具体化的权力去这么做。"[3] 国内学者的专门研究表明,能动司法是"一种司法哲学,它促使法官为了推动新的进步的社会政策偏离严格遵循先例的原则",这些进步的和新的社会政策经常与人们期待的上诉法官所受到的限制不一致;司法能动主义的共同标志是法官更多地把自己看作社会工程师而不是单纯适用规则的法官,而"那些旨在建造社会工程的判决有时候表现为对立法和行政权力的侵犯"[4]。能动司法是指"法院应超越固有定位,将越来越多的纠纷纳入管辖范围,通过法官的自由裁量权和规则发现、参与决策、资源分配,成为积极介入和干预社会生活的力量;直至通过违宪或司法审查成为事实上的最高权威"[5]。

总之,能动司法或司法能动主义有其固有的语境和语义,作为源自于

---

[1] [美]莫顿·J. 霍维茨:《沃伦法院对正义的追求》,信春鹰、张志铭译,中国政法大学出版社2003年版,第200页。

[2] See Bryan A. Garner, *Black's Law Dictionary* (eighth edition), Thomson West, 2004, at p. 862.

[3] [美]克里斯托弗·沃尔夫:《司法能动主义——自由的保障还是安全的威胁?》,黄金荣译,中国政法大学出版社2004年版,第3页。

[4] 信春鹰:《中国是否需要司法能动主义》,载《人民法院报》2002年10月18日。

[5] 范愉:《诉前调解与法院的社会责任:从司法社会化到司法能动主义》,载《法律适用》2007年第11期。

美国的司法理论和实践的概念,它是美国司法哲学的一个重要的变奏,反映了在美国政制框架中法院司法权能的不断扩张的趋向,以及司法权对社会经济和国家政治生活已然增大的影响。[1] 对比说来,能动司法的概念在美国语境下的含义与我们这些年针对中国的司法运作状况所说的能动司法,显然有实质性的不同。我们所说的能动司法,讲的是法院立足审判职能,发挥主观能动性,以应对世界金融危机对国内经济和社会造成的不良影响,回应社会广泛而深刻的转型发展的需要。这种所谓的能动司法,只是法院努力履行审判职能意义上的能动,而不涉及也不可能涉及司法权能的扩张以及不同政府部门之间的权力位移。由于中国和美国在政制框架和司法体制方面的重大区别,能动司法在语境和语义方面的明显不同,把原本是美国语境下的能动司法概念用来描述和刻画当下中国法院在应对金融危机、化解经济和社会矛盾方面的各种积极作为,甚至在一般意义上用以概括转型时期中国司法的功能形态,其恰当性如何,不能不说是一个值得思考和斟酌的问题。

三、能动司法与司法规律

从现代司法的一般规律来看,能动司法或司法能动主义在理论和实践上一直是一种惹是非、受质疑的司法权能运作形态。

人们普遍认为,司法是国家司法权机关(一般指法院和法官)适用法律裁决纠纷的专门活动。司法是一种有限的国家权能,它不同于立法和行政,其运作具有被动、中立、法定和终局性的鲜明特征。有鉴于此,司法权在实际运作中往往采取一种自我克制的立场,这种立场甚至在一般意义上被当作司法权运作的常规形态,当作司法的一般规律。司法克制不仅要求法院和法官忠于法律、尊重事实、严守中立,而且还要求在自己的管辖权范围以及处理与其他权能部门的关系上保持一种谦抑的风格。例如,司法克制要求司法权行使严格奉行被动司法的立场,以具体案件纠纷的存在为前提,以具体案件争议为对象。司法机关行使权力不同于立法

---

[1] 因此,脱离开美国的语境是很难把握能动司法的含义的,正如霍维茨所言:"任何为最高法院的能动主义确立一个可以接受之标准的努力都必须基于一个精确的、事先存在的关于宪法和最高法院在美国人生活中之角色的概念。"参见〔美〕莫顿·J. 霍维茨:《沃伦法院对正义的追求》,中国政法大学出版社2003年版,第197页。

机关和行政机关,立法机关可以针对普遍的社会事务积极主动地制定和颁行法律,行政机关需要积极主动地行使权力以实现社会管理,增进社会福利,而对于法院来说,其权力的启动必须有实实在在的纠纷存在,只有纠纷存在并被诉诸法院成为法院实际管辖的案件,法院才可以行使权力对案件争议依法进行裁判。正如法国思想家托克维尔所言:"从性质来说,司法权自身不是主动的。要想使它行动,就得推动它。"[1]司法权的管辖范围是非常有限的,多数社会矛盾和纠纷并不以诉讼的方式进入司法裁判的渠道去解决。同时,法院的管辖权不仅只能限于被起诉的案件,而且其裁决通常也只能在当事人争议和诉求的范围内作出,"法院不得对于未向其诉求的事项有所作为"[2]。

被动性不仅是司法权运作的重要特性,而且较之于其他属性,还被认为是司法权运作最为基础、最具有标识意义的属性。例如,为确保司法公正,法官在司法过程中必须保持中立,不偏不倚,而要做到这一点,就必须坚持司法的被动性。如果法院不是以被动的方式行使司法权,而是主动地寻找案件进行裁判,甚至"送法上门",试图积极地发现和解决社会中出现的或潜在的纠纷,就势必会将自己卷入当事人之间的利益纠葛中,也就无法做到公正不偏地裁判。同样,法院作为司法权主体,在所有的政府部门中是掌控资源最少、因而被认为是对社会成员的权利"最不具有危险性的"政府部门,所以要做到司法权运作的合法正当,获得司法管辖和裁决的终局权威,也必须恪守司法活动的被动立场。正是由于被动性对于司法权运作的这样一种极端的重要性,人们才会时常把司法克制的要求直接等同于司法权被动行使的要求,并提升为一种传统而经典的保守主义司法哲学,视之为司法的一般规律。

相对于司法克制或被动司法,能动司法或司法能动主义的概念和主张在时序上是后发的,在立场和原理上则恰好是传统司法权运作模式的一个反向运动。由于司法克制或司法权的被动行使一直被认为是司法的常态,是司法的一般规律,能动司法或司法能动主义自产生时起就被视为一种异例或特例,是一种全然不同的另类司法哲学。也正是因为此,使得

---

[1] [法]托克维尔:《论美国的民主》(上册),商务印书馆1988年版,第110页。
[2] 此法谚转引自贺卫方:《司法的理念与制度》,中国政法大学出版社1998年版,第108页。

司法能动主义在司法理论和实践上难以获得准确的定位,并经常遭受各种挑战和批评。特别是司法能动主义所倡导的法院和法官在司法权行使过程中要具有主动性,认为法官要善于从司法活动中发现社会问题,司法应当为政治和经济社会政策服务,司法权应主动介入社会生活的运行过程,积极参与社会生活的管理,等等,这些一直都是颇受质疑的观点和做法。实际上,就连司法能动主义发源地的美国和能动司法发展比较充分的其他西方国家,能动司法及其哲学也一直是一个备受争议的问题。正如有研究者指出的那样:"尽管司法能动主义已成为美国司法的主流意识形态,但对司法能动的辩护和批评的争论在美国从来就没有平息过。"[1]美国学者克里斯托弗·沃尔夫在其著作《司法能动主义》一书中也写到:"我坚信司法能动主义是一个不幸的现象,如果没有它美国将变得更美好。"[2]

对比说来,当下中国的司法和司法权概念与美国和其他国家具有明显不同的语境和语义,在对司法权运作的认识和实践上,也不存在那种从司法克制或被动司法到能动司法或司法能动主义的发展变化,更不存在将司法克制或被动司法作为司法权运作的常规形态,甚至等同于司法规律的情况。我们不仅不能认为当下中国强调能动司法是因为此前中国司法是一种被动或自我克制的形态,而且还应该看到,中国一直是强调遵循司法规律,积极发挥司法在国家和社会治理大局中的作用的。尽管在当前应对全球金融危机挑战的情势下,业内外热衷于使用能动司法的概念,但表达的依然是中国司法一以贯之的积极进取和有所作为的立场和态度。因此,从中国司法发展的内在规律看,借用能动司法的概念来描述和刻画中国司法的一般功能形态,其妥当性也是大可怀疑的。

四、中国司法的功能形态:积极司法

基于以上描述和分析可以认为,由于能动司法或司法能动主义有其域外固有的不同于中国的语境和语义,而且在司法规律的意义上还备受

---

[1] 张榕:《司法克制下的司法能动》,载《现代法学》2008年第3期。
[2] [美]克里斯托弗·沃尔夫:《司法能动主义——自由的保障还是安全的威胁?》,中国政法大学出版社2004年版,前言第4页。

质疑、充满争议,这就使得简单借用能动司法的概念来描述和刻画当下中国司法的所作所为并不是一种恰当的选择。能动司法作为外来词,既不具有中国当下司法理论和实践中所指称的那种本土性的含义,在一般意义上也与中国司法权的整体布局和司法权能运作的一般模式不相契合,而且也有碍于当下我们立足于中国的司法制度和实践、探索中国自己的司法理论的努力。有鉴于此,笔者主张用积极司法的概念置换能动司法的概念,用积极司法的概念来表述和刻画中国当下司法在金融危机条件下的进取与作为,并在一般意义上概括中国司法在社会转型时期的一般功能形态。

笔者认为,用积极司法一词来概括和说明中国司法当下和一般意义上的功能形态,不仅可以避免与能动司法概念相伴随的域外复杂的司法语境和语义的纠葛,从而做到语境明确,语义清晰,而且也更加符合中国司法制度和司法实践一直以来的追求。在中国语境下,人们强调法院要立足国家治理和社会发展的需要,努力在服务大局的理念下圆满履行司法职能,体现的都是司法的积极作为、"有为才有位"的含义。从各种解说和论述中国当下所谓能动司法的文献中,我们也可以发现大都以"积极"这个语词来定义能动司法中"能动"的含义。从言语表达的角度看,人们在谈论中国司法权能时所说的能动司法,都可以用积极司法的表述加以置换。

不仅如此,在一般意义上,积极司法也不会像能动司法或司法能动主义那样,被认为是一种违反司法规律的司法权能运作形态,相反,它恰恰体现了司法活动应有的追求,在整合的意义上彰显司法活动的基本规律。客观地说,近现代司法发展到今天,克制和进取、被动和能动都已经成为司法规律的有机组成部分,表现为司法规律在内在结构上两个相辅相成的维度和方面。司法的基本任务是适用法律裁决纠纷,这就决定了司法权的运作要保持独立,严守中立,并坚持传统司法哲学的克制或被动的立场。但是司法的历史发展表明,法官对法律的适用,也不是自动售货机式的机械运作,法律规范的滞后僵硬特性与案件纠纷的鲜活复杂情状之间的矛盾,决定了在具体的司法裁判活动中,在个案的裁判上,必须强化法官的积极性,要求法官在司法过程中秉承一定的价值理念和方法,理性地对案件的事实和法律问题作出判断。《拿破仑法典》中所规定的"法官不得以法律没有明确规定为由拒绝裁判",其实就隐含了一种能动进取的司法精神。所以,无论是克制的司法还是进取的司法、能动还是被动的司法,如果立足于司法职能的实现,皆为积极司法。基于司法能动和司法克制而提升出上位序列的积极司法概念,合二为一,就能够做到概念的圆融自洽,并与司法规律的要求达致契合。正是由于积极司法这样一种位势关系,以及与司法规律要求的高度契合,所以可以说,积极司法始终是正确的,而消极司法则永远都是错误的。

综上所述,笔者认为,用积极司法的概念置换能动司法,用以刻画和表述当下和一般意义上中国司法的功能形态,具有明显的优越性:第一,不惹是非。可以摆脱域外不同司法语境下与能动司法或司法能动主义概念相关的理论纠葛,更加真切地面对和把握中国的司法制度和司法实践,拓展中国特色司法理论的想象空间。第二,彰显司法规律。基于克制和进取、被动和能动是司法规律内在不可分割、相辅相成的两个维度和方面,遵循司法规律就要同时兼顾和体现这样两个方面的要求,在司法原理上则有必要以积极司法这样一个上位概念对两者予以统领和整合。第三,没有对立面的质疑和纠缠,表述上准确明快。积极司法是一个圆融自洽、没有对立面纠缠的概念,按照司法规律的要求积极履行司法职能始终是正确的,司法消极则永远是错误的。第四,简便易行。用"积极司法"置换各种研究文献中的"能动司法",用以描述和刻画中国司法功能的当下和一般形态,不会产生任何语义上的不连贯,因而是收益颇丰却没有什么成本的改变。

专题三

司法职业化

1

法治社会中的法律职业*

在现代国家和社会生活中,当法治战胜人治、从而确立规则的主导地位后,"人"的因素依然备受重视。"徒法不足以自行",这一表述在脱开原有语境的意义上获得重新阐释。法律的创制、实施和发展离不开人的能动作用,只不过此处的"人",已不是凌驾于法律之上的人,而是遵行法律的人。而在遵行法律的芸芸众生中,又特别强调法律家或以法律为业者的作用。法律职业包括法官、检察官、执业律师、法律教师等。作为法律家的法律职业者,是法律制度的载体,是媒合法律制度和社会生活之间距离、实现法律对社会生活关系的有效调整的中介。因此,如果说法治就是法律的统治,那么所谓的法律统治,又可以恰当地被归结为作为法律家的法律职业者的统治。在一个奉行法治的社会,法律职业具有崇高的地位,其作用得以充分发挥。

法治理论上这种存在于规则和"法律人"之间的辩证关系,在我国的法制改革和法治进程中已演化为生动的实践。回顾近十多年来的改革(包括司法改革)历程,可以明显感到人们在视线上的一种聚合,这就是在强调程序规则和组织制度的完善的同时,越来越重视法律职业的造就。诸如在法律教育、法律培训、职业道德教育、国家司法考试、律师行业管理、审判长以及检察官的选任、法院院长和检察院检察长选任条件等方面

---

* 本文原载《人民法院报》2001年11月23日。

的种种作为,以及诸如"法官精英化"(似乎还可以扩大为"法律职业者精英化")这样一类提法,无不体现以"法律人"为直接指向的改革视角。而且我们还可以发现,其他许多涉及制度设计和完善的改革,尤其是各种关于法制改革和司法改革的谈论,都是以一个理想的法律职业的存在为前提的。例如,我们说法治应该是法律家的统治,律师应该成为法制改革的"旗手",法官应该是"法律帝国"的君侯,法官应该有更高的薪给、享有各种身份独立的保障等,都是以法律从业者已经成为一个专门职业的群体为前提的。

既然一个理想的法律职业是法制改革的目标和法治实现的前提,既然在我们对许多问题的讨论中都是以"职业"为限定,如职业理念、职业技能、职业管理、职业伦理等,那么就有必要正面回答一个问题,即什么是法治社会所需要的理想的法律职业?或者说,在一个法治社会,法律职业只有具备什么样的品质才能承载起实施法治的重任?

从法治发达社会的实践看,法律职业是一种具有特殊品质的专门职业(profession),在社会分工体系中,它与医生、工程师、会计等职业相似而不同于商人、护士、社会活动者、士兵和警察等。具体说来,一个理想的法律职业应该具备以下四种有机联系的品质:

第一,掌握专门的法律知识和技能。法律职业与其他专门职业一样,都是以专门的知识和技能作为自己的力量源泉的群体。"知识就是力量",这句话最适合于像法律职业这样的专门职业,也最应该为专门职业的从事者所信奉。由于拥有专门的知识和技能,就使得专门职业者能够做普通人无法胜任而又必须面对的事。例如,工程师能够为人们设计建造安全的大桥、耐久的建筑和舒适的房屋,医生能够为患病者作出诊断治疗、为健康者提供防病指导。同样,法律职业如律师则能够为人们妥善地安排法律事务,帮助人们行使和维护权利,使之免遭侵犯。尽管法律职业由于掌握的是法律领域的专门知识和技能而有别于其他专门职业,但是,这种知识和技能的专门性,都使其有别于其他普通职业。而且,法律职业所需要的专门知识和技能的获得,也是长期学习和训练的结果。诚如英国法官科克所言:"法律是一门艺术,在一个人能够获得对它的认识之前,需要长期的学习和实践。"随着社会生活趋于复杂多样,对从事法律职业所需要的学习和训练的要求也越来越高。

第二,致力于社会福祉。法律职业与其他专门职业一样,必须在自己的旗帜上写上为社会服务的大字。尽管专门职业者所掌握的专门知识和技能是他们取之不尽的力量源泉,但是这种潜在的力量要转变为现实,取决于社会对他们的信任,而社会信任的基础,则是他们愿意运用自己的专门知识和技能为实现社会幸福服务。法律职业者不应该是唯名利是图的市侩,而应该是社会正义的追求者、社会制度的"工程师"。法律职业应该是一个对社会、对人生负责、尽职的群体。为社会服务,应该成为法律职业的核心理念,成为法律职业最根本的价值追求。在法律职业的精神境界中,应该特别强调的是利他主义的伦理性。在现代法治社会,法律职业甚至被作为制衡庸俗的商业文明和喧嚣的平民政治的"法律贵族"或"学识贵族",并因此而由国家彰显其地位。

第三,实行自我管理。法律职业与其他专门职业一样,是一个自主、自律的职业群体。在现代社会,大凡专门职业,都会实行程度不同的自我管理,并拥有各种重要的自主、自律手段。诸如确定职业准入的条件、制定职业伦理规则、规定收费标准、进行纪律惩戒等,都应该在不同程度上属于法律等专门职业自主决定的范围。法律等专门职业的自我管理,首先,法律等专门职业的自我管理是社会分工的结果,是专业特性的要求。由于法律等专门职业需要专门的知识和技能,普通人根本无法就专业领域内的事项作出合理的判断。对于专业领域的事项,只有通过专业内部的同行评议,通过专业从事者的自主判断,才能保证有适当的安排和处理。其次,法律等专门职业的自我管理也是社会赋予的特权。作为这种特权的基础,则是在社会和专门职业之间达成的一种"历史交易":职业者以自己的专业知识和技能为社会服务,而社会则向他们回馈以相应的荣誉、地位、便利等各种只有职业者才享有的"特权"。在法治和法律职业之间显然存在着一种"共生"关系:法治以法律职业为运作的载体,法律职业则维护法治并从中获得成就。

第四,享有良好的社会地位。法律职业与其他专门职业一样,是一个为社会所尊重的群体。在现代社会,法律等专门职业往往具有很高的社会地位,之所以如此,是因为:它们所拥有的为社会生活所必需的专门知识和技能,使它们握有影响社会的强大力量;它们所追求的以增进社会福祉为己任的理想,使它们具有高尚的职业情操;而专门的知识和技能与为社会服务的职业精神的结合,又使它们在社会中享有令人羡慕的自治"特权"。为什么人们总是向往并努力成为法律等专门职业的一员,原因就在于它们是由社会精英组成的团体,在于作为精英团体的成员,将会得到社会其他成员的尊重。

就我国的法制改革和法治事业而言,一个理想的法律职业所必须具备的上述品质,应该成为我们判断法律职业是否能够承担法治重任的标准,也是我们对现有的法律职业进行专门职业化的改造和整合的标准。

2

从"法官精英化"到"法官职业化"*

近期业界人士谈论最多的话题是"法院队伍建设",与此相伴,则出现了"法官职业化"的提法由"学术话语"向"官方话语"的延伸和转化。按照首席大法官肖扬院长2002年7月5日在全国法院队伍建设工作会议上的讲话中的说法:"法官职业化建设是提高法官队伍整体素质的重要途径,在今后一个相当长的时期,是法院队伍建设的一条主线。"

"法官职业化"的提法显然承继了此前法院内部流行的"法官精英化"的提法。它们都体现了我国法治建设和司法改革中一种反思性、批判性的视点转换:从一味地注重"规则因素",强调建规立制,转换为对变动不居的"人的因素"的重视。"徒法不足以自行"的古训,在新的时空条件下复苏于人们的记忆,这不仅体现了在任何类型的社会治理模式中,都包含了规则因素和人的因素之间一种内在的逻辑关联,而且还反映了,在我国当下的社会发展和法治进程中,人们正在寻求并努力建立在两种因素之间的新的动态平衡关系。

当然,较之于"法官精英化","法官职业化"的提法显然更为稳当、妥帖。"精英"(elite)与"民众"相对应,通常是指在社会生活各领域中少数具有超凡能力、从而影响甚至主导社会和历史发展进程的人物。政治哲学和历史研究中的"精英主义"(elitism),因常常被指斥为"精英政治论"和"英雄史观"而背上沉重的历史包袱。在现实生活中,由于民主共和、自

---

* 本文原载《人民法院报》2002年7月26日。

由平等观念的风行和深入人心,任何在社会成员中区分"精英"和"非精英"的做法,都会招致人们高度的警惕和下意识的抵制。人类历史在整体上是民众的创造、民众的历史,"人民,只有人民,才是创造历史的动力"(毛泽东语);人类现实生活的色彩斑斓、多姿多彩,正是因为每一个社会成员都是一个独特而生动的个体——具有不相重复的生命机理和生活个性,都享有平等的人格尊严。尽管民主社会与其他类型的社会一样,也需要有自己的优秀分子或精英人物,但在本质上,民主社会是反"精英主义"尤其是极端"精英主义"的社会。

针对长期以来我国在法官素质问题上忽视职业特性和专业要求、从而造成法官素质整体欠佳的状况,果敢地提出"法官精英化"的口号,选择走"法官精英化"的道路,体现了顺应时势的认识飞跃。但是,用词不贴切,加之对"精英"或"精英化"一类的用语缺乏界定,也的确容易给人造成不良的暗示,使业内外人士担忧:我们的法官队伍建设、我们的司法改革会不会朝着疏远社会、疏远民众的方向发展? 在此关头,以"法官职业化"的表述取代"法官精英化"的提法,恰好起到释疑解惑、坚定改革方向的作用。因为"法官职业化"以职业主义理论为学理基础,作为一种刻画法官素质要求和职业特性的通行表述,它是以亲和民众、为公众服务的职业精神为基本前提的。

法官职业是法律职业的一种。按照职业主义理论的阐说,在现代法治社会,包括法官、检察官、执业律师、大学法律教师等在内的法律职业是一类必须具备特殊品质的专门职业(profession)。这种品质植根于一代代法律人的努力而积淀的职业传统,并经由长期的法律学习、法律训练和法律实践而悟得。概括说来,这种职业品质可以分解为职业能力、职业精神、职业自治和职业声望这样有机联系的四个方面。职业能力是指法律职业者须掌握专门的法律知识和技能,并以此作为自己的力量源泉;职业精神是指法律职业者须致力于社会福祉,以自己掌握的专门知识和技能为社会大众服务;职业自治是指法律职业者须拥有各种重要的自主、自律的手段,实行不同程度的自我管理;职业声望是指法律职业者须为社会所尊重,享有良好的社会地位。它们之间的有机联系在于:职业能力使法律职业握有影响社会的强大力量,职业精神使法律职业具有高尚情操,而职业能力和职业精神的结合,又使法律职业在社会中享有令人羡慕的自治"特权",进而赢得为社会其他成员所尊崇的崇高职业声望。[1]

立足于这样四个方面的品质来看法律职业,我们可以说,法律职业就是经过系统的学习和训练而掌握专门的法律知识和技能、以服务社会大众为志向和事业、享有良好社会地位的自主、自律的社会群体。如果说法官职业是由法律职业中的佼佼者所组成的话,那么他们在职业能力、职业精神、职业自治和职业声望方面就应该具有更加优秀的品质。

"法官职业化"这一提法,包含了对法官职业品质的系统要求。在这诸多方面的要求中,法官为社会谋福祉、为公众服务的职业精神,可谓至关重要。因为正如上文所述,法官作为国家司法权的载体,尽管其职业能力使他们掌握了影响社会的强大力量,但只有将这种力量与法官为民众谋福祉、为社会担道义的高尚职业精神相结合,法官职业才可能对社会大众具有亲和力,才有可能在社会中求得充分的身份和物质保障,并获得令人羡慕的自治"特权",进而赢得为社会大众所尊崇的职业声望。法官职业与其他任何法律职业一样,尽职尽分、理想崇高,是自己安身立命、兴旺发达的根基所在;一旦根基缺失或腐烂,就不会有社会信用,就不会有与社会大众的亲和力,就必然蜕变为借自己的法律知识和技能以及在制度上拥有的便利一味谋私的利己群体。

> "法官职业化"是一个富有理论内涵的命题。运用这一命题,就能够很好地确定、引导和整合法院系统眼下和今后在队伍建设上的诸多改革举措,如"通过确定法官员额,法官遴选,法官助理、书记员序列单设等改革,建立严格的职业准入制度;通过完善继续教育制度,提高在职法官的素质;通过建立职业保障制度,确保法官依法独立公正行使职权;通过建立统一的职业道德和法官管理、监督制约机制,确保司法廉洁。"(肖扬语)

"法官职业化"是一个平衡良好、"极高明而道中庸"的命题。运用这一命题,就能够比较全面地揭示和把握法治社会法官职业所应有的各项品质,就能够借鉴和吸取域外许多国家和地区法官职业化进程中的经验和教训,在法官职业朝着专精化方向发展的同时,避免因疏远社会、疏远民众而误入歧途。

---

[1] 参见张志铭:《法治社会中的法律职业》,载《人民法院报》2001年11月23日。

"法官职业化"还是一个在我国司法改革的整体格局中不可缺少的命题。这一命题凸显了司法改革对"人的因素"的关注,它与司法外部组织构造上的"非地方化"、内部组织管理上的"非行政化"一道,构成了目前和今后长时期内我国司法改革的完整取向。

3
《法官法》与法官的职业化进程*

《中华人民共和国法官法》(以下简称《法官法》)自1995年第八届全国人民代表大会常务委员会第十二次会议通过,迄今已实施10年整,期间第九届全国人民代表大会常务委员会曾于2001年对相关内容作过重要的增补和修改。《法官法》是关于法官制度的法律,其目的应该在于保障法官权益、规范法官管理、维护法官职业的整体品质。回顾《法官法》的产生及其走过的10年历程,有必要联系中国法官的职业化发展这个大背景来进行。

众所周知,司法的行政化、地方化以及法官的非职业化,是中国司法的三大痼疾,也是中国司法提高自身品质、回应社会发展和法治化治理所要切实解决的问题。《法官法》的制定和实施是不是有意义,以及具有什么样的意义,关键要看它对中国法官的职业化改造起到什么作用,以及在多大程度上促进了法官群体的职业化。

从法官职业化的角度来认识和评价《法官法》,其重要意义可以用一句话来概括:《法官法》以立法文本的显著标识,开启了中国法官的职业化进程。具体可以从以下两个方面来阐述。

其一,《法官法》的产生及其客观存在对法官的职业化发展所具有的意义。

即使不带任何价值偏好,不对《法官法》的产生和实施是推进还是延缓了法官职业化的进程作评价,也应该充分肯定,《法官法》作为对当代中

---

* 本文原载《法律适用》2005年第7期。

国法官制度的系统陈述,必然具有重要的文本价值。《法官法》共有 17 章 53 条,全面规定了法官职业的管理和保障,内容包括一般原则、法官职责、法官的义务和权利、担任法官的条件、法官的任免、法官任职回避、法官的等级、对法官的考核、对法官的培训、奖励、惩戒、工资保险福利、辞职辞退、退休、法官的申诉控告权、法官考评委员会等方面。《法官法》的诞生,犹如绘制了一幅关于中国法官制度的全景式图像,它以历史总结和系统陈述的方式,界定并廓清了中国法官职业化发展的起步状态。从《法官法》诞生后的实践看,它的存在为中国法官制度的不断完善和中国法官的职业化发展,提供了一个实在的法律框架。同时,它也为有关法官职业和法官制度的相关理论研讨提供了既确定又开放的话语空间。

其二,《法官法》在实质的意义上开启了中国法官的职业化进程。

职业化是一个系统工程,它涉及对一个职业在教育背景、技能训练、行为伦理、身份地位、职务特权、组织构造等诸多方面的一系列合理的制度安排。法官职业化的过程不可能一蹴而就,它不仅要求对法官队伍本身进行深刻的改造,而且还包含了对法官职业所在环境的良好期许。但是,《法官法》在法官条件、职务保障、任职回避、培训教育等方面的规定,对于中国法官的职业化发展的确具有意蕴深远的实质意义。例如,《法官法》第 8 条规定了法官享有的各项权利,其中第(二)、(三)项分别规定,法官"依法审判案件不受行政机关、社会团体和个人的干涉";法官"非因法定事由、非经法定程序,不被免职、降职、辞退或者处分"。这样一些规定显然体现了法官职业化的内在要求,即使在今天也具有很强的现实针对性。因为在实践中,法官在履行职责时经常会受到外界的不当干涉;法官因公正处理案件反而受到不公正的对待,甚至受刑事追究的事件也偶有发生;在有的地方,法官要按地方要求承担招商引资、扫黄打非等职业外的任务,没有完成任务会被追究责任。[1]

尤其值得一提的是,《法官法》第四章在担任"法官的条件"的规定中对法官学历条件的要求。《法官法》第 9 条规定了担任法官必须具备的条件,其中第(六)项规定:"高等院校法律专业本科毕业或者高等院校非法律专业本科毕业具有法律专业知识,从事法律工作满二年,其中担任高级

---

[1] 参见《赵仕杰李春林公丕祥徐晓阳代表建议:对法官法和检察官法实施情况应进行检查》,载《检察日报》2004 年 3 月 12 日。

人民法院、最高人民法院法官,应当从事法律工作满三年;获得法律专业硕士学位、博士学位或者非法律专业硕士学位、博士学位具有法律专业知识,从事法律工作满一年,其中担任高级人民法院、最高人民法院法官,应当从事法律工作满二年。"虽然该条紧接着作了"开口"规定,"本法施行前的审判人员不具备前款第六项规定的条件的,应当接受培训,具体办法由最高人民法院制定",以及"适用第一款第六项规定的学历条件确有困难的地方,经最高人民法院审核确定,在一定期限内,可以将担任法官的学历条件放宽为高等院校法律专业专科毕业",但毕竟在我国历史上第一次对法官的学历条件提出了明确的高要求,其意义直接而深远。

对担任法官的学历要求,直接针对的是当时法官在整体教育背景方面的不良状况。这种状况在当时由于对比律师在学历和资格考试方面的"高标准、严要求"而形成强烈反差,并为社会舆论所诟病。从目前关于法官学历状况的统计数字看,《法官法》对法官学历条件的要求,不仅在立法的当时是超前的、严峻的,从而对于中国法官的职业化发展具有"革命性"的意义,而且在《法官法》实施十年后的今天甚至在今后很长一段时期内,依然具有深刻的意义。对此,我们可以列举见诸媒体的一些统计数字加以说明:

2002年9月,最高人民法院要求现职法官未达到本科学历要求的,40岁以下的必须在5年内达到本科学历;40岁以上的,要接受半年到一年的专职培训,按照大学法律专业课程设置进行强化学习。最高人民法院统计表明,到2003年,在地方各级法院的法官中,拥有大学本科及以上学历的占全体法官的41%左右,比1998年增加了21%。[1] 另据统计,截至2003年年底,山东省全省法官拥有本科及以上学历人员比例达到46%,高出全国法院平均水平。[2] 截至2004年年底,河北省全省法官队伍中拥有本科及以上学历人员占法官总数的55.17%(2002年为28.94%,2003年为36.55%)。[3] 截至2004年年底,云南省全省法官中正规院校毕业的法律本科生占8%。[4]

---

〔1〕 参见《法官大学本科以上学历比例达41%》,载中国法院网(http://www.chinacourt.org/article/detail/2004/03/id/108055.shtml),访问日期:2019年6月5日。
〔2〕 参见《山东省高级人民法院2004年工作报告》。
〔3〕 参见《河北省高级人民法院2005年工作报告》。
〔4〕 参见孙展:《一个地方高院的实践与困境》,载《中国新闻周刊》2005年第15期。

鉴于法官和检察官在学历的法定要求和实际状况方面的可比性，这里还可以引用最高人民检察院《2004—2008年全国检察人才队伍建设规划》[1]的一些数字，对法官的学历现状以及与法律要求之间的差距作一个辅助说明。该规划要求，到2008年全国检察人员中大学专科以上学历的人数要达到19万人，平均达到90%，其中大学本科学历的人数达到12万人，平均达到60%。到2008年，省级以上检察院领导班子大学本科毕业的要求达到95%；地、县两级检察院要分别达到90%和80%以上。省级以上检察院的领导班子中法律专业的要达到80%以上，地、县两级检察院要分别达到70%和60%。由此可以推断，《中华人民共和国检察官法》对检察官学历条件的要求，一直到2008年为止都将是一个进行时，或者说只是在局部范围内达标而在整体上未达标的完成进行时，而不可能是完成时。中国法官的情况可能也大致如此。

《法官法》对担任法官者所设定的学历门槛，显然在中国的法院和法官群体中造成了一种浓浓的"紧张"氛围。为了消除这种"紧张"，提高法官的学历层次以便符合法律上的"门槛"要求，中国的法院和法官在过去10年里已经做了大量的工作，并取得了显著成就，今后还将继续付出艰苦的努力。

值得充分肯定的是，这样一种"紧张"造就了中国法官职业化发展的建设性"张力"。可以说，如果没有《法官法》在10年前对担任法官者设定的学历门槛，就没有后来关于"法官职业化"的明确提法，以及在法官职业化方面不断引入的高标准、严要求。因此，可以毫不夸张地说，要问中国法官的职业化进程在制度上的"张力"从何时、因何事而起始，答案恰好在于《法官法》的诞生及其对担任法官者所设定的学历门槛。法官的学历门槛将继续为中国法官的职业化发展提供强有力的屏障，并与国家司法考试的制度设计一道，构成中国法官职业化在制度上的显著而强大的动力。在更加深刻的意义上，它们还将为中国司法的整体发展造就建设性的"张力"，发挥牵引、拉动作用。

立足于《法官法》的规定，顺着全国律师资格考试、法律职业共同体的议论、法官学历门槛的设定、国家司法考试制度的推行及其与法官任职制度的对接、法官培训制度的完善、法官职业道德规范的建立、法官身份和

---

[1] 参见《人民检察》2005年第1期。

职务保障制度的不断完备,等等,中国法官职业化发展的轨迹已清晰可见。在此前提下,我们甚至可以认为,相对于那种关于中国法官职业化改造的高歌猛进式、所向披靡般的宏大议论,立足于《法官法》的切实实施,遵循法官职业化要求的渐进式改革和发展,显然更加具有可行性和合理性。

当然,《法官法》的严格实施要求强化对其权威性的认识,因而有必要进一步明确《法官法》的法律位阶。《法官法》是全国人民代表大会常务委员会通过的全国性法律,其效力高于行政法规、地方性法规和行政规章,任何低位阶的法律、规定都不得消解《法官法》的效力。就《法官法》与2005年通过的《中华人民共和国公务员法》(以下简称《公务员法》)的关系而言,两者同属全国人民代表大会常务委员会通过的法律,尽管有前法和后法之分,但它们之间是特别法和一般法的关系。《公务员法》第3条第2款明确规定:"法律对公务员中的领导成员的产生、任免、监督以及法官、检察官等的义务、权利和管理另有规定的,从其规定。"因此,在法官职业的管理和保障方面,具体到《法官法》和《公务员法》的关系,不应采取后法优于前法的原则,而应该适用特别法优于一般法的原则。

《法官法》以对中国法官制度的文本展示和对法官职业化发展的实质推进开启了中国法官的职业化进程。但是,中国法官的职业化改造必将是一个漫长而复杂的过程。在此过程中,除了在制度理念、制度框架等宏观层面的演进和完善外,制度细节方面的精雕细琢更是一项需要假以时日的慢功细活。中国法官的职业化不仅包含对法官队伍自身的深刻改造,而且作为中国司法和法治事业的一个有机环节,还必然与中国社会的整体发展和法治状况呈同步状态。

从法官职业化的实质要求看,《法官法》对法官职业的保障和管理显然还有进一步完善的空间。诸如:

其一,法官遴选的路径要进一步清晰规范。在法官遴选方面,基于各种复杂因素的影响,目前《法官法》还留有较大的"缝隙"。《法官法》第12条规定:"初任法官采用严格考核的办法,按照德才兼备的标准,从通过国家统一司法考试取得资格,并且具备法官条件的人员中择优提出人选。人民法院的院长、副院长应当从法官或者其他具备法官条件的人员中择优提出人选。"可见,《法官法》没有把"通过国家统一司法考试取得资格"作为担任"法官的条件",而是作为选任"初任法官"的条件,对于属于"法官"范围的法院院长、副院长的选任,适用的则是"法官的条件"。从长远看,法院院长、副院长必须首先具有法官身份,而"通过国家统一司法考试取得资格"则应成为担任法官的必要条件之一。

其二,法官管理要合理规范,真正体现法官职业的内在规律和特性。《法官法》不应该是管理法,而应该是规范对法官职业管理的法。在管理方面,应该积极促成社会对职业理性的尊重,认识并认可法官职业的内在规律和特性,从制度上赋予法官群体更多的自主空间,体现更多的同行制约、更多的职业视角,淡化法官管理中的行政色彩、长官意志。对"法官的等级"应该适时进行"去行政化"的改造。简单地说,就是在严格法官遴选条件、保证法官职业的高品质的前提下,主要以任职资历为主来确定法官的等级并设定相应的薪酬待遇,而不是把法官等级简单地同法院的级别、在法院内担任的职务相匹配。

其三,法官保障要针对问题,力争在身份和职务保障方面取得实质性进步。《法官法》的重心除了规范管理外,更重要的是为法官职业提供切实有效的保障。从当下和长远的发展看,应该特别强调《法官法》对法官职业的身份和职务保障,要义无反顾地坚持尊重法官、予法官以尊荣的立场,以此为基点甚至原点,提升法官职业的个别、局部和整体品质,推动法官职业化进程向纵深发展,回应社会法治进程对司法的角色期待。

在实质性地完善对法官职业的保障和管理之外,《法官法》作为规定法官制度的完整的立法文本,随着人们认识和实践的发展,在文字、句式、编排结构等表述形式方面也应该更加精确、妥当。比如,对第一章总则的4条规定,就可以在表述方面作出某些调整和修改。

第1条规定:"为了提高法官的素质,加强对法官的管理,保障人民法院依法独立行使审判权,保障法官依法履行职责,保障司法公正,根据宪法,制定本法。"可以考虑改为:"为了维护法官职业的品质,规范对法官的管理,保障法官依法履行职责,促成司法公正,根据宪法,制定本法。"其中的要点是:法官职业自始就应该高品质,其品质应该"维护"而非"提高";《法官法》重在"规范管理"而非"加强管理"。

第2条规定:"法官是依法行使国家审判权的审判人员,包括最高人民法院、地方各级人民法院和军事法院等专门人民法院的院长、副院长、审判委员会委员、庭长、副庭长、审判员和助理审判员。"可以考虑改为:"法官是依法行使国家审判权的审判人员。在法院内部担任院长、副院长、审判委员会委员、庭长、副庭长、审判员和助理审判员应该具备法官身份。"理由是:法官是一种身份资格,要明确确立法官的"身份"含义,以此来统合"院长、副院长、审判委员会委员、庭长、副庭长、审判员和助理审判员"等各种审判职务。

第3条规定:"法官必须忠实执行宪法和法律,全心全意为人民服务。"可以考虑改为:"法官必须忠于法律,遵行职业道德,维护审判的独立和公正。"理由是:忠于法律是一个总体要求,其中的"法律"应该是一个统称,不宜对法律作列举式规定;司法必须为民,但是"司法为民"的直接要求是追求司法审判的独立和公正的品质。"全心全意为人民服务"的生活表述有必要转化为法律表述,并赋予在法律上可操作、可评估的含义。

第4条规定:"法官依法履行职责,受法律保护。"可以考虑改为:"法官依法履行职责,不受任何追究。"理由是:要在职务行为豁免的意义上真正强化对法官的职务保障。

又如,在法官的权利和义务的规定方面,要遵循"职务限定"和"身份特权"的要求。所谓"职务限定"是指,法官是公民,凡是公民承担的义务而不受法官身份影响的,都无需在法官的义务中重复规定。诸如"严格遵守宪法和法律""保守国家秘密"等,都属于公民应尽义务的范围,法官也概莫能外。所谓"身份特权"意指,凡是公民享有的权利而不因法官身份受限制的,无需在法官权利中重复规定。诸如"人身、财产和住所安全受法律保护""获得劳动报酬""提出申诉或者控告"等一类的权益,法官和任何公民一样,在法律上平等享有,受同等保护。

再如,在条文规定方面要注意制度规范的刚性和可操作性。如《法官法》在担任法官的条件中规定了"身体健康"[第9条第(五)项]的要求,这项要求显然过于笼统,随之而来的疑问是:何谓身体健康?身体不健康是否还能继续做法官?从可操作性的角度看,"身体健康"的要求似乎有必要以"能够担负法官职责"为限定。

中国法官制度的完善,法官的职业化改造,是一场持续不断的接力,一代人通过《法官法》开启了这场接力,并卓有成效,后来人将继续在《法官法》的旗号下推进这一进程。当然,《法官法》的完善,法官职业化进程的推进,在很大程度上主要不是法官和法院自身的事,甚至可以说是法官和法院力所不能及的事。我们期待着在中国的社会发展和法治进程中,在职业问题上达成更多的共识,在民主社会的追求和大众的生活常识与职业精英的理想和职业理性之间建立真正的沟通机制,并求得某种和谐与平衡。

专题四 司法考试制度

1

司法考试制度与依法治国*

国家统一司法考试制度是近年来中国法治发展和司法改革的一个重大举措。这一制度自2001年建立、2002年正式实施以来,已经逐年举办了四次。据权威统计,在四次考试中,有近百万人报名(99.81万人),66.74万人实际参考,7.1万人在前三次考试中获得通过。从目前情况看,司法考试因其规模庞大、"门槛"较高、通过率较低以及对考试合格者的重要意义等各种原因,被人们誉为当今中国"第一考"。

司法考试制度建立、实施的时间还比较短。尽管我们已经看到它所产生的积极可观的社会效应,并预感到它对中国社会法治进程和政制发展所可能带来的深刻影响,但要对它的价值和效用作一个恰如其分的评价,现阶段还为时过早。这样说同时也意味着,在现阶段我们应该特别注意司法考试制度在实施过程中所遇到的问题,所面临的各种挑战和质疑,并认真研究和解决它在自身设计和运作的完善方面,在与外部制度、环境的配套、磨合方面所遇到的问题。而生活的经验告诉我们,如果我们在一项制度的实施上抱定"逢山开路、遇水搭桥"的态度,那么作为这种态度的前提,就必须加深我们在理论原理上对制度价值的认识,坚定信念。

从理论上认识司法考试制度的意义,最重要的是揭示司法考试制度与中国社会法治进程的内在逻辑关联,审视它在实践中是否推动了中国社会的法治进程。也许在很多人看来,统一司法考试制度的意义不言而

---

* 本文原载《人民司法》2005年第12期。

喻、显而易见,而且从目前的研究情况看,人们确实已经在相当广泛的程度上作出了列举,诸如提高司法人员的素质、促进法律职业共同体的构建、克服司法人员选任上的随意性、储备法律职业人才、提升司法职业的社会公信等,不一而足。但是,一项制度的意义是一个不断显现的过程,对这种意义的认识则需要不断地修正和深化。在原有认识的基础上,结合当前对统一司法考试制度在实施过程中所面临问题的思考,这一制度的意义大致可以从以下三个方面加以概括和阐述。

第一,国家统一司法考试制度是一项以选拔、培养高品质和同质化的法律职业群体为直接指向的制度,而高品质、同质化的法律职业群体的存在,是现代社会实行法治化治理的必然要求。

首先,法治是一项人类社会共同的事业。法治的实现以及实现的程度,取决于它在国际上、区域间、国家或地区内的实践状况。从具体国家和社会的法治化治理来看,它不仅要紧密联系具体时空下的"国情",体现法治的特色,而且也要遵循法治的一般原理和要求。尽管在对于法治一般原理和要求的具体理解上存在诸多争议和分歧,但就最通行的表述看,法治从规则的角度说就是"法律的统治",而从实现法律调控或法治载体的角度说,"徒法不足以自行",法律的统治就是"法律人之治"。造就高品质、同质化的法律职业群体,首先在社会分工方面因应了现代法治的专业化要求。现代社会的复杂结构和社会生活空间的不断拓展,使得对社会的法律调控也成为一项高度复杂的作业。法律系统本身的构造庞大而复杂,使得面向复杂社会生活关系的法律解释和适用也成为一项极其复杂的专业化活动。因此,非专门的法律职业,无法应对现代法治所要求的专业化操作。

其次,造就高品质、同质化的法律职业群体,也是实现法制统一和司法公正的需要。法制统一和司法公正是现代法治的基本要求。实现法制统一和司法公正,要努力做到宪法和法律在整个国家范围内的一体适用,做到"同样情况同样对待""类似案件类似处理",最大限度地克服法律适用中的恣意。法制统一和司法公正的充分实现取决于多种因素,其中的一个重要因素就是高品质、同质化的法律职业共同体的建构。通过统一司法考试等相关的制度设计,使法律职业者掌握并分享共同的法律知识、法律技能、职业伦理、职业责任、法治信念,就能够在很大程度上保证法律适用过程中对案件事实认定、法律含义解释和法律结果推定的规范统一,保证对法律过程和司法过程的主导者和参与者的行为的规范制约。

再次,实行国家统一司法考试,建构同质化的法律职业群体,也是现代法治社会不同法律职业之间共同性的体现。法官、检察官、律师等作为不同的法律职业,在法治的实现过程中有不同的角色担当或分工。以刑事诉讼活动为例,法官是裁判者,其职能是居中审理并作出裁判,而检察官和律师则构成对立的两方:检察官代表国家和被害人、站在公共利益的立场指控犯罪嫌疑人;律师则站在犯罪嫌疑人的立场依法为其辩护。法官和检察官是领取国家俸禄、行使国家公权的司法官员,律师则主要是面向社会、面向客户提供自己的法律服务,并获取报酬的社会法律工作者(不是一般的法律工作者,而是参与司法过程并在法律上享有职业特权的"准司法官")。但是,所有这些不同只是角色分工上的不同,从价值追求的角度看,它们共同承载着在国家和社会生活中践行法治、实现正义的重任,都是依托于法律、法律的权威,与法治共兴衰的法律职业。同时,尽管不同的角色分工所需要的具体操作要求不同,但是履行各自职责所需要的思维方式、知识技能、伦理规范(如利他主义的职业伦理)、职业尊荣等,则具有显著的可共享的特性。所有这些职业共性,需要我们在法律职业的养成方面作出类似于国家司法考试这样的合理制度安排。

最后,通过统一司法考试以及其他相关制度的配套设计,造就高品质、同质化的法律职业群体,也是法治发达国家带有规律性的做法,从而也必然在世界范围内成为评价一国或一个地区法治品质和水平高下的一个重要标识。在普通法系国家和地区,人们将律师、检察官和法官三种法律职业纳入"法律人协会"(Bar Association)的统一管理之下,"法律人"(Lawyer)是他们的共同身份。要成为一名律师,成为一名检察官——即受政府雇用、代表政府行使检控权的律师,要通过"法律人资格考试"(Bar Examination)。法官则多是从执业多年且业绩卓越的律师或检察官中选任,法袍加身意味着一个人法律职业生涯的顶峰。在德国、日本等大陆法传统国家或地区,想从事律师、检察官和法官这三种职业(日本称"三法曹")的竞争者,必须参加统一的国家司法考试,通过考试者还必须进入司法研修机构从事一年半的"法律学徒"式训练,训练合格后才分别从事律师、检察官和法官职业。在这里,三种职业也共享了"司法官"的法律人身份。

第二,国家统一司法考试制度以选拔培养高品质、同质化的法律职业群体为直接指向,它的建立和实施,不仅体现了现代法治的一般逻辑和要求,而且也体现了中国社会改革开放、依法治国的阶段性和规律性要求。

中国社会自20世纪70年代末实行改革开放以来,国家的政制发展经历了一个不断深化的过程。从总结过去的经验教训而提出的"发扬社会主义民主,健全社会主义法制","将民主制度化、法律化",到在广泛而深刻的意义上提出"国家尊重和保障人权","依法治国,建设社会主义法治国家",并将此写入宪法,其间包含了丰富而复杂的认识和实践转变。从法治的角度做宏观考察,我们可以明显感到其中发生的从立法到实施、从注重制度规范的完备到关注组织构造和人员素质的重心转移。法治是一项使人的行为服从规则治理的事业,实行法治,首先意味着构造系统完好的法律体系,同时更要求将系统的法律要求通过品质良好的组织和人员在国家和社会生活中付诸实现。因此,在经过不间断的立法努力迅速改变"无法可依"的状况而构建出比较完备的法律体系之后,必然使法律实施、严格依法办事的要求随之凸显出来。从实践看,中国的法治进程近十多年来聚焦于法律实施问题,不仅是因为一般所说的"徒法不足以自行"的原因,更是因为现实中的法律实施状况已经在相当严重的程度上背离了法治预期。2001年第九届全国人民代表大会常务委员会第二十二次会议在通过《中华人民共和国法官法》《中华人民共和国检察官法》的修正案中创立国家统一司法考试制度,对法律界的很多人来说大有"意外之喜""意外收获"的感觉,但联系到中国法治在总体进程上这种重心转移的背景,就不足为怪了。

法律实施状况在相当严重的程度上背离了法治预期,这集中表现为我们原有的承载法律实施重任的组织、人事和运作制度在很大程度上已经难以应对法治深化所提出的挑战。从法律职业群体建设方面的情况看,我们原来在法官、检察官和律师三种职业间采取的是"部门割据式"分散培养的制度模式。这种模式表现出严重的弊端,比如,在法官和检察官选任方面的"无要求""低门槛"。1995年之前,法律上没有规定担任法官和检察官所需要具备的教育背景。1995年《中华人民共和国法官法》和《中华人民共和国检察官法》制定实施,规定了担任法官、检察官者在教育背景方面的低限标准——"大专"标准,即"高等院校法律专业毕业或者高等院校非法律专业毕业具有法律专业知识",但这样一个并不算高的低限标准在实施过程中却被大打折扣,这就不可避免地对三种职业各自的职责担当,以及所必需的社会公信产生严重的不良影响。

更为严重的是,法官、检察官和律师三种充满共性的法律职业在选任上各行其道、各自为政的做法,造成了司法资源的浪费、职业秩序的混乱,从而使法制统一原则、司法公正和效率的要求,缺乏良好的载体——法律职业共同体的支撑。在三种职业的资格或选任考试上,律师资格考试制度建立最早,也比较规范。自1986年司法部举行首次考试后,到2000年为止共举办过12次,约有18万人通过考试。由最高人民法院和最高人民检察院分别组织的初任法官、助理审判员考试和初任检察官、助理检察员考试皆始于1995年,截至1999年,各举办4次,前者通过4万人,后者通过3.5万人(报名约6万人)。由于三种法律职业考试的组织部门不同、性质不同、标准不一、门槛不一,加之所获得的资格不能通用,三种职业在制度上没有流动的途径,使得它们不仅没有职业共同体的"形",而且更缺乏职业共同体的"神"。"部门割据式"分散培养的制度模式,无助于使法律职业者形成对作为职业构成要素的法律知识、职业技能、职业伦理、职业信念等的统一理解,阻碍了法律职业共同体意识的形成;在实践中则加剧了三种职业之间的分裂、内耗以及在法律运作和决定上的混乱。例如,在刑事司法过程中,人们形象地把从事刑事案件辩护的律师与从事公诉的检察官之间的关系比喻为"老鼠与猫的关系";在司法过程的诸多环节,法官和检察官则被形象地比喻为"顶牛"关系;而在诉讼中,法官和律师之间的关系则常常仿佛是老婆婆与小媳妇的关系。如果说中国司法的状况离社会法治发展的要求还有距离的话,那么缺少法律职业共同体的组织建构,无疑是其中的重要原因。因此,提升法律实施的效率和品质,推进依法治国,需要我们以国家统一司法考试制度的建立和推行为先机,推动法律从业者的职业化改造进程。

第三,以培养造就高品质、同质化的法律职业群体为目的,国家统一司法考试制度的建立和实施,犹如一股强劲的拉力,为与法律职业共同体养成相关的整个制度系统的健全和完善提供了新的契机。

培养造就高品质、同质化的法律职业共同体,需要我们有一个完整的思路,并推行一系列配套的制度设计。随着国家统一司法考试制度的建立和实施,与法律职业养成和共同体建构相关的完整的制度建设思路,在法律界内外也会越来越清晰起来,即定位准确的大学法学教育制度,严格而统一的国家司法考试制度,系统而集中的职前培训制度、合理的见习期制度、良好的职业保障制度,以及健康有序的职业间和职业内的流动制度。而与这种思路相伴随,则可以合理地期待在今后的岁月里,在表征中国法治进程深入的意义上,在法学教育、法律职业培训、司法官遴选、司法官一体化和职业流动等方面发生一系列相关的制度变革,从而顺应中国社会法治发展的要求,达致法律职业共同体养成这一制度板块的整体升级。

从目前已经引发的情况看:

首先,国家统一司法考试制度的建立和实施,有利于激活和加强法学教育的职业取向和实践品质。在广义的社会法律教育的分工体系中,大学法律院校的法学教育是其中的重要组成部分。法学教育的目的可以概括地表述为"传承和丰富法律知识,为社会输送法律人才"。从今后的发展看,对于法学教育目的的这种表述依然是恰当的。大学法学教育应该是面向更为广泛的社会需要的学识教育或素质教育,而非单纯的以培养数量规模极为有限的法律从业者为指向的职业教育。但是,随着以选拔法律职业者为明确指向的国家统一司法考试制度的建立和实施,法学教育中内含的实践品质必然获得进一步的强调,并不断表现出来。法学教育将成为整个法律职业者或法律家养成制度的重要一环,将会成为为社会输送法学理论和法律实务人才的法学教育,成为密切关注法律实践的素质教育。

其次,国家统一司法考试制度的建立和实施,使合理的职前培训制度的建立呼之欲出。在法官、检察官和律师的教育培训方面,已经有各种由法院、检察院和司法行政部门主导的组织机构。虽然从这些机构的培训对象看,它们所从事的主要是从业者的在职培训,但从培训的内容、方式看,与大学法学院的讲授却有很大的雷同,对知识、技能的"补课"胜于"更新"。随着国家统一司法考试制度的建立和实施,我们已经明显感到需要有一种对通过考试并将从事法官、检察官和律师等法律职业的人员的统一而系统的职前培训制度。没有这种职前培训制度,那么在法律职业群体的构建方面,就无法对法学教育、在职培训进行合理的定位,就无法发挥统一司法考试前引后导的媒合作用。而从更实质的意义上说,则无法使法律职业从业者获得系统而实用的职业训练。

再次,国家统一司法考试制度的建立和实施,促成了"司法职业者"或"司法官"这一法律职业群体共享的身份概念的形成,从而为不同法律职业间的有序流动奠定了学理基础。法律职业共同体的构建,以法官、检察官和律师等不同法律职业共享一种"法律家"的身份为前提。可以将"国家统一司法考试"恰当地理解为"国家统一的司法官资格考试"。顺着统一司法考试制度的指引,借鉴域外尤其是德国、日本等大陆法传统的做法,不同法律职业之间在英美等普通法传统国家所谓的"法律家"身份,可以置换为"司法职业者"甚至"司法官"的概念。这其中显然包含了在司法性质、司法主体、司法功能等方面可能引发的一系列观念更新,因为司法将不再是一个国家垄断的领域,并不一定要领取国家俸禄、行使国家司法公权才能被界定为"司法职业者"或"司法官"。

最后,国家统一司法考试制度的建立和实施,使我们得以在制度建设上认真地思考在中国这样一个地域辽阔、文化传统复杂、社会经济发展不平衡的国家,法律运作和法律服务需求的多样性,并作出有针对性的制度安排。比如,针对西部地区的区情,这些年在国家司法考试的报名条件、录取分数线等方面所作的"放宽"的政策安排,显然需要我们在并非权宜之计的意义上、在中国法治和司法的区域特征上进行深入思考,以便在一般意义上作出制度创新和安排。

总之,对于中国的政制发展和依法治国的进程来说,国家统一司法考试制度是一项内容具体而又意义深刻的制度。这种意义已经开始越来越多地显现出来。同时,也可以清楚地看到,统一司法考试制度意义的充分发挥,取决于一系列相关制度的配套设计和推行,取决于在多大程度上坚持我们的原初构想,将这样一项尚属粗糙、显得孤单甚至可戏称为"半拉子工程"的制度,转变为一项由诸多制度配套而行的系统工程。

2

法律家的养成与统一司法考试*

2001年6月,第九届全国人民代表大会常务委员会第二十二次会议通过了对《中华人民共和国法官法》(以下简称《法官法》)的修改决定。在对《法官法》的各项修改中,业内人士谈论最多的是关于统一司法考试的规定,即"国家对初任法官、检察官和取得律师资格实行统一的司法考试制度"(《法官法》第51条)。这一规定的意义的确不容低估。诸如提高司法人员的素质、促进法律职业共同体的构建、防止司法人员选任的随意性、储备法律职业人才、提升司法职业的社会公信等,只是其中比较显著直接的一些方面。而它对于中国社会的整个法治进程究竟将起到什么样的推动作用,虽一时难以说清,却也让人确有所感。回顾并前瞻地想来,我们的确应该感到鼓舞,可以说,国家统一司法考试制度的确立,是司法观念潜移默化地更新导致法律制度变革的典型例子,也是我国这些年来司法和法律改革的一个最突出的成就。

不过,在欣喜之余,也有必要提请人们注意,我们希求于国家统一司法考试去达到的各项目的,是不可能通过这孤零零一项制度改革和设计而实现的。统一司法考试与法律家的养成密切相关。从法律家养成的角度看,统一司法考试只是其中的一个重要环节。要想使它圆满地发挥作用,必须配之以在法学教育、法律训练等方面的相应设计。对此,可以比照一下其他国家的做法来说明。

---

* 本文原载《人民法院报》2001年8月31日。

在当今各法治发达社会,法律家一般是指精通法律并从事法律实务工作者,如法官、检察官和律师等,他们与精通法理并从事法学研究和教学的法学家一道,构成了一个完整的法律职业群体。法律家的养成有一个过程,因为要把一个普通人造就为一名法官、检察官或律师,需要多方面的教育、训练,并结合以各种考试的检查、鉴定和淘汰,不可能毕其功于一役。

　　当然,具体到如何根据社会对法律家的要求,安排相应的教育、训练和考试,各国的做法并不完全相同。从德国、日本、法国、美国等一些国家的情况看,法律家的养成可以有不同的模式,同时还有许多细节做法上的差别。这方面的情况,近年来人们已多有论及。需要进一步指出的是,在这众多或大或小的差异背后,却暗含了一种共同的制度设计原理,即对应于社会对法律职业者高素质、高技能的要求,在法律家养成过程中也区分了普通高等教育和系统职业训练这样两个阶段——前者侧重于基本素质,后者侧重于专业技能。在德国、日本、法国等国,法律家养成所需要的素质教育一般在大学法律院系进行,系统的技能训练则是在通过统一的国家司法官考试后,由司法官研修所或法官学院一类的专门机构来组织完成。在美国,大学承担了更大的责任,不仅素质教育多在大学里完成,而且大学的法学院还承担了系统职业训练的任务,学生从入学时就被告知,要"学会像法律家那样思考问题"。

　　相比之下,在法律家的养成上,我国虽然引入了统一司法考试的做法,同时要求初任法官者必须具备受过高等院校法律专业或非法律专业本科教育等条件,从而与德国、日本、法国等国家的做法比较相像,却并没有明确体现基本素质教育和系统技能训练的区分。《法官法》第12条规定:"初任法官采用严格考核的办法,按照德才兼备的标准,从通过国家统一司法考试取得资格,并且具备法官条件的人员中择优提出人选。"由于其中的"严格考核"是否能够被理解为经过系统的职业训练还不得而知,而且从用语本身来看也很难作这样的牵强解释,因而可以认为,《法官法》在规定了统一司法考试之后,并没有随之提出系统的技能训练的要求。而一旦缺少了技能训练这一环节,那么在统一司法考试的"指挥棒"下,我国目前在大学法律院系所进行的以学习掌握广泛的人文社会知识和法学理论为指向的素质教育,就会出现定位上的两难:一方面,由于统一司法考试对于法律家的养成具有"一锤定音"的意义,大学法律院系似有必要承担起系统技能训练的任务,以进入法律职业为指向。时下许多业界人士尤其是主管法律官员主张对我国的大学法律院系的教学进行改革,以强化其职业指向,笔者想很大程度上就是出于这种考虑。但是,另一方面,中国大学的法律院系不同于美国的法学院,它以受过初等教育者为对象,主要而且也比较适合承担的是普通高等教育,这一点与德国、日本、法国等大陆法系国家的情况相似。

说到这里,我们大致就可以作出如下判断了:虽然我国立法确立了统一司法考试制度,但就法律家的养成而言,目前并没有在素质教育、资格考试和技能训练等方面形成一套有机联系的制度。统一司法考试无疑为这一整套制度的合理构建提供了有利的契机,它将启动与法律家养成相关的一系列制度改造和创新的过程。在这一过程中,我们会面对不同的方案,需要作出妥当的选择。比如,是在国家司法考试之后增设系统的职业训练制度,还是对大学法律院系的教育进行类似于美国法学院的职业化改造? 如果是前者,那么是设立统一的司法研修制度,还是依托已有的法官学院、检察官学院等机构,采取不同职业分散训练的做法? 而一旦选择了分散训练制度安排,又如何贯彻统一司法考试的价值取向,不损害法律职业共同体的构建? 等等,都需要我们认真地加以探讨和回答(就笔者看来,设立统一的司法研修制度当属更为合理的选择)。

应该指出的是,当我们受统一司法考试制度的激励,并借鉴法治发达国家的实践,顺着素质教育和技能训练的二分思路构筑我国法律家养成的完整制度方案时,不应该忘记一个最为原初的问题,那就是,在当今中国社会,对于法律家的养成究竟应该提出什么样的要求才算恰如其分? 较之于我国过去的做法,以及法治发达国家早期在这方面水准并不高的要求(如师傅带徒弟式的训练或中等程度的法律学校训练),大学本科高等教育等条件加上统一的司法考试已经是一个相当高的职业"门槛",在这种情况下提出更进一步的要求,是否有点不切实际或不合时宜? 尽管笔者并不那么认为,但这类问题却是值得认真考虑的。尤其是考虑到中国社会各地区在整体发展水平上的巨大落差,就更是如此。

3

司法考试门槛的高与低[*]

随着本年度司法考试的临近,有关司法考试门槛高低的话题再次引起人们的热切关注,立场、观点的分歧也一目了然。为了使该话题的讨论得以深入,笔者想在这里先对"司考门槛"这一表述的含义作一点辨析。

"司考门槛"在人们的讨论中常常具有两种含义,交错缠绕在一起:一指司法考试的通过率;二指"司法考试合格"作为进入法官、检察官、律师等法律职业的法定要求之一,所必然具有的"门槛"效应。与之相对,"司考门槛高低"的话题也具有性质不同的意味:在前者,"司考门槛高低"意指司法考试通过率的高低;在后者,"司考门槛高低"意指司法考试结果对进入法律职业的影响。

"司考门槛"的前一种含义所引发的"高低"话题,基本上是一个事实层面的描述性问题——司法考试通过率是不是太低、司法考试门槛是不是过高?而后一种含义所引发的,则是价值层面的评价问题——司法考试通过率应该如何,司法考试门槛应该降低、维持还是提高?人们真正关心和需要关心的,显然是后者。

司法考试门槛在事实层面是高了还是低了?很多人是从考试人数和通过人数的比率来说的。自2002年开始第一次司法考试以来,2002—2004年的实际考试人数分别是31万人、近17万人和17.9万人,通过率分别是8%、11.12%和11.22%,人数加总大约是6万多人(包含对一些

---

[*] 本文原载《法制日报》2005年6月25日。

地区的照顾人数),大约是考试人数的一成。如果仅仅根据司法考试通过者的绝对数就说司法考试门槛高了,那不过是论者的个人感觉,基于同样的事实,别人也可以说司法考试门槛不高或不够高。究竟是高还是低,只能从对比的意义上来说明,即相对于什么来说是高了还是低了。对比可以是纵向的历史对比,得出的结论是近三年来司法考试门槛有逐年降低的趋势;也可以是横向对比,如与域外的情况对比,发现中国的司法考试门槛并不高——但这里有一个可比性问题;不同地区、不同群体等相互之间的对比,如相对于东部地区更高的通过率,司法考试门槛对西部地区显得比较高;相对于法律院校参考者的更高通过率,司法考试门槛对其他参考者群体显得比较高。

需要指出的是,在事实层面对司法考试门槛高低的描述,并不应该成为人们的真正关切所在。因为对于一个接受了大专院校法律教育的人来说,除非他想要从事法官、检察官、律师等法律职业,司法考试对他在法律上并不构成"门槛"限制。从法律职业的有限规模看,从学习法律不一定从事法律职业的普遍情况看,司法考试只能采取窄门政策,其高门槛应是题中应有之义。在这里,不存在所谓的"浪费法律人才、不利于法学教育"的问题。

人们在价值层面对司法考试门槛高低的评论,以及存在的观点分歧,主要产生于司法考试结果对于解决目前我国法律职业所面临问题的影响。其中的聚焦点是:西部等不发达地区的基层人民法院、人民检察院出现了法官、检察官"断层"问题(如有的省87%的基层人民法院法官人数仅为3至4人),而与此形成对比的是,这些法院、检察院连年在司法考试中的低通过率甚至零通过率。尽管在过去三年的司法考试中,有关部门对这些地区已经给予了照顾,比如2002年合格线是240分,这些地区放宽为235分,有700多人符合放宽条件;2003年合格线是240分,这些地区放宽为225分,有2000多人符合放宽条件;2004年合格线是360分,这些地区放宽为335分,另外还采取了放宽报名条件、民族语言试卷等办法予以关照,但总的情况并没有改变。应该说,目前有关"降低司考门槛"的意见,主要是针对司法官断层现象的有感而发。

但是,"降低司考门槛"并不是解决司法官断层问题的对症良方。从法院、检察院方面看,造成断层的直接原因是:留不住——司法官流失;出不去——司法官与行政人员结构严重失调、不合格人员挤占编制;进不来、不愿进——社会上条件合格者不得而入或不愿进入。应该说,这三方面的原因都不是简单地采取降低司法考试门槛的办法就能解决的。司法官流失的问题,关键在于对司法官身份和职务保障严重缺乏,尤其是司法官在与律师、党政干部等的比较中产生的落差感、挫折感。至于出不去、进不来或不愿进的情况,则或者表明应该维护司考门槛,或者与司法考试门槛无关。一句话,目前的司法官断层问题,既不是因司法考试门槛造成,也无法由此解决。考虑到全国法院、检察院干警目前平均40%左右的大学本科学历水平,以及中国社会发展和法治进程对司法官的职业化改造要求,"降低司考门槛"的说法真的应该慎之又慎!

从中国律师业的现状和发展看,也没有多少降低司法考试门槛的必要。通过司法考试门槛限制从业人数,是避免导致恶性竞争、保持律师执业秩序、维护律师服务品质的重要手段。而且近十多年来,我国律师的数量一直处于盘整状态,最新的统计是11.8万人,并没有出现原来预期的大发展。笔者想其中的重要原因是:律师主要生活于经济比较发达的大中城市,其业务属于"高端"法律服务;中国的法律服务需求的确巨大,但律师的数量规模取决于这种法律服务需求有多少能转化为对律师服务的需求。

作为"门槛"的司法考试是中国法律职业化进程的推进器,它的确遭遇了某种不合理的职业现状,值此关头,需要我们坚定信念,努力贯彻司法考试制度的设计意图。

专题五 司法官培训、法律教育

1

对我国法官培训的两个角度的思考*

关于中国的法官培训,我们需要考虑许多方面的问题。就法官培训这一话题本身而言,至少应该包括法官培训的目的或目标、组织、对象及其特点、内容、时间长短、师资安排、资金来源、制度保障、方式方法、效果评价等一系列问题。而要想说得更清楚,更全面、深入,还不得不考虑许多与话题密切相关的"外部问题",如整个社会的法制和司法环境,法治发达国家的相关实践和经验。在这里,笔者想从法官培训的理想模式和实际操作两个角度,谈谈自己对我国法官培训的总体看法。就前一个角度的分析而言,通过与国外相关实践的比较来进行;就后一个角度的分析而言,立足于中国法官的职业现状来展开。

一、域外的实践:法官培训的两种含义

在当今各国的司法制度中,法官培训是一个普遍存在的现象。顾名思义,法官培训就是对法官的培养和训练。对此,《中华人民共和国法官法》(以下简称《法官法》)第九章作了专门规定。《法官法》第 24 条规定:"对法官应当有计划地进行理论培训和业务培训。"不过,从所接触到的国外情况看,人们对"法官培训"一词的含义似乎有两种理解:一种是严格意义上或狭义的法官培训,指对在职法官甚至包括法院其他各类工作人员

---

* 本文原载信春鹰主编:《公法》(第三卷),法律出版社 2001 年版,第 377—384 页。

的继续教育。这种意义上的法官培训可以称之为在职培训。另一种是广义的法官培训,它还包括通过一个培训或教育过程把一个普通人造就为一名法官,即所谓的职前培训。可以认为,对"法官培训"含义的不同理解,决定了法官培训机构在职能定位上的不同。

从读到的一些材料看,德国、法国、日本等大陆法传统国家的法律人士更倾向于从广义的角度谈法官培训,而美国、英国等普通法传统的法律人士则更倾向于从狭义的角度谈法官培训。个中原因固然有许多,而且可能还比较复杂,但大致还是可以认为:对于前者,法官通常被认为是有计划地教育或培养的结果,因而初任法官者往往可能比较年轻;对于后者,法官则是职业教育和自由实践的结果——一个人只有在专门的职业教育(如美国的法学院,英国的律师学院)的基础上,经过从事律师等其他法律职业的实践并且声誉卓著,才有可能成为职业法官。在美国和英国,年纪轻轻要想戴上法官的桂冠,是不太可能的。

为进一步比较说明,笔者想以德国的情况为例。[1] 按照德国宪法和法律,担任法官的条件除具有德国国籍,忠于德国宪法外,还须有从事司法工作的资格。所谓"有从事司法工作的资格",简单地说就是要通过两次国家司法考试。法官通常是由各州司法部长从通过两次考试者的佼佼者中任命。从司法官(包括法官)培养和训练的全过程看,大致有四个阶段,即大学法学教育、实习期教育、见习法官教育和法官继续教育。其中前两个阶段属于普通法学教育,它在一个人被任命为法官之前进行,而且并不专以从事法官职业为指向,因此属于任职前的培训;后两个阶段属于任职后的、严格意义上的法官培训,似乎可以分别称之为初任法官培训和"资深"法官培训。具体情况如下:

(1)大学法学教育。一般为5年(至少3年半),采用的方法是讲授和练习。此后参加第一次国家司法考试(书面和口头)。

(2)实习期教育。通过第一次国家司法考试者进入为期两年的实习期,它由各州司法部组织实施,其中包括6个月的法院民事审判庭庭审实践,4~6个月或更长时间的律师事务所实践等,目的是了解不同的法律

---

[1] 材料主要来自 Johann - Friedrich Staats, *Judicial Profession*, *Judges' Qualities*, *and Continuing Education of Judges*。该文系作者参加1999年11月由中南政法学院在武汉举办的"法官培训与法官职业国际研讨会"的论文。Staats博士当时任德国联邦司法部法官管理处主任。

职业。此后参加第二次国家司法考试。考试内容包括要求制作内容和形式俱佳的判决书。

（3）见习法官教育。通过第二次国家司法考试而被任命为法官者，将担任3~5年的见习法官（然后才能被任命为终身法官）。见习法官可以独立办案，但工作质量在一定程度上要受所在法院院长的监督，因为其中被评估为"不适合在司法部门工作"者将被解雇。见习法官要参加司法部或法院组织的培训，典型的情况是四周的概论教学，紧跟两套为期一周的强化课程。

（4）法官继续教育。目的是使法官跟上时代步伐。德国法官学院的两个培训中心和各州政府为法官提供了很多培训机会。法官学院开设100门左右的课程，一半是法律专业课程——介绍实体法或程序法领域的最新发展及其中所包含的社会和技术的发展；1/4是跨学科的，如医学和法律；1/4是关于社会能力的，如"法庭修辞和交际"。每班是25~40人。培训课程不打分，不发证书，与晋升前景无直接关系（这一点与中国不同，中国《法官法》第28条规定："法官在培训期间的学习成绩和鉴定，作为其任职、晋升的依据之一"）。

上述德国的做法在大陆法传统的国家或地区是具有典型意义的。它们的共同特点是，在一个人从事法律职业（包括法官）之前，一般须经过大学法律院系的法学教育和专门的司法职业训练。这种大学法学教育和司法职业培训可能成为一个人进入法官职业的"直通车"。比较说来，美国等普通法传统的国家则没有这样的"直通车"，而且似乎也没有这种环环相扣的法官培养体制；它们似乎更注重在造就法官过程中实践和经验的重要性。同时，考虑到英国存在律师学院一类的设置，美国的法律职业的职前教育和训练在某种意义上倚重的是大学的法学院。另外，就在职法官的培训而言，这些国家和地区的做法也是有同有异。基本的共同点是：设有专门机构负责组织这样的培训，时间很短，重在知识更新，等等。例如，美国专门从事法官培训的机构是联邦司法中心，培训对象是法官和法院工作人员。它对新法官（主要是初审法官）的培训计划分为两步，每步用时四天半，中间间隔九个半月。它还定期举行涉及诸多领域的研讨班和培训班,人数20～200人不等,时间1～2天,最长不超过5天。[1]

说到这里,我们就可以比较分析一下中国的情况了。

我国《法官法》第9条第1款规定,担任法官的条件是:(1)具有中华人民共和国国籍;(2)年满23岁;(3)拥护中华人民共和国宪法;(4)有良好的政治、业务素质和良好的品行;(5)身体健康;(6)高等院校法律专业毕业或者高等院校非法律专业毕业具有法律专业知识,工作满二年的;或者获得法律专业学士学位,工作满一年;获得法律专业硕士学位、法律专业博士学位的,可以不受上述工作年限的限制。第12条第1款规定:"初任审判员、助理审判员采用公开考试、严格考核的办法,按照德才兼备的标准,从具备法官条件的人员中择优提出人选。"联系这些规定来看《法官法》第九章所说的"法官培训"和现实的培训实践,我们可以作出以下两点判断:

第一,我国的法官培训是指对在职法官的培训,因而可以归入对"法官培训"的狭义理解。这一点与美国等普通法传统的国家类似。但是,值得特别注意的是,我国大学法律院系的法律教育并不具有像美国法学院那样的职业指向或特色。

第二,我国大学法律院系的法律教育与德国等大陆法传统的国家和地区的大学法律教育相似,同属职业指向不明确的普通法律教育。但是,同样值得特别注意的是,由于我国没有像德国等大陆法传统的国家和地区的"职前训练",这种在大学中进行的普通法律教育却可能成为进入法官职业的"直通车"(这里不考虑未受系统法律教育进入法官职业的情况)。

基于以上两个判断,也许需要我们在比较长远或理想的意义上进行这样一种思考和选择:继续维持对"法官培训"的狭义理解,同时强化大学法律院系法律教育的职业指向或特色;或者扩展"法官培训"的含义,使其包含与大学普通法律教育相衔接的"职前训练"的内容。应该说,不做这样的深层思考和深刻改进,在我国就不可能形成与高素质的法官职业相对称的充分的"法官培训"概念。

---

[1] 参见 Rya W. Zobel, *The Profession of Judging and the Education of judges*。该文系作者参加1999年11月由中南政法学院在武汉举办的"法官培训与法官职业国际研讨会"的论文。Zobel女士是美国联邦区法院法官,曾任美国联邦司法中心主任。

二、法官职业定位和法官培训:面向发展,保持合理张力

法官培训是一项实实在在的工作,当然不能局限于理想模式的探讨而不顾现实的操作。而谈论实际操作,就不能不从中国法官的现状和所面临的发展来分析问题。对此,笔者想谈相互关联的两个方面的看法。

一个方面的看法是:职业、素质和培训三者之间存在着内在的逻辑关联,问题在于,从中国的现状看,法官是一种什么职业,就中国的法治发展看,法官应该是一种什么职业。谈论法官的素质要求和职业培训,不能不立足于中国社会的需要,考虑法官在社会中的职业定位问题;而考虑法官的职业定位,既要面对现状,更要顾及中国社会的转型和发展。

应该肯定,在当今中国,视法官为一种职业,已取得越来越多的共识。与任何其他社会职业一样,法官职业也有相应的素质要求,同时,素质的养成离不开教育和培训。这就是职业、素质和教育三者之间在逻辑上的基本关联。

需要进一步强调的是,法官职业是作为专门职业(profession)的法律职业的一种,它与一般的职业(occupation)不同,具有专门的素质要求。从事并要胜任这一职业,需要掌握专门的职业知识和技能,并要遵行专门的职业伦理。尽管法官职业可以在不同的社会和制度环境中存在,但评价其素质高低的理念和标准还是大致相同的。一个真正的法官,必须忠于法律,具备胜任审判工作的能力;在职业道德上要为人正直并显示其公正性;在日常生活中要有公正、谦恭和敬重他人的修养和气质;在裁判中要有运用常识和创造性智慧的能力。显然,法官所具有的这样一种专门素质的养成,离不开专门的职业教育和培训。

中国现在的问题是,尽管对法官职业的素质要求在认识上有很大提高,但是,对于法官作为一种从业素质要求很高的专门职业的认识,还相当模糊。当然,总体说来,中国法官的构成现状确实也很难要求人们视它为一种高素质的专门职业。以湖北省某基层法院的情况为例。该法院有在职干警168人,其中从军队转业来的有76人,占45%;通过组织人事部门从公安或其他部门调入的有61人,占36%;从社会招考的有18人,占11%;从大专院校(不一定是法律院校)分配来的有13人,占8%。在该法院17名庭长中,有5名属乡镇干部调任,6人属军转干部。基于这样一

种法官构成现状,至少能使我们理解为什么现如今对法官的任何优遇都难以为社会所认同,以及为什么提高法官的社会公信步履维艰。

然而,中国要想发展成为一个现代法治国家,要想通过社会和法制改革建立现代司法制度,就必须形成由法官、检察官、执业律师和其他各种法律职业构成的法律职业共同体,造就作为一种专门职业的法官职业。的确,这是一个对当今中国现实具有很大超越性的理想目标,但是我们必须确认和追求这个目标。正视眼下法官职业在构成、素质等方面的现状,以及迄今国家和社会对法官的角色期待并不意味着要安于现状,而是为了表明,对目标的追求必须脚踏实地。在当今中国,"发展"一词无论在时间序列和空间序列上,都应该是一个连续性的概念。我们必须在"保守"和"进取"之间形成和保持合理的张力。

另一个方面的看法是:在法官培训的目的、组织、对象、内容、时间长短、师资安排、培训方法、效果评价等安排中,要体现和兼顾上面所说的现状和发展两个方面:既要考虑到中国法官职业在构成和素质方面的现状,更要重视中国的法官职业在我们所勾画并努力实现的法治图景中所必须面对的改造和发展。对于"现状",我们需要予以正视而非迁就,对于"发展",我们需要做到细致冷静,而非盲目鼓噪。由此,笔者引申出以下两点:

第一,考虑到中国法官在构成和素质方面的现状,如果法官培训不限于高层,那么就不能不成为一个比较宽泛的话题。

从国外法治发达国家的情况看,经过漫长时间的磨合,司法以及国家和社会生活的方方面面都获得了良好的定位。在它们那里,严格意义上的法官培训是一个非常"有限的"话题,它不同于法官在任职前的学历教育和职业训练,而是着重于法官任职后在职业知识、职业技能和职业伦理上的不断更新。由于培训目的的有限性,也就决定了培训计划在内容和时间(一般不超过三四天)等方面的有限性,以及在培训的组织、对象、师资安排、方法、效果评价等方面的针对性和有效性。同时,严格意义上的法官培训也是一个外部边界大致清楚的话题,它以法官的职前教育和训练为基础。

与此不同,由于当今中国社会还不是在一种专门职业的意义上界定法官和其他法律职业,由于目前中国法官在整体上还不能说是一个在任职前接受过比较充分的学历教育和职业训练的群体,就使得中国法官培训计划的制订者难以在"边界清楚"的意义上考虑问题,而必须认真地思考和选择自己的"起点"。资源(如时间、资金、场所、师资等)是有限的,甚至是非常短缺的,时下的任何法官培训计划,都必须也不得不在"补课"和"更新"之间找到平衡。

第二,如果资源是非常短缺的话,那么我们就不能不特别强调中国的法官培训必须考虑中国的法制和司法改革的前瞻性需要。面对中国社会的"转型",尽管在法制和司法改革的实际操作上,常常会让人感到"无从下手"、找不到合理的"支点",从而不得不引进某种试错机制,进行程度不同的"模糊操作",但是,有一点可以肯定,即:提高法官素质是司法改革的一项重要内容,而且法官是司法权的承载者,法官素质的提高,是司法发挥作用的基本前提。时下的法官培训计划应该体现转型社会的特点,服务于司法改革和建立现代司法制度的需要,服务于法治社会的构建。从理想的角度看,严格意义上的法官培训应该是一种重在"更新"的培训,而不应该是一种巩固或强化法官低素质状况的"补习"计划、"镀金"计划。

2
检察官培训的目标定位*

一、培训目标释义

"人才强检"是检察工作、繁荣检察事业的一项基本政策,检察人员的教育培训工作则是落实这一政策最重要的一环。从培训工作本身看,其得失成败与能否正确认识培训工作的规律、妥当设定培训工作的目标密切相关。

培训目标相对于培训的手段或措施而言,它们之间的关系是一种结果与过程的关系。培训工作是一项具体的操作,是一项涉及多重关系、多个环节的复杂的系统工程;同时,培训工作又是有目的、有追求的活动,是通过具体的培训活动获得培训结果的过程。培训目标决定或制约着培训的课程设计、师资配备、教材编写、方式要求等许多具体环节的安排,这些工作安排又直接影响着培训目标的实现。

培训目标是一个系统,有总体目标,也有具体目标。培训目标要合理可行,它涉及妥当性方面的评价;培训措施要切实有效,涉及有效性方面的评价。

---

* 本文原载《国家检察官学院学报》2005 年第 1 期。

二、存在的问题

在检察官培训的目标方面,《中华人民共和国检察官法》(以下简称《检察官法》)和《检察官培训条例》中都有一些相关的规定:检察培训是"理论培训和业务培训",要"贯彻理论联系实际、按需施教、讲求实效的原则"(《检察官法》第29条);检察培训是"为提高检察官队伍素质,促进检察事业发展"[《检察官培训条例》(试行)第1条],要"坚持把思想政治教育放在首位,坚持理论联系实际、学用一致、按需施教、讲求实效。"[《检察官培训条例》(试行)第3条],培训内容要"根据岗位职责、工作需要确定"[《检察官培训条例》(试行)第11条]。但是,这些规定存在着如何理解和把握的问题。比如,什么叫"按需施教、讲求实效"?怎样培训才能有助于"提高素质"?由于考量因素的不同,目前人们在认识上存在较大分歧。

检察官培训的目的是为了提高检察官素质,这样说并没有错,问题是"提高"的确切含义是什么?对此我们只有借助于一定的参照系才能讲清楚。一般认为,检察官培训不同于大学的法学院教育,后者属于进入法律职业之前,以知识传授、综合素质提高为目的的学历教育;前者则属于后者的递进,是基于履行检察职能的需要,以更新知识和技能为目的的继续教育。因此,检察官培训所追求的素质"提高",应该是更新意义上的提高,而不是由于某种不应有的缺陷而不得不做的补课意义上的提高。

但是,迄今为止的检察官培训为什么没有清楚地体现这种区别?为什么在培训的课程、师资、教材和方式上与大学法学院的教育还有很大的雷同?从20世纪90年代初开始,最高人民检察院在各种有关培训的规划文件中就一直把检察官培训定位为"岗位职务培训",最近最高人民检察院领导从检察事业可持续发展的要求出发,也不断强调检察培训的当务之急是加强"岗位技能"的培训,问题是为什么过去没能很好落实?今后如何落实?

三、培训目标不落实的主要原因

检察官培训属于以更新理论知识和职业技能、更好履行检察职能为

目的的继续教育,之所以以往没有在具体的培训工作中很好地落实这种目的性要求,原因主要在于:

(1)检察官养成规律的制约。检察官是一种高素质、高品质的专业人员,要求有良好的综合素质、经过系统的职业训练,并具有在工作中不断更新提高自己能力的可能。检察官素能的养成和维护有赖于一个完整的教育培训体系。对于一个合格的检察官来说,素质教育、职业训练和不断的继续教育是环环相扣、层层递进、缺一不可的;后者缺少前者的铺垫和支撑,就必然因为不得不"补课"而陷入错位的状态。

随着中国社会法治进程的发展,使得包括检察官在内的法律家养成模式不断趋于合理。按照《检察官法》的规定:担任检察官除具备其他各种条件外,在学历上必须是"高等院校法律专业本科毕业或者高等院校非法律专业本科毕业具有法律专业知识,从事法律工作满二年"(一些地方在一定期限内经最高人民检察院审核确定,可以放宽为高等院校法律专业专科毕业),必须通过国家司法考试,取得司法官资格。尽管如此,在有了法学院教育、国家司法考试和职业培训教育的设计之后,我们仍然缺少担任司法官前的系统职业训练设计。由于在法学院教育和培训教育之间缺少这样的衔接,就使得现阶段我们的法学院教育和培训教育在定位上常常处于游移状态,出现某种功能紊乱。

(2)检察官现状的制约。如何提高法官、检察官等法律职业的品位,是我们这些年来一直关心的问题。尽管法律职业的品位状况涉及复杂的专业判断,但从我们国家现阶段的情况看,则多受制于社会评价。在社会大众看来,法律职业品位高低的最显著标志是学历的高低。这些年包括法官、检察官在内的各种干部教育培训,实际上倾力关注的是提高学历层次。学历教育一直牵动着检察人员的教育培训工作,甚至于检察官培训这种不应该以学历为目的的工作,其意义也自觉不自觉地受制于学历教育意义上的评价。

检察官教育培训受制于学历教育的状况还会长期存在,这样说是由我国检察官的学历现状与法律要求的差距所决定的。从20世纪90年代初开始,经过多个教育培训规划的努力,检察人员的学历层次已经大有提高。1990年全国检察干部中拥有大专以上文化程度的占36.4%,1995年上升到56.3%,目前可能已达到90%左右。从2001年开始,顺应《检察官法》对学历层次的要求,我们开始从大专转向对本科的关注,提出并实施了"万人续本"计划,提出到2005年年底全体检察人员中本科以上学历达到40%以上,到2008年达到60%,并且提出了硕士、博士的数量、比例要求(在达到《检察官法》规定的学历要求后,如果在政策导向上仍然一味地追求高学历,那是值得检讨的)。由于学历教育的不到位,检察官培训要贯彻"理论联系实际、按需施教、讲求实效的原则",就不能不作出"补课"的设计,并由此显示自己的意义。

(3)对履行检察职能所需要的职业或岗位技能的认识不足。检察官培训要服务于检察目标的实现,培训目标是否具有妥当性,就要看它是否与检察职能的实现建立了一种正向关系,是否促进了检察职能的实现。现在人们谈得比较多的是培训工作如何满足培训对象的需求,考虑的是根据培训对象的需求来确定培训目标。由于检察人员的现状与法律规定的要求——或者说良好地履行检察职能的要求还有差距,客观上影响了我们对检察职能所需要的岗位技能的认识。

我们已经认识到,检察官培训迫切需要加强岗位技能培训,但是,对岗位技能的认识,只能建立在对检察职能进行整体和局部分析、厘定其有机环节和基本要求的基础之上。而且,履行检察职能所要求的岗位技能也远远不是一个法律知识和技能的问题。

(4)师资配备、课程设计、教材编写和培训方式等方面的不到位。检察官培训是一项供需互动、教学相长的工作。如果说检察官培训最初的设计和安排是一个根据培训对象的需求量体裁衣的过程的话,那么随着检察事业的发展,培训对象需求的变化,培训方在培训的师资配备、课程设计、教材编写和培训方式等方面也应该作出相应的调整。

四、落实目标定位的几点建议

(1)对检察职能及其实现的认识。检察机关是国家专门的法律监督机关,具体承担着职务犯罪侦查、批捕起诉、审判监督、监所监督等不同的职能,这些职能的履行需要系统的法律知识和不同的职业技能。要从职能实现的角度,分解不同的工作环节和要求,并在培训的师资、课程、教材等方面作出具有针对性的安排。

(2)对培训总体目标的认识。检察官培训的总体目标是提高检察官的素质,以便履行检察职能、繁荣检察事业。从检察官素质的养成和维护的规律来说,检察官培训属于知识和技能更新意义上的继续教育,因此,应该同时包括知识素养和岗位技能的更新提高。

(3)处理好补课和更新之间的关系。从法律对检察官素质的要求和检察事业发展的趋势看,在今后很长一个时期,检察官的整体品位将不断处于更新提高的状态。尽管检察官培训重在知识和技能的更新提高,目前则尤其要在强化岗位技能方面作出要求,但检察官养成体系的缺陷以及检察官队伍的素质现状也是不能不正视的事实。检察官素质的提高有更新式提高,也有补课式提高;检察官培训在注重更新提高的同时,不能不关照补课的要求,安排注重法律知识和技能补课的课程内容。

(4)分类培训对检察培训目标定位的影响。培训目标是一个有机的系统,总体的目标的实现有赖于局部目标的设定和落实。按照《检察官培训条例》的规定,检察官培训包含不同的种类:领导素能培训、任职资格培训、专项业务培训、岗位技能培训、续职资格培训、培训机构师资培训。不同的种类在目标的设定上显然也应该有所不同。

五、对检察官培训工作总体要求(或工作方针)的理解

检察官培训工作面临调整和改革。笔者认为,检察官培训工作的总体要求应该体现四句话,十六个字:职能统领,静态覆盖,动态调整,供需互动。

检察官培训工作的总体要求是要通过提高检察人员的素质服务于检察职能的实现;培训工作的设计安排要做到围绕检察职能,在分解检察职能的基础上,在课程和师资方面对检察职能作出全面关照,并根据不同时期检察工作的需要,进行相应的调整;培训工作的具体实施过程则要体现培训机构和培训对象的供需互动。

3
关于"取消法律本科专业"*

媒体记者的话就是有煽动性,一句"全国各类大学的法律本科专业今年可能是最后一年招生了!",引发了社会大众对是否"取消法律本科专业"的关注和议论。记者的说法并非空穴来风。据报道,教育部正在调整大学专业目录,一些现有的本科专业可能明后年不再设置,而北京师范大学、厦门大学等学校的校长也确实提出了"本科应取消法律、管理等专业"的建议。

笔者的看法是,关于"取消法律本科专业",议议当然可以,但要很快成为现实,则没有可能。"法律本科专业"与"管理本科专业"不同,它是一个已经深深地嵌入了我们国家一系列制度设计中的专业。《中华人民共和国法官法》《中华人民共和国检察官法》和《中华人民共和国律师法》都把"高等院校法律专业本科毕业"规定为担任法官、检察官或律师的条件之一;从国家司法考试制度看,除特殊情况外,也以"高等院校法律专业本科以上学历"作为报考的条件之一。由于"高等院校法律本科"是一个被诸多法律、制度固化了的"专业",它的取消、缺席会使许多制度的大厦倾斜倒塌,使整个法律或法学教育、法律职业者养成制度失序混乱,因而是否"取消法律本科专业",超出了教育主管部门的权能范围。这是一个需要多部门协同、社会主体广泛参与、国家最高权力机关决定的问题。

同时,笔者也不认为关于"取消法律本科专业"的建议有足够的智识

---

* 本文原载《法制日报》2006年7月27日。

品质。因为不了解"法律本科专业"在中国是一个被制度固化的专业,是一个关乎众多制度、牵一发而动全身的专业,不了解取消该专业非教育部力所能及,已经属于露怯。而基于对法律教育和法学学科的有限了解,武断地认为法律教育应该是美国式的职业教育,职业教育应该是高层次的"精英教育",就更不靠谱了。至于其他一些理由,如法科学生应该有足够的生活阅历、法科大学生就业率低等,则要么模棱两可、似是而非,要么与所议话题没有多少关系。

尽管如此,笔者仍然觉得认真地关注一下这个话题是有意义的。因为中国的法学教育这些年发展飞快,按照有关统计,2001年全国设有法学本科专业的高等院校是292所,到2005年年底,设有法学本科专业的高等院校发展到559所(还不包括独立院校以及各类法学专科院校),法学专业在校本科生和研究生高达30万人,其中本科生20多万人。数目如此可观的法律本科在学规模,如果说其存在根本就是一个错误,如果像有的学者所说"法律本科专业"全然是一个"扯淡"的专业,那将是多么严重的误人子弟,多么严重的社会资源浪费!在当下的教育话题中,还有比此等话题更需要、更值得我们关注的吗?!

大学设法律本科专业是一个错误吗?持此种意见者的主要理由是:法律教育应该以法律职业为指向,应该是具有"更高层次的知识结构"的精英教育,相比之下,从高中到大学的法学专业学生太稚嫩、太缺乏进入法律知识殿堂的生活阅历和身心素养,法律本科"就业难"的现象说明此等安排不符合法律职业的要求。对此,笔者的看法是:大学本科法律教育不应该单纯以从事法律职业为指向,而应该在广泛的意义上以为社会培养具有较高法律素养的人才为目的。具体阐述如下:

如果我国的法官、检察官、律师和法律教师的总体数量以50~70万人计算(估计在可预计的将来不会超过这个幅度),那么去除各种复杂的考虑因素,现如今和今后的法学专业毕业生能从事这些法律职业者都将是少数。因此,大学本科法律教育固然要关照从事法律职业的需要,将此作为自己的重要取向,但是如果以此定位自己,作为自己的唯一指向,则不切实际,也没有前途。大学本科法律教育是法律职业者养成过程中的一个重要环节,一个必不可少的台阶,但整体上则应该面向社会多层次、多种类的法律需求,面向现代法治社会对公民在法律方面的高素质要求,将自己定位为具有广泛智识诉求和人文关怀、广泛职业指向的素质教育。

在这方面大陆法传统有成形的制度和经验可资利用。而且,我国随着统一司法考试制度的建立和推行,对大学法律教育的定位,对大学法律本科教育与从事法律职业的关系,在认识上也变得越来越清晰。事实上,我们也无法认定,选择读大学法律本科的学生一定就是为了将来从事法律职业,甚至我们也无法认为,每年30万至40万参加司法考试的考生都是为了要从事法律职业。同时,法学作为一门博大精深的学科,法律知识和训练所具有的广泛应用价值,法律素质作为现代人生活和事业开展的一种基本素质,也足以使它在大学本科中作为一个专业存在。

至于法律教育是否需要"高起点",笔者想即使拿美国的情况来说,它也不是从来如此。美国的法律职业者养成,在历史上也经历过"法律作坊"式的学徒制,类似职业高中的法律学校等"低起点"阶段。即使认为只有把法律教育安排在大学本科之后才算"高起点",那也是后来的事。法律教育的起点、层次、构造等,取决于法律传统,更取决于社会和法治的发展水平。审视现阶段中国的法律职业状况,可能还不能要求法律教育一概成为高起点的"精英教育"。此外,说法学专业毕业生就业难,可能似是而非;争论一个17~18岁的青年学习法律是早了还是正合适,也不会有结论;认为认知必须以亲身体验为前提,则多属荒谬。

当然,我国目前的法律本科教育的确存在各种问题,需要整顿和规范,但这并不涉及一般意义上的取不取消的问题。应该注意的是,我国的教育包括法律教育已经不能不面对市场需求和市场选择,有鉴于此,教育主管部门的职司所在,是制定规范合理的法律本科教育的指导标准,并切实有效地推进实施。

专题六 法律职业伦理建设

1

法律职业道德的意义*

  法律职业道德何以重要？这是在法律业内进行职业道德教育时首先要回答的问题。由于目前在道德问题的认识上笼罩着某种强烈的社会政治氛围，比如社会大众要求遏制法律领域的腐败，执政党制定并推行"以德治国"的方针，以及司法决策层顺应时势部署安排围绕职业道德建设的教育整顿活动等，使得人们在开展法律职业道德教育时及在对法律职业道德重要性的认识上，表现出明显的时势政策倾向。从法律职业方面看，这种偏重于时势政策的需要、从社会整体道德建设的角度对法律职业道德的意义的把握，展示的是一种"外在视角"。与"外在视角"相对，则有一种看问题的"内在视角"，即立足于法律职业自身的特性、从法律职业与法律职业道德的内在关联方面对后者的意义予以解说。

  审视时下国人有关法律职业道德教育的实践，可以说，在法律职业道德重要性的认识上给人留下的突出印象是："外在视角"过分张扬和"内在视角"相对稀缺。有鉴于此，需要补强"内在视角"，强化从法律职业自身的特性和需要出发来认识法律职业道德的重要意义。这样做不仅有助于纠偏，有助于按照认知的规律性形成健全而平衡的视角，还能够改进法律职业道德教育的品质，体现道德的属性以及人类道德实践的特殊要求。

---

* 本文原载《人民法院报》2001年12月21日。

众所周知,道德是一种关于是非、善恶的判断,是一种诉诸人的良知和内心确信才能真正发挥作用的东西;道德实践包括道德教育则是一种求于内(道德认同)、达于外(道德行为)的活动。就法律职业道德教育而言,如果在法律职业道德重要性的认识上不贯彻一种"内在视角",如果不能揭示法律职业特性与法律职业道德之间的内在关联,使从业者发自内心地感受到职业道德对于其事业的重要性,那么,就不可能使他们形成内在的道德确信,并基于道德认同在自己的行为中表现出道德自觉。

在法律职业道德教育中,单纯的"外在视角"、仅仅从时势政策的需要来阐说法律职业道德的意义,显然忽视了法律职业自身的需要和特性,忽视了法律职业作为道德判断的主体地位。它向从业者传达的信息是"社会有需要,你(们)不得不",而不是"你(们)有需要,你(们)应该",因而很容易使从业者从心底产生隔膜,并进一步造成道德上的压迫感或强制感,使人如有重负。因此,良好的法律职业道德教育必须兼顾内外两种视角,在对法律职业道德重要性的认识上,既要考虑时势政策的要求,更要顾及职业主体的需要和职业的特性。

那么,什么是"内在视角"下的法律职业道德的意义呢?从法律职业的形成来看,法律职业道德在其中具有不可缺少的作用,可以说,没有法律职业道德的支撑,就不会有现代法律职业。因此,法律职业道德对于法律职业的重要性,用简单的一句话来概括就是:法律职业道德是法律职业的一个基本的构成因素。对此,笔者想从法治社会中法律职业的特有品质的角度,作一点具体阐述。

在《法治社会中的法律职业》[1]一文中,笔者曾提到,现代法治社会中的法律职业必须具备四种有机联系的品质,即掌握专门的法律知识和技能、致力于社会福祉、实现自我管理以及享有良好的社会地位。法律职业道德之所以重要,从"内在视角"来看,就在于它与法律职业的这些品质密切联系。法律职业道德是法律知识和技能的基本组成部分,是为社会服务的职业精神的具体体现,是法律职业实现自我管理的一个基本途径,是法律职业享有良好社会地位的有效保证。

其一,作为法律知识和技能的基本内容。从事法律职业必须掌握专门的法律知识和技能,这种知识和技能是一种"习得的艺术",其中就包括

---

[1] 载《人民法院报》2001年11月23日,第3版。

法律职业道德的内容。法律职业道德是法律职业者在自己的职业活动中应该遵循的判断是非、善恶的准则。要成为一名法律职业者,其先决条件之一,就是要通过专门的教育培训和资格考试,掌握基本的职业道德知识和技能。对法律职业道德的认知,为从事法律职业活动所必需,它应该属于法律职业者必须具备的最低限度的能力要求。法律职业者必须知道自己的责任,知道应该如何完成法律事务。具体地说,他应该知道道德是关于是非、善恶的判断,不同于美丑、真假、神圣和世俗、称职和不称职等价值判断;知道决定职业行为对错、好坏的标准,以及证明职业行为和道德主张为正当的适当理由;知道职业上的"善"为何物,其依据何在;知道在面临道德争议时如何形成自己的立场,将不同的道德理由整合为连贯一致的形态,以及解决道德争议的办法是什么。

其二,作为职业精神的具体体现。从事法律职业必须具备职业精神,而法律职业精神的核心,就是致力于社会福祉、用自己的专长为社会服务。在这种精神中,特别强调的是利他主义的伦理性。它所遵循的不"只是赚钱的要求",也不以赚钱多少来衡量、评价职业成就的高低。这样一种克己利他的属性,恰恰也是道德评价的精髓所在。道德评价从根本上说是一种利他的评价,追求的是有利于他人和群体,有利于国家、民族和社会,并在此前提下定位自我利益的实现。法律职业道德也不例外。法律职业道德在处理职业与社会、职业个人与职业整体以及职业个人与其他利益主体的关系方面所提出的各种要求,都体现了服务于社会的利他主义职业精神的要求。从动态实现的角度看,法律职业者之所以能够以自己掌握的专业知识和技能为社会服务,关键是因为在这种专业知识和技能中所包含的职业道德成分,发挥了定向规制的作用。

其三,作为职业自治的实施途径。法律职业是一个自主自律的职业群体,它通过各种途径或手段实现自我管理,其中最重要的就是制定和实施职业道德准则。法律职业自治,是一种道德意义上的自治;它要为社会所允诺,就必须以造福于社会为前提,而不能是反社会、反道德的结党营私、党同伐异。因此,要组成法律职业组织,就意味着其组织要自主地为从业者制定专门的"伦理法典",并通过非正式的同行压力,通过限制进入职业组织,通过审查、处分甚至清除那些严重违反职业道德准则的人,维护和实现职业自治。

其四,作为良好社会地位的有效保证。法治社会中的法律职业是一个享有很高社会地位的社会精英团体,而作为这种地位的一个重要保证,则是职业道德。一个职业的社会地位的高低,取决于其是否拥有以及在多大程度上拥有社会公信和社会尊重,而这在很大程度上又取决于社会对它的道德评价。法律职业道德不仅使法律职业具有足够的职业道德内涵,而且还因为这种职业道德所贯穿的服务于社会的精神,而使它同时具有充足的社会道德内涵。正是这种充足的社会道德内涵,才有效地支撑和巩固了法律职业的社会地位。

2

对法律职业道德的认知*

法律职业道德教育是法制改革中的一项重要内容。但是,法律职业道德教育的目的是什么呢?对此,人们似乎没有也不认为有必要予以深究。一般认为,法律职业道德教育的目的在于"造就有道德的法律职业者",即通过法律职业道德教育,使法律职业者成为"具有良好职业道德"的个体,使法律职业成为"品德高尚"的群体。粗粗看来,这种认识并没有什么不对,但稍加琢磨,则破绽毕露。我们知道,道德是人们对事物的是非、善恶的判断;道德教育的目的在于帮助人们更好地认识生活中的"善"为何物,而无法保证使一个人成为好人或"道德人"。"道德人"的造就是一项复杂的社会过程,道德教育不过是其中的一个重要环节。同理,法律职业道德教育作为道德教育的一种,它也无法保证使法律职业者成为职业上的"道德人",其目的也只能是帮助法律职业者更好地认识职业上的"善",进而为造就职业上的"道德人"创造必要条件。

因此,应该清楚地看到,法律职业道德教育的目标在于促进对法律职业道德的认知,而不在于直接造就职业上的"道德人"。这样来锁定目标的重要意义在于,避免将法律职业道德教育的作用泛化,以致将法律职业道德建设的复杂性和丰富内涵简单地归结为"道德教化",误以为法律职业道德教育就是法律职业道德建设的全部,从而遮蔽我们的视野。同时,也只有这样,法律职业道德教育才会有合理、饱满的内容。因为,把法律

---

* 本文原载《人民法院报》2002 年 1 月 11 日。

职业道德教育的目标与"道德人"的造就相联系,自然就会把思考和实施法律职业道德教育的重点放在职业道德准则的概括和宣示上,而一旦职业道德教育蜕变为简单的"你(们)应该或不得如何做"的样式,道德教化或道德强制的味道就不可避免。

  2001年10月18日最高人民法院发布《中华人民共和国法官职业道德基本准则》前,许多业内人士对法官职业道德的兴趣都在于竞相概括法律职业道德准则的方方面面,而在该准则出台并把职业道德准则概括为六个方面后,对这方面的兴趣和思考则骤然陡减。个中原因何在?笔者想很重要的一点就在于造就"道德人"的职业道德教育指向。基于这种指向,既然已经完成了寻找和概括职业道德准则的任务,余下的工作自然是宣传和讲授这些准则了。

  其实,法律职业道德教育所追求的道德认知,应该有更广泛的内容,而对职业道德准则或标准的认知,不过是其中的一个重要方面。法律职业道德关注的是法律职业者应该如何从事法律事务。它要研究职业道德对于职业的意义,研究决定职业行为对错、好坏的标准,以及证明职业行为正当与否的适当理由,并合理解决职业领域的道德冲突。因此,法律职业道德教育所追求的道德认知,主要应该包括两部分内容:一是法律职业道德的特性及其与法律职业的关系;二是对法律职业道德本身的认知。

  法律职业道德与法律职业者的法律活动相联系,是社会整个道德体系的一个有机而特殊的组成部分。对法律职业道德的认知,以对法律职业的认识为前提。就两者的关系而言,笔者在前文《法律职业道德的意义》中已有阐述,即法律职业道德是法律职业的一个构成性因素——缺乏对法律职业道德的认知,就算不上法律职业的一员;没有法律职业道德的支撑,就构不成一个健全的法律职业。

  关于对法律职业道德本身的认知,除了注意它与法律职业者的职业活动相联系外,应该特别强调道德认知的一般规律在法律职业道德领域的运用。就此说来,相应的教育目标可具体分解为四个层次,依次是:

  对道德评价的认知:善的存在。何为道德评价?这是道德认知中最初始的问题。道德评价是关于是非、善恶的评价;法律职业道德评价则是存在于法律职业者的职业活动中的有关是非、善恶的评价。从道德的观点看问题,不同于从其他的观点看问题;追问道德上的是与非、善与恶,并不是追问认识论上的真与假、审美上的美与丑、经济上的节俭与浪费、政治上的有利与不利以及法律上的合法与非法等,尽管在同样一个事物上可以交叉重叠着不同的评价。道德教育就是要使人们在辨认道德评价的独特性的基础上,认识到自己行为所应该承担的道德责任。这种道德自觉,是要求人们包括职业者负责任地作为的第一步。

对道德准则的认知:善的含义。何谓道德上的善?道德上的善具体表现为社会所承认和遵从的一整套道德准则。不了解这些道德准则,就不能把握道德上的善的具体含义,并在道德上判断一个人的品行的好坏。就法律职业而言,由于法律职业道德是其构成要素,并具体表现为各种职业道德准则,因此,法律职业者如果违反了职业道德准则,就会失去同行和他人的尊重,甚至受到职业纪律的惩戒;一旦因为违反职业道德准则而被认为丧失了职业道德性,则会被清除出职业队伍。

对道德根据的认知:善的理由。一种行为何以为善?当我们基于一定的道德准则提出某种道德要求时,就需要说明其理由。道德教育在道德根据认知方面的任务,就是要为分析各种道德论点提供工具。在这里,我们会发现一些最基本的逻辑原则和/或经验原则在起作用,它们构成了社会制度的根基,构成了道德判断的基本理念。正如医生必须知道什么是健康、工程师必须知道什么是安全,法律家则必须知道什么是正义,否则就无法成功地扮演其社会角色。

对道德冲突和道德理论的认知:善的实现。如何解决道德冲突?这是道德实现的关键。实际上,道德冲突就是不同道德理由的冲突。要解决道德冲突,就需要将不同的道德理由整合为连贯一致的形态,形成道德理论。道德理论能够帮助我们清楚地认识道德冲突的特性,道德用语的含义,以及道德论点的说服力大小,从而使我们有可能选择最为正确的立场解决道德冲突。因此,道德教育在道德冲突认知方面的任务,就是要借助于道德理论为解决道德冲突提供经验和各种可选择的方案。

3

国际检察官职业伦理的主要内容及其理论分析*

检察官职业伦理是中国检察理论和实务研究的重要问题,也是司法改革的热门话题。社会公众对检察机关公信力的高度期望,集中体现于对检察官的职业伦理要求,并成为社会公众评价检察官称职与否的标准。检察官在职业伦理上能否做到以修善为目的,既做到独善其身意义上的修独,又做到与相关各方和谐相处意义上的修睦,进而促进法律职业共同体伦理水平的提高,也为其他法律人所关注。因此,有必要深入开展对检察官职业伦理的研究。与问题的重要性形成反差的是,从当前我国在检察官职业要求上的一些规范性文件看,对检察官职业伦理的认识明显存在内涵界定不清、具体规范要求泛化的现象:对检察官在政治、业务、品德方面要求诸多,内容复杂不易把握,实际上是将检察官与法官、警察一并作为"政法干警",对其职业伦理要求加以规定。[1] 据此很难弄清楚什么是职业伦理良善的检察官,什么是检察官与法官、律师在职业伦理上的不同要求,以及检察官应该如何以符合职业伦理要求的方式,处理与法官、律师、警察等法律同行的关系,处理与其他相关社会主体的关系。

解决我国检察官职业伦理所面对的现实问题,在挖掘本土资源的同时,尤其需要借鉴国际社会的经验。考察国际社会对检察官职业伦理的

---

* 本文与于浩合著,发表于《国家检察官学院学报》2014年第1期。
〔1〕 例如《检察人员纪律(试行)》(1989年)第1条规定的"八要八不准";中央政法委员会"四条禁令"(1995年);《最高人民检察院九条"卡死"的硬性规定》(1998年);《廉洁从检十项纪律》(2000年)。

规定,可以帮助我们廓清检察官职业伦理的共性问题,厘定检察官职业伦理的基本内涵和一般要求,从而实质性推进我国的检察官职业伦理建设。

联合国《检察官角色指引》[1](Guidelines on the Role of Prosecutors,以下简称《指引》)和国际检察官联合会《检察官专业责任标准和基本职责及权利的声明》(Standards of Professional Responsibility and Statement of the Essential Duties and Rights of Prosecutors,以下简称《声明》),是当今国际社会具有广泛影响力的关涉检察官职业伦理的两个国际文件。本文拟就这两个规范性文件的内容进行叙述梳理和类型化分析,并就相关联的若干理论问题进行初步阐释,以期为我国检察官职业伦理建设提供有益的智识资源和借鉴参考。

一、《指引》和《声明》的基本概况

对于检察官职业伦理,大多数国家和地区都制定有专门的规范性文件,如美国 1983 年《模范职业行为规则》(Model Rules of Professional Conduct)和 1991 年《国家检察标准》(National Prosecution Standards),英国 1994 年《皇家检控官守则》(Code for Crown Prosecutors),欧洲 2000 年《刑事司法体系中公诉之原则》(The Role of Public Prosecution in the Criminal Justice System)和 2005 年《检察官伦理及行为准则》("布达佩斯准则")(European Guidelines in Ethics and Conduct for Public Prosecutors, "the Budapest Guidelines"),中国台湾地区 1992 年"检察官守则"和 2012 年"检察官伦理规范",中国香港特别行政区 2009 年《检控政策及常规》,等等。不同的国家和地区对检察官职业伦理要求在内容和形式上都各具特色,因此,认识和借鉴国际社会关于检察官职业伦理的实践经验首先便是比较甄别、求取共相的过程。《指引》和《声明》由于其高度国际化的产生背景,可以说最大限度地凝练了当今世界关于检察官职业伦理的一般要求,值得特别予以重视。

《指引》是联合国制定的有关检察官职责要求的国际性法律文件,共 24 条,旨在协助会员国确保和促进检察官在刑事诉讼程序中发挥积极有效、不偏不倚和公正无私的作用,并对检察官的遴选条件、能力要求、基本权利、职

---

[1] 该文件另一中文译名为《关于检察官作用的准则》。

业伦理等方面作出了规定。在职业伦理方面,《指引》列举了检察官的忠诚、保密等义务,并对刑事诉讼活动中检察官的具体职业伦理作出了规定,如保护人权、保障公共利益、依法办案、排除非法证据等。1985年8月26日至9月6日,在意大利米兰举行的联合国第七届预防犯罪和罪犯待遇大会上通过了第7号决议,提请联合国犯罪预防和控制委员会考虑制定有关检察官的甄选、专业培训和地位以及在刑事诉讼程序中的作用等方面的准则。[1]据此,联合国秘书处根据现有资料和专家意见,编写出《指引》草案,提交于1989年4月至6月先后召开的亚太、欧洲、拉美、西亚和非洲等五个区域筹备会议征求意见。[2] 对此,亚太地区筹备会议认为,检察无疑是最需要新规则的领域,因为联合国当时已经通过《执法人员行为守则》和《关于司法机关独立的基本原则》,而业已起草完毕的《关于律师作用的基本原则》也准备审读,因而绝大多数国家和地区认为急需一个有关检察官的国际性法律文件。基于上述考虑,1990年2月5日至16日,联合国犯罪预防和控制委员会第十一届会议对该草案逐条进行了讨论,决定建议联合国经济及社会理事会将该草案提交下届联合国预防犯罪和罪犯待遇大会审议通过,并于1990年9月7日在古巴首都哈瓦那召开的第八届联合国预防犯罪和罪犯待遇大会上获得一致通过。[3]

《声明》是国际检察官联合会于1999年4月23日通过的国际文件,旨在为各国检察官的职业伦理和起诉活动提供具有普遍意义的国际基准。全文共6条,除规定忠诚、保密、保障人权、客观公正等原则外,更多地从独立、公正、合作等方面揭示了检察官职业伦理的基本内涵,重申了检察官在刑事追诉中的重要作用,为检察官行为明晰了标准。国际检察官联合会是一个非政治性、非政府性团体,该组织通过各国和地区检察官的交流与合作,在打击犯罪、遏制暴力犯罪与有组织犯罪等方面发挥了积极作用。该会成员包括来自120个国家和地区的个人及组织,代表超过20万名检察官,本身就具有广泛的检察官群体基础。我国最高人民检察

---

[1] 共有124个国家和地区派出代表团,以司法部部长邹瑜为团长的中国代表团参加了这次大会。

[2] 以司法部副部长金鉴为团长的中国代表团参加了1989年4月10日至24日在泰国曼谷举行的亚太地区筹备会议。

[3] 以司法部部长蔡诚为团长的中国代表团参加了在古巴哈瓦那召开的第八届大会,共有127个国家和地区派代表团与会。参见程味秋:《〈关于检察官作用的准则〉评介》,载《检察理论研究》1991年第1期。

院下属的中国检察官协会是国际检察官联合会的发起会员单位,参加了国际检察官联合会每年召开的年会及各项活动。《声明》的内容也可以认为反映了我国以及世界其他国家和地区检察官对于自身职业伦理的基本要求。

《指引》和《声明》均对国际检察官职业伦理的普遍性要求、公诉职能和法律监督职能作出了规定。比较来看,《声明》是依据《指引》《世界人权宣言》等背景文件而制定的[1],是对《指引》的重申,同时又是《指引》的细化。《声明》根据检察官职能特性,在《指引》的基础上对检察官职业伦理作出了更为细致明确的规定。[2] 将《指引》和《声明》结合起来,有助于我们更加全面深入地理解和把握国际检察官职业伦理的基本要求。

二、《指引》和《声明》所涉内容的性质:法律义务与职业伦理

《指引》和《声明》明确了称职良善的检察官所应当遵循的角色规范,其内容体现了检察官的职能定位。由于许多规范同时具有法律义务的性质,而且从各国和地区的法律实践看也确乎如此,这就引发了一个问题,即两份文件中关于检察官角色规范的要求都属于职业伦理的要求吗?是不是还有许多内容属于对检察官职责的法律要求?是不是还有两者兼有的可能?一句话,检察官的职业伦理要求和检察官的法律义务是一种什么关系。

伦理要求与道德责任相关联,法律义务与法律责任相联系。从法律与道德的一般关系看,法律应该以道德为基础,所有的法律义务都应该而且在人类生活的多数情况下也在事实上同时属于道德意义上的伦理要求。另外,并不是所有道德意义上的伦理要求都需要或能够转化为法律义务,转化为法律义务的只是其中的一部分。因此,法律义务的外延应当小于伦理要求的范围,检察官的职业伦理要求与检察官的法律义务的关

---

[1] 《声明》在宣言性条款中明确:"鉴于联合国已于1990年在古巴哈瓦那举行的第八届有关预防犯罪和罪犯待遇大会的会议上通过《检察官角色指引》。"
[2] 如《声明》把《指引》中的检察官的专业操守、公正行事和不偏不倚三个方面单独列出,作为检察官职业伦理的基本要求,并进一步提出检察官独立行使职权、不受政治干预和外界干涉等规定(《声明》第2.1条);同时,《声明》也对《指引》中提出的检察官刑事诉讼职能进行了完善,如《指引》第13.2条中对检察官全面收集证据作出了概括性规定,但《声明》中对此进行了展开,不仅规定要全面收集证据,而且要保证对被告人有利的证据获得公示,同时不得超出证据范围进行控诉(《声明》第1.1.5、4.2.4条)。

系,大致属于一种逻辑概念上的包容关系:检察官法律义务包含于检察官职业伦理要求,检察官的职业伦理要求则不全部具有法律义务的性质。具言之,检察官法律义务是检察官职业伦理要求的部分内容,它使得部分检察官职业伦理要求同时具有了法律上的约束力。这种法律义务是称职的检察官在履职活动中应当承担的义务,它主要由程序法加以规定,是检察官履职活动中的必为事项,应为而不为则需承担相应的法律责任。《指引》和《声明》中关于检察官在刑事诉讼活动中应当遵循的职责规范,如维护公共利益、保守职务秘密、告知相对方权利、排除非法证据、保障人权、依据客观标准办案等,可以认为既是职业伦理的要求,也是法律上的义务规范。而对于刑事诉讼活动之外作为检察官应当具备的一些基本素质和业务能力方面的要求,如充实新知的义务等,由于主观色彩浓厚、难有可供归责的客观标准,则可以视为比较单纯的职业伦理要求。

三、《指引》和《声明》所涉内容的类型化分析

检察官职业伦理是检察官的角色规范。检察官作为法律职业的一部分,从主体身份和职能定位的角度分析,其职业伦理规范主要涉及普遍性要求、公诉职能的要求、法律监督职能的要求三个方面。检察官作为法律职业共同体的一部分,需要信守全体法律人共同的伦理规范。这种包括检察官在内的全体法律人共同的职业伦理要求,可以称之为"普遍性要求"。我国台湾地区魏千峰教授认为,由于角色定位不同,检察官与律师、法官等法律人职业伦理的涵义和样态也不尽相同,但是,忠于法律和维护法治的要求使法律人拥有核心相同的职业伦理,体现在维护法治精神、实现公平正义、维持独立性、提升专业能力、谨言慎行、维护公共利益等多个方面。[1] 普遍性要求根据用语表述的不同可以分为普遍义务(忠诚义务、勤勉义务、保密义务、充实新知的义务、合作义务等)和普遍原则(公平公正原则、效率原则、保障人权原则、维护公共利益原则和抵抗的权利等)。在认识检察官与其他法律职业者共享的职业伦理要求的同时,也要看与检察官特殊的角色担当和职能定位相关的职业伦理要求,具体涉及

---

[1] 参见魏千峰:《法律人的共同伦理》,载台北律师公会主编:《法律伦理》,五南图书出版股份有限公司2011年版,第50页。

检察官履行公诉职能相关的职业伦理要求和履行法律监督职能相关的职业伦理要求两个方面。

下面就从以上三个方面,并结合上文关于检察官职业伦理义务包含有检察官法律义务的看法,在尝试区别检察官伦理义务和法律义务的意义上,以表格方式对《指引》和《声明》所涉检察官职业伦理的内容作一个类型化的分析。

表 国际检察官职业伦理内容的类型化分析

主要内容	展开	事项	性质	条款内容
普遍性要求	普遍义务	忠诚义务	伦理义务	《指引》第3条:检察官应在任何时候都保持其职业荣誉和尊严; 《声明》第1.1.1项:在任何时候皆维持专业信誉及尊严。
				《指引》第23条:检察官应遵守本准则。他们还应竭尽全力防止和坚决反对任何违反准则的行为。
		勤勉义务	伦理义务	《声明》第1.1.2项:永远保持专业水平,依法办事并符合专业规则及道德操守。
				《声明》第1.1.3项:在任何时候皆秉持公正廉洁,谨慎从事,以达致最高标准。
				《声明》第1.1.4项:力求言行一致、独立行事、不偏不倚,并于人前付诸实行。
		保密义务	法律义务	《指引》第13.3款:对掌握的情况保守秘密,除非履行职责或司法上的需要有不同的要求。 《声明》第4.3.1项:谨守专业保密原则。
		充实新知的义务	伦理义务	《声明》第1.1.4项:检察官须不断求知,以掌握法律专业的最新发展。
		合作义务	法律义务	《指引》第20条:为了确保起诉公平而有效,检察官应尽力与警察局、法院、法律界、公共辩护人和政府其他机构进行合作。 《声明》第4.3.2项:检察官须与法庭和其他有关机关合作,保障被告人的权利。 《声明》第5条:为确保检控工作公平而具成效,检察官必须与警方、法庭、法律界、辩方律师、公设辩护人和其他政府机关合作,不论是国家或国际机关;以及按照法律规定,本着相互合作的精神,协助其他司法管辖区的检控机关和人员。

(续表)

主要内容	展开	事项	性质	条款内容
普遍原则		公平公正原则	伦理义务	《指引》第13.1款：检察官须不偏不倚地履行其职能，并避免任何政治、社会、宗教、种族、文化、性别或任何其他形式的歧视。《声明》第4.2.3项：检察官提供意见时，须竭力维持不偏不倚及客观的态度。
		效率原则	伦理义务	《声明》第4.2.1项：检察官执行职务时须公正不阿、行事迅速而一致。
		保障人权原则	伦理义务	《指引》第12条：检察官应始终一贯迅速而公平地依法行事，尊重和保护人的尊严，以及维护人权，从而有助于确保法定诉讼程序和刑事司法系统的职能顺利地运行。《声明》第1.1.8项：检察官须尊重、维护并秉持人类尊严及人权的普遍概念。
		维护公共利益原则	伦理义务	《声明》第1.1.7项：检察官须永远致力为公众利益服务，并维护公众利益。
		抵抗的权利	伦理义务	《声明》第6.1.9项：获宽免不须遵守不法命令或有违专业准则或道德操守的命令。
公诉职能	独立行使检察权	外部制度独立	法律义务	《指引》第10条：检察官的职责应与司法职能严格分开。《声明》第2.1款：某些司法管辖区若容许行使检控情权，检察官行使该项权力时，应独立行事而不受政治干预。
		内部自我约束	法律义务	《声明》第3.1款：检察官执行职务时须无私、无惧、不偏不倚，尤其须：不偏不倚地执行职能；不受个人或界别的利益及公众或媒介的压力所影响，只着眼于公众利益；客观行事；对所有有关的情况都予考虑，无论该等情况对嫌疑人是有利或不利；根据当地法律或公平审讯的规定，尽力确保所有必须及合理的查询皆已进行而且结果亦已公布，无论有关查询及结果是会证实嫌疑人有罪或无罪；永远力求真相和协助法庭找出真相，并根据法例和公正不阿的原则，务求在社会、受害者与嫌疑人之间，秉公行义。

(续表)

主要内容	展开	事项	性质	条款内容
		基于客观事实进行追诉,全面收集证据	法律义务	《指引》第13.2款:检察官须保证公众利益,按客观标准行事,适当考虑到嫌疑人和受害者的立场,并注意到一切有关的情况,无论是否对嫌疑人有利或不利。 《声明》第1.1.6项:检察官须常致力保障被告人接受公平审讯的权利,尤其是要确保对被告人有利的证据是会按法例规定或公平审讯的原则而予展示。 《声明》第4.2.4项:检察官在提起刑事诉讼时,只有在案件有充分证据支持,并且有理由相信有关证据是可靠和可采纳的,才会进行;如果欠缺这些证据,则不会继续检控。 《声明》第4.2.5项:在诉讼进行期间,须坚定而公正地就案件执行检控工作;并且不超出证据所显示的范围。
		排除非法证据的义务	法律义务	《指引》第16条:当检察官根据合理的原因得知或认为其掌握的不利于嫌疑人的证据是通过严重侵犯嫌疑人人权的非法手段,尤其是通过拷打、残酷的、非人道的或有辱人格的待遇或处罚或以其他违反人权办法而取得的,检察官应拒绝将此类证据用于采用上述手段者之外的任何人,或将此事通知法院,并应采取一切必要的步骤确保将使用上述手段的责任者绳之以法。 《声明》第4.3.5项:检察官须检查拟采用的证据,以确定有关证据是否以合法或合宪的方式取得。 《声明》第4.3.6项:如有理由相信证据是以不法方式取得,尤其是构成酷刑或残酷对待的方式,严重侵犯嫌疑人的人权,则拒绝采用有关证据。
		保障受害人、证人权益的义务	法律义务	《指引》第13.4款:在受害者的个人利益受到影响时应考虑到其观点和所关心的问题,并确保按照《为罪行和滥用权力行为受害者取得公理的基本原则宣言》,使受害者知悉其权利。 《声明》第4.3.2项:检察官须按照当地法律和公平审讯的规定,在受害者和证人的个人权益受到或可能受到影响时,考虑他们的意见、合法权益和可能担心的事宜,并且设法确保受害者和证人获告知其权利;同样,设法确保任何受屈的一方获告知,他有权在可能的情况下向更高层主管当局或更高级别法院求助。

（续表）

主要内容	展开	事项	性质	条款内容
	正确行使检察官自由裁量权		法律义务	《指引》第17条：有些国家规定检察官拥有酌处职能，在这些国家中，法律或已公布的法规或条例应规定一些准则，增进在检控过程中作出裁决，包括起诉和免于起诉的裁决的公正和连贯性。 《指引》第18条：根据国家法律，检察官应在充分尊重嫌疑人和受害者的人权的基础上，适当考虑免于起诉、有条件或无条件地中止诉讼程序或使某些刑事案件从正规的司法系统转由其他办法处理。为此目的，各国应充分探讨改用非刑事办法的可能性，目的不仅是减轻过重的法院负担，而且也可避免受到审前拘留、起诉和定罪的污名以及避免监禁可能带来的不利后果。 《指引》第19条：在检察官拥有决定应否对少年起诉酌处职能的国家，应对犯罪的性质和严重程度、保护社会和少年的品格和出身经历给予特别考虑。在作这种决定时，检察官应根据有关少年司法审判法和程序，特别考虑起诉之外的可行办法。检察官应尽量在有绝对必要时才对少年采取起诉行动。 《声明》第4.3.8项：按照当地法律和公平审讯的规定，充分考虑免予检控、有条件或无条件中止法律程序，或在适当情况下，考虑以正式司法体系以外的途径处理刑事案件，尤其是涉及年轻被告人的案件，而又充分尊重嫌疑人和受害者的权利。
	法律监督职能		法律义务	《指引》第11条：检察官应在刑事诉讼，包括提起诉讼，和根据法律授权或当地惯例，在调查犯罪、监督调查的合法性、监督法院判决的执行和作为公众利益的代表行使其他职能中，发挥积极作用。 《声明》第4.2.1项：在援引法例或按实务职责赋予的权力而参与罪案侦查工作时，或向警方或其他侦查人员行使职权时，检察官须以客观、不偏不倚及专业的态度执行职务。 《声明》第4.2.6项：检察官根据当地法律和惯例就执行法庭的决定行使监督职能或履行其他非检控职能时，须时刻为公众利益而行事。 《声明》第4.2.2项：在督导罪案侦查工作时，检察官应确保侦查人员尊重法律规则及基本人权。 《声明》第4.3.7项：检察官应设法促使有关方面对使用刑讯逼供、酷刑等方法获取非法证据的人员采取适当行动。

由表可见，《指引》和《声明》所规定的检察官职业伦理要求，作为检察官的角色规范，法律义务的内容居于多数，纯粹的伦理义务比较少，而且多属于检察官与其他法律职业者共同的普遍义务和普遍原则，体现了法律职业者共有的伦理要求。作为检察官法律义务的伦理要求，与检察官作为国家公诉人的刑事追诉职能以及作为此职能延伸的法律监督职能相对应，从中可以发现检察官职业伦理区别于其他法律职业伦理的特色。

四、检察官职业伦理含义的理论解析

《指引》和《声明》勾画了国际社会关于检察官职业伦理的内容框架，为从理论上思考和回答何为检察官职业伦理提供了非常有益的样本。下面我们从职业道德和职业伦理，检察官职业伦理和其他法律职业伦理、个人生活伦理，以及检察官职业伦理的内在构成逻辑等方面，对检察官职业伦理的含义作一个初步的理论解析。

1. 检察官职业伦理是检察官职业道德的外化

检察官职业伦理包含具体丰富的内容，在法律认识和实践中，它常常被等同于检察官职业道德，互换使用。因此，廓清检察官职业伦理的含义，首先要辨析回答它与检察官职业道德的关系，将理论原理上关于道德（morality）和伦理（ethic）的区分予以贯彻。

道德和伦理在日常生活中的确是被交互使用的概念，但是，考察分析说来，它们所指认的对象却并不完全相同。道德和伦理都指向人类社会生活中普遍追求的"善"，但是，在黑格尔看来，这种构成普遍目的的善不宜仅仅停留在人们的内心，还应该使之实现，也即"主观的意志要求它的内部的东西即它的目的获得外部的定在，从而使善就在外部的实存中得以完成"[1]。比较说来，道德概念比较抽象、内在，意指事物内在的道德性、道德精神、内含的性情品格，是一种关于是非、善恶的判断，是一种诉诸人的良知和内心确信才能真正发挥作用的东西。此外，由于道德的含义因应时空场景、人群人文等诸多不同因素的影响而变化，因此具有明显的主观性和不确定性。相比之下，伦理则比较具体、外在。它是道德的外

---

[1]〔德〕黑格尔:《法哲学原理》，范扬、张企泰译，商务印书馆1961年版，第43页。

化,是道德性落实在人际关系中的具体表现,构成良善社会生活人际交往的规范准则。道德是自律的,注重自我修炼,自我约束;而伦理更多的是他律,通过激励与惩罚的制度设计规范人们的行为。[1] 道德和伦理是本质与现象的关系,从根本上是统一的:伦理是道德的具体规范,道德是伦理的基本属性。就检察官职业道德和职业伦理而言,同样可以认为,检察官职业伦理是检察官职业道德的外在体现、具体规范,检察官职业道德是检察官职业伦理的内在性质、整体属性。检察官职业道德直接指向什么是好的检察官的评价,检察官职业伦理则直接指向什么是好的检察官行为的评价,并且只有在集合的意义上才最终指向什么是好的检察官的评价。显然,《指引》和《声明》在国际社会的意义上提供了一个关于检察官职业伦理的标准清单。

2. 检察官职业伦理与检察官职能定位密切相关,具有自身特色

检察官属于法律职业共同体,又是一个特殊的法律职业群体,因此,《指引》和《声明》所设置的检察官职业伦理规范,既有属于法律职业共同体共同的一般性要求,也有与检察官职能定位密切相关的职业伦理要求,从而成为检察官职业伦理的显著特色。

检察官作为法律职业共同体的一部分,应当遵行该共同体共同的伦理要求。从职业分工的角度看,《指引》和《声明》将检察官的职能定位主要置于公诉人的角色上,其职业伦理也紧紧围绕公诉职能来设定,诸如检察官职业伦理中有关维护公共利益,按照客观标准行事,考虑嫌疑人和受害者立场,告知受害者权利,排除非法证据,与警察、法官、律师和相关政府机构进行合作,等等,皆与检察官的职能实现密切相关。就廓清检察官职业伦理的含义而言,应该特别注意检察官职业伦理与检察官职能定位的对应关系,注意由于这种职能定位和职业分工而产生的检察官职业伦理与法官职业伦理、律师职业伦理等在设置上的不同之处。概括说来,在刑事诉讼活动中,律师是辩护方,检察官是追诉方,法官是居中裁判者,与此种诉讼地位相对应,在职业伦理的设定上也呈现为不同的样式。法官职业伦理的核心在于力求做到居中独立裁判,不偏不倚,不受干预,一切听从于事实、法律和内心良知的指引,属

---

[1] 参见张志铭、徐媛媛:《对我国检察官职业伦理的初步认识》,载《国家检察官学院学报》2013年第5期。

于一种平衡模式。相比之下,律师职业伦理和检察官职业伦理则属于内容不同的偏正模式。

律师的职业伦理要求律师恪尽刑事辩护人职守,保障被刑事追究者权利,尽最大可能维护其合法权益,同时要求依法辩护,防止过度的辩护倾向;检察官职业伦理则要求检察官代表国家追诉犯罪,维护社会公平正义,保障社会公共利益,同时要求依法追诉,客观公正,兼顾受害者和嫌疑人的立场,防止过度的追诉倾向。从《指引》和《声明》中所规定的涉及检察官公诉职能的职业伦理要求看,可以很清楚地觉察这种内含的偏正结构设计。

3. 检察官职业伦理不同于检察官个人伦理

对于检察官职业伦理含义的认识,要立足检察官的职业性质,要区别于检察官作为公民个人在日常生活中所应该遵循的伦理要求。从性质上说,检察官作为一种职业的伦理要求和检察官作为公民个人的伦理要求是不同的,前者是与职业活动相关联的伦理要求,后者是与公民个体生活相关联的伦理要求。职业伦理和非职业伦理或日常生活伦理在各自的领域起着重要作用,相互之间不能混同,这可以从社会分工的角度予以深入说明。法国社会学家涂尔干认为,现代社会高度的分工导致职业之间的高度异质性,导致个人意识与集体意识相分离,因此集体意识或曰集体伦理也将与个人伦理之间存在着分离。[1] 在价值多元和身份多样的现代社会背景下,职业的不同带来的是伦理的差异,产生了职业伦理和非职业伦理的分离。职业伦理所带来的团结,是现代社会中重要的"集体意识"的形态,而非职业伦理是社会团结、个人互助的纽带,是一种"公民道德"。[2] 检察官职业伦理是检察官职业群体共同的伦理要求,与律师、法官等法律职业共同体的伦理要求一样,具有明确的服务大众、服务社会的利他主义属性,甚至不乏自我牺牲、舍己为人的精神。而检察官在职业活动之外,作为公民个人所应该遵行的日常生活伦理则有所不同,它不排除甚至认可和鼓励利己的追求,只是强调"己所不欲,勿施于人",不允许损人利己。

---

[1] 参见[法]涂尔干:《社会分工论》,渠东译,生活·读书·新知三联书店2000年版,第128页。

[2] 参见[法]涂尔干:《社会分工论》,渠东译,生活·读书·新知三联书店2000年版,第90页。

4. 检察官职业伦理具有内在的构成逻辑,是一个有机的系统

伦理是道德的外化,道德的价值在于"善",而将道德上对于"善"的认知诉诸人类生活实践,就构成以修善为最终目的的人类伦理实践。人是社会生活的主体,他或她不仅是个体,也是一个社会关系的集合体。因此,每个人修善的伦理实践,可以区分为内在逻辑关联的两个方面,即修独和修睦。修独,就是独善其身,在个人活动中遵行相关伦理规范的要求;修睦,就是与其他社会生活主体和谐相处,遵行相关伦理规范的要求。从修善的总体追求,到修独和修睦的具体展开,就构成了人作为社会生活主体所应遵行的伦理规范的有机整体。

检察官职业伦理是检察官职业道德的外化,它以检察官职业道德关于"良善"职业者的认知为指向,构成在实践层面检察官"修善"行为的伦理要求。与社会生活主体的伦理规范形态一样,检察官职业伦理也由修独和修睦两方面要求所构成。从《指引》和《声明》所载明的检察官职业伦理的内容看,检察官职业伦理中关于检察官应当遵行的忠诚义务、保密义务,以及公平公正原则、效率原则、依法追诉原则、独立行使检察权原则、充实新知等,皆可以主要从修独的意义上来把握。而检察官职业伦理中涉及与律师、法官、警察以及其他相关主体关系处理的内容要求,则可以主要从良善的职业关系即修睦的意义上来认识。检察官职业伦理在总体上的修善要求,或者说对于检察官的总体道德要求,则在于忠于法律、维护法治、保障人权等方面。

《指引》和《声明》所提示的检察官职业伦理的要求,对于完善我国检察官职业伦理具有重要的启示意义。初步统计表明,自 20 世纪 80 年代以来,除《中华人民共和国检察官法》外,最高人民检察院曾先后制定实施了近 20 份涉及检察官职业行为规范的文件,形成了一种在检察官职业伦理文件载体上极为分散的形态。在内容上则给人留下极为杂乱的印象,没有辨析检察官职业道德和职业伦理的不同,把握职业伦理的行为规范属性;没有将检察官职业伦理与检察官职业定位、职能担当密切关联,明确区别检察官职业伦理与检察官个人伦理以及其他法律职业伦理的特色;没有显现伦理和检察官职业伦理的内在逻辑构造,呈现检察官职业伦理的完整系统的形态。这些都是我国检察官职业伦理建设今后在注重自身特色、参照借鉴国际实践的基础上需要面对和解决的问题。

4
对我国检察官职业伦理的初步认识*

一、引言：职业伦理含义之廓清

"道德"(morality)和"伦理"(ethic)在日常生活中往往是通用和交互的概念,在理论上却有区别。黑格尔曾指出两者的不同,认为道德是个人的道德,而伦理是社会的道德;道德更多地与个体、个人、主观相联系,伦理则更多地倾向于集体、团体、社会、客观等。[1] 顺此思路,笔者认为,道德概念比较抽象、内在,意指道德性、道德精神、内含的性情品格,"是一种关于是非、善恶的判断,是一种诉诸人的良知和内心确信才能真正发挥作用的东西"[2]。由于道德的含义因应时空场景、人群人文等诸多不同因素的影响而变化,因此具有明显的主观性和不确定性。伦理则比较具体、外在。它是道德的外化,是道德性落实在人际关系中的具体表现,构成良善社会生活人际交往的规范准则。道德是自律的,注重自我修炼,自我约束;而伦理更多的是他律,通过激励与惩罚的制度设计规范人们的行为。道德和伦理是本质与现象的关系,从根本上是统一的,或者说,伦理就是道德规范。

职业道德和职业伦理分别是道德和伦理的下位概念,与"职业"紧密

---

* 本文与徐媛媛合著,原载《国家检察官学院学报》2013年第5期。
[1] 参见李本森主编:《法律职业伦理》,北京大学出版社2005年版,第4页。
[2] 张志铭:《法律职业道德教育的基本认知》,载《国家检察官学院学报》2011年第3期。

相关。"职业"(profession)与一般意义上所说的"工作"(job)不同:工作仅指谋生的手段,而职业则是具有专门的教育背景,掌握专门的专业技能,承担特殊的社会责任,并拥有从业特权的行业。职业主义的制度设计要求,从事特定职业者不仅应该是专业人,还应该是道德人。职业道德是构建职业伦理的"支柱"和"质料",其外化则展现为具体的职业伦理。从某种意义上说,职业伦理就是职业者的角色规范和责任伦理,通过规制职业成员自身的行为,以及与同行、当事人和社会大众等的关系来确保职责的履行。伦理之于职业,比道德具有更刚性强制的外在约束力,用来指引从业者,对违反者予以惩戒,以维护职业的自治地位和社会尊荣。

检察官是一种专门的法律职业,应该对与自己扮演的制度角色相关的职业道德和职业伦理有所理解,有所认识。"理解产生认同,认同产生合意,合意建构规范,规范调整行为,行为构成关系,关系产生秩序。"[1]只有当检察官依照其职业伦理规范去行使检察权,处理好检察官自身行为,以及检察官与当事人、同行、法官、警察等主体的关系,一个井然有序的高效的检察官职业伦理秩序才会生成,司法公平正义的价值追求才有可能实现。

本文依据《中华人民共和国宪法》《中华人民共和国检察院组织法》和《中华人民共和国检察官法》等的规定,立足检察官在法律职业中的角色定位或职能定位,通过国际和国内的比较揭示我国检察官职业伦理的特点,并分析其成因,初步反思其中存在的问题,以期对今后我国检察官职业伦理建设有所助益。

二、国际上关于检察官职业伦理的主要规定

20 世纪 90 年代以来,国际范围内关于检察官职业伦理的共识逐渐形成,即检察官除了应具备专业的知识和技能外,还应具备与自身职能相对应的职业伦理;检察官遵行职业伦理规范,有助于促进刑事司法的公平、公正,有效地保护公民免受犯罪行为的侵害。检察官的主要作用在于刑事司法,其"基本任务在于追求正义,而非仅仅追寻有罪判决"[2]。基于

---

[1] 舒国滢:《法哲学沉思录》,北京大学出版社 2010 年版,第 79 页。
[2] Donald J. Newman, *Introduction to Criminal Justice*, New York, J. B. Lippincott Company, 1975, at p. 190.

追诉犯罪、保障人权的立法理念,一系列国际条约和准则对检察官职业伦理作出了具体规定,包括信念伦理和责任伦理,既有关涉检察官自身行为的伦理规范,也有规制检察官与当事人、同行、法官、警察等主体关系的伦理规范。它们通过自律与强制的结合,为约束检察官行为提供了标准指引,以助推实现检察官职业活动的价值追求与职责要求。

下面选取关于检察官职业伦理要求方面最具有代表性的四份规范性文件,作一概括介绍,以期对域外的情况有所了解,并为我国检察官职业伦理的构建提供参考和借鉴。

第一,《检察官角色指引》(Guidelines on the Role of Prosecutors)。该指引于1990年由第八届联合国预防犯罪和罪犯待遇大会通过,共24条,目的是协助会员国确保和促进检察官在刑事诉讼程序中发挥有效、不偏不倚和公正无私的作用。按照该指引的要求,担任检察官的前提是受过适当的培训、具备适当资历、为人正直且有能力。鉴于检察官在刑事司法中起到关键性作用,对其职业伦理的要求十分严格。该指引规定,检察官应在任何时候都保持其职业荣誉和尊严;应始终一贯迅速而公平地依法行事,尊重和保护人的尊严以及维护人权;不偏不倚地履行其职能,避免任何形式的歧视;保证公众利益,按照客观标准行事,适当考虑嫌疑人和受害者立场,并注意到一切有关的情况,无论是否对嫌疑人有利或不利;对掌握的情况保守秘密;在受害者的个人利益受到影响时应考虑其观点和所关心的问题,使受害者知悉其权利;拒绝使用通过非法手段获得的证据;即便是在行使公民权利时,也应始终根据法律以及公认的职业标准和道德行事。除此之外,为了确保起诉公平而有效,检察官应尽力与警察局、法院、法律界、公共辩护人和政府其他机构进行合作。[1]

第二,《检察官专业责任标准和基本职责及权利的声明》(Standards of Professional Responsibility and Statement of the Essential Duties and Rights of Prosecutors)。该声明于1999年由国际检察官联合会制定,并作为检察官起诉服务的国际基准,共6条。该声明重申了检察官在刑事司法中的关键作用,从独立、公正、合作等多方面揭示了其职业伦理,为检察官行为明晰了标准。第1条具体要求检察官应在任何时候均保持职业荣誉和尊严;依据法律、规则和职业伦理专业地行事;任何时候践行正直和谨慎的

---

[1] 参见《检察官角色指引》第3、8、12、13、16、20条。

最高标准;保持信息灵通,了解相关法律的最新发展;力求言行一致,始终如一、独立和公正;保障被告接受公平审判的权利,特别是确保有利于被告的证据依法提供;服务和保护公众利益;尊重、保护和鼓励人的尊严和人权的普遍观念。第 2 条涉及"独立",要求检察官行使职权不受政治干预。第 3 条涉及"公正",要求检察官不带畏惧、偏好和偏见地履行职责,不受个人或局部利益、公众或媒体的影响,只关注公众利益;客观行事;寻求真相,无论对嫌疑人有利或不利。第 4 条涉及检察官在刑事诉讼中的作用,要求检察官应保守职业秘密;拒绝使用通过非法手段获得的证据;充分尊重嫌疑人和受害者权利。第 5 条专门列明了"合作"的要求,即明确检察官要与警察、法院、法律界人士、辩护律师(包括公共辩护律师)及其他政府机构,根据法律和合作精神,在国内和国际范围内协助其他辖区的同事完成相应的司法服务。

第三,《刑事司法体系中公诉之原则》(the Role of Public Prosecution in the Criminal Justice System)。该原则于 2000 年由欧洲理事会部长会议通过,共有 39 条,对会员国检察官应遵循的共同原则作出了界定。它既规定了检察官与法官的关系,也规定了检察官与警察的关系,对检察官自身行为亦作出了职业伦理上的规定。在与法官的关系方面,"检察官必须严格尊重法官的独立与公正,尤其他们不应怀疑司法判决,也不应阻碍司法判决的执行,除了行使上诉的权利或援引其他程序。检察官在法庭审理程序中应客观公正。特别是,他们应确保已向法庭提交了司法公正所必需的所有相关的事实和法律论证"[1]。在与警察的关系方面,当检察官决定是否开始或继续起诉时,通常应审视警察调查的合法性、遵守保障人权的情况。[2] 在自身行为的要求方面,检察官应公平、公正、客观地履行职责;尊重和设法保护人权;设法确保刑事司法系统尽可能的高效运作;避免任何形式的歧视;确保法律面前人人平等;面对毫无根据的指控不应开始或继续起诉;不提交基于违法手段获得的证据,要求法院不予采信存在疑点的证据;保守秘密;保护证人利益;考虑受害人的意见和关注。[3] 该原则也涉及国际合作的要求,要求加强检察官之间

---

[1] 《刑事司法体系中公诉之原则》第 19、20 条。
[2] 参见《刑事司法体系中公诉之原则》第 21 条。
[3] 参见《刑事司法体系中公诉之原则》第 24—33 条。

的国际司法合作。

第四,《检察官伦理及行为准则》("布达佩斯准则")(European Guidelines on Ethics and Conduct for Public Prosecutors, "the Budapest Guidelines")。该准则于 2005 年由欧洲检察长会议通过,不仅为检察官履行职责提供了一般原则,而且还为其提供了极为详尽的伦理规范指引,主体部分为 4 条。在第 1 条关于"基本职责"的规定中,要求检察官无论在任何时候,在任何环境下,依据国内和国际的法律履行职责;一贯地公平、公正和高效;尊重、保护和支持人的尊严和人权;代表社会和公众利益;努力达到社会一般利益和个人利益、权利之间的平衡。

在第 2 条关于"一般职业行为"的规定中,要求检察官在任何时候都坚持最高的职业标准,维护职业荣誉与尊严;总是表现出专业性;任何时候执行正直和谨慎的最高标准;依据法律和对事实的评估履行职责,不受不适当的影响;充实新知,紧跟法律和社会的发展;不带畏惧、偏好和偏见地公平地履行职责;不受个人、局部利益、社会和媒体的压力的影响;尊重所有人的权利以支持法律面前的平等和避免任何形式的歧视;保守职业秘密;带着尊重和礼貌与法院、警察、其他公共机构和法律界其他人士合作履行职责;为了在最大可能的程度上深化国际合作,依据法律协助其他管辖区域的检察官和公共部门;不允许检察官的个人或财务利益或检察官的家庭、社会或其他不正当关系影响到检察官的行为。

在第 3 条关于"刑事诉讼体系中的职业行为"的规定中,要求检察官在任何时候均支持公平审判;公平、公正、客观、独立地履行职责;设法确保刑事司法尽可能高效运作并符合正义;尊重无罪推定原则;确保作出起诉决定前正在或已经作了必要的、合理的调查和询问;考虑所有案件相关情况;不会以没有根据的指控开始或继续诉讼;在证据指明的范围内坚决、公平地起诉;检查证据是否通过非法手段获得,拒绝采用这样的证据,并将使用非法手段的人绳之以法;适当考虑证人和受害人的利益;协助法庭作出公正的判决。

在第 4 条关于"私人行为"的规定中,要求检察官在私人生活中仍应坚持正直、公平、公正;在任何时候尊重和遵守法律;检察官行事应加深和保留职业公信力;不得利用工作中获得的信息为自己或他人谋取不合理利益;不得接受任何馈赠或招待。

三、我国检察官职业伦理要求及与国际规定之比较

自20世纪80年代我国检察官制度恢复重建以来,已有诸多规范性文件或多或少地涉及检察官职业伦理的要求。兹列表整理如下:

表 我国关于检察官职业伦理的规范性文件

文件名称	相关条款	主要内容
《检察机关工作人员奖惩暂行办法》(1984年发布,2001年废止)	第2、4、16条	忠诚、公正、效率、廉洁、敬业、保密
《检察人员纪律(试行)》(1989年)	第1条	"八要八不准"[1]
《关于检察机关和检察干警不准经商办企业等若干问题的通知》(1992年)	第四、五项	禁止以不当方式参与商业活动
《关于重申严禁检察机关越权办案、违法办案的通知》(1993年)	第一、二项	维护社会主义法制;依法办案、文明办案
《中华人民共和国检察官法》(1995年发布,2001年修正)	第3、8、18、19、20、33、35条	忠实法律、秉公执法、清正廉明、保密、接受监督、禁止从事非本职事务、任职回避、效率
《检察官纪律处分暂行规定》(1995年发布,2004年废止)	第4—35条	言论谨慎、禁止参加非法组织、廉洁奉公、禁止以不当方式参与商业活动、避免涉及不适当的金钱往来、禁止徇私枉法、保密、遵纪守法
中央政法委员会"四条禁令"(1995年)	四条	廉洁奉公、态度端正、遵纪守法、禁止以不当方式参与商业活动[2]
《人民检察院错案责任追究条例(试行)》(1998年发布,2007年废止)	第6、7、8条	禁止徇私枉法、徇情枉法、玩忽职守;遵守法定诉讼程序

---

[1] "八要八不准":一要热爱人民,不准骄横霸道;二要服从指挥,不准各行其是;三要忠于职守,不准滥用职权;四要秉公执法,不准徇私舞弊;五要调查取证,不准刑讯逼供;六要廉洁奉公,不准贪赃枉法;七要提高警惕,不准泄露机密;八要接受监督,不准文过饰非。

[2] "四条禁令":绝对禁止政法干警接受案件当事人请吃喝、送钱物;绝对禁止对告诉求助群众采取冷漠、生硬、蛮横、推诿等官老爷态度;绝对禁止政法干警打人、骂人、刑讯逼供等违法违纪行为;绝对禁止政法干警参与经营娱乐场所或为非法经营活动提供保护。

（续表）

文件名称	相关条款	主要内容
《对违法办案、渎职失职若干行为的纪律处分办法》(1998年发布，2010年废止)	第1—9条	遵纪守法
《最高人民检察院九条"卡死"的硬性规定》(1998年)	九条	禁止检察官从事九种违法行为[1]
《廉洁从检十项纪律》(2000年)	十条	保密、廉洁、公正、禁止参加不当社交活动、禁止以不当方式参与商业活动[2]
《检察人员任职回避和公务回避暂行办法》(2000年)	第2、3、4、9条	利益回避
《检察机关奖励暂行规定》(2001年)	第4条	忠于职守、秉公执法、努力工作、坚持原则、办事公道、发明创造、维护国家利益、保密
《检察官职业道德规范》(2002年发布，2010年废止)	全文	忠诚、恪尽职守、乐于奉献、公正、客观求实、独立、清廉、严明
《检察人员纪律处分条例（试行）》(2004年发布，2007年修订)	第27—112条	遵守政治纪律、遵守组织、人事纪律、遵守办案纪律、廉洁奉公、遵守财经纪律、恪尽职守、遵守社会主义道德
《检察人员执法过错责任追究条例》(2007年)	第7、8条	遵守办案纪律、恪尽职守
《中华人民共和国检察官职业道德基本准则（试行）》(2009年)	第2条和第二、三、四、五章	忠诚、公正、清廉、文明
《检察官职业行为基本规范（试行）》(2010年)	一、二、三、四、六部分	坚定职业信仰、依法履职、遵守职业纪律、发扬职业作风、慎重职务外行为

〔1〕 严禁超越管辖范围办案；严禁对证人采取任何强制措施；立案前不得对犯罪嫌疑人采取强制措施；严禁超期羁押；不得把检察院的讯问室当成羁押室，讯问一般应在看守所进行，必须在检察院讯问室进行的，要严格执行还押制度；不得违反规定使用技术侦查手段；凡在办案中搞刑讯逼供的，先停职，再处理；因玩忽职守、非法拘禁、违法办案等致人死亡的，除依法依纪追究直接责任人员外，对于领导失职渎职的一律给予撤职处分；严禁截留、挪用、私分扣押款物。

〔2〕 不准泄露案情或为当事人打探案情；不准私自办理或干预案件；不准私自会见案件当事人及其委托人或者接受上述人员的宴请、礼物和提供的娱乐活动；不准利用工作之便占用外单位及其人员的交通、通信工具；不准参加由公款支付或可能影响公务的营业性歌厅、舞厅、夜总会等高消费场所的娱乐健身活动；不准接受下级人民检察院来京人员的宴请或提供的娱乐活动以及收受礼品；不准在工作日饮酒或者着检察制服（警服）在公共场所饮酒；不准对告诉求助群众采取冷漠、生硬、蛮横、推诿等官老爷态度；不准经商办企业或利用职务之便为亲属经商办企业谋取利益；不准擅自开设银行账户，私设"小金库"。

一般认为,检察官的职责主要是在刑事司法领域发挥至关重要的作用,但是,依据《中华人民共和国宪法》《中华人民共和国检察院组织法》和《中华人民共和国检察官法》等的规定,我国的检察官并非仅承担刑事追诉的职能,他们在更为广泛的意义上还是国家专门的法律监督者,行使复合多样的职权,从而使我国的检察官职业伦理必然具有自己的特色。

通过比较不难发现,在关于检察官职业伦理的国际和国内的规范性法律文件中,在检察官的信念和责任两个方面的伦理要求方面,均有很大的共性。具体地说,对于检察官职业伦理中一些基本的信念伦理的认同,均包括维护职业尊严和荣誉、追求公平正义、尊重和保障人权等。在责任伦理中,也有诸多相同或相似的规定,皆要求检察官依法履行职责且仅受法律约束,以及独立、客观、公正、保守秘密、排除非法证据、不谋私利、不接受任何馈赠或招待、充实新知、私人生活不得影响检察公信力,等等。

下面,我们再就比较中发现的我国检察官职业伦理要求方面的一些具有特殊性的方面,从四个方面作一个概括陈述。

第一,关于检察官自身行为。在我国的检察官职业伦理中,除了要求检察官具有职业信仰以外,更要求有坚定的政治信仰,"以马克思列宁主义、毛泽东思想、邓小平理论和'三个代表'重要思想为指导","坚持三个至上"〔1〕等。检察官"独立"在中国语境下的表述是"不受行政机关、社会团体和个人干涉,自觉抵制权势、金钱、人情、关系等因素干扰"〔2〕。检察官的法律监督职权要求他"坚持强化审判监督与维护裁判稳定相统一,依法监督纠正裁判错误和审判活动违法,维护生效裁判既判力,保障司法公正和司法权威"〔3〕。对退休的检察官亦提出要求,不得利用原身份影响干预检察工作。这些要求皆颇具特色。与此密切相关,根据检察一体的要求,在我国的检察官职业伦理中要求检察官服从上级决议和命令,服从指挥,令行禁止,不同于国际规定的是,未明确检察官还应依客观标准行事,遵守客观义务,拒绝非法指令,避免单纯的"唯命是从"。

第二,关于检察官与当事人的关系。不同于国际规定中区分犯罪嫌

---

〔1〕《检察官职业行为基本规范(试行)》第1条,《中华人民共和国检察官职业道德基本准则(试行)》第3条、第5条。

〔2〕《检察官职业行为基本规范(试行)》第9条和《中华人民共和国检察官职业道德基本准则(试行)》第5条。

〔3〕《检察官职业行为基本规范(试行)》第15条。

疑人或被告人、受害人、证人,对应有不同的检察官职业伦理规范,我国的检察官职业伦理中只是简单地表述为"尊重诉讼当事人、参与人及其他有关人员的人格,保障和维护其合法权益"[1]。而我国检察官职业伦理关于检察官应该严格执法、文明执法的规定,诸如禁止刑讯逼供;不得对证人采取强制措施或限制人身自由;不得包庇、放纵犯罪嫌疑人、被告人;不准为当事人打探案情、通风报信;不得私下会见案件当事人或其代理人、亲友,也不得接受他们的宴请、礼物和提供的娱乐活动;不得私下为所办案件当事人介绍辩护人或诉讼代理人,等等,则颇具特色。

第三,关于检察官与同行的关系。相比较国际规定中积极倡导深化刑事司法的检察官国际合作,我国检察官职业伦理的规定目前只涉及国内检察官之间应团结协作、互相支持、互相配合和互相监督。此外,《中华人民共和国检察官职业道德基本准则(试行)》规定的"检察官不得违反规定过问、干预其他检察官……正在办理的案件,不私自探询其他检察官……正在办理的案件情况和有关信息"[2],具有特色。

第四,关于检察官与法官、警察等的关系。在上述《刑事司法体系中公诉之原则》中比较明确地规定了检察官与法官、警察之间关系处理上的职业伦理规范,其他相关国际文件也都主张检察官与法官、警察、法律界人士和政府机关的合作。《中华人民共和国检察官职业道德基本准则(试行)》第21条和22条分别原则性地、粗疏地规定了检察官应"尊重律师的职业尊严,支持律师履行法定职责,依法保障和维护律师参与诉讼活动的权利",以及"出席法庭审理活动,应当尊重庭审法官,遵守法庭规则,维护法庭审判的严肃性和权威性"。另外,还比较笼统地要求检察官应自觉接受监督。

四、我国检察官职业伦理特色之评析

由上文可知,我国检察官职业伦理规定尽管有着与国际规定的共通之处,但也在诸多方面体现了"中国特色"。之所以呈现出如此大的差异,原因复杂多样,其中在国家政制架构和政党制度以及检察官职责定位方面的原因尤其值得关注。

---

[1] 《中华人民共和国检察官职业道德基本准则(试行)》第20条。
[2] 《中华人民共和国检察官职业道德基本准则(试行)》第23条。

众所周知,西方检察权的设置是基于多党制和分权制衡的架构。这就要求检察官须保持政治中立,不受政治干预,独立、公平、公正,以实现保障人权的价值追求。我国的政党制度是中国共产党领导的多党合作和政治协商制度,中国共产党是执政党。根本政治制度是人民代表大会制度,国家行政机关、审判机关、检察机关都由人民代表大会产生,对它负责,受它监督。检察是国家政制架构中有机统一的组成部分,并不存在什么分权制衡意义上的角色担当。检察官独立只是独立于与之平行的国家机关和社会团体、个人,没有独立于政治或执政党的意蕴,相反,检察官代表国家行使监督权,维护国家利益,而国家利益、人民利益和党的利益在中国语言范式中具有高度的一致性,因此在我国检察官职业伦理中包含坚定的政治信仰的规定,要求检察官应忠于党,坚持党的领导,奉行党的事业至上。

依据《中华人民共和国检察院组织法》和《中华人民共和国检察官法》的规定,检察官的职权主要包括依法进行法律监督工作、代表国家进行公诉,以及对法律规定由人民检察院直接受理的犯罪案件进行侦查等。[1] 检察官的角色定位是国家利益的代表。从国际规定来看,检察官的角色定位则立足法益,比较中立,他们不仅是国家利益的代表人,也是公众利益的代表人。在中国检察官职业伦理中并未发现对"公众利益"的提及,只有"人民利益""最广大人民的根本利益"等表述,言犹未尽。

"中国的检察制度深受大陆法传统的影响,尽管具有明显的中国特色,但在追诉犯罪、保障人权的基本职能方面是一致的。"[2] 因此,会认同和产生一些通用的职业伦理规范,譬如公正,以及尊重、保护和支持人的尊严和权利等。但从我国检察官职权定位的侧重点来看,似乎比较倾向于追诉和打击犯罪的职能。在职业伦理中的表现是,对检察官搜集对被告有利的证据的规定不够,不利于夯实检察制度的正当性基础。

另外,国际规定尽管也明确检察官有监督的职权,监督警察进行犯罪调查,监督司法判决的执行等,但我国还专门规定检察官具有国家专门的法律监督者的地位。而与此形成反差的是,在我国检察官职业伦理的规

---

[1] 参见《中华人民共和国检察官法》第6条。
[2] 张志铭:《对中国"检察一体化改革"的思考》,载《国家检察官学院学报》2007年第2期。

定中,仅有"敢于监督、善于监督"这样一些比较空洞的表述,缺乏具体明确而有约束力的规范。在我国检察官职业伦理的规范性文件中,还充斥着很多标语式、口号式的空泛规定,缺乏职业属性和可操作性,如"全心全意为人民服务""坚持打击与保护相统一"等。除此之外,我国的检察官职业伦理还囊括了太多本不属于它的内容,想要面面俱到,反而模糊了检察官职业伦理的内涵和外延。比如,"明礼诚信,在社会交往中尊重、理解、关心他人,讲诚实、守信用、践承诺,树立良好社会形象"[1],诸如此类的条款似乎适用于任何一个职业,绝非检察官职业伦理所特有。

可以说,没有基于检察官的职责定位清楚明确地体现其职业属性,是我国检察官职业伦理规定上的一大缺憾。究其原因,在于我们对检察官职业伦理的构建更多的是基于一种"外在视角",即社会需要什么样的检察官,国家要求检察官应当做什么,不得做什么,从政治、道德、行政命令和行政管理的角度去填充职业伦理的内容。其实,检察官是法律职业的一种。法律职业作为一种具有特殊品质的专门职业,应具备四种有机联系的品质:掌握专门的法律知识和技能、致力于社会福祉、实行自我管理和享有良好的社会地位。[2] 法律职业伦理体现出建立在法律人接受、承认和约定基础上的意向性协同和意志的聚合,反映了关系角色的认同,其与法律职业能力、职业精神、职业自治和职业声望呈正相关。检察官职业伦理的构建应该基于一种"内在的视角",立足于检察官职业自身的特性,而不是混同于社会大众伦理或一般常人的伦理要求。我国检察官职业伦理建设的关键,是检察官在整体上能否基于自己的职责定位,体现法律职业在上述四个方面的品质特性。通过完善的检察官职业伦理规范的设定和实践,彰显检察官职业伦理的职业特性,促进检察官依法履职、保障人权,维护职业地位和职业尊严,是我国检察官职业伦理建设努力的方向。

五、结语:加强检察官职业伦理建设

检察官职业伦理具有道德要求和行为规范相结合的性质,既有原则

---

[1] 《中华人民共和国检察官职业道德基本准则(试行)》第41条。
[2] 参见张志铭:《中国法官职业化改革的立场和策略》,载《北方法学》2007年第3期。

性、倡导性,也有操作性、规范性,甚至许多要求还具有强制性;既指引检察官的职业行为,也制约检察官与职责担当相关的职务外行为;既关注检察官内心对检察职责的认识和思维活动,更关注为检察官行使职权提供具体的行为标准。缺乏对检察官职业伦理的认知和恪守,算不上称职的检察官;没有检察官职业伦理的支撑,无法塑造健全的检察官职业。

新修正的《中华人民共和国刑事诉讼法》全面强化了检察功能,增强了侦查权、公诉权、司法救济权和司法监督权。[1] 权力的扩展,也会带来权力滥用风险的加大。确保检察权依法规范行使,不仅需要加强检察权行使的组织和程序制约,而且出于检察工作的专业属性,还要特别关注和强化检察官职业伦理建设。在我国,检察官既是公务人员,又是司法官员,更是宪法确立的国家专门的法律监督者,无论是基于身份还是与身份相关的职权,都对其职业伦理有着更高的要求。检察官职业伦理内在以实现司法公正为依归,外在则很大程度上承载着公众对法治的信心和企盼。只有建设具有鲜明职业性和可操作性的检察官职业伦理,才能推动检察官职业化进程向纵深发展,维护检察官职业的社会公信力,回应法治社会对检察官的角色期待。

---

[1] 参见龙宗智:《理性对待法律修改 慎重使用新增权力——检察机关如何应对刑诉法修改的思考》,载《国家检察官学院学报》2012年第3期。

专题七

司法组织的合理构造

1

论法院人员分类改革
——以法官职业化为指向*

随着"法官职业化"的提法由"学术话语"向"官方话语"的不断延伸和转化,近年来司法改革虽陷入某种僵局,其改革的思路却不断清晰,逐渐形成了以法官职业化为主线、人员分类改革为主要切入点的改革进路。通过总结相关立法和政策以及实践中逐渐形成的相对完整的改革框架与较为成熟和配套的改革措施,展望社会在司法改革中对于司法资源投入的自然增长以及追加的巨大可能性,我们应对这种以法官职业化为指向的人员分类改革进路之未来,抱有足够的信心。当然,在改革的基本思路和总体设想上,我们还应认识到任何改革都需要付出代价,因而不仅要有增量改革的努力,也应有减量改革的勇气;在具体措施的推出和改进方面,应着眼于正确把握并尊重职业化的规律,果断厘定法官的类别,慎重进行法官类别内部的分类,并把制度构建的重点放在对主体的合理甄别、标准和程序的确立,以及职业法官合理管理体制的确立等方面。

一、司法改革、法官职业化与人员分类改革
——环环相扣的改革进路

近些年来,随着司法改革的不断推进,在法院的队伍建设方面,逐渐

---

* 本文与李学尧合著,原载《法律适用》2007年第1期。

形成了以法官职业化为主线、以人员分类改革为主要切入点的改革进路。这无疑是一种平衡良好、"极高明而道中庸"的改革思路。作为一个富有理论内涵的命题,"法官职业化"比较全面地揭示和把握了在一个法治社会中法官职业所应有的各项品质,凸现了司法改革对"人的因素"的关注;而法院人员分类改革,则通过厘定法官群体,以及为其提供符合司法规律的特殊管理与后勤保障体系,最终在实质上促进形成"以法官为中心"或职业化法官为核心的现代司法体制。

(1)法官职业化是现代司法制度的构造性因素,法院人员分类管理是法官职业化的应有之义。从整个司法制度建设来看,法官职业化或者职业化法官群体的存在是现代司法制度的构造性因素。如果说司法制度是一座宏伟的大厦,法官职业化则是一块最重要的基石。如果缺乏法官的职业化作为奠基,现代司法制度意义上的裁判独立以及司法公正都不过是可望而不可即的海市蜃楼,甚至其实行对社会及司法皆充满风险。因为,作为一种以形成判断为主要职责的机构,司法的活动规律对职业性具有较高的要求。特别是在现代,随着社会日趋复杂化,法律规范在很大程度上也变得越来越抽象和笼统;而且,法院在能够确保裁判独立的同时,还需要有效地制约其他国家权力,适度地参与公共政策的制定和推行。由此而来,法官的司法活动便常常处于自由与民主、规则与裁量、权力制约与裁判独立等微妙的紧张关系之中,这就对法官的决疑技术与平衡技巧提出了非常高的要求。显然,除非经过严格的专门训练的法律家,常人是难以具备司法所要求的特殊的"技术理性"的。所以,从这个角度来说,法官职业化体现了法院组织建设的规律,是法院队伍建设的必由之路。

同时,也正是法官职业的特殊性,使得对其的管理必须遵循一种不同于大众化行业(occupation)的方式,而这也正是以"专业与自治"为主要特征的职业化(professionalization)的应然之义。首先,法官职业之所以被认定为一门职业(profession),除了法官具备常人难以具备的特殊技术理性外,还在于其遵循一种与大众道德有着很大区别,甚至会发生冲突的职业伦理。从西方意义上的职业(profession)一词所具有的"专业和自治"的本义来说[1],

---

[1] 法律职业概念的具体阐述,参见张志铭:《法治社会中的法律职业》,载《人民法院报》2001年11月23日。

法官职业化就是因法官职业的技能与伦理特性而构建某种"自治"或者"自我管制"的管理体系,特别是在人事管理上设置不同于行政化管理的模式,以尽量避免在大众道德与职业伦理容易发生冲突的情况下,"外行管理内行"所可能造成的负面影响。而这恰恰是我国当下影响以裁判独立与司法公正为目标的司法改革进程的主要障碍之一。在当下,社会舆论与某些利益集团,往往通过行政化的人事管理模式,以各种方式对法官及法院施加压力,影响法官的独立裁判。从这个角度来说,法院人员分类管理的改革也是法官职业化的一个重要内容。其次,法院人员分类管理也是严格的法官准入制度的一个延续。为了保证法官的职业素质,推进法官的职业化,现行的《中华人民共和国法官法》对法官准入作了严格的规定。显然,如果法院在人员的管理方面,模糊法官与其他法院工作群体的区别,这种严格的准入制度的效果会大打折扣,甚至完全失去意义。另外,考虑到在司法改革之前,我国法官准入的混乱以及当下法院工作人员职业素质的良莠不齐,在目前进行法院人员分类改革,还承担着清理历史旧账的重大使命。这也正是以法官职业化为指向的人员分类改革的主要意义之一。

(2)以法官职业化为指向、以分类改革为主要内容的法院人事制度改革,是我国司法改革的前置性因素。从司法的改革与发展来看,不立足于职业化法官,缺乏法官职业化这一基本的前提,我们对于司法改革的许多设想和提法都将是粗放的、模糊的、似是而非的。比如说,关于法官的裁判独立、职务保障、薪酬待遇等制度改革,关于司法制度的种种设计,潜在的前提都是职业化法官群体的存在。同时,当下司法改革中,为实现司法公正与裁判独立的目标而遭遇到的法院队伍建设的课题,主要也就是法官职业化程度较低的问题。具体包括:①受过系统专业训练的人员只占很少部分,人员结构严重失衡。以安徽省为例,经统计,全省法院系统中达到大学本科学历的人数不足30%,受过正规大学法学本科教育的仅占10%左右。[1] 由于军转安置、政法编制以及司法资格考试等政策与制度的限制,近年来,法院内部只能从事行政管理的人员不断增加,而同时法

---

[1] 参见合肥市中级人民法院:《中国法官职业化的现实路径探析》,载最高人民法院、江苏省高级人民法院编:《全国法院法官职业化建设院长论坛交流材料汇编》,2006年,第119页。

官后备人才青黄不接,适合审判一线的人才越来越缺乏,人员结构严重失衡。如在法院审判人员严重缺乏的背景下,2004 年陕西省普通高等院校毕业的法律本科生有 3700 人,但招录到全省法院系统工作的不足 20 人。[1] ②法官的人事管理严重行政化,审判职务不专、审判职称泛化,良莠难分。由于历史和体制的原因,我国法官的人事管理体制严重行政化,缺乏对法官职业的技能与伦理特性的足够认识与尊重,在法官的准入标准把握不严的前提下,逐渐形成了审判人员数量过多和过泛、审判职务和职称与审判权的行使不统一的问题。如广西壮族自治区法院内部具有审判职务和职称的人员占 75% 甚至 80% 以上,有的法院几乎人人都有审判职称。另外,这种人事管理的行政化还表现在,法院内部一直没有形成符合审判工作规律和法官职业特点的考核评价机制。显然,法院内部这种人员分类不专的现状已经构成了当下司法改革的主要障碍,到了非改不可的地步。

(3)以人员分类改革为切入点的法官职业化建设有助于破解当下司法改革中存在的僵局。目前司法改革面临业内和业外在认识上的重大分歧,从而在司法改革的诸多问题上出现某种程度的僵局。在这种情况下,法院立足司法规律,从自身的队伍建设入手,从法院人员的分类管理做起,厘定法官群体结构,就能够较好地沟通法院和社会,达成共识,打破僵局。很显然,只有法院自身的职业化建设取得一定的成就,法官素质基本达致令社会各界认可的水平,法官的职业理性和职业保障才能得以彰显。

按照西方职业社会学中比较具有主导性的理论,法律职业化的前提之一就是"为社会认可与国家特许,在职业和国家之间形成某种社会契约"[2],即在社会法制化的前提下,法律职业享有专深的为常人无法掌握的技术,社会、国家和人们的自由不得不仰赖他们,于是社会和国家赋予其自治特权、政治地位和社会荣誉等;作为对价,法律职业以遵循一套高

---

[1] 参见陕西省高级人民法院:《基层法院法官短缺问题的现象、原因及对策》,载最高人民法院、江苏省高级人民法院编:《全国法院法官职业化建设院长论坛交流材料汇编》,2006 年,第 100 页。

[2] Robert Dingwall, Philip Lewis (eds.), *The Sociology of the Professions*, Macmillan PressLtd. ,1983, Introduction. 也可参见张志铭:《法治社会中的法律职业》,载《人民法院报》2001 年 11 月 23 日。

标准的伦理规范、产出高标准的法律服务作为回报。这种法官(法律)职业化的"社会契约论",尽管带有很强的理论假设与构建的成分,但是,通观世界各国与地区,法官群体在一个社会所受到的尊重与认可程度,一般确实与其职业化的程度成正比。相比而言,当下的我国,司法改革所设定的提高法官职业待遇、构建有效的职业保障体制的目标,之所以未能得到社会的有力回应,也不无缺乏各界对于现有法官职业素质与较高职业待遇和保障水准是否对应的怀疑或指责。

所以,如果将这种"社会契约"理论予以扩展适用,我们也可以说,在当下社会各界对法院寄予厚望的背景下,司法改革欲为自身营造良好的社会和制度环境,取得社会各界的认可,与其达成某种改革共识,必须自身有所动作,以实力和智识作为一种取得社会各界认可的前提。以打造一支具备良好职业素质与遵循高度职业伦理的法官群体为主要目标的职业化建设运动,无疑是展现这种实力与智识、获取社会认可与信任的可靠途径;而以职业化为指向的分类改革不但可以为法官的职业化提供组织系统的保障,构成法官职业化的前置性与构造性因素,而且也可以明确司法改革中向社会展现风采的群体,容易获取社会的认可。

二、以分类为切入点的职业化改革的现状及其可行性

从已有的制度与实践来看,特别是党、国家和最高人民法院关于法官职业化的有关文件中所展现的,以及近年来各地法官职业化建设试点单位所反馈和总结的经验看,相关的改革思路已经相当成熟与清晰,与之相应的改革原则和措施已经达成较高的共识并且相当成型。另外,就司法改革的未来而言,随着中国社会经济的高度发展以及此背景下对于司法公正的高度期望,社会对司法资源投入的自然增长和追加投入方面,具有相当的可预期性,以重新分配司法资源、优化司法产出和提高司法效率为其实质内容的法官职业化、人员分类改革,其前景是相当乐观的。

(1)就已有立法与政策的明确规定来看,以分类管理为切入点的职业化改革框架已相当完整。在厘定法官概念、造就高品质职业化法官队伍上,现有的立法表述是相当明确的。如2001年修正的《中华人民共和国

法官法》第 2 条、第 5 条,实质上都将法官定义为直接从事审判工作的人员。同时,从整部法律来说,其基调都建立在对法官职业化的追求上,这特别表现在对法官任职条件的规定方面。

就党与国家的政策而言,以分类管理为切入点的法官职业化改革,在思路上更是清晰、直接。如中共中央在 2006 年颁布的《关于进一步加强人民法院、人民检察院工作的决定》中直接指出,"要以公正执法为核心,以专业化建设为方向,全面加强人民法院、人民检察院队伍建设,不断提高广大法官和检察官的政治素质、业务素质和职业道德素质",并要求"逐步建立法官、检察官及其辅助人员分类管理的模式,建立法官、检察官单独的职务序列,实现司法资源的合理配置"。

而在最高人民法院发布的相关文件中,特别是最高人民法院发布的《人民法院第二个五年改革纲要》(以下简称《二五纲要》)和最高人民法院《关于加强法官队伍职业化建设的若干意见》(以下简称《职业化意见》)中,以分类管理为切入点的职业化改革思路,更是相当的具体与全面。如《二五纲要》第 34 条直接规定:"推进人民法院工作人员的分类管理,制定法官、法官助理、书记员、执行员、司法警察、司法行政人员、司法技术人员等分类管理办法,加强法官队伍职业化建设和其他各类人员的专业化建设……"第 36 条则又直接规定:"根据人民法院的管辖级别、管辖地域、案件数量、保障条件等因素,研究制定各级人民法院的法官员额比例方案,并逐步落实。"在此基础上,第 40 条规定:"在确定法官员额的基础上,逐步提高法官待遇。"

综合分析《二五改革纲要》《职业化意见》规定的相关的改革规划与政策,所体现出来的法院队伍建设与改革的内容,其框架已相当健全,就此大致可以归纳为:以法官职业化为原点,向前是法院人员分类改革,向后是法官职业保障配套。因为,如果没有人员的分类、甄别,那么不可能有以"专人、专岗、专业和专管"为主要目标的法官职业化;同时,如果没有较高或者合理的保障体制作为配套,以素质精英化为主要取向的法官职业化也是无法实现的。已有的立法与政策不仅明确了职业化的目标,而且,对其前提性因素与保障性措施都已予以高度关注。此外,已有的试点法院所反馈的经验也显示和证明了,建立健全职业法官收入保障制度与完善人员分类管理机制这两个措施并行不悖,是法官职业化改革的成功保证。如作为试点单位的江苏省常州市中级人民法院在总结其成功经验时认为,正是有了政府部门的财力支持,使得职业法官的各项津贴和奖金落到实处,很好地保障和巩固了通过分类管理后实现的职业法官制度,同时使得聘任制书记员和司法警察单独序列管理变成了现实。[1]

(2)相关改革的具体思路与操作原则,在实践中已形成较为统一的共识和相当成型的做法。

首先,在全国各地法院系统的"队伍建设"方面,特别是有关职业化改革的试点法院中,都已基本形成"因事设职、按职定人",以及"老人老办法、新人新政策"的做法,前者我们可以称之为人员更新原则,后者则属于达致职业更新的人员过渡原则,从而保证了法院干部队伍的稳定和发展。如很多试点法院,在试行法官助理制度后,通过"老人老办法"使现任审判员、助理审判员在行使法官助理职能时法律职务不变、待遇不变;通过"新人新政策",试点法院不再任命助理审判员,如果法官员额出现空缺,经过法定程序,直接从现有符合法官条件的人员中择优选任。通过这些操作原则,在改革中基本形成了法院队伍在稳定中求发展的格局。

其次,在改革的具体思路方面,特别是对落选的已有审判人员的安置方面,在实践中,特别是在各地的改革试点中,已经形成较为成熟、相互配套的"员额制"与"法官助理"两种方式。其中,"员额制"综合各类因素(包括案件数等),重新确定职业法官的数量,并按照新确定的"法官员额",以提高司法效率及甄别优劣为主要目标,重新厘定执掌裁判的人员,明确了提高职业待遇与保障的群体。而"法官助理制度"的改革思路,一方面,可以为职业法官甄别过程中落选的、已经获得审判员或助理审判员资格的、原先从事审判工作的人员,提供为当事人相对可接受的岗位,保证法院队伍的稳定;另一方面,试图为职业法官提供人员储备与培训的主要渠道,并通过与职业法官工作的配合,提高司法效率。

从改革现有法官素质良莠不齐以及具有审判职位而不直接从事审判工作的人员过多等问题出发,考虑到法官助理制度的改革缺乏法律依据

---

[1] 参见江苏省常州市中级人民法院:《法院队伍建设的必由之路:法官职业化建设——常州法院法官职业化建设试点工作四年回顾》,载最高人民法院、江苏省高级人民法院编:《全国法院法官职业化建设院长论坛交流材料汇编》,2006年,第7页。

和试点改革中效果欠佳,已有审判员落选为法官助理后工作积极性存在较大问题,以及因法官员额减少导致法院队伍更新换代进一步减缓等因素[1],笔者认为,以"员额制"为主要思路,对现有法官队伍中不合格,或者虽不存在职业素质问题但因员额有限而无法上岗的人员,可以直接采用各类机关精简改革中较为流行的"赎买"政策。这样的进路具有手段直接、改革直接到位的好处,应是当下法院分类改革可资考虑的途径。当然,这种思路也有涉及既得利益面过大、改革难度大等特点,需要作进一步的摸索与细化。

(3)从社会对司法资源投入可能的自然增加和追加投入来看,这种改革具有很强的可行性。从某种意义上讲,以分类管理为切入点的职业化改革,实质上就是一种通过已有司法资源的再分配来获取更大社会资源支持的过程。所以,在它的推行中,必须考虑各个水平群体与纵向群体的利益冲突,并且是否能够较好地平衡各方的利益,将是决定这一改革进路成败的主要因素之一。从社会对司法资源投入可能的自然增加和追加投入来看,这种改革具有很强的可行性。

首先,社会对司法资源投入的自然增加。从已有的经验看,随着中国经济与社会的高速发展,通过统一性的公务员加薪、增拨办公经费、更新办公设备等,司法资源在未来几年获得可观的自然增加,基本上是不存在问题的。这为以法官职业化为指向的分类管理改革提供了非常有力的保

---

[1] 从实际效果看,将"法官助理制"作为主要的法官甄别方法,其缺点是显而易见的。从现在各地的试点法院所反映的情况看,这种进路主要存在两个较为严重的问题:一是缺乏直接的立法依据,在具体操作中对于将落选的审判员确定为法官助理在法律上是否合适,有很大争议;二是由于种种原因,大量一线从事审判工作且经验丰富的法官往往被确定为法官助理,这不仅违背了法官职业化的改革初衷,而且还形成了"已经实质职业化的法官"大量流失或者被边缘化的负面影响。参见最高人民法院、江苏省高级人民法院编:《全国法院法官职业化建设院长论坛交流材料汇编》,2006年。此外,笔者认为,现有的法官助理制改革有可能会导向这样的负面结果:(1)由于改革思路不清晰、法律与政策依据缺乏等,形成与目前的助理审判员制度类似的暧昧状态,最终结果可能会背离改革中所设定的人员分流与分类的目标;(2)影响法官来源的多样化及多元化。日本等国的经验已经显示,法官助理制度最终导致法官主要是从法官助理的队伍中产生,从而影响法律职业共同体内部的人员交流,形成法院内部根深蒂固的论资排辈式的人员晋升体制,作为法官储备的助理法官缺乏继续学习新知识以及思路创新的激情与动力,造成法官队伍知识类型单一、具备复合型知识与经验的法官缺乏等问题,甚至因此而影响到民众对于司法的信任度。参见最高人民检察院法律政策研究室编译:《支撑21世纪日本的司法制度——日本司法制度改革审议会意见书》,中国检察出版社2004年版,第86—99页。

障与支持。从试图通过分类管理来实质性提高职业法官的职业待遇来说,假设现有工资水平在未来三年的年增长率为10%,这就意味着法院系统的工资总量将会增长46%左右。如果将这46%的工资总量增长中的大部分分配给将来可能只占现有法院人员20%~40%的职业法官身上[1],他们收入的增加也将是相当可观的。另外,总体而言,虽然目前法院系统工作人员的工资收入情况与某些行政部门的成员相比,仍有一定的差距,但已基本达到了广义之公务员群体内中等的水准。所以,即使在保持现有法院系统的工资总量不变,纯粹以岗位来分类管理工作人员,只是对收入差距作一些稍具合理的微调,也还是有很大改革空间的。

其次,社会对司法资源的追加投入。在某种意义上,我们可以对当下的司法改革作这样的解读:以通过司法资源的再分配来获取更多的司法产出(包括狭义的司法效率和司法公正的提升等)作为主要目标,并试图通过此进路来获取社会的更大投入(如提高法官的待遇等)。显然,经过近30年的高速发展,社会对正义与公正的需求日见迫切,并对司法寄予了厚望。在此背景下,只要司法改革的主导方能提供合理可行的理由,令国家和社会产生足够的信心和信任,各界给法院更大的资源追加投入也是非常可能的。就此而言,法官的职业化无疑是一个非常好的理由:①它可以明确司法改革中向社会索取资源支持的群体;②这个职业化的群体,其高度的廉洁性与专业的素质,极易得到社会和国家的认可;③以法官职业化为指向的分类管理,在实现法官职业化的同时,实质上也促使了法院其他群体的专业化,进而能够提高法院对民众有关司法效率要求的回应能力。相对而言,对于社会或者民众,将对法院系统增加的物质投入与特权赋予,集中到直接执掌法院审判职能的、有较高专业技能与伦理保证的职业法官群体,也是一种可接受的效益最大化的方式。

---

[1] 我们现在尚无法对法院法官职业化后的具体员额作一个准确的估计,但是,现有一线从事审判工作人员数量显然是一个较有参考意义的数据。如哈尔滨市全市政法专项编制共2410人,具有助理审判员以上法律职务的1693人,占70.2%,但真正在审判、执行部门的只有1414人,占政法编制的58.7%,占审判人员总数的73.1%。参见哈尔滨市中级人民法院:《法院人员分类管理的现状与设想》,载最高人民法院、江苏省高级人民法院编:《全国法院法官职业化建设院长论坛交流材料汇编》,2006年,第344页。

三、职业化改革的一些反思性建议

近几年的法官职业化建设,特别是以法官助理制度等为主要内容的人员分类改革,通过各方就相关问题的政策制定与落实,以及良好组织下的试点工作,取得了一定的成功,积累了较为框架性的改革经验。不过,从实践中所反馈的相关情况看,也有很多问题需要我们进一步反思,这特别表现为如何进一步更好地按照职业化的规律和要求进行相关的改革。

我们还要清醒地认识到,任何改革都是需要付出代价的。从总体上说,法官职业化对法院来说是一把双刃剑。一方面,它能够提高法官的职业素质,提升法官群体在社会中的声誉,获取社会与国家对法院的更多理解与支持,促进司法的独立与公正目标的最终实现;另一方面,它也对社会、对法院自身提出了新的要求,包括管理方式的改进、自我社会责任的加压、某些既得利益的丧失以及与在体制、制度上和其他机构以及法院内部产生各种形式的张力紧张关系等。所以,在进一步推进法官职业化改革的道路上,法院上下还需要进一步坚定自己的脚步,要做到付出增量改革的努力,拥有减量改革的勇气。在此基础上,具体的措施有:

(1)关于分类改革中的立场与策略。对于现有格局的改变,法院方面既要有立场,也要有策略。具体包括:果断厘定法官的分类,慎重进行法官内部的分类。首先,对于直接从事审判工作的法官与从事其他工作的人员的区分上,应该果断而坚决;其次,对于确定后的职业法官群体内部之分类,必须谨慎。其中,有些区分是必要的,包括不同层级的法官的区分,但有些分类,如有的地方法院将院长、庭长、审判委员会委员等人员归类为与"法官"相区别的、单列的"领导干部类",这种分类是否合理必要,有值得进一步商榷的必要。

(2)如何确定适当的甄别主体、标准和程序。分类的前提是甄别。以法官职业化为指向的分类管理改革,从操作层面而言,其最终还是要依赖于或者归结于适当的甄别主体、标准和程序的确定,否则,分类管理改革的结果,不仅无法达到法官职业化的目标,还很有可能导致法院审判人才的大量流失,引发法院内部关系的无序与紧张。对于这一点,江苏省常州市中级人民法院等试点单位的成功经验已经显示了,在法官职业化改革中,特别是关于人员的分类管理方面,获得法院外部,特别是党委、人民代表大会以及政府内部有关部门(如人事部门)的支持与配合的必要性。[1] 与此同时,考虑到司法工作的特殊性(如需要特定的技能与思维),我们也需要警惕某种"外行领导内部"的弊端。由职业群体不同程度地自我管理(self-regulation),本来就是传统意义上(理想状态中)法律职业的一个应然品质。所以,从制度构建的完整性来看,为了保证法官职业化获得实质性落实,在法院的人事管理方面,是否可以考虑组成一个相对独立的、主要由法律同行组成的甄别、评审或者考评职业法官资格的专业委员会(或直接称为法官委员会)。此外,在现有法官职业化以及分类改革的成果推而广之至全国法院之前,我们还要认真思考并解决好这么一些问题:如何确定一个合理而公正的甄别程序,如何能够避免现实中已经发生的,在分类管理中因各种原因而引入与法官职业化无关的考核标准和程序,从而使该项改革与职业化的方向相背离。此外,即使只将案件处理能力、法律知识、法庭控制能力等与法官专业相关的职业技能确定为评审职业法官的主要标准,但是如何将这种评价项目明确而客观地确定下来,这也是值得我们在实践和理论中作进一步探讨与研究的问题。

(3)关于法官职业化后续保证——合理管理体制的构建。职业法官经过甄别确认以后,该如何管理呢?显然,法院现行对审判人员的管理模式要有所改革,虽然现行的分类改革负有清理因法官准入制度不严而导致法官素质良莠不齐以及人员庞杂的历史旧账的艰巨任务,但我们也不能将着眼点只停留在对现有人员的分流上,而应将目标设定在"一劳永逸"式、合理的法官管理体制的构建上。既然法官职业化的主要目的是为了保证法官的职业素质以及保障法官的独立性,那么职业法官的管理方式,也必须以此作为主要理念基础进行重新构建。具体而言,应能够保证职业法官有更加自主的空间、更多的同行判断,特别是在职业法官的考绩方面,应改变目前对从事审判工作的法官进行过多的与其技能无关和毫无意义的重复的考试和考核。从改革的长远方向来看,是不是可以逐渐建立由职业法官组成的"法官委员会",由其负责职业法官的人选、确定升迁和惩戒等事项,以保障与巩固法官职业化的成果,以减少因过多的外界

---

[1] 参见江苏省常州市中级人民法院:《法院队伍建设的必由之路:法官职业化建设——常州法院法官职业化建设试点工作四年回顾》,载最高人民法院、江苏省高级人民法院编:《全国法院法官职业化建设院长论坛交流材料汇编》,2006年,第9页。

评价而对法官公正独立审判所产生的负面影响?

(4)关于"以法官为中心"格局的形成。在法官职业化过程中,我们还必须认识到,法院是裁判机构,裁判工作是法院工作的中心,法官作为裁判组织的构件,其职业化的目标是为审判工作服务的。因此,法官职业化改革最后将导向法院人事建设"以法官为中心"的组织状态。就此而言,法院人员分类管理体制的构建,会以法官为中心来展开,而忌讳某种"领导干部优先"或者"行政化"的思维;会尽量避免某种行政主导或者单纯强调政治素质而可能对法官职业化所造成的负面影响。当然,这种以法官为中心的人事模式,也不能一味依靠人为的设计来实现,它还需在长期的过程中,通过法院内部各个群体之间不断的相互磨合而自然生成。

我们常说"螺蛳壳里做道场",那么,在法官职业化的目标确定后,如何在操作上不断拓展外部空间、赢得外部的理解和支持,就变得更加至关重要了。现行的《中华人民共和国公务员法》已明确将法官纳入公务员队伍进行管理,《党政领导干部选拔任用工作条例》也已将法院领导干部纳入党政领导干部序列。在这种背景下,作为一个非常宏大的话题,我国法官职业化的改造进程,必须与国家政治体制改革和法治化进程同步推进。它的实现,不仅取决于法院自身的改革努力,而且还必然受制于大的社会环境,所以,应该多管齐下、多方努力,在内部的自我提升与外部良好环境的营造之间形成良好的互动。

2

关于审判委员会改革的思考[*]

《中华人民共和国人民法院组织法》第 11 条规定:"各级人民法院设审判委员会,实行民主集中制。审判委员会的任务是总结审判经验,讨论重大的或者疑难的案件和其他有关审判工作的问题。"从这条规定看,在法院内部设立审判委员会这样的机构,是为了体现对所有国家机关一体适用的民主集中制的组织原则,它的职能是讨论所有"有关审判工作的问题",而不仅仅是"重大的或者疑难的案件"。有鉴于此,首先应该指出一点,即:迄今为止人们关于审判委员会改革的讨论或争论,基本上关注的是审判委员会"讨论和决定待决案件"方面,尽管这是非常重要的方面,但它毕竟有限,并不是审判委员会的全部职能,因而也无法决定(尽管会影响)对审判委员会设置的整体合理性评价。

与这种有限的讨论形成对比,许多研究者意欲直接回答的问题,却是"审判委员会的存废问题"。这里显然有一种论题与论点、论据之间的不相对称问题。因为,即使审判委员会不再承担"讨论和决定待决案件"的职能,也不意味着在法院内部取消审判委员会的设置,甚至也不意味着审判委员会职能或作用的弱化。相反,无论从学理还是实践上看,正确的职能定位,恰恰是强化组织作用的一个基本条件。如果审判委员会不该承担"讨论和决定待决案件"的职能,那么,取消这一职能,意味着审判委员会其他职能的相对突出和强化。当然,组织职能的强化,还与组织行使职

---

[*] 本文原载《人民法院报》2002 年 10 月 25 日,第 3 版。

能的方式密切相关。关于审判委员会"讨论和决定待决案件"的问题,也可能争论的是审判委员会应该如何做的问题,是审判委员会的组成、运作程序等广义上的方式、方法的问题。不过,这就更不关涉"审判委员会的存废问题"了。

因此,在审判委员会改革问题上,我们应该缓和那种由于对论题的宽泛把握而造成的紧张心态。我们并没有在审判委员会的改革上面临"生存还是死亡"的问题,甚至从目前的状况和研究看,我们也无法想象在审判委员会的设置上今后会面临这样的问题。

审判委员会是否应当具有"讨论和决定待决案件"的职能?这是当前审判委员会改革的焦点所在。从法院方面的实践看,尽管多数因循的是过去的做法,但也出现了截然不同的抉择:有多年搁置不用的(在形式上还不是突破法律界限的"取消"),如浙江省台州市路桥区人民法院;也有予以强化的,如浙江省杭州市西湖区人民法院。而从报道的调查情况看,这些有改革举动的法院,都具有"与时俱进"、因势利导的精神风貌,并因此而获得了"人民满意"的荣誉称号[1]。从理论研究方面看,也出现了明显的观点分野:有的主张取消,甚至对审判委员会"讨论和决定待决案件"的制度实践痛加申斥;有的则主张维护,以至于高扬起"本土特色""民族精神"的旗帜。

概括说来,对于审判委员会"讨论和决定待决案件"这一职能,予以肯定和维护的理由主要有以下方面:(1)这是一种法定要求,是民主集中制原则的体现;(2)在司法不独立的情况下,有助于在案件处理上消除或减轻法官个人遭受的各种"外来压力";(3)在法官素质普遍较低的情况下,审判委员会"把关"有利于提高审判质量;(4)随着法官和合议庭在案件处理上权力的增大,越发需要通过审判委员会研究审批案件来强化对裁判者的监督;(5)即使法官个人的素质和品德俱佳,个人或少数人的智慧也毕竟不如众人的智慧。

与肯定的立场针锋相对,来自否定方面的立场则认为:(1)审判委员会研究审批案件,反映的是法院行政化的色彩,不符合公正的理念,不利于案件当事人诉权的保护,不符合司法改革的发展方向;(2)审判委员会

---

[1] 参见刘岚、黄献安:《审委会怎么四年没批案?》,载《人民法院报》2002年9月12日。

研究审批案件,实际上是审判委员会不愿放权,或者是法官意图推卸责任,所谓的对法官个人的"外来压力",并不如想象得那么大(至少在基层法院如此),而且即使有点什么压力,法官出于职业的要求也应该勇于承担;(3)审判委员会所谓的"把关",与案件处理的质量没有太大关系,甚至还不利于提高办案质量,因为审判委员会并不一定是高素质法官的集合;(4)审判委员会研究审批案件,不利于强化办案法官和合议庭的责任,审判委员会的"集体负责"等于"无人负责";(5)多数人的智慧优于少数人或个人的智慧,这只是一种因循的传统观念,就办理案件而言,民主集中制原则在技术层面的这种要求,并没有充分的根据。

面对上述对峙的立场和截然相反的理由,我们不必急于作一个孰是孰非的评价。首先需要做的,是确定一个议论的角度。就此而言,笔者以为,既然审判委员会"讨论重大的或者疑难的案件"是一个法定的制度事实,就应该选择维护和肯定的建设性立场、立足于审判委员会的存在和存在理由来看它面临的挑战。这样的角度尽管也可能最终得出否定性的结论,但也不会在肯定的情况下丢失各种改善的建议。

分析说来,肯定审判委员会研究审批案件的各种理由,除第(1)项是出自制度要求的考虑外,其他都是基于实际效用的考虑。就制度要求而言,笔者的看法是:(1)审判委员会研究审批案件是"法定的",但从改革完善的需要出发,并不妨碍我们对其存废在理论上做"应然性"的思考;(2)在我国,民主集中制的确有其不容置疑的价值合理性,并在决策问题上具有一般意义上的技术合理性,但是,"集思广益"并不能简单地等同于"多数人的智慧优于少数人或个人的智慧";(3)在司法裁判活动中,民主集中制原则并非只有通过审判委员会研究审批案件才能体现出来,更重要的是,在保证裁判者公正独立的同时,保证程序过程的透明,落实当事人的诉权,使当事人对裁判结果有实质意义的参与,等等。

至于实际效用方面的各种理由,我们已经从否定的一方看到完全相反的说法。笔者的想法是:(1)在抵御"外来压力"、保证案件质量、防止司法腐败等方面,审判委员会研究审批案件的做法究竟是具有正效用,还是无效用或负效用,至少目前还没有看到充分的、足以得出结论的经验证明,而且实际上是否会有这样"一边倒"的经验证明,也值得怀疑;(2)现实存在的制度往往都有其效用,但有效性不等于合理性。例如,对办案法官的"外来干预",基层有,上面也有,消解或抵御这种"外来干预"的理由也是正当的,但是,审判委员会研究审批案件这样一种制度安排,是否符合现代司法的构建和运作原理?是否符合公正的要求?不考虑这些,那么我们所做的就不过是以法院的内部干预替代"外来干预"而已。又如,说法官素质普遍较低、司法腐败令人担忧,因而需要通过审判委员会研究审批案件来"把关"、监督,这样的思路就像"房屋要倒,以木支之",强调后者的必要性,却忘了房屋原本应该牢固!

因此,笔者认为,审判委员会"讨论和决定待决案件"制度,无论在合理性还是有效性上,都不无重新思考的余地。在这里,重要的不是采取一种简单否定的立场,而是要看到问题的关键在于:对案件的审理和裁判,必须以符合司法构建和运作原理的方式来进行。如果我们觉得确有"重大的或者疑难的案件"是常规的独任审判或合议庭审判所不能胜任或不宜承当的,那么,为什么不顺着审判委员会研究审批案件的思路,建立由审判委员会成员组成的"大合议庭"或"大法庭",并按照独立、公正、透明、直接的方式来运作呢?

最后,笔者再次强调,关于审判委员会"讨论和决定待决案件"的议论,只是一种题域有限的议论,它会影响却无法决定对审判委员会设置的整体合理性评价。审判委员会在制度上依然是法院内部决策和管理的中心,同时也应该"与时俱进",淡化行政指挥色彩,更多地体现司法活动和法官职业的特性,体现职业自治、自主管理的精神。当然,这些都是后话了。

3

关于"司法官短缺":缺编还是缺人*

近两年来,关于"西部和贫困地区基层司法官短缺"的话题引起人们的热切关注。议论的广泛程度和频繁程度,直接促成了2006年3月9日中共中央组织部、中央机构编制委员会办公室、最高人民法院、最高人民检察院共同制定发布了《关于缓解西部及贫困地区基层人民法院、人民检察院法官、检察官短缺问题的意见》(以下简称《意见》)。为有效缓解这些地方"司法官短缺"的状况,《意见》提出了"稳定本地人才、引进急需人才、培养后备人才、提高队伍素质"的对策,并倚重于组织的力量,针对性地设计了各种制度措施,如合理配置和使用现有司法官资源、建立人才对口支援机制、改进省级统一招考和多措施拓宽司法官来源渠道等。可以预期,随着这些政策措施的贯彻实行,上述地区"司法官短缺"的问题将会得到"有效缓解"。此外还可以发现,《意见》对于解决这些地区"司法官短缺"问题的思路也是比较健全的。《意见》强调了司法官选任的法律标准,提出要加快研究解决司法官分类管理、职级待遇、职务保障制度等重要问题,提出要提升司法官的素质等,这些都表明"司法官短缺"不仅仅是一个数量问题,而且更涉及质量以及与此相关的诸多因素的改变。

回顾人们关于"西部和贫困地区基层司法官短缺"的议论到《意见》出台的过程,需要我们更加深入地思考和回答一个重要的问题,即究竟什么是"司法官短缺"。对此,《意见》开宗明义的界定是:司法官"队伍来源

---

* 本文原载《法制日报》2006年5月11日。

短缺、办案力量不足且有逐步加剧的趋势,严重影响了这些地方审判、检察工作的正常开展"。其中最关键的表述是"办案力量不足",这构成了对"司法官短缺"的实质性界定,揭示了司法需求和供给关系的核心内容。那么,这些地方的"司法官短缺"是否导致了"办案力量不足"并不断加剧的问题呢?笔者想就此应该有肯定的回答,而且《意见》的出台事实上也是以此为判断前提。问题是,此前甚至直到现在人们关于这些地方"司法官短缺"的议论并没有在这方面提供扎实的说明。从各种媒体报道分析的内容来看,讲的都是由于各种原因造成西部和贫困地区基层法院、检察院的"缺编"问题,而不是导致"办案力量不足"的"缺人"问题。

比如,见诸媒体的报道说,贵州省检察机关编制在 5 500 人左右,现在空编竟达 1 000 人;陕西省检察机关 2002 年至 2005 年共减少检察官 712 名,同期该省基层人民检察院只有 69 人通过司法考试,有 49 个基层人民检察院没有一名干警通过司法考试;内蒙古自治区检察官断层严重,每年平均减少人员 200 余人,基层人民检察院有大量"一人科室",司法考试通过率低、人才危机加剧;重庆市基层人民法院法官人数呈负增长趋势,自 2001 年以来,全市基层人民法院新进人员 474 人,担任法官职务的仅有 78 人,有 16 个基层法院没有任命过一名法官(不含院领导),法官断层问题严重。显然,这些地区基层司法官的缺编、缺额是无疑的了,但是否因此造成了"办案力量不足",造成了司法官"缺人"的问题呢,可能还无从判断。

由于进口不通、出口不畅、合格人员流失、人员结构失调等多种原因,西部和贫困地区基层法院、检察院存在"缺编"的事实,但是,在看到准确的数据和分析报告前,我们还不能贸然认定这些地方在"办案力量不足"的意义上有"缺人"的问题。质言之,在理想状态下——编制计划准确适时的情况下,缺编意味着缺人,但在中国社会转型的大背景下,我们却有足够的理由表示怀疑。

即使不考虑案件类别、纠纷解决观念等复杂因素对司法资源"耗能"的影响,在东部和一些中心城市面临"诉讼爆炸"的局面下(如北京市朝阳区人民法院年审理案件 5 万多起的情况),这些地区司法机关的人均办案数量肯定普遍高于西部或其他地区;而对西部做过调研的人都了解,在地广人稀、发达程度较低、风俗习惯殊异的大环境下,法院、检察院的案件量是比较少的,人浮于事的状况并不少见。由此说来,可能我们要讨论的就是北京市、上海市、江苏省、浙江省、广东省等许多比较发达地方基层法院、检察院的司法官短缺问题。如果做课题调研,我们甚至可以非常合理地预设:中国政府机关包括司法机关存在严重的缺编不缺人、缺人不缺编的问题。同时,人浮于事不仅常常于事无补,反而导致"寻租"腐败,也不乏现实的教训。

要回答不同地区的司法官是不是短缺的问题,涉及对诸多复杂因素的考量。从相关性的角度分析,很多因素可能并没有直接的影响,如单纯的人口数量、地域面积等。编制因素的影响尽管直观而显著,但是,编制的产生原本是基于"做事"的需要,在一个大变动的时代,我们确有必要厘定需要,核实编制,进而准确回答司法官是不是短缺的问题。从司法需要、司法功能出发看问题,还有助于我们在分析和解决问题时形成更加准确的判断和应对思路,如从物质待遇和职业保障上大大增强司法官职业的成就感,以此为先机,切实提升职业品质和工作效能。如此这般,就不会在有了"司法官整体质量不尽如人意"的判断之后,错过司法考试制度给我们改造司法官职业、提升其品质带来的良好契机,就不会在对于司法官职业品质改善缺乏深度关切的情况下,过分倚重行政组织手段解决问题。

曾几何时,关于中国法官(尤其是最高人民法院法官)"数量太多"的议论也盛极一时,在此话题仍余音绕梁之际,我们又遭遇了关于"西部和贫困地区基层司法官短缺"的议论和实践。如此鲜明的对比和反差,需要我们在一个浮躁的年代做一些不那么浮躁的思考。

4

也谈"延缓法官退休年龄"*

"法官不同于一般公务员,应该延缓法官的法定退休年龄",这是时下流行的一个说法,在笔者看来,这也将是伴随中国法官职业化改造进程始终的一个持久话题。

的确,在现实生活中,有不少司法技艺娴熟、德高望重的法官不得不在自己职业生涯的高峰阶段,迫于55岁或60岁的强制退休年龄的规定,惜别自己的岗位,让人不胜唏嘘感叹!从理论上说,"延缓法官退休年龄"也是顺理成章的。"法官是老的好,律师是少的俏",一语道破高品质司法对法官年资阅历、心智名望的倚重。从制度设计的逻辑来说,如果我们基于司法裁判活动的内在要求,通过提高门槛、逐级选任等做法推迟了担任各级法院法官的年龄,那么在其他因素不变的情况下(如身体健康、无严重品德瑕疵等),也应该基于同样的考虑延缓法官的法定退休年龄。这是避免司法资源浪费、避免法官在任期内因心有旁骛而无法尽职尽能等各种弊端的必然选择。域外法治发达国家的实践也对"延缓"之说形成强有力的支持。

但是,在现阶段,如果从整体上审视我国法官职业的外部环境和内在构成,对于在制度设计上是否应该作出延缓法官退休年龄的决策这一问题,恐怕我们还不能不做否定性的选择。"延缓法官退休年龄"之说应该缓行,主要考虑如下:

---

* 本文原载《法制日报》2005年7月23日,第3版。

其一,"延缓"之说以合格的法官为对象,后者是法官职业化改造的目标,也是职业保障的前提。对于何谓"合格法官",首先涉及法官的养成模式,对此,多年司法改革的努力已经积累出一个大致的制度轮廓:大学法学专业本科毕业、通过司法官考试取得资格、经过系统的任前训练、担任实习法官期满并经考核合格。尽管如此,就现阶段的情况看,这还只是一个已经树立并在实践中不断实现的目标模式,却非现状:目前法官整体的学历状况远远没有达到《中华人民共和国法官法》要求的水平,本科学历以上的人员平均在40%左右,如果考虑是否为法律本科和学历是否获自正规法律院校的因素,这一比例还会大大缩水;从整体上说,中国法官也不是一个经过严格职前选拔的群体。尽管我们不能因此而对法官群体的司法能力作不良评价,但职业化的确包含了强势的形式要求,不管实际能力如何,在制度设计上法官必须是一望而知的"品牌"。

其二,现阶段许多地方的法院尤其是基层法院,法官严重短缺,但是解决这一问题的对症之药应该是提高法官职业的"含金量",解决进口不开、出口不畅、内部结构不合理等问题,而不是简单地延缓在职法官的退休年龄。尤其是,在现阶段我们不能假设法官自身不愿意到期退休。到期退休是法官的权利。在目前司法保障缺乏的情况下,法官收入不多、压力不小;地位不高、风险不小,因而还算不上是一个条件优越的职业。到期退休,可能是多数法官的意愿;延缓退休年龄,则意味着制度设计上的不近人情。从长远来看,对于不同层级法院的法官,在制度上不仅要设立作为权利的可以退休年龄,而且要设定作为义务的强制退休年龄,同时还要有针对特定情况的甄别变通程序,以折冲强制退休规定的刚性。

其三,在现阶段,延缓法官退休年龄也很难为社会所认可。"延缓"之说在深层次上包含了对法官不同于一般公务员的职业特性的认识,但是,这样一种认识要体现于制度上,一个必要的前提是社会认同。而在目前的情况下,要把个中道理向业外人士尤其是具有决策权的领导人说清、进而说服,必定是很困难的。有不少学者批评《中华人民共和国公务员法》,认为它对法官的职业特性缺乏应有的关照,但是,它却真实地体现了现阶段我国社会对法官职业的认识水平。

总之,延缓法官退休年龄应该立足于现状,在法官职业化改造的总体背景下予以考虑。中国法官的职业化改造过程是一个不断在业内外彰显法官职业特性,并完成相应的观念转变和制度设计的过程。考虑到在实践中"延缓法官退休年龄"只是一个在个别和局部意义上有必要的主张,在中国法官职业化改造的大背景下,在一般决策上,"延缓法官退休年龄"之说应该缓行。

5
围绕"从律师中选法官"的思考

在2003年2月14日《人民法院报》的《司法琐话》栏目中,贺卫方教授就时下业内流行的一个话题,即"从律师中选法官",谈了自己的一些看法,重点是这样一种英美式制度的价值或好处。读后想了很多,内容大致可以归为两个方面:一是"从律师中选法官"这一表述本身的确切含义;二是"从律师中选法官"作为一种法制改革的建议,对于解决中国当下问题的意义。下面,笔者想就着贺卫方文章的思路,从上述两个方面谈一些不成熟的看法,也算凑个热闹吧!

先就表述本身的确切含义谈两点看法。

其一,在法官遴选方面,说"从律师中选法官"是英美式的,意味着有很多国家如德国、法国等代表大陆法传统的国家不是"从律师中选法官"。这一表述大致是不错的。就法官和律师两种职业间的流动而言,英美两国一般都是先做律师,被认为优秀的律师才有可能做法官;在大陆法系国家则看不到这两种职业在制度上的先后承接关系,尽管做法多有不同,但法官遴选、晋升在制度程序上相对完整、封闭,与律师没有什么特别的承接关系。不过,从笔者了解的一些情况看,至少从最高法院(包括大陆法系国家的宪法法院)的层面看,大陆法系国家也看不到那种自始为法官、从法官到法官的封闭性,而与英美两国一样,对包括律师在内的其他法律职业者都保持开放。

其二,说英美两国是"从律师中选法官",可能要特别注意分辨"律师"一词的两层含义,即职业含义的"律师"和身份资格含义的"律师"。

英文中的"律师"(lawyer)既可以指一种职业,与法官、检察官、法律教师、政府或公司的专职法律顾问等各种法律职业并列,又称"执业律师";也可以在广泛的意义上,指各种法律职业所共同具有的一种身份资格,即"法律家"。"法律家"是指专长于法律知识和技巧的人,在现代社会,一个人是否能够被称之为"法律家",要看他或她是否经过系统的法律教育和学习,通过专门的考试和培训,从而具备从事法律职业的资质或资格。我国在建立、推行统一司法考试制度后,之所以在法律职业共同体的建构上出现某种混乱,以至于提出"从事公职的律师是不是律师"的疑问,关键就在于没有区分"律师"的两层含义,并理顺它们之间的关系。从事法律职业者尽管在工作上有分殊,在身份资格上却无差别;不同的法律职业是否能构建为一个共同体,关键因素之一也在于是否存在共同的"法律家"的身份资格。就英美式"从律师中选法官"而言,可能更准确的表述应该是"从法律家中选法官"。尽管从数量上看,英美等国可能主要是从"执业律师"中选法官,但它们显然也从检察官等其他法律职业中选法官。

接下来再谈谈"从律师中选法官"对于解决我国当下问题的意义或价值。很显然,如果我们立足于法官和法院方面来分析问题,那么谈论"从律师中选法官",最直接的问题指向在于提高法官素质,提升司法裁判的品质。这里的"诊断"——法官素质整体水平不够高、司法裁判的品质还不尽如人意等——不会有什么错误,关键是我们开出的"从律师中选法官"这张"药方"是不是对症并有效。对此,笔者想简单地谈五点看法:

(1)如果我们以为法官职业代表了法律职业的高水平,做法官像在英美国家那样被当作从事法律职业者的一种令人羡慕的成就,同时,如果我们还以为法官职业在组织构造上的封闭性对其品质有不利影响,那么,基于上面对"律师"一词双重含义的辨析,我们应该考虑的是从具有"律师"或法律家身份资格的其他法律职业者中选法官,包括执业律师、检察官、政府法律官员、法律教师等,而不只是从"执业律师"中选法官。否则的话,法官职业在组织构造上依然达不到我们所预期的开放程度。

(2)如果要建立一种从优秀的执业律师中选法官的制度,那么我们不能考虑"钱包"鼓不鼓的因素。这其中可能有很多理由,诸如,律师是不是优秀、有成就,与律师是不是有钱,很难画等号;有没有钱、钱多钱少,与会不会腐败、抗腐败能力的大小,可能并没有什么稳态的正相关关系(是否有反相关关系似乎也很难说),因为那取决于各种复杂的因素;法官应该过一种体面、尊荣而非奢靡、浮夸的生活,这样的生活对"钱"或财富的需求是有限的、大致可以确定的,而一种好的制度,应该为法官不假外求地过上这样的生活提供相应的待遇;在制度上,这种待遇不是阻止腐败的理由,而是要求法官不因追求金钱财富而以权谋私的理由,是对法官的腐败行为予以惩戒的理由。在制度改革中,我们不仅要发现问题,如法官待遇低、司法腐败等,而且要分析什么是相关的因素,考虑什么是解决问题的恰当途径。

(3)如果要建立从优秀的执业律师中选法官的制度,那么我们有必要确立一些基本的前提预设,诸如:执业律师和法官之间在素质上存在可通用的优秀评价标准,优秀执业律师的素质,也是称职的法官所需要的素质;法官是一种需要优秀的执业律师或法律职业者出任的职业(有一种说法认为,最优秀的法律人才往往不能做法官,因为他们往往有怪癖、自以为是、不合群,法官需要比较平庸之辈);法官是一种令优秀的执业律师或法律职业者向往的职业。

(4)与第(3)点相联系,我们可能要考虑"从律师中选法官"这种做法与整个司法传统和诉讼框架的关联性。英美法国家为什么"从执业律师中选法官"而大陆法系国家不这样做,除历史形成的原因外,内含的法理是什么?在不同的裁判或诉讼构造中,执业律师和法官这两种法律职业之间的依存度、同构性是不是也有不同?权力和技能之间是不是有一种此消彼长的关系?比如,在偏重当事人主义的诉讼构造中,法官权力的有效行使可能更倚重对律师技能的了解,而在偏重职权主义的诉讼构造中,诉讼裁判具有法官职权推动的色彩,律师的作用相对要小,因此,就法官具有执业律师良好的从业背景而言,前者的重要性可能要大得多,后者则有可能被认为不那么必要或不必要。

(5)也许更为重要的是,如果我们提出引入英美式的"从律师中选法官"制度,以此来促进我国法官素质的提高和司法品质的改善,那么还需要考虑是不是有必要、有可能走那么远的问题。从我国近代以来的法律史看,我们更多接受的是大陆法传统(包括在诉讼裁判制度方面),而一般说来,传承意义上的革新较之于断裂意义上的革新总是更为可行,代价小,价值却不一定小。因此,如果要跨越式地选择一种崭新的、英美式的"从律师中选法官"的改革,那么我们要想想,不行此道的那些大陆法系国家是不是也有类似于我国的法官素质和司法品质的问题?换言之,我们面临的问题是否与没有"从律师中选法官"有关系？如果不是，那么我们是否应该更多地了解一下大陆法系国家的做法？是不是应该换一种思路？笔者并无意也没有否定"从律师中选法官"的合理性，而要问的是，我们遇到了什么问题，这些问题是不是能够支持我们提出某种改革主张，以及我们的主张是不是一种相对较优的选择？

6

放言人民监督员制度*

人民监督员制度是检察机关自主创新的一项改革,自2003年8月在天津市、河北省等省、市10个检察院系统启动试点以来,到2005年年底已经扩展到全国86%(2825个)的检察院,引起了业内外的广泛关注。从检察机关方面的意愿看,通过试点逐渐完善人民监督员制度,最终使之上升为《中华人民共和国人民检察院组织法》的明确规定,成为中国检察制度的又一特色,目前已清晰可辨。

按照最高人民检察院《关于实行人民监督员制度的规定(试行)》的规定,人民监督员对"人民检察院查办职务犯罪案件"实施监督。监督的具体范围从先行的"三类案件"(不服逮捕决定、拟撤案、拟不起诉)扩展到"八种情形"(不当立案或不立案、超期羁押等),既涉及查办活动的结果,也涉及查办活动的过程和行为。那么这样一项制度能不能如期上升为国家立法呢?笔者认为,这不仅取决于改革试点在范围和内容上的不断推开,从而成为一种"既成事实",而且更需要扎实的理论总结和论证,使一种鲜活的实践在获得立法提升的同时承载有恒久的制度理性。在这一过程中,我们既要按照固有的思路审视、补强已有的论证,更要勇于面对不熟悉的思路,回应那些看似恼人的挑剔和质疑,借此消除论证盲点、纠正缺点。

从人们对人民监督员制度的议论看,在众多正面论证其创意和成就

---

* 本文原载《法制日报》2006年3月16日。

的言论之外,也存在一些值得认真对待的疑问,诸如人民监督员制度是不是有宪法和法律依据;人民监督员作为检察机关控制下的外部监督是否能真正发挥作用;在职务犯罪查办这样一种需要专门法律知识和技能的活动中,人民监督员的"外行监督"是否可能、是否能起好的作用;相对于人民监督员制度所要解决的问题,在制度设计上是否有其他更优的选择;域外有没有可资借鉴的制度实践;从司法资源稀缺的前提出发,人民监督员制度的投入和产出是否成比例;人民监督员制度与人民陪审员制度在司法原理上是否具有可类比性;什么是人民监督员的合理构成;人民监督员制度的引入是简单嵌入还是要涉及相关组织程序的复杂调整;人民监督员制度两年多的试点实践为该制度的立法提升积累了什么经验;等等。时下我们关于人民监督员制度的论证,相对于上述问题,无论在视野的开阔度还是论证的透彻度方面都还有较大的努力空间。

上述问题纷繁复杂,概括起来主要涉及三个方面,即人民监督员制度的合法性、合理性和有效性。在合法性方面,笔者认为没有太多问题。试行人民监督员制度,是在现行法律的框架内将相关宪法和法律的规定具体化;尽管没有明确的法律条文依据,但"试点"的做法符合惯例,而且协调了与"法律保留"原则的关系。当然,既然是试点,关键在于试点的典型性和对试点经验的及时总结,而非范围的简单扩张。试点是点,不是面,如果全面推开,至少在理论上就不能叫试点了。同样的道理也适用于各国家机关推行的其他各种试点实践。

合理性比较复杂,有制度的价值(或目的)正当性,制度在外部关系上的协调性,以及制度在内部构造上的妥当性。在价值正当性方面,我们在论证上着力较多,也有高度共识。人民监督员制度的改革针对的是职务犯罪查办这一重要而薄弱的工作环节,体现了制约公权、保障人权、促进公众参与司法的原理和趋势。肯定人民监督员制度的价值正当性,也就从根本上肯定了推行此项制度的改革创意和方向。

在外部关系的协调性方面,现有论证关注不多。补强这方面的论证很重要,因为人民监督员制度与人民陪审员制度不同,它是创新而非成例;尤其是在组织构造上,人民监督员与人民陪审员有很大不同,它是一种外置于检察组织的设计,而非像后者一样属于审判组织的一部分。由于是外置,一旦引入就会在广泛的意义上涉及与其他制度在原理、组织、权能和程序上的衔接和整合问题。大到如何协调人民监督与检察组织的垂直构造、检察权的独立行使的关系,如何整合专业判断与"外行"认识;小到如何在宣布逮捕和开始侦查取证之间嵌入人民监督员对犯罪嫌疑人不服逮捕决定的及时有效的监督程序,如何处理案件办理期限与监督期限的冲突,如何解决人民监督员到羁押场所听取讯问,如何处理犯罪嫌疑人不服逮捕决定同时申请变更强制措施与人民监督员的监督程序之间的冲突等,所谓"牵一发而动全身"。

与外部协调密切联系,在内部组织和程序构造的妥当性方面,也需要有更加细致的论证。比如,人民监督员的选任是否能做到开放、客观、透明,如何看待在目前两万多名人民监督员中有约64%的人民代表大会代表和政治协商委员会委员的构成情况,如何针对试点中提出的问题、在厘定问题性质的基础上对该制度作出进一步的规范和完善,等等。这些都直接关系到制度的成败。

在制度的运作成效方面,我们已经做了大量的定性和定量分析,但还不尽如人意,甚至还有不少盲点。比如,按照检察机关公布的数字,截至2005年8月,在已监督的6719件"三类案件"中,人民监督员不同意检察机关原拟处理决定的案件315件,检察机关采纳人民监督员表决意见的案件155件。如何看待这组数字?155是315的49.2%,但315和155又分别是总数的4.7%和2.3%——这是一个体现工作质量的正常值甚至良好值吗?如果是问题,那么如何体现问题和解决措施之间的比例原则呢?在统计中,我们也公布了试行人民监督员制度以来检察机关撤案率、不起诉率下降,起诉率上升,以及职务犯罪侦查部门人员违法违纪案件大幅下降的数字,但却没有与试行人民监督员制度作必要的相关分析,使结论显得较为草率。另外,对于试行人民监督员制度的成本投入情况以及相关的投入—产出分析,对于该制度方案在选择上的相对最优等问题,也几乎没有说法。

总之,人民监督员制度是一项创意良好的制度,目前这项改革已经较好地解决了正当性和合法性问题,进一步论证的关键是,制度构建的协调性、妥当性,以及制度运作的有效性。

7

检察权的合理配置

检察权的合理配置是一个多层次、多方面的复杂问题,表面上好像涉及的仅是检察权的增减、调整,深层次上关涉的则是政治哲学中国家建构的基本理念、法律文化上的价值选择等。这是一个既需要立足现实,又需要关照长远的问题,是一个兼需进行应然和实然考虑的问题。要处理好这个问题,宏观上要遵循三项原则:

(1)权责统一原则。如上所述,我国的检察权处于已有宪法上的性质定位,即"国家专门的法律监督机关",而未完成相应的权力配置的状态。这就决定了,谈论检察权的合理配置,要依据宪法对检察权的性质定位,同时,也只有完成了对检察权的合理配置,才能真正巩固和落实对检察权的宪法定位。这就是权责统一原则。这里应该特别强调的是,在围绕检察权的宪法定位谈论其合理配置时,要认真检讨和反思检察权配置和运作的现状。现行检察权运作的重点是检察机关的刑事追诉权。从检察制度的历史发展和在当今世界的现状看,检察权的确以刑事追诉权尤其是公诉权为中心,甚至在许多国家,检察权就是刑事案件的公诉权。但是,我们国家的情况不同,检察权是国家的基本权力之一,检察机关是一个相对独立的国家组织系统,是在人民代表大会下,与政府、法院并列的"一府两院"中的一院,这就决定了,它不能仅仅局限于刑事追诉职能。因此,我们还是要从更广泛的意义上,围绕着在中国这样一个地域广阔、民族众多、经济社会发展不平衡的国家如何实现法制统一、法治化治理这样一个大问题,做好"法律监督"这篇大文章。就目前看,结合中国社会转型、利益结构变化和治理方式的调整,检察机关应该在公益诉讼方面发挥应有的作用;应该在违宪调查方面承担自己义不容辞的责任。

(2)权能一致原则。围绕检察职能的实现,检察权的扩张和调整强化是人们尤其是检察系统内部关注的重点。但是,权力意味着责任,权能范围太广,而组织构造和人员素质又跟不上,就会造成负面影响。客观地说,现在检察干警的素质已经有很大的提高,但要承担起我们所期望的职能,如违宪调查、民刑监督等,可能还有一定的距离。

(3)进退有据原则。无论是检察权的扩张、强化还是缩减、弱化,都应该有充足的理由,都要在正当性上作出合理充分的论证。在这方面我们做得还很不够。现在检察系统关注较多的是扩张权力,对权力的正当性行使,以及正当行使的可能性则关注较少。在检察系统内现在看法比较统一,但这种统一很多是基于权力的统合,是利益共同体的选择,说理并不充分。应该说,在检察改革中,提出主张并不难,难的是对主张的正当性进行证明,并借此完成与系统外尤其是不同主张之间的沟通交流,通过折冲导致合意。

就检察权的合理配置而言,以上三项原则密切联系、各有功用。权责统一原则关照和解决的是检察权配置的方向,犹如战略原则;权能一致、进退有据两项原则是检察权配置的实际操作原则,是战术原则。两相结合,才能为我国的检察权确立一个现实而合理的权力框架。

专题八

司法与传媒的关系

1

传媒与司法的关系
——从制度原理分析*

一、问题缘起及从制度原理角度分析的重要性

传媒与司法的关系,目前已经受到人们越来越多的关注。从大的背景分析,这是因为,实行法治在中国社会已成为难以逆转的趋势,而在此过程中,司法在国家和社会生活中的重要性在人们的心目中日显突出,相应地,人们对司法公正的期待也愈益迫切,对作为公权腐败之"冰山一角"的司法腐败尤为关注。在这种情况下,一方面,媒体作为党的"喉舌",义不容辞地担负了对司法进行舆论监督的任务;另一方面,司法决策者为改善公众形象,提高自己的社会公信度,也积极采取各种措施增加司法透明度,对包括舆论监督在内的各种社会监督持开放欢迎态度。法治、司法公正、司法腐败和舆论监督等观念在现实生活中推演,在当今中国已形成一道由传媒与司法的紧张关系构成的特殊风景线。

说传媒与司法之间存在一种紧张关系,意味着它们之间并不常是友好合作的正相关关系,更是相互角力的对手,从而也存在相互抑制的负相关关系。如果说传媒和司法皆有自己正当作用的领域,那么从原

---

* 本文原载《中外法学》2000年第1期。

理上说,当这两个领域发生交叉时,当各自认为自己的"领地"被对方不受欢迎地侵入时,矛盾和冲突就不可避免。在这种情况下,决策者在决策时的良好愿望就会显得空泛,制度规范层面的操作分析就成为必需。在这里,必须强调专家不可替代的作用。在实际操作上避实就虚,把一些决策中基于常识、一时之需、想当然的愿望付诸制度建设,那么制度建设就难上轨道。

在传媒和司法的关系上,时下除了要注意决策的妥帖慎重以及制度设计相对于决策的不可替代性外,还应该强调在一般制度原理上探讨和认识问题的极端重要性。不容否认,传媒与司法的关系在实际生活中是能够被具体感知的,它往往发生于具体的个案之中,要妥善处理两者之间的矛盾冲突,必须在具体事实情节上作出考量。从英美等普通法系国家的实践看,即使一般的制度原理,也是经由法官在一个个判例中阐发而成的。但是,中国的制度实践受大陆法系传统的影响,法院的司法判决除了给具体的纠纷一个"权威的"答案外,并不在判决理由甚至在一般原理上作细致的说明。因此,尽管现实中以司法和传媒为两造的个案时有所见,但由此而生发出的在制度原理上的探讨却不多见。制度设计应该立足于一般原理,而非一时一地具体个案中的是非得失。在谈论媒体与司法的关系时,如果只是局限于所选择的一些"典型"个案作单向度的表达,那么在民众和决策者中激起的只能是义愤,是制度设计上的感情用事。

二、问题的关键所在

从法治发达国家的实践看,传媒与司法的关系涉及社会生活中两种基本的价值,即新闻自由(free press)和公平审判(fair trial),它包含了一个恒久性的问题,这就是新闻自由和公平审判的关系问题。从当今中国的实践看,也许人们更习惯的是舆论监督和独立审判的提法,而对新闻自由则心存疑虑,对公平裁判的确切含义则体悟不深。因此,在从制度设计原理上深入探讨传媒与司法的关系之前,有必要首先分辨问题的关键所在,在新闻自由和公平审判、舆论监督和独立审判之间,到底何者是更能揭示问题的表达。

显然,如果人们在对等的意义上谈论传媒与司法的关系,意味着它们两者在满足国家和社会生活的需要上,具有相对独立而非从属或重合的价值。如果我们把视野限于现实中二者关系已展开的程度,那么这里需要思考的是:就传媒而言,最能表达其内含价值的是表达自由(freedom of expression)、新闻自由还是舆论监督?就司法而言,最能表达其内含价值的是公平审判还是独立审判?在笔者看来,最能表达传媒的内在价值的是表达自由,而就传媒与司法的关系而言,这种表达自由则以新闻自由为突出表现。同时,最能表达司法的内在价值的是公平审判。对此,从民主政治的意义上就能获得较好的说明。

在宪法理论和实践上,表达自由属于社会成员所享有的一种综合性的权利,是任何民主社会所必须追求的基本价值之一。《中华人民共和国宪法》第35条规定,公民有言论、出版、集会、结社、游行、示威的自由。第41条规定,公民对于任何国家机关和国家工作人员,有提出批评和建议的权利。由此可以认为,尽管我国宪法中没有关于表达自由的措词,但表达自由内含于宪法上述条文的规定之中,应属不容置疑。宪法所列举的这些自由和权利,在宽泛的意义上说可以用表达自由囊括无余〔狭义的表达自由则可以认为是指言论自由(freedom of speech)〕。[1] 新闻自由虽然也未见诸宪法文字,但它应该是表达自由的必然延伸,确切地说,它由上述言论和出版自由、批评和建议权延伸而来,是后者借助于媒体的实现。新闻自由的正当性和规定性,只有回归于表达自由或言论出版自由才能加以认识。

新闻自由以表达自由为根据,是表达自由的必然延伸,这也就在很大程度上说明了为什么上文认为,在传媒与司法的关系中,表达自由以新闻自由为突出表现。表达自由不是自言自语,也不是窃窃私语,而是保障公民政治参与、造就健康的社会生活的有效手段。在一个民主社会中,在通过自由表达实现有效的政治参与方面,民众个体对媒体有一种深切的依赖性。具体原因主要有二:其一,在表达意见方面,如果没有新闻出版界的帮助,个人实际上就不可能以一种社会听得见的声音,宣传其对公共事务的看法,并进而影响公共事务。其二,在为了有效表达而获得必要的信

---

[1]《中华人民共和国宪法》第41条中还规定,公民对任何国家机关及其工作人员的违法失职行为,有向有关国家机关提出申诉、控告或检举的权利。由于这些权利限于向"有关国家机关"提出,不能纳入表达自由的范畴。

息方面,民众个体有赖于新闻媒体准确有效的报道来保证资讯畅通,以便对政府行为和其他众所关心的问题作出有根据的判断。因此,表达自由的社会目的只有在新闻出版界能够自主决定报道或出版内容时才能实现。如果说表达自由是公民的基本权利,那么就表达自由对国家司法活动可能经常构成的挑战而言,显然是以媒体工作者的新闻自由为主。

相对于表达自由和新闻自由,舆论监督则只能是前者发生作用的客观结果。尽管对国家机关包括司法机关及其工作人员活动的舆论监督,已经成为人们甚至决策者的日常表述,其正当性被视为理所当然,但相对于表达自由和新闻自由,舆论监督不过是前者价值的一种表象。传媒界所扮演的应该是公众代理人的角色,舆论监督的正当性,只能通过表达自由和新闻自由体现。

在司法方面,尽管中国宪法规定的是独立审判,即第131条所说的"人民法院依照法律规定独立行使审判权,不受行政机关、社会团体和个人的干涉",但是,在传媒与司法的关系中,相对于新闻自由并在价值上与之恰成"对峙"的却应该是公平审判。理由主要是,独立审判以公平审判为依归,它们之间的关系是一种表与里、因与果的关系。离开公平审判,独立审判就无以说明自己的正当性,也就不足以抵御传媒所体现的表达自由和新闻自由的挑战。

因此,从制度设计的角度分析传媒和司法的关系,关键在于如何处理新闻自由和公平审判这两种在宪制中具有根本重要性的两种价值之间的冲突。而如果把问题的关键定位于舆论监督和独立审判,就会不得要领,使问题陷入简单的对峙之中:前者犹如"倚天剑",后者就像"铁布衫""金钟罩"。很显然,立足于舆论监督,那么只要存在严重的司法腐败、昭示公权不受监督制约必然腐败的趋势,强调独立审判在普通民众看来,就可能是一种反动或别有用心;而立足于独立审判,强势而硬性的舆论监督在制度层面上就很容易被认为是一种界限不清、遗患无穷的脱缰"野马"。

三、新闻自由与公平审判的正相关关系

新闻自由和公平审判皆服务于实现社会正义的终极目标,两者之间既可能是对手也可能是伙伴,既存在一种负相关的关系,也存在一种正相关的关系。这两种关系甚至可以被视为一币之两面,一车之二轮。

所谓新闻自由与公平审判之间的正相关关系,是指把负责任的媒体视为公正有效的司法运转所必不可少的辅助机构。公众对司法的关注,是司法制度合理建构和有效运作的可资利用的资源。

从一般的意义上说,司法活动的结果有赖于媒体向民众传导并通过民众影响社会生活甚至历史发展。以美国的实践为例。尽管美国联邦最高法院处于政治枢纽的地位,甚至美国的体制被戏称为"九个老人的专政",但专门研究美国联邦最高法院历史的学者沃伦(Warren)认为,公民对司法宣告的法律(即判决)的反应,一直是美国社会发展过程中一个非常重要的因素。他说:"法官的判决造就了法律,而创造历史的常常正是民众对司法判决的看法。"进而又说:"一个不容否认的事实是,如果说法律通过司法判决的官方报告传致法律家,那么可以说法律传致民众则是通过报刊传媒的过滤,尽管报刊传媒往往带有党派偏见,而且还常常采取夸张、扭曲和充满政治色彩的方式。"[1] 也许人们可以基于本国的体制"特色"对美国的实践不以为然,但是应该认为,在美国的实践中所包含的那种司法和传媒之间的正相关逻辑还是成立的,这就是,司法裁判造就了实在的法律,实在的法律通过传媒管道及于民众,进而又通过民众影响现实生活和社会历史。

对于新闻自由与公平审判之间的正相关关系,如果从较为具体的意义上或者说在具体的裁判过程中加以审视,则诚如美国大法官克拉克(Clark)所言:在审判尤其是刑事审判过程中,反应灵敏的新闻界常常被视为有效司法的助手。[2] 新闻不只是报道有关审判的信息,而且还要使审判过程服从广泛的公众监督和批评,使法官严守职责,使个人和社会获益,使公众相信正义由此获得实现。

从中国目前的现状看,由于媒体的"官办"色彩和超媒体权威,以及对媒体监督"腐败司法"的高度强调,媒体和司法在舆论监督和审判独立的名号上已构成强对峙关系。在这种情况下,厘定问题关键所在,在制度设计原理上申明新闻自由与公平审判之间的正相关关系,尤为必要。这不仅对新闻媒体在国家和社会生活中的合理定位是有益的,而且对于司法

---

[1] Elder Witt (ed.), *Guide to the U. S. Supreme Court*, Congressional Quarterly Inc., 1979, at p.705.

[2] See Elder Witt(ed.), *Guide to the U. S. Supreme Court*, Congressional Quarterly Inc., 1979, at p.440.

的重新定位和司法权的合理建构也至关重要。

四、新闻自由与公平审判的负相关关系

新闻自由和公平审判在实现过程中经常会发生冲突,从而形成相互牵制或制约的负相关关系。具体地说,这种负相关关系可能表现为以下两个方面:

其一,媒体在追求自由报道的过程中可能对公平审判构成侵害。如上所述,公平审判作为法律的正当程序在司法领域的体现,要求法官在作出裁判(如判决被告有罪或无罪)时处于公正无偏的立场,不得受到法庭外的力量、信息或者在审判中未予承认的证据的影响。而在现实生活中,媒体却常常可能成为法庭外的力量,其报道内容可能营造出某种对裁判者产生巨大压力的舆论氛围,其报道活动可能扰乱法庭的肃穆平静,结果使得法官难以做到保证程序公正和冷静审视。[1]

其二,司法方面为避免因不利于公平审判的报道而使自身的运作机制陷于瘫痪,设计并采取各种直接或间接限制媒体采集和传播功能的措施,由此必然与新闻自由发生程度不同的冲突。以美国曾经有过的实践为例,这种限制措施包括限制媒体获得有关未决案件的信息的权利,诸如限制法庭成员、检察官和辩护律师对待决刑事案件发布信息,禁止在法庭摄影摄像,下令封锁有关逮捕和其他公开记录的信息,以及在审理有轰动效应的刑事案件时封锁法庭、拒绝公众和新闻媒体进入法庭(从而直接冲击公开审判原则)等。不仅如此,这种限制措施还包括对媒体报道进行事后的民事或刑事处罚,甚至对新闻媒体进行事先约束、禁止它们发表已经获得的信息。[2]

---

[1] 当然,法院也不能机械推定大规模的预审和审判报道总是导致影响公平审判,否则在这样一个大众传播时代,越臭名昭著的罪行就越不易被定罪。因此,必须仔细检查围绕审判发生的各种情况,如果围绕审判的环境条件并没有为社会中被煽动起来的情绪所左右,就不能仅仅因为公开报道而声称影响了公平审判。

[2] 参见[美]巴顿·卡特等:《大众传播法概要》,黄列译,中国社会科学出版社1997年版,第136—145页。按照该书的介绍,为避免因媒体的不当干预而影响公平审判,法官也可以采取避免冲突的方法,即诉诸司法程序自身而非直接限制媒体活动。具体做法包括:延期审理直至偏见消除,异地审理或从异地引进陪审员,重组法庭,隔绝证人或警告他们在作证时不要听从媒体报道,禁止案件所有当事人向媒体作带有倾向性的陈述,以及重新审理等。

那么,导致新闻自由和公平审判之间发生冲突的原因是什么呢?对此,或许可以从以下两个层面来分析和把握。

首先是固有的或必然的层面。从这个层面看,两者之间的冲突产生于新闻媒体和司法各自所固有的不同特性,因而具有某种必然性。具体来说,较之于新闻媒体的运作,法院处理问题的特点在于:有板有眼,受传统的约束,非常注意判决前对裁判意见的保密,依法办案,同样情况同样对待,遵循先例,与外界保持必要的距离,等等,都说明法院或法官在根本上是一个在"因循"意义上求得其正当性的制度设置,它们不应该在自己的"门脸"上打上"时代弄潮儿"的标记。与此恰成对比,新闻媒体在一个奉行民主政治的社会中则是完全不同的制度设置。它们必须搏击于时代风潮的风口浪尖,必须顺应时代,具有开拓性,并且还必须致力于消除政府秘密行事。因此,如果对于法院来说,保守、谨慎的自我节制(judicial restraint)是其安身立命的一贯传统或主旋律,而积极进取的司法能动主义(judicial activism)不过是其中的小小"跳跃",而且还常常以保守的、披上合法外衣的进取形式出现,那么,对于新闻媒体来说,开拓进取的能动主义则是其生存的法宝[1],而板着面孔的老派说教,则只能是其跳动旋律中的不和谐的变调。

其次是人为的或非必然的层面。新闻媒体和司法之间的冲突在很多情况下、甚至有时还主要是由各种人为因素造成的。这方面的因素举其显著者大致有[2]:①在案件审理过程中,检察官和/或律师违反职业伦理,通过新闻媒体鼓动风潮,意图使案件朝向自己的主张解决;②司法或执法官员包括法官、检察官、警察等利用传媒为自己的机构谋求政绩或荣誉;③法官个人难以抵抗众人瞩目的诱惑,就自己审理而为社会所关注的案件在媒体上发表"个人意见",当然,法官个人在媒体上出头露面也可能并非为了"出风头",而是不得不借用媒体以排除来自法院内部或外部的不当干扰;④知名人士包括"权威"学者在媒体上主动或应邀发表带有倾向性的意见,以此回应或引发社会对待决或既决案件的关注;⑤对于一些

---

[1] 托克维尔有言:"我认为报刊不管在什么环境下,都该保存其特性和激情。"参见〔法〕托克维尔:《论美国的民主》,董果良译,商务印书馆1995年,第206页。

[2] 参见〔美〕巴顿·卡特等:《大众传播法概要》,黄列译,中国社会科学出版社1997年版,第136页。这里借用了该书提示的要点,并以国内在传媒和司法关系方面已有的现象或事例为背景,作了展开的表述。

具有新闻价值的案件——或者因为案件涉及公共人物,或者因为案件涉及社会关注的事件——媒体工作者积极介入,唆使和鼓励有关消息来源提供信息,并抢先予以绘声绘色的披露。

在对新闻自由和公平审判之间发生冲突的原因作了上述分析之后,笔者想着重强调以下三点。

第一,基于固有层面的原因而导致的新闻自由和公平审判之间的冲突,是我们在制度设计上需要着重考虑和权衡解决的。任何社会都需要在保守[1]和进取、因循和变革之间保持合理张力。法治社会讲究秩序,但秩序的理想状态却是有进取的保守,即所谓的"极高明而道中庸"。在现代社会生活中,司法和传媒可以理解为在保守和进取、因循和变革之间各有偏重的两种制度设计,它们应该形成一种功能互补的关系。因此,问题的关键在于,如何在制度运作中保持合理的张力,在新闻自由和公平审判之间寻求合适的度。

第二,基于人为层面的因素而导致的新闻自由和公平审判之间的冲突,是我们在现实生活中需要正视并努力加以避免和克服的。相对于固有层面的原因,各种人为层面的因素就不那么正常了,它们所起作用的累积,构成了制度运作效果的非正常损耗。尽管任何制度运作都必然遭受各种非正常的损耗,人为干扰在所难免,但是,对于这些人为的干扰因素,我们不应在制度上承认其正当性,而应该通过法律规定、尤其是职业伦理,加以避免和克服。新闻自由和公平审判之间的潜在冲突,应该说大量是可以通过媒体、司法等方面的自我约束和一般常识来避免的。当然,说"大量"也即意味着不是"绝对",在一些涉及重大公共利益、引起社会广泛关注的案件里,自律的机制往往会变得软弱乏力。

第三,在强调新闻媒体对司法的"监督"时,要特别注意媒体因为其固有特性而可能产生的局限。应该说,在新闻自由和公平审判的冲突中,媒体往往是主动挑起"争斗"的一方,在当今中国就更是如此。因此,有必要特别指出媒体在案件报道中其自身所普遍存在的局限:①报道者往往缺

---

[1] 在汉语表达中,"保守"与"落后"相连属于贬义,"保守主义"和"保守主义者"历来成为人们斥责的对象,但是,如果我们认真审视一下西方文化传统和政治实践中的保守主义传统,那么,为保守、保守主义和保守主义者等用语作出褒义正名的冲动,就会油然而生。对于保守主义传统的简要介绍,可参见〔美〕肯尼思·W. 汤普森:《宪法的政治理论》,张志铭译,三联书店1997年版。

乏必要的法律训练。②新闻的时限要求。新闻报道的价值在于其及时性,它追求的是"在第一时间、以最快的速度发表"(记者的话);新闻报道犹如"文化快餐",迟到的新闻可能就不是新闻。但是,案件的处理需要时间,具有新闻价值的案卷材料也可能卷帙浩繁,一味求快,就难免顾此失彼、忙中出错。③新闻的简洁明快风格。新闻表达倾向于追求标新立异、与众不同;新闻报道倾向于把案件作为一个整体"事件",更注重其盖然层面,而非具体细致的事实层面;新闻报道即使关注具体事实,也更近似于常识意义上的"自然事实"或"客观事实",而非经法庭确认、证据意义上的"法律事实"。因此,面向大众的新闻报道在追求明快风格的同时,很容易忽视所报道案件在事实和法律上的复杂性。以上这些方面的局限是相互交错、互为助长的,它们都可能成为媒体在报道案件时所面临的严峻挑战或批评。[1] 媒体工作者应该有自知之明,并主动寻求司法方面的合理帮助。如果说新闻自由意味着某种程度的自治,那么这种自治必须以自律为基础。

当然,在凸显媒体局限性的同时,我们也应该注意从根本上解决问题,这除了淡化媒体的"机关"或"权力"色彩外,更需要提高社会大众尤其是决策者对媒体报道的心理承受能力,培养其对媒体的宽容心态。如前所述,新闻自由的正当性和规定性,只有回归于表达自由或言论出版自由才能加以认识。表达自由或言论自由并不只是说对的、受欢迎的话的自由,而且更是说错的、不受欢迎的话的自由;同理,新闻自由也应该既包括传导正确的、受欢迎的信息的自由,也包括传导错误的、不受欢迎的信息的自由。对此,托克维尔说得很深刻:"报刊是把善与恶混在一起的一种奇特的力量,没有它自由就不能存在,而有了它秩序才得以维持""在出版问题上,屈从和许可之间没有中庸之道。为了能够享用出版自由提供的莫大好处,必须忍受它所造成的不可避免的痛苦。想得到好处而又要逃避痛苦,这是国家患病时常有的幻想之一"[2]。

---

[1] See Elder Witt(ed.), *Guide to the U. S. Supreme Court*, Congressional Quarterly Inc., 1979, at p. 722 – 723.

[2] 参见[法]阿历克西·德·托克维尔:《论美国的民主》,董果良译,商务印书馆1995年版,第206—207页。

五、寻求解决冲突的标准：域外的经验

那么，是否能够找到某种实际有效、前后一致的标准或模式来解决新闻自由和公平审判的矛盾冲突呢？在上面对传媒和司法关系的探讨中，笔者在同等重要的程度上强调了作为传媒内含价值的新闻自由，以及作为司法内含价值的公平审判，由此也就必然意味着在两种价值发生冲突时，笔者会赞成通过具体的利害权衡解决矛盾的模式。但是，从域外的理论和实践看，被用于解决冲突的模式并不限于"权衡"（balancing）一种。在下面的讨论中，除对权衡的标准作进一步的说明外，笔者还将介绍其他一些可选择的标准。不过，在此之前，有必要首先作以下三点说明：

第一，传媒和司法、新闻自由和公平审判的关系问题虽然是现代法治社会中一个恒久性问题，但在中国，它只是新近才在尖锐的程度上浮现于社会实践中，并为人们所关注，因此，从制度原理上探求解决冲突的实际可行的标准，有必要借"他山之石"，吸取法治发达国家在这方面的制度实践的经验。本文所说的"域外"，将限于美国。在这方面，美国有长久的制度实践，并积累了丰富的经验。

第二，在探求解决冲突的实际可行的标准时，新闻自由可以合理地成为思考的原点。原因主要有二：一是新闻自由与其他各种自由一样，并非绝对。确认一种自由意味着要厘定它的界限，自由只有在不断厘定界限的基础上才能真正确立。二是在传媒和司法之间，传媒往往是能动的一方，司法则相对处于守势。对于能动的新闻自由，我们需要考虑它是否受到公平审判的限制，以及什么样的限制。

第三，从美国的实践看，虽然从公平审判方面引申出不少约束新闻自由或避免冲突的具体规则或方法（见本文第五部分），但是从宏观上说，涵盖这些规则或方法的则是一些更一般的标准。这些标准来自于在更宏观的层面上对表达自由或言论自由的合理界限——即如何面对政府基于社会利益所作出的管理和控制——的思考。新闻自由是表达自由或言论自由的必然延伸，公平审判也可能成为限制表达自由或言论自由的一个重要方面，因此，下面要谈论的各种实际有效的标准，是在范围更广泛的表达自由或言论自由的意义上提出来的。

下面,让我们看看美国的制度实践所提供的经验。[1]

从美国的制度实践看,存在着对表达自由或言论自由采取最宽松理解的立场,这种立场被一些美国学者称之为"绝对主义"[2]。也许这方面最鲜明的表达要数杰斐逊。他说:"人民是其统治者的唯一监督者……民意是政府行为的根据……如果让我在没有报纸的政府和没有政府的报纸之间做选择,我会毫不犹豫地选择后者。"[3]但是,被归入绝对主义者的法律家(如道格拉斯大法官、布莱克大法官)则比较有分寸。一方面,他们试图取消司法机关对"表达或言论自由"的利益与不同时期的迫切需求之间所作的平衡,认为美国宪法第一修正案为"言论或出版自由"提供了彻底的保障[4],在表达或言论(包括诽谤和色情表达等)方面,任何在性质、程度和后果上可能损害该自由要旨的政府自由裁量,都构成"过度约束",构成对该自由的"剥夺";另一方面,他们并不绝对排除约束,或者说他们仍然承认在偶然情况下,对言论表达的时间、地点和方式可以有"合理的"约束。

正是由于法律家的这种分寸感,使得以下判断顺理成章,即"美国联邦最高法院从不认为言论、出版等自由是绝对的或不可剥夺的"[5]。换言之,历任大法官都是在一个幅度很大的"相对主义"的范围里寻找标准,以判断表达或言论自由在面对政府管理时的合理界限。尽管他们迄今未能一劳永逸地找到一种普遍标准,据此决定在棘手的案件中具体的表达或言论在什么情况下会危及社会,从而使政府有理由加以限制,但是,在长期的制度实践中,他们并未中断努力,并且也的确提出了一些具有实效和较高普遍性的标准。这类标准主要有三:

---

[1] See Elder Witt (ed.), *Guide to the U. S. Supreme Court*, Congressional Quarterly Inc., 1979, at p. 392 - 394;参见〔美〕巴顿·卡特等:《大众传播法概要》,黄列译,中国社会科学出版社1997年版,第7—18页。

[2] 〔美〕巴顿·卡特等:《大众传播法概要》,黄列译,中国社会科学出版社1997年版,第7—9页。

[3] Elder Witt (ed.), *Guide to the U. S. Supreme Court*, Congressional Quarterly Inc., 1979, at p. 423.

[4] 美国宪法第一修正案规定:"国会不得制定法律……剥夺人民的言论或出版自由……"《中华人民共和国宪法》第35条规定:"中华人民共和国公民有言论、出版、集会、结社、游行、示威的自由。"相比之下,前者的表述显然更为绝对。

[5] Elder Witt (ed.), *Guide to the U. S. Supreme Court*, Congressional Quarterly Inc., 1979, at p. 392.

第一,"明显和即刻危险"(the clear and present danger)的标准。该检验标准(test)由霍姆斯大法官在1919年的Schenck案中提出。他说:"问题在于,在特定情形下使用的言词在性质上是否会产生明显和即刻的危险,将带来国会有权阻止的实际恶果。这是个临近和程度的问题。"[1]因此,限制或惩罚言论的正当理由,在于该言论对社会造成了明显和即刻的危险。例如,在裁判过程中,对于试图影响待决案件的庭外言论或文字,以及抨击、讥讽法庭成员在法庭上的行为的言论或文字,美国联邦最高法院在1941年的Bridges案中就曾经按照这一标准,决定这些言论或文字是否给公平审判造成明显和即刻的危险,以致法官可以藐视法庭罪予以惩处。

"明显和即刻危险"的标准的显著缺陷是,人们很难确定一个标准,在变动不居的时空条件下,决定何时危险是"明显的",危险有多遥远才是"即刻的",以及什么程度的恶行应该认为是可以诉诸限制或惩罚言论的措施的。因此,虽然这一标准长期盛行,其他各种标准都是在反思这一标准的基础上形成,但是,在1957年的Yates案后,该标准就几乎不再被采用。[2] 而且,即使在这一标准盛行期间,也相继产生了其他一些作用程度、范围不同的标准。这些标准除了下面的"特别权衡的标准"和"定义平衡的标准"两类,也包括其他一些影响不那么大的标准,如几乎与"明显和即刻危险"标准同时产生、更为宽泛的"不良倾向"(bad tendency)标准。[3]

第二,定义平衡的标准(definitional balance)。该标准在1942年的Chaplinsky案中首次得到阐述。这类标准是许多具体标准的概括。在该案中,美国联邦最高法院一致认为:"言论自由的权利并非在所有时候、所有情况下都是绝对的。有些经妥善界定和严格限定的言论从来不会因对它们的阻止和惩罚而被认为会提出宪法问题。这类言论包括淫秽猥亵、亵渎、诽谤,以及侮辱性或'攻击性'言词……这类言词在探求真理方面的

---

[1] Elder Witt (ed.), *Guide to the U. S. Supreme Court*, Congressional Quarterly Inc., 1979, at p. 392.

[2] See Elder Witt (ed.), *Guide to the U. S. Supreme Court*, Congressional Quarterly Inc., 1979, at p. 392.

[3] See Elder Witt (ed.), *Guide to the U. S. Supreme Court*, Congressional Quarterly Inc., 1979, at p. 392.

社会价值微不足道,从中获得的益处显然不如在秩序和道德上的社会利益。"[1] 从本质上说,这种标准的前提是,限制某类言论的社会利益始终压倒那一言论的价值,而不论其内容或条件。

定义平衡的标准似乎比其他标准提供了更确定的指引,但是,由于在界定何为淫秽猥亵、亵渎、诽谤,以及何为侮辱性或攻击性言词上的困难,该标准仍然陷于不确定的境地。

第三,特别权衡的标准(the balancing doctrine)。该检验标准来自弗兰克福特大法官在1941年Bridges案的异议之中,而得到美国联邦最高法院多数法官的承认则是在1950年美国通信协会诉道兹案(American Communication Assn v. Douds)的判决中。弗兰克福特大法官认为:"言论自由并非是一种绝对或不合理的概念,以致使有效保障《人权法案》所确保的一切自由的手段都陷入瘫痪",因此,必须权衡它与其他自由或权利(如法律的正当程序和公正审判)在具体案件中的相关重要性来解决问题。

特别权衡的标准既承认言论自由的重要性,又主张在具体个案中基于不同利益的"特别权衡"作出判断,因而具有明显的实用主义的优点。从现今美国联邦最高法院的实践看,不仅采纳了特别权衡的标准,而且还在实践中形成了更有章法的操作,即认为:言论自由可以表现在不同的层次上,在适用特别权衡方法时,言论的内容、言论传播的方式、发表新闻权受采集新闻权的约束程度等,都会影响对言论自由的保护程度。[2] 但是,特别权衡标准的固有局限仍难以克服。这种局限就是:权衡既然是"特别的",就难以在不同的个案中做到前后一致;由于权衡过于依赖法官对所涉及言论的价值和相冲突利益的判断,因而个人很难事先知道他的言论自由的利益的重要性是否会超过与其对抗的利益。

以上这些标准,有助于我们在操作层面上宏观地把握新闻自由和公平审判的矛盾冲突的解决问题。很显然,新闻自由作为表达或言论自由的必然延伸,并非绝对,必须受到包括公平审判在内的其他社会价值的制约。制约形成了界限。但是,这只是一个方面。另一方面,对新闻自由的

---

[1] Elder Witt (ed.), *Guide to the U. S. Supreme Court*, Congressional Quarterly Inc., 1979, at p. 407.

[2] 参见〔美〕巴顿·卡特等:《大众传播法概要》,黄列译,中国社会科学出版社1997年版,第14—18页。

限制也非漫无边界。在这里有必要区分三个概念,即事前审查(censorship)、事前限制(prior restraint)和事后惩罚(subsequent punishment)。

从历史上看,言论、新闻、出版自由起因于压制言论自由、特别是有关政府事务的言论自由的历史,它是针对发放出版许可证、滥用书报检查制度和惩罚政治言论的专横恣意行为的。因此,新闻自由在绝对意义上意味着不受事前审查。但是,尽管在实践(如美国的实践)中,事前审查往往被混同于事前约束,笔者认为它们还是有所不同的:否定事前审查并不意味着否定事前限制,如在战时不得泄露部队调动的信息,不得煽动暴力,不得诽谤,不得传播淫秽等。不过,从法治国家的实践看,事前限制在范围上均受到严格限定,而且在通常情况下,表达自由包括新闻自由应该受到免于事前限制的保障。至于事后惩罚,如果其含义是指有关表达一旦被裁定触犯了法律,就会受到事后的刑事或民事处罚,那么就理所当然。尽管如此,我们还是应该努力营造更宽松的言论环境。因为,如果说事前审查是扼杀言论,事前限制是一时地"冻结"言论,那么对于言论以事后的刑事和民事制裁相威胁,则至少是给言论"泼冷水"。[1]

---

〔1〕 这是对美国伯格(Burger)大法官妙语的"改装"。他说:"如果说以事后的刑事和民事制裁相威胁只是给言论'泼冷水'的话,那么事前限制则是一时的'冻结'言论。"参见 Elder Witt(ed.), *Guide to the U. S. Supreme Court*, Congressional Quarterly Inc. , 1979, at p.443。

2
司法审判与媒体报道的良性互动*

法院应当充满热情和善意,展示协作配合的姿态,确认媒体报道和舆论监督的正当性。与此同时,媒体报道公众关注案件的审判,也要注意把握好尺度。

当前,媒体与司法正处于一种复杂的博弈关系中,作为审判机关的法院如何面对媒体所报道的受公众关注案件的审判,成为需要特别关注的问题。笔者认为,法院要想在媒体报道面前自信从容,就必须在媒体报道与司法审判之间采取一种持平均衡的立场。这一立场要求法院承认媒体报道的正当性。

具体做法是,法院尊重媒体报道的权利并在媒体报道中给予相应的便利,确立法院与媒体之间正常的沟通协作关系;同时,对于媒体报道在审案件中的越界行为,在制度实践上应当允许法院发布司法禁令,并以妨碍司法为由对违反司法禁令者加以惩处。

当下媒体报道与司法审判之间的无序关系值得引起我们的警惕。一些媒体对公众关注案件的审判进行片面、割裂或过度的报道,甚至虚构事实、肆意炒作以博取公众眼球;使用感情色彩浓厚与倾向性的词语来报道案件,有违媒体报道的客观性;以"正义"之名,对裁判结果进行暗示,甚至出现所谓的"媒体审判"。这些都给法院独立审判带来巨大的舆论压力,使得法院在案件裁判中陷于复杂境地,左右为难,顾此失彼,造成审判不

---

* 本文原载《人民法院报》2014年7月29日,第2版。

公。此类乱象在司法实践中屡见不鲜,总体看来,法院在媒体的舆论场中显得无能为力、无所作为。

媒体报道与法院裁判的关系背后,体现的是现代社会媒体自由报道与法院独立审判的价值平衡问题。在现代社会中,媒体自由报道和法院独立审判是两种不可相互替代的基本价值。如果说民主的社会以社会成员的权益和福祉为终极目的,那么就该目的的实现而言,媒体自由报道与法院独立审判则犹如车之两轮,不可偏废。

具体而言,媒体自由报道是民众知情权的重要保障,是宪法规定的公民言论自由的必然延伸,更是实现社会舆论监督的不二法门。司法也同样要接受舆论的监督,不能也不可能以强调自己的特殊性为由,一味拒绝外界关注,拒绝媒体报道。同时,法院独立审判是宪法赋予法院的职权,是保障人权、实现社会正义、建设法治国家的必然要求。

因此,法院在媒体自由报道与法院独立审判这两者之间,只能采取一种平衡的立场,努力与媒体形成良性的互动协作关系,促成媒体自由报道与法院独立审判的双赢。事实上也完全有可能实现双赢,因为,媒体自由报道和法院独立审判皆服务于实现社会正义的终极目标,负责任的媒体报道是司法有效运作必不可少的助力。司法裁判使抽象的法律条文演变为鲜活的案例,成就生动的法律生活实践,这种实践通过媒体报道的管道及于民众,进而在更广泛的范围影响现实生活和社会历史。

因此,法院应当充满热情和善意,展示协作配合的姿态,确认媒体报道和舆论监督的正当性。与此同时,媒体报道公众关注案件的审判,也要注意把握好度,在合理的范围内进行,以免因为对在审案件的过度报道而形成"媒体审判"的氛围,从而影响法院的独立审判,损害司法的权威公正。这也是法治发达国家处理媒体报道与司法审判关系的基本准则。

为了实现媒体自由报道与法院独立审判的良性互动,借鉴域外法治发达国家的经验,法院应对媒体报道的具体做法是:

第一,对媒体报道开放,为媒体报道敏感案件提供各种便利条件。比如,为采访的媒体记者提供绿色通道、设置休息场所,对于已生效案件的案卷材料和判决书,除法律另有规定外可以允许媒体查阅;引导媒体报道,建立健全法院新闻发言人制度,及时主动借助新闻发布会、记者招待会、媒体通气会等方式通报案情及审理情况,为媒体提供案件的客观信息,引导媒体依照法院提供的信息如实报道,满足社会公众的知情意愿。

第二,对于媒体报道中的越界行为,法院要依法进行规范和处罚。比如,对于媒体的片面或过度报道,法院可以建议新闻出版管理部门作出相应处罚,也可以发布司法禁令对有关媒体的不当报道进行阻绝;对不遵行司法禁令的行为,则可以以妨碍司法为由加以惩戒。

专题九 司法责任制建设

1

论裁判责任制改革[*]

在最高人民法院《人民法院第二个五年改革纲要(2004—2008)》确立"逐步实现合议庭、独任法官负责制"的改革目标之后,各地法院纷纷开始探索和实践"建立法官依法独立判案责任制"的改革,将落实法官裁判责任作为规范司法行为,提高办案质量,促进司法公正的重要举措。[1]从我国审判工作目前面临的问题以及审判事业的长远发展看,建立符合法治要求、公正有效的裁判责任制度,无疑具有重要意义。

一、裁判责任制改革的意义

公正是法治的核心价值,通过司法实现社会公正,是现代法治的一个最基本的要求。随着我国法治事业的推进,法院审判作为司法的核心部分,其在社会生活中的地位和作用显著提高,"法院依法独立行使审判权"获得高度重视,法官作为一个特殊的职业群体日益受到公众舆论的关注。与此同时,司法审判所存在的问题也不断暴露出来。各种腐败现象严重影响了司法审判的社会公信力,与人们对法院司法公正的期待形成强烈

---

[*] 本文与张元元合作,原载《人民司法》2007 年第 3 期。
[1] 如最高人民法院组织江苏省高级人民法院、福建省高级人民法院、北京市第一中级人民法院、南京市中级人民法院、福州市中级人民法院开展了"合议庭依法判案责任制"的调研,北京市第一中级人民法院实行了以强化承办法官审判责任为重点的裁判责任制度改革。

反差。司法审判人员违纪违法案件被不断曝光,涉诉信访案件数量的居高不下,审判、执行中存在的各种不规范甚至失范现象,法官职业道德和工作作风方面存在的问题,都给法院和法官的形象造成严重的不利影响,消解了司法审判的权威性。[1] 而我国法官职业群体的整体素质和职业水准同社会法治发展不相适应的状况,使得法官职业群体必然存在一个职业化改造的问题。[2] 在此情况下,司法改革过程中社会对司法审判进行外部监督和制约的呼声越来越高,如人民代表大会的"个案监督"、媒体的"舆论监督"等,迫使法院系统不能不反复强调自身的内部监督制约机制以示反省,从而在各种内外部监督和法官依法独立行使审判权之间形成了某种紧张关系。从司法审判的原理上说,法官整体的职业水准越高,其自律性就越强,通过内外部机制进行监督制约的需要就越低。在当前的司法状况下,一方面我们固然要通过法官的职业化改造进程不断提高法官职业的整体素质,另一方面也需要建立完善的裁判责任制度,通过规范司法行为、强化裁判责任的方式来提高审判质量,提升司法品质,因应社会法治发展的需要。

在制度原理上,建立合理、有效、符合法治要求的裁判责任制度不仅是现代司法制度的重要组成部分,也是落实我国宪法"审判独立"要求的基本环节。在现代法治社会,司法裁判权的功能和特性要求其遵循独立行使的基本原则,但是,司法裁判权的独立行使更多的是公民获得公正司法的一项基本人权,而不是司法者自身的一项特权。审判独立并不意味着法官有权恣意妄为,而是与法官的裁判责任密切相关。裁判责任制度的目的就是为了防止司法裁判权的滥用而对其行使所设置的必要监督和制约。在某种意义上,现代司法制度构建的关键,恰恰在于处理好司法独立与司法责任之间的矛盾,在权与责之间求得合理的平衡。我国宪法"审判独立"原则的实现,同样要求通过完善的法官身份和职业保障制度以确

---

[1] 时任最高人民法院院长肖扬在2006年3月第十届全国人民代表大会第四次会议上的报告显示,在涉诉信访数量连续几年攀升后开始回落的情况下,2005年全年最高人民法院共处理群众来信来访147449件(人)次,其中涉诉信访19695件(人)次。地方各级人民法院共办理群众来信来访3995244件(人)次,其中涉诉信访435547件(人)次。2004年全年依法改判裁判确有错误的案件就有16967件,占当年生效判决总数的0.34%。

[2] 从2005年和2006年最高人民法院在第十届全国人民代表大会的工作报告中可以看到,在涉及法院工作的问题时,法官的职业伦理和职业技能都被认为是影响法院工作质量的重要因素。

保审判权的独立行使,同时需要建立合理有效的裁判责任制度,为法官裁判权的独立行使划定必要的范围和界限。

从以往有关裁判责任制度建设的情况看,由于我国法院在组织构造和运作上的行政化弊端,加之法官整体的非职业化状况,使得审判实践中存在严重的裁判责任不明、裁判主体不清、裁判责任追究机制不当不力的问题。裁判责任在内容范围和具体界限上的不明确,一方面导致过度追责,另一方面相对于某些不规范甚至失范的司法行为也存在疏漏不周的问题,从而使现有的裁判责任追究制度在实践中难以发挥应有的作用。在裁判组织和裁判权主体上,存在着独任法官"权责不清"、合议庭"合而不议"、审判委员会"决而不审"的情况。此外,由于院长、副院长、庭长、副庭长等拥有对法官、合议庭进行行政主导的权力,使得这些法律上的非裁判主体拥有了决定案件的实际权力。[1] 而在裁判责任的追究上缺少对实施追究的主体和程序的严格界定,在实践中就可能使责任追究制度蜕变为院长、庭长等驾驭和控制法官的工具,进而在更严重的意义上影响"审判独立"宪法原则的实现。因此,在我国司法改革和法治发展进程中,进行裁判责任制改革,厘定裁判主体,明确裁判责任,规范裁判责任追究制度,对于建立公正有效的裁判责任制度、保障裁判权的独立公正行使,具有重要意义。

二、法院的改革思路及其问题

最高人民法院《人民法院第二个五年改革纲要(2004—2008)》第26项明确提出:"建立法官依法独立判案责任制,强化合议庭和独任法官的审判职责。院长、副院长、庭长、副庭长应当参加合议庭审理案件。逐步实现合议庭、独任法官负责制。"从以上文字表述看,最高人民法院的改革思路非常清晰,即落实裁判责任,首先要厘定裁判主体,强化合议庭和独任法官的审判职责,建立法官依法独立判案责任制;其次对于院长、副院长、庭长、副庭长等非裁判主体则采取纳入的方式,即只有参加合议庭审

---

[1] 这种不参加审判,依靠听汇报、批示或者会议的形式决定案件的现象,不仅违背了宪法规定的"审判独立"原则,同时也违背了审判的公开、透明和直接言词原则,是对当事人宪法权利和诉讼权利的侵犯。

理才能行使决定案件的权力。此外,按照第23、24项针对审判委员会制度的改革设想,最高人民法院的审判委员会设刑事专业委员会和民事行政专业委员会;高级人民法院、中级人民法院可以根据需要在审判委员会中设刑事专业委员会和民事行政专业委员会。同时要求改革审判委员会的成员结构以及审理案件的程序和方式,确保高水平的资深法官能够进入审判委员会,并要求审判委员会委员自行组成合议庭或者与其他法官组成合议庭,审理重大、疑难、复杂或者具有普遍法律适用意义的案件,以此改变审判委员会"决而不审"的现象,规范审判委员会"讨论决定案件"的权力。从厘定裁判主体入手,进而建立法官、合议庭依法独立判案责任制,明确了问题指向,显示了清晰的解决问题的思路。

回顾看来,法院系统关于裁判责任制度的改革,是一个目标思路逐步明晰的过程。从1990年秦皇岛市法院系统率先试行错案追究制,到1995年《中华人民共和国法官法》对法官权利义务的规定,再到1997年党的十五大报告提出"推进司法改革,从制度上保证司法机关依法独立公正地行使审判权和检察权,建立冤案、错案责任追究制度";从1998年最高人民法院发布《人民法院审判纪律处分办法(试行)》(现已失效)和《人民法院审判人员违法审判责任追究办法(试行)》,到2003年发布最高人民法院《关于严格执行〈中华人民共和国法官法〉有关惩戒制度的若干规定》(现已失效),2005年发布《人民法院第二个五年改革纲要(2004—2008)》和《法官行为规范(试行)》(现已失效),再到2006年全国人民代表大会常务委员会通过《中华人民共和国各级人民代表大会常务委员会监督法》,可以说一系列的法律和法律性文件都在试图建立一种对裁判权的监督制约机制。在裁判责任制改革的具体思路上,我们也可以发现,法院系统对裁判责任的认识最初注重的是对案件实体对错的评价,此后逐渐转到对法官裁判行为的规范;在与裁判责任密切相关的裁判主体问题上,最高人民法院《人民法院五年改革纲要》对审判组织的改革重点是审判长、合议庭、独任审判员制度,《人民法院第二个五年改革纲要(2004—2008)》则是审判委员会"讨论决定案件"的方式,以及院长、庭长等如何纳入裁判主体范围行使权力的问题。[1]

然而,尽管最高人民法院对"建立法官依法独立判案责任制"的改革

---

[1] 参见蒋惠岭:《关于二五改革纲要的几个问题》,载《法律适用》2006年第8期。

思路非常清晰,即厘定裁判主体、明确裁判责任,但是在实践中这一思路并没有很好地贯彻到各地法院的具体改革措施之中。在裁判主体的厘定上,由于受法院司法行政化的影响,有些地方法院在改革中对院长、庭长的职能与责任并没有清晰的厘定,对如何处理好院长、庭长与合议庭之间的关系也没有妥善解决,在裁判责任制改革的过程中常常只是片面强调落实裁判责任而忽视对裁判组织的改造,把裁判责任制简单视为如何管理好法官的问题,从而产生一些"头痛医头、脚痛医脚"的缺乏整体思考的孤立改革措施。随着法治建设的不断深入,司法改革也成为一项越来越细致的具体操作,在改革进入"深水区"的情况下,如何在具体的制度改革上立足现实并兼顾合法性与合用性,同时在理论和原理上体现合理性,这不仅需要改革者具备勇气,而且更需要改革者富有智识。[1] 顺着最高人民法院已然明晰的改革思路,在裁判责任制改革方面,如何妥当厘定裁判主体,明确裁判责任范围,以及建立合理有效的裁判责任追究机制,需要我们作深入细致的思考。

三、厘定裁判主体

裁判责任制改革以厘定裁判主体为前提。所谓裁判主体,是指依法行使案件裁判权的裁判组织。依据《中华人民共和国法院组织法》第29条和第36条的规定,在我国具体行使裁判权的裁判组织是合议庭和独任庭,同时审判委员会有讨论重大或疑难案件的权力。在三大诉讼法中,对裁判组织的规定不尽相同。就独任庭而言,它只是在基层人民法院适用简易程序审理的刑事或民事案件中采用,而在行政诉讼中案件只能由合议庭审理。对于审判委员会,由于法律上缺少具体的运作规则和程序的规定,其作为裁判组织的性质在理论上存在争议。尽管如此,法律上对于裁判组织的界定还是大致清楚的。在实践中,由于受司法行政化、法官职业素质状况以及法官职业保障机制等方面不利因素的影响,由法官构成的合议庭、独任庭在裁判权的行使上受制约较多,并不像立法上规定的那

---

[1] 改革者不仅应该是果断决策的勇士,而且也应该是善于细致操作的能手。当然,强调具体制度和局部改良并不意味着忽略整体的价值导向。因此,任何具体的司法改革措施都不可避免地要面临合法、合用、合理这三个维度的考量。参见张志铭:《民事执行改革的几个理论问题》,载《人民法院报》2003 年 1 月 24 日。

样清晰。在司法大环境的压力下,由于法院内部在审判职能和行政管理职能之间没有也无法作出合理的区分,院长、庭长等法院领导需要对案件、尤其是"疑难"和"重大复杂"的案件在审理的质量上进行把关;由于审判委员会是以开会听案件汇报的方式决定案件,遵循的是"民主集中制"原则,而非现代司法所要求的透明、公开以及直接言词原则,而且审判委员会的决定合议庭必须执行,其作为裁判主体的面貌并不清晰。因此,进行裁判责任制改革,首先要做的就是厘定并规范裁判主体,只有明确了谁是裁判主体,裁判责任才不至于流于形式,不至于在实践中被分散和虚化。

厘定裁判主体需要从法定裁判主体和非法定裁判主体两个方面入手。在法定裁判主体方面,独任庭由于只是在民事和刑事诉讼的简易程序中适用,其处理的案件并不复杂,加上独任庭由独任法官主持,责任主体较为明确。合议庭由于组成比较复杂,如何落实强化其裁判责任,关键是要针对现实中存在的"合而不议"的弊端,处理好合议庭成员的个人责任和集体责任的关系。由于司法审判资源的稀缺和案件数量的不断增多,在司法实践中,各地法院的改革方式并不相同,有的建立"审判长负责制",有的采取"承办法官负责制",有的采用"主审法官负责制"。笔者认为,尽管强调审判长、承办法官或主审法官等负责制在实际效果上可能有利于归责,但既然是合议庭裁判案件,在最低限度上还是要坚持合议庭对裁判结果的集体责任。如果将合议庭的集体责任过度化约为合议庭成员(不管是叫审判长还是其他提法)的责任,不仅不利于合议庭成员各自作用的发挥,而且也背离设立合议庭裁判案件制度的宗旨,"合议庭"就成了"独任庭"。针对合议庭的裁判责任制改革,必须坚持合议庭集体责任的原则,使每个合议庭成员尽职尽责;甚至在此前提下还可借鉴引入域外合议庭成员不同意见制度,使合议庭在坚持集体责任的同时,成员个人的责任也更加清晰,使司法程序更加公开、透明。[1] 坚持合议庭对裁判结果的集体责任并不排斥合议庭成员在审判案件时的分工合作,同时成员个人在案件审理过程中的不规范甚至失范行为仍然应当由自己负责。

---

[1] 1999年7月,广州海事法院率先对传统的裁判文书模式进行改革,将合议庭法官对案件的个人评议意见直接在裁判文书中表述出来,改变了案件审理中闭门合议、法官个人意见不公开的暗箱操作方式,此后一些地方法院也在尝试此项改革。公开合议庭不同意见对贯彻公开审判原则,建立健全防腐机制,提高法官业务水平和提高裁判文书的公信力均具有重要意义。

对于院长、庭长等非裁判主体的改革,最高人民法院《人民法院第二个五年改革纲要(2004—2008)》明确提出"院长、副院长、庭长、副庭长应当参加合议庭审理案件",这可以理解为是一种纳入的思路,即院长、庭长等涉足案件裁判必须先转换"身份",进入裁判组织,而不能像以往那样靠听汇报、批示等方式"把关"案件。这样一种改革显然有助于程序公正的实现,也可避免出现在裁判责任追究时乱打板子的现象。对院长、庭长等非法定裁判主体的纳入式改革,可以说是裁判责任制改革所要求的厘定裁判主体的关键,它对于法官和合议庭依法独立行使审判权,对于司法审判工作的去行政化,都具有重要的意义。[1]

厘定裁判主体也必然涉及审判委员会制度的改革。根据最高人民法院《人民法院第二个五年改革纲要(2004—2008)》,要改革审判委员会审理案件的程序和方式,将审判委员会审理案件的方式由会议制改为审理制;审判委员会委员可以自行组成或者与其他法官组成合议庭,审理重大、疑难、复杂或者具有普遍法律适用意义的案件。可见,就审判委员会讨论决定案件而言,改革的关键在于改变审判委员会的工作方式,其原理在于对案件的审判必须遵循公开、透明和直接言词原则,必须遵循司法审判的规律,以符合司法审判性质的方式来进行。[2] 可以考虑借鉴域外的经验,以组建"大合议庭"或"大法庭"的形式来落实审判委员会的裁判职能,使审判委员会作为裁判组织具有清晰的面貌。

四、明确裁判责任的范围

明确裁判责任就是要在准确把握裁判权力和裁判责任之间关系的基础上,弄清楚裁判责任追究的范围。裁判责任与裁判权力相对应,没有明确界定的裁判权力,也不可能有清晰的裁判责任。只有在对裁判权的界定与保护的基础上,才能明确何者属于裁判责任的范围,何者属于裁判责任豁免的事项。因此,对裁判责任的界定,一方面要体现裁判权行使者的

---

[1] 当然,任何一项改革都要考虑到改革在现实中牵涉的利益群体,正如审判长负责制实行之初,许多院长、庭长纷纷任命比较"听话"的法官作审判长以保持自己对案件的影响力一样,实行院长、庭长进合议庭制度也可能对非院长、庭长的法官形成不利影响。尽管如此,将一种不规范运作的权力变为一种规范化的权力,其积极意义是不言而喻的。

[2] 参见张志铭:《关于审委会改革的思考》,载《人民法院报》2002年10月25日。

社会责任,表现为对裁判权的合理限制,另一方面也应当体现裁判权力的存在。裁判权作为一种权力,必然包含权威和被服从的意蕴,必然在权力的行使上拥有自由裁量的范围,在这个意义上,裁判权不仅意味着不受非法干涉,而且还意味着责任排除和司法豁免的特权。在明确裁判责任的问题上,我们应该处理好裁判者的权力和责任、特权和豁免的复杂关系。

从审判独立的宪法原则看,裁判责任制度和法官职业保障制度皆为此原则的实现所必需。审判独立必然要求为法官提供充分的职业保障,使裁判权的行使不受各种非法干预,从而使司法审判符合保障当事人权利、维护公平正义的要求。但是,通过职业保障制度维护裁判权的独立行使,并非要使法官拥有绝对不受限制、不受监督的特权。在现代法治社会,公民有获得公正司法保护的权利,这是人权的重要内容之一,而国家则有为公民提供公开、公正、透明的司法审判的义务。有鉴于此,当今世界各法治国家的法律制度在保障"司法独立"、建立严格的法官职业保障制度的同时,也都有制约裁判权、保证其合理行使的机制。应该注意的是,针对我国目前司法审判存在的问题,需要特别强调建立裁判责任制度的一个基本前提是形成相对饱满的裁判权力。如果裁判主体没有独立履行裁判职能的权力,没有相应的职业保障制度,那么片面孤立的裁判责任制度就必然会损害审判独立原则,与司法审判的原理和规律背道而驰。因此,裁判责任制度所设定的监督和制约,以对裁判权合法行使的保障为前提,以不损害审判独立原则为界限。正如《德国法官法》第26条第一项规定:"法官仅于不侵害其独立审判之限度内受职务监督。"[1]

审视一些法院在裁判责任制改革方面的实践,我们需要思考是不是存在单纯把法官作为监管对象、对其裁判权进行不当约束的问题。裁判责任制改革如果只是把焦点放和如何追究法官的裁判责任上,而忽视对法官合法行使权力的保障,尤其是在目前裁判主体和裁判权行使尚不清晰的情况下一味强调裁判责任的追究,只会导致法官彻底丧失独立裁判的愿望和能力,而陷入不断向领导请示汇报的依附状态。裁判责任制度不应该成为悬在法官头上的"达摩克利斯"之剑,裁判责任制改革应该建

---

〔1〕 周道鸾主编:《外国法院组织与法官制度》,人民法院出版社2000年版,第510页。

立在权责一致的基础上,尊重法官,善待法官,不能为追究责任而追究责任。为此,有必要尽可能地明确裁判责任追究的具体范围。

从域外法治国家或地区法官惩戒制度的实践来看,在对法官进行职务监督的同时,都明确保护法官的自由裁量权,严格界定何为不受惩戒的行为。法官职权行为免责,是法官职业保障的重要内容。法官在其职权范围内所从事的行为,如对证据的认定、对法律关系性质的判断、对法律解释的适用等,除有证据证明法官有故意枉法裁判或违法裁判的情形外,不受惩戒。德国司法界依据宪法将法官活动区分为"核心领域"及"外部秩序领域",在外部秩序领域,监督没有干涉"司法独立"的问题;而审判的准备及随后的实体及程序裁判,均属于核心领域,应严格尊重"司法独立"的基本原则。因此,为维护审判独立原则,裁判责任制改革也要以保障法官的自由裁量权为基础,明确在何种范围内法官的裁判行为不受责任追究。

更进一步说,在裁判责任追究的范围上,应当坚持可评价原则,对于不可评价的因素应当不予追究。20世纪90年代,一些地方法院试行"错案追究制",以案件的实体错误作为追究的理由,从而导致责任追究的范围过度扩张,尤其是对于什么是案件的实体错误存在认识误区,比如有的法院以二审是否改判为依据追责,更是导致责任追究范围的盲目扩展。为此,裁判责任制改革应当走出"以案件实体的成败论英雄"的做法,将责任追究限定在可评价的范围内。所谓可评价的范围,是指责任追究应当确立法定性、程序性的原则,将责任追究主要限定在法定的程序性的不规范司法行为上,避免单纯以案件裁判在实体上的对错作为责任追究的依据。当然,从维护司法的形象和尊严出发,只是要同样符合可评价的要求,法官在审判之外违反司法职业道德的行为也应当成为监督制约的对象。

五、建立合理的责任追究机制

裁判责任制改革的目的是通过监督制约保证裁判权的正当行使,正如任何对权力的制约都不可避免地要面对"谁来监督监督者"的问题一样,对裁判权的监督也应当有完善的机制,以免成为滥权的工具而给司法裁判的独立和公正造成危害。

最高人民法院1998年发布的《人民法院审判人员违法审判责任追究

办法(试行)》第 28 条规定:"各级人民法院监察部门是违法审判责任追究工作的职能部门,负责违法审判线索的收集、对违法审判责任进行调查以及对责任人员依照有关规定进行处理。"从程序方面看,该办法并没有明确规定裁判责任追究程序的启动机制,只是规定监察部门应当从二审程序、审判监督程序中发现审判人员违法审判的线索,法院各审判组织和审判人员应当配合监察部门的工作,及时将在审判工作中发现的违法审判线索通知监察部门,并提供有关材料。现实中,许多法院采取的是集中抽查的方式对所办理案件进行审查,有些法院甚至采取"拉网式"检查,这样的方式不仅造成已然稀缺的司法资源的极大浪费,其设置也隐含了对法官的普遍不信任。从裁判责任追究的主体看,法院的监察机构与政府行政监察机构非常相似,其运作缺乏明显的司法特征,与司法审判活动的性质和要求还存在如何契合的问题。

　　建立完善的裁判责任追究机制,至少要深入思考和妥善解决两个方面的问题:一是谁可以决定对法官的裁判责任进行追究,二是裁判责任追究应当遵循什么样的程序。在这方面,了解并借鉴域外法治发达国家或地区的做法是有必要的。《日本宪法》为保障司法独立,在第 78 条中规定:"法官除依审判决定因身心障碍不能执行职务者外,非经正式弹劾不得罢免。法官的惩戒处分不得由行政机关施行。"[1]根据日本的《法官身份法》规定,高等裁判所辖区下的法官裁判责任追究由高等裁判所为之,高等及最高裁判所法官的惩戒,由最高裁判所为之;高等裁判所裁判需由 5 名法官组成合议庭,最高裁判所则由该院全体法官(15 名)组成大法庭;对高等裁判所关于身份案件的判决不服,可根据最高裁判所的规定进行抗告。由此可见日本司法制度实践中对法官裁判责任追究的慎重。[2]在我国台湾地区,对法官的监督分为内部监督和外部监督,内部监督由法官组成的法官自律委员会负责,外部监督由法官、律师、学者共同组成的法官评鉴委员会负责。从这些立法例看,在法官裁判责任追究机制方面有一些共同的特点:首先,对法官裁判责任的追究要遵循"同行判断"的原则,这是司法的职业特性所要求的职业自治的重要体现;其次,由于追究

---

[1] 张福森主编:《各国司法体制的宪法性规定》,法律出版社 2005 年版,第 12 页。
[2] 参见冷罗生:《日本现代审判制度》,中国政法大学出版社 2003 年版,第 383、384 页。

法官的裁判责任本身所具有的严肃性,追究的权限多限定在高等裁判所,而非每个法院都拥有裁判责任追究的权力;最后,追究法官的裁判责任应当按照司法审判的程序,给予被追究法官充分的程序保护,而不能依据行政运作模式施行对法官的惩戒。

审视我国裁判责任追究机制的实践,笔者认为,法院内部定期抽查或"拉网"检查的方式是值得反思的,对法官裁判责任的追究应当由法定的机构依法定条件和程序来启动,提起裁判责任追究程序的机关和追究机关也不宜是同一部门。因此,可以考虑将各级法院内部的法官考评委员会作为裁判责任追究程序的启动机关,而将高级法院的法官考评委员会作为裁判责任的追究机关,并且高级法院法官考评委员会应当组成大合议庭行使追究的权力。另外,借鉴域外的立法例,可以充分发挥法学专家、检察官、律师等法律同行在裁判责任追究机制中的作用,跳出法院内部思考问题的封闭格局,采行一种广泛而开放的"同行判断"原则,以体现裁判责任追究的严肃性和专业性。再有,在裁判责任追究机制的组织构造和运作程序上,对如何引入更多的民主因素,吸收更多的公众参与,使程序更透明、更公正,也有思考的余地。

裁判责任制度不是一项可以孤立存在的制度,建立完善的裁判责任追究机制,不仅需要对现行的机制和做法进行符合法治要求的改革,同时,对法官职业化、审判独立以及法官职业保障制度的建立与完善也提出了更高的要求,显然,我们还有很长的路要走。

2
对法院司法责任制改革的认识*

2015年9月21日,最高人民法院颁布《最高人民法院关于完善人民法院司法责任制的若干意见》(以下简称《意见》)。对于建立审判责任制这一司法改革的重大主题而言,这是一份具有里程碑意义的规范性文件。在现行的司法体制框架内,该文件无论在价值诉求还是技术安排上都反映了主事者在智识上的极致努力,可圈可点,值得认真对待。下面就以这一文件为基本背景和线索,就法院审判责任制改革所涉及的意义蕴含、责任主体、责任条件等基本问题,作进一步的分析讨论。

一、审判责任制改革的意义

法院的审判责任制改革,意义重大。在制度原理上,它不仅体现了一般意义上的职权和职责的统一,而且还因为司法审判权的功能特性而对其权威和独立行使的特别强调,体现了权威与责任、独立审判与负责任审判的统一。现代司法审判制度构建的关键,就在于处理好司法审判的权威、独立与司法审判的责任之间的矛盾,在权与责之间求得合理的平衡。我国宪法"审判独立"原则的实现,同样要求通过完善的法官身份和职业保障制度以确保审判权的独立行使,同时需要建立合理有效的裁判责任制度,为法官裁判权的独立行使划定必要的范围和界限。

---

* 本文系2016年第七届海南法治高端讲座上的授课内容。

相对而言,司法审判特别强调责任,笔者的理解是因为现代司法审判权独特的功能特性。司法独立更强调不受影响、不受干预的权威性。只有独立才能权威,只有权威才能公正。司法不是因为正确而权威,而是因为有权威才能正确。司法权特别强调自己的"贵族"气质。司法也讲民主,但是我们要考虑司法民主的具体方式。司法注重自己的职业品质,实际上是精英式司法。把法官跟医生作对比,特别强调其品德、声望及自身能力和信誉。法官强调人格上的魅力,司法才能强化其独立性和权威性。独立审判和负责任的审判尤为重要。在原理上,特别强调司法的独立性、权威性。现代司法审判制度构建,关键就在于处理好司法审判的权威、独立和司法审判责任之间的关系。我国宪法确立审判独立原则以确保审判权的独立行使,为法官裁判权的独立行使设定必要条件。基于司法权的特点,域外的司法制度实践也都是将"司法独立"和司法负责相提并论的。

突出司法审判的责任也是以化解当今中国社会弥漫的对司法审判公正性质疑。随着我国法治事业的推进,法院审判作为司法的核心部分,其在社会生活中的地位和作用显著提高,"法院依法独立行使审判权"获得高度重视,法官作为一个特殊的职业群体日益受到公众舆论的关注。与此同时,司法审判中存在的问题也不断暴露出来。社会对司法审判进行外部监督和制约的呼声越来越高,如人民代表大会的"个案监督"、媒体的"舆论监督"等,迫使法院系统不能不反复强调自身的内部监督制约机制以示反省。我们花那么多精力讨论如何提升法院公信力,确实说明当下法院存在公信力方面的严重问题。中国法治的发展,使人们越来越注意到法院和法官的重要性,当下的员额制改革也使法官的重要地位得到了强调。同时,也存在着各种外部监督,人民代表大会监督、舆论监督、检察监督,等等,不一而足。强调司法责任制改革,也可以看作当下的一种应急反应,对危机的应对。

司法责任制改革的确很重要,司法的终极目标是司法公正,要实现司法公正,在制度设置上有两个维度,一是司法权威,二是司法责任。权威和独立的概念密不可分,是一对概念。权威不能和效率简单地放在一起,在中国,将域外所说的"司法独立"改成司法权威是有合理性的。司法审判以公正为基本价值指向,为此我们不仅需要有权威的司法审判,而且还需要负责任的司法审判。我们一直将司法改革的目标表述为"建立公正、高效、权威的司法制度",也许更妥帖的表述是"建立公正、权威、负责的司法制度"。

二、审判责任主体

审判责任制改革的目标诉求简单地讲就是文件中开宗明义所说的"让审理者裁判、由裁判者负责",借此消除中国司法审判中被人们诟病已久的审者不判、判者不审的痼疾。对于这点目前应该达成了充分的共识。那么,如何做到审理、裁判和责任的统一?从制度理念和设计看,关键既在于弄清"审判责任"这一概念本身,更在于有针对性地深入追问和澄清到底谁是"审判者"这一前置性的关于"责任主体"的问题。

我们可以发现《意见》在这方面已经"尽力而为",力求最大限度地澄清"责任主体"。例如,在第一部分改革的"目标原则"中规定要"遵循司法权运行规律,体现审判权的判断权和裁决权属性,突出法官办案主体地位",在第45条中规定"本意见所称法官是指经法官遴选委员会遴选后进入法官员额的法官",在第6、7、11、23条中规定"除审判委员会讨论决定的案件以外,院长、副院长、庭长对其未直接参加审理案件的裁判文书不再进行审核签发""对于重大、疑难、复杂的案件,可以直接由院长、副院长、审判委员会委员组成合议庭进行审理""审判委员会评议实行全程留痕,录音、录像,作出会议记录""院长、副院长、庭长除参加审判委员会、专业法官会议外不得对其没有参加审理的案件发表倾向性意见"等,内含着认识的提高和观念的突破,但是,从结果上看仍然还说不上基本清晰。对此,笔者想在学理或法理上有针对性地表达以下两点看法。

其一,到底谁是审判者,法院、法官、还是法庭?我国宪法和法律规定的是"法院依法独立行使审判权",这一规定也越来越多地被解读、实践为"法官依法独立行使审判权"。尽管在通常意义上说法院审判或法官审判也没有什么不妥,但较真地看,在具体个案审判的意义上说,真正的审判主体或审判组织只能是法庭,包括独任庭和规模不等的合议庭。法院是一个宽泛复合的组织体,其组织构成包括法官、审判庭、审判委员会、行政管理机构等不同成分,法官是一种身份资格,包括院长、副院长、审判委员会委员、庭长、副庭长、审判长等不同职位级别的法官,就个案裁判而言,它们都不是当然的"审判者"或"审判主体",从而也不是"审判责任主体"。司法权应该是在个案审判中行使的权力,法院应该以法庭的形式行使个案审判权,法官也只有作为法庭的法官,才可以是审判主体和审判责任承担者。

其二,如何看待审判管理权和审判监督权。《意见》明确提出完善人民法院审判责任制要"以审判权为核心,以审判监督权和审判管理权为保障",涉及院长、副院长、审判委员会委员、庭长等在个案审判中的"监督权和管理权"。我们可以看到,文件基于审判制度的"中国特色",坚持了在审判权之外对审判监督权和管理权的意义的强调,同时对监督者和管理者在个案审判中行使权力的责任作了在目前条件下最大限度的明确。但是,在就个案的法庭审判、法庭负责以及在法庭中行使审判权的现代司法基本规律和原理而言,还是不可避免地在认识和操作上留下了一些有待解决的难题。应该承认,我们大家有共识的司法审判权行政化弊端,以及其在个案审判中表现出来的审者不判、判者不审、合而不议、议而不决等不良现象,都与审判管理权和监督权的不当设置和行使有密切关系,而这也是当下进行的法官员额制改革和审判责任制改革所要面对和解决的问题。任何权力的行使都要予以制约和监督,个案中的审判权也不例外,但如何监督,合理有效的监督机制是什么,无论在具体和一般意义上都是缺乏思考的。在这方面,也许我们还应该在更根本的意义上对个体负责和集体负责的得失优劣作特别的反思。

三、审判责任制改革需要解决的问题

审判责任制改革不仅要解决审判主体不清的问题,还要解决审判责任不明、审判责任追究机制不当、不力等问题。审判责任制改革中"责任"的含义到底是什么,这是一个需要进一步澄清的问题。责任在一般意义上是指行为者对自己的过错行为承担不利的后果,审判责任则是审判者对自己的过错审判行为承担不利的后果。这样说可能还很笼统,具体还要思考,到底是对错误的行为承担责任,还是对错误行为所造成的后果承担责任,还是两者兼而有之。《意见》在审判责任制改革的原则规定中提到"主观过错与客观行为相结合",在第25条中规定"法官在审判工作中,故意违反法律法规的,或者因重大过失导致裁判错误并造成严重后果的,依法应当承担违法审判责任"。同时规定"法官有违反职业道德准则和纪律规定,接受案件当事人及相关人员的请客送礼、与律师进行不正当交往等违纪违法行为,依照法律及有关纪律规定另行处理"。由此看来,《意见》把错误裁判行为所造成的"严重后果"视为裁判责任承担的必要条件。法院的司法审判责任是一个广泛的概念,对审判责任制中所说的"责任"作这样的锁定,而不是用来指涉个案审判中所有违法违规行为的责任,笔者认为是正确的。只是在第 26 条关于追究违法审判责任所列情形的规定以及后续的其他相关规定中,似乎并没有作"后果主义"的贯穿。《意见》基于"责任与保障"相统一的原则,就一些主要的免责情形作了列举,但对其中所包含的现代政治的"问责"或"可说明性"(accountality)概念的原理,似有了进一步了解和把握的必要。

3

张扬职业理性,正确看待二审或再审改判*

二审或再审改判的案件被视为错案,这是一个值得注意的问题。人们常说不能把简单问题复杂化,但是,也应该注意不把复杂问题简单化。职业理性为流俗看法所遮蔽、浮躁喧嚣吞没沉静的思考和言说,是我们这个急剧变化的社会当下的一个特点。这样说并不意味着笔者要站在法院的立场批评公众,因为正是在法院内部,也存在同样的问题。二审或再审改判的案件被视为错案,法官会被扣奖金、影响年终业绩考评,甚至通报批评的不利后果,是迄今为止流行于法院内部的一种实践。现代司法是一种高度职业化的活动,司法者应该了解日常生活的逻辑,应该关注社会大众的感受,但与此同时,如何切实有效地在具体司法工作中张扬和落实职业理性,如何使公众更多地接纳职业判断,则是我国司法者今后长期面临的挑战。

把二审或再审改判的案件视同错案问题之所以值得检讨,是因为这种做法把错案和责任简单对接,没有注意到"错案"是一个非常宽泛的表述,需要我们细致辨析其中的不同含义,并予以区别对待。

(1)判决之错和判者之错。按照诉讼法的规定,可能导致二审或再审改判的情形主要有四种:①适用法律错误;②认定事实错误,或者认定事实不清,证据不足;③违反法定程序,可能影响公正审判的,如违反公开审判、回避的规定,剥夺或者限制了当事人的法定诉权,审判组织组成不合

---

* 本文原载《法律对策研究通讯》2004 年第 7 期。

法,等等;④审判人员在审理案件时有贪污受贿、徇私舞弊、枉法裁判行为。如果说前两种情况是判决错误的话,后两种则是判者错误。在判者错误中,又以各种枉法裁判行为最为严重。我们应该严格地区分判决错误和判者错误,因为判决错误并不一定意味着判者错误;反之,判者错误也不必然导致判决错误。实际上,在判决错误和判者错误之间可能有三种组合,即判决错,判者错;判决错,判者无错;判决无错,判者错。就处理上的区别对待而言,对判者的错误,显然应该视情节轻重追究相应的法律或纪律责任,而单纯的判决错误则不应该涉及追究法律或纪律责任的问题。

(2)判决错误和判决选择。判决会不会有错误?如果我们对法律和事实的确定性还有哪怕一丁点的信心,就无法作出全然否定的回答。由于适用法律不当,或者对案件事实的错误认定,的确可能出现判决错误的问题。但是,在坚持法律和事实认知的一致性同时,我们也要为认知的多样性留出空间。对案件事实和案件适用的法律,可能有、也应该会有不同的认知。因此,在法律和事实认知与案件判决之间,完全可能有各种不同的组合:同样的认知,同样的判决;同样的认知,不同的判决;不同的认知,不同的判决;不同的认知,同样的判决。差别不能与错误画等号。另外,还应该特别注意,坚持司法裁判"以事实为根据"的原则,需要我们区分不同的事实状态:清楚为清楚,不清楚为不清楚;事实清楚可以成为判决的根据,事实不清也可以成为判决的根据。要看到,人们通常所说的判决错误,实际上不恰当地包含了因法律和事实认知的相同或不同而导致的判决的多样选择情形。判决错误和判决选择的性质是不同的,前者涉及裁判者的水平高低、称职与否,后者涉及对裁判者心证的认可和保护;前者凸现了职业能力的重要性,后者凸现了程序正义、诉权保障的重要性。但是,两者都应该属于职务保障的话题,而不应该成为追究法纪责任的理由。

因此,二审或再审改判并不一定意味着原审判决错误,原审判决错误也不一定意味着判者错误,从而需要追究法纪责任。不加区分地把二审或再审改判的案件视同错案,并使裁判者遭受不利后果,犹如在裁判者的头上悬挂利剑,它影响了裁判者的责任心,并进而导致各种制度扭曲,导致司法绩效低下,司法难求公正。

4

关于"个案监督"的思考*

人民代表大会就法院审理的案件实施"个案监督",对于这一问题,目前已形成明显的立场分野。有的热情支持,有的激烈反对,也有的在赞成与否上态度暧昧,但明确要求予以规制。大致说来,支持者多来自对"司法腐败"忧心忡忡的社会公众,以及除法院以外的政府部门,尤其是人民代表大会;反对者主要来自法律学界;而要求予以规制的模糊态度,则在法院和法官中比较容易发现。

作为法律界的一员,笔者并不想贸然表明立场。由于这是一个涉及人民代表大会与法院关系的大问题,而且与国家的政体形式、国家权力的合理配置和运作、法治社会的基本要求等重大事项皆有密切关联,应该慎重对待。

所谓慎重对待,首先是要正视现实。应该清楚地意识到,实行"个案监督"在我国已是一个无可否认的既成事实。虽然在宪法上对"个案监督"没有直接而明确的规定,但基于宪法对于人民代表大会制度的政制设计,以及对人民代表大会监督法律实施权的规定,基于其他各种规范性法律文件,如1998年12月24日最高人民法院《关于人民法院接受人民代表大会及其常务委员会监督的若干意见》、1993年9月2日第八届全国人民代表大会常务委员会第三次会议通过的《关于加强对法律实施情况检查监督的若干规定》、1997年1月18日广东省人民代表大会常务委员会关于《广东省各级人

---

* 本文原载《工人日报》2002年7月6日。

民代表大会常务委员会实施个案监督工作规定》、1999年6月25日潍坊市人民代表大会常务委员会关于《潍坊市人民代表大会常务委员会对市级司法和行政执法机关实行个案监督的暂行办法》等,我们很难说"个案监督"完全于宪法、法律无据。在实践层面,从中央到地方人民代表大会,"个案监督"则呈愈演愈烈的态势,并使许多法院穷于应付。

同时,慎重对待也要求我们对"个案监督"进行深入的思考。在这样一个改革和创新的年代,我们不能把关于合理性的判断建立在现实性的基础上,以为"凡是现实的皆为合理",而是更应该把对现实性的判断建立在合理性的基础上,坚信并强调"凡是合理的皆应该成为现实"。"个案监督"的产生和风行,的确有其现实必然性,诸如人们对司法腐败的不满、司法人员整体素质的低下、层层设置监督者和监督权的制度设计思路、人民代表大会及其常务委员会权力在制度设计上的弥散扩张状态等众多因素,都朝着一个助成的方向形成了强大的、无法抗拒的合力。但是,我们是否能够为"个案监督"的这种现实存在求得足够的合理性呢?这就是一个需要深入思考的问题了。

现在有很多人把思考的重点放在如何使人民代表大会的"个案监督"规范化上,并在监督的主体、程序、范围、时机、方式、效果等方面提出了各种建议,如集体行使原则、事后行使原则、中立性原则、程序性原则、对应监督原则等。这种思路在很多情况下虽然是出于对人民代表大会"强权"的无奈,是出于因势利导、顺势削弱的策略的选择,但是,其隐含的前提则是对"个案监督"的肯定。而问题恰恰在于,"个案监督"的存在是否有足够的合理性?如果没有,那么无论如何完善和规范,"个案监督"制度都只能是一座基础不牢靠、因而难免倒塌的倾斜的"大厦"。

关于"个案监督"的合理性,目前人们提出的理由大致可以概括为两个方面。一个方面是法律上的理由,认为我国实行的是人民代表大会制度,人民代表大会是国家的权力机关(而不只是立法机关),在宪法和法律上,人民代表大会及其常务委员会不仅具有监督权,而且还拥有使监督行之有效的各种权力,如对法院院长的选举、罢免权,对法院其他审判人员的任免权,对特别问题的调查、决议权,等等,体现了"人民代表大会下的法院"的政制设计特点。另一个方面是道义上的理由,认为人民代表大会是代表民意的机关,人民代表大会代表要"为民请命",要通过强有力的监督回应民众对遏制司法腐败的要求。有鉴于此,人们认为,对于"个案监督"在实施中出现的严重的"失范"和无序问题,可以通过相应的规范和完善措施予以解决,不能因此怀疑"个案监督"的合理性。

笔者认为,这样一种说理并不充分。因为,宪法上虽然规定了人民代表大会对法律实施的监督权,但并没有规定这种监督可以采取"个案监督"的方式。而且,即使我们承认"个案监督"于法有据,从制度改革和完善的角度说,合法性作为一种现实性,也要接受合理性或正当性的考量。至于将人民代表大会的意向与社会大众的意向画等号,进而在道义上主张人民代表大会的无限权力,将"人民代表大会(代表)应该"的判断转化为"人民代表大会(代表)有权"的判断,无程序、无规则、无界限、无分工地依"道义"行事,则不过是基于"道义"的自我蒙蔽。

人们提出反对"个案监督"的理由是各色各样的,比如,认为"个案监督"不符合独立审判原则;影响裁判的既判力,损害司法的权威;不符合效力原则,损害有限法律资源的合理配置;是基于对法律和事实的确定性的陈旧观念;在监督理念和制度上对"谁来监督监督者"这一问题缺乏认识,等等。从质疑"个案监督"的思路来看,有的是强势意义上的,认为在人民代表大会和法院之间,应该有合理的权力划分;有的是弱势意义上的,其立足点是人民代表大会和法院在职能上的合理分工。所有这些类型的质疑和反对理由,就使得"个案监督"在合理性或正当性的证明上面临严峻的挑战——更确切地说,则是面临有关合理制度的理念和原则的挑战。"个案监督"要想具有合理性,就必须与这些在现代法治社会中具有普遍意义的理念和原则和谐相处。

这里,笔者想特别从现代法治"低限要求"的角度提出两个问题:

第一,法治社会要求有健全的司法,对于何为健全的司法,在逻辑和经验上国际社会都形成了各种一般性准则,因此,如果说中国的法治必须与国际社会通行的司法准则进行最低限度的对接的话,那么"个案监督"的做法是否能够符合这种对接的要求?

第二,任何奉行民主和法治的社会,都必须贯彻"有限政府"的原则:政府的权力是有限的,任何政府机关的权力也必须是有限的。我国的人民代表大会制度同样必须与"有限政府"的原则实现最低限度的对接。如果将人民代表大会对法院和其他政府部门的监督延伸到"个案"的领域,从而使其权力处于高度弥散和扩张的状态,那么,人民代表大会权力的边界何在?

专题十

司法程序改革

1

司法过程的特性[*]

　　时下国人关于司法改革的言谈,似乎有某种立场上的分野:一部分人立足于司法的价值追求,时时处处强调的是司法的公正,司法的效率,司法对人权的保障,司法对时势需要的回应,等等;另一部分人则立足于司法的操作技术,渲染展示的是司法的性质、司法的特性、司法的传统和司法从业者的职业技能、职业思维、职业品格,以及司法所需承载的其他各种不同寻常的要求。殊不知,在司法的价值内涵和操作特性之间,有一种互为因果的联系:一方面,司法裁判以公正为依归,正是由于对公正的追求,才形成了司法裁判的各种特性;另一方面,司法制度作为整个社会法律制度的一环,也必须体现自己的运作特性——特性得以彰显,则公正得以落实。

　　基于这样的联系,可以认为,追问司法裁判是不是公正,是不是达到社会预期的要求,必须首先追问法院是做什么的,它们如何运作,在现实生活中扮演什么角色、起什么作用。而此类追问的指向,就是要确定究竟是什么区分了法院和其他公共机构(包括其他解纷机构)。法院应当也必须以一种独特的方式来运作,而为了判断法院是不是以及在什么程度上以一种独特的方式发挥作用,需要确立一些标准,并把这些标准用于评断法院的行为。就法院自身而言,这些标准是它们取得合法性的基础,也是它们主张自己权威的根据。

---

[*] 本文原载《人民法院报》2001年9月21日。

笔者认为可以从司法过程自始而终的四个方面来确立这种标准。这四个方面是：法院获得业务的方式，司法过程参加者的类型，司法作出裁判的方式，以及司法裁判结果的性质。与此相对应，司法过程的基本特性则可以概括为：反应性、公共性、依法性和公平性。

第一，反应性。法院与其他纠纷解决机构不同，就获取业务的方式而言，它是反应性的（reactive）。从理论上说，法院或法官只有应当事人之要求才能行动。与此不同，立法机构则不会也无须等待他人来提出问题，它们常常可以事先就对产生问题的情况进行调查和界定，因而它们能够确定自己的议事日程。法院是被动的，它们并不主动寻找争议或纠纷。法院对犯罪者的定罪科刑，对被侵权者的民事救济，对法律条文的解释适用，皆是应邀所为。法院并不主动追捕罪犯、发现侵权行为，一般也不主动收集各种证据。

法院所具有的这种被动反应的特性，是人们在国家和社会生活中信奉个体理性自治的结果。在个体自治的价值体系中，强调的是社会个体的自由、自主和自律。由此，才产生了社会个体的责任，即认识和确定自己的真实需要和问题，并决定其中有哪些应该交由法院裁判解决。社会个体会主动、合理地追求自己的利益。对于个体没有注意、或者说不希望注意的纠纷和问题，法院应该淡然处之，不该过于热心。法院被动反应的特性除了体现个体自治的价值准则以外，进一步的作用还在于，它有助于缩小争议问题所涉及的范围，将问题与各种复杂的背景因素相区分。另外，法院被动反应性也保证了法院能够在损害已经发生、问题已经显现的情况下解决纠纷。这一点虽然限制了法院在各种重大社会变化中展现主要促进者的能力，却也使法院避开了社会变革的"风口浪尖"，蕴藏着深刻的司法哲理。

第二，公共性。人们在观念形态上对法律的平等保护的信奉，决定了司法过程就其参加者的种类而言，具有公共性。从理论上讲，法院不同于其他各种纠纷处理机构的地方还在于，法院对所有公民开放，能为所有公民所用。任何纠纷，只要在法律上存在可能的救济措施，纠纷当事人就应该能够使用法院。法院在最广泛意义上具有公共性，这一点有别于其他一些只能为特殊的人群所用的纠纷解决机构，如宗教法庭、军事法庭、职业纪律惩戒机构等。另外，司法程序的参加者是普通人士和法律专家的特殊组合，因为法院处理纠纷的过程既涉及法律知识的运用，也涉及对事实情况的解说。这里包含了一种劳动分工,即一方是纠纷当事人以及在许多案件中的陪审团成员,另一方是检察官、律师和法官,他们在纠纷处理过程中扮演不同——却应该平等——的角色。在法院裁判过程中,参加者把不同的利益、经验和技巧带入裁判的场合,并得到法律上一视同仁的对待。

第三,依法性。许多思想家如法国的孟德斯鸠为了强调法官对法律的严格遵从,甚至以"呆板"来刻画法官的裁判行为。的确,依法作出裁判,是法院区别于其他纠纷解决机构的又一个方面。在社会政治制度中,法院扮演的角色是解释和适用法律,也即运用法律处理纠纷。而且,法院的合法性也取决于它们与法律之间的联系。法院只能从法律中寻找自己权威的根据,而其他政府机构如立法机构则可以声称自己的权威来自民选,来自民众的嘱托。人们希望法官在解释和适用法律时立场中立,就是希望法官不以自己的私人利益或政策偏好为基础去作出裁判,就是希望司法裁判须受法律规则和原则的支配,而不是受政治实用主义的支配。法官应该想和应该做的,不是考虑什么样的裁判对纠纷当事人来说最好,而是按照法律上对何为正确、何为正当的界定,以他们应该采取的方式做他们该做的事。当然,在实际运用中,解释和适用法律的过程是很复杂的。法律存在模糊和歧义,解释规则本身对于解释来说也是开放性的。世界上没有两个案件是完全相同的。我们只能指望法官根据他们所能确定的事实,以及他们所能合理运用的具体法律规则和原则来裁判案件。如果法官作为纠纷解决者放弃其独特的正当性要求,如果法院不能区别于其他纠纷处理机构,那么就不能满足社会大众的预期。

第四,公平性。司法过程的最后一个基本特征,表现在其"输出"结果的性质上。简言之,人们希望法院裁判的结果公正无偏。公平的基本要求是:在司法过程中,决定裁判结果的因素是事实和法律上的是非曲直,而非纠纷当事人的身份特征。法院裁判的结果不同于其他政府机构所作决定的结果,在于它并不偏向特殊类型或种类的当事人。而且,对处于纠纷争议中的个人或团体,法院裁判结果的公平性还有特别的要求。由于法院为纠纷当事人提供了中立、无偏的竞技场,法院要求当事人有一种良好的竞技道德,要求当事人服从公平的裁判过程,并希望自己的裁判能够既被胜诉的一方所接受,也为败诉的一方所接受——尽管并不一定心悦诚服。

2

作为法律文化一部分的司法程序
——文化视角的启示*

一、背景

从法律文化上说,中国历来是一个重实体、轻程序的国家。程序问题被认为是形式问题,是表面文章,不具有独立的价值,只具有从属的意义。但与此形成鲜明对比的是,在中国的法学研究和法律实践中,程序问题却受到越来越多的关注。人们不仅指出了程序问题和实体问题在价值上同等重要,以及实体正义对程序公正的依赖,而且还在发生学和比较法的意义上强调了程序规则相对于实体规则的优先性。[1] 法律程序受到注重,甚至被作为推进中国整体法制改革和完善的一种进路,即认为中国社会和法制改革中的许多棘手的价值问题或实体问题,实际上都有可能通过某种程序设置加以妥善解决。[2] 在司法领域,由于政府自上而下的推动,以及民间尤其是学界的积极回应,司法改革已呈如火如荼之势,并不断朝向深层次的思考发展。而回顾说来,中国的司法改革正是发源于20世纪90年代中期,以强化当事人的举证责任、克服法院或法官的过动主

---

* 本文系在中国社会科学院法学所召开的第一次国际研讨会上报告的论文。
 [1] 参见谷口安平:《程序的正义与诉讼》,王亚新、刘荣军译,中国政法大学出版社1996年版,第1—20页。
 [2] 参见季卫东:《法律程序的意义》,载《中国社会科学》1993年第1期。

义为起因的法院审判方式改革。[1] 显然,在一种相对独立、甚至优先于法律实体问题的意义上强调程序的意义,具有超越本土法律文化的意味。

二、问题

但是,上述以法律程序为切入点的改革,在很大程度上是一个学习和借鉴法治发达国家的程序规范和制度的过程。这样一种改革由于对移植制度本身的片面了解,以及对移植制度所赖以生存的社会土壤和制度框架的无意识,加之面临根源于我国社会和法制大环境的许多问题的阻隔,从而举步维艰,收效甚微。

在刑事诉讼领域,以当事人主义为取向的对抗制改革,由于证人出庭率极低、当庭宣判率极低等问题而被认为基本失败;控辩双方难以实现"同等武装"而达致期待中的平衡;人们所极力主张的无罪推定原则,在修改后的《中华人民共和国刑事诉讼法》中,实际上还是在实事求是的意义上被表述和理解——既非有罪推定也非无罪推定。[2]

在民事诉讼领域,以当事人双方诉讼地位平等为特征的程序设定虽然在理论上可以使"对抗"势均力敌,但中国社会对公共权力的信赖和对社会职业(如律师)的怀疑常常使负有举证责任的一方无法获得需要的证据;法官依职权调查制度的取消和证据开示制度的缺失,实际上赋予了掌握证据的当事人规避出示不利于本方的证据的可乘之机;证人出庭面临着刑事诉讼中同样的问题;在没有明确划分诉讼事项与非诉讼事项、事实问题与法律问题、程序问题和实体问题的举证责任规则的现行法律框架内,不同类型的诉讼当事人常常在当事人主义和职权主义之间的制度真

---

[1] 参见景汉朝、卢子娟:《经济审判方式改革若干问题研究》,载《法学研究》1997年第5期。

[2] 对此,只要简单比照一下国际人权文件的有关规定就可以说明。1996年《中华人民共和国刑事诉讼法》第12条规定:"未经人民法院依法判决,对任何人都不得确定有罪。"《世界人权宣言》第11条第(一)项规定:"凡受刑事控告者,在未经获得辩护上所需的一切保证的公开审判而依法证实有罪以前,有权被视为无罪。"这里的差异显而易见:前者的表述为"不得确定有罪",后者的表述是"有权被视为无罪"。从逻辑上说,"不得确定有罪"也就同时意味着"不得确定无罪",因而所体现的还是以事实为根据的实事求是原则。参见张志铭:《关于被刑事追究者获得律师帮助的权利:国际标准与国内立法之比较》,载夏勇编:《公法》(第二卷),法律出版社2000年版。

空中无所适从,而法官们则可以在两种规则的交错中游刃有余地选择最方便审判和最能保护关系方利益的规则[1];为了克服因地方保护主义造成的"执行难"问题,引出的却是在法院内部实行某种垂直领导的思路,等等。

在法院诉讼程序之外,落实并强化人民代表大会、检察机关、舆论等社会各界对司法的监督已成迅猛之势。错案追究制度最终力排众议,得以在法院变相建立,赔偿委员会甚至成为法院一个重兵把守的专门机构;人民代表大会常务委员会"个案监督制"在学界的一片异议声中大有积重难返之势;检察院的述职报告甚至以每年成功地推翻多少件民事案件的裁判作为赢得人民代表大会代表掌声的政绩……在整个社会中,惩治司法腐败、增强司法监督(控制)似乎已成为主流意识形态的一部分,司法专业化、自由心证等现代司法观念虽得以引入和流传,但在这种状况下却难以找到生存的根基。

现实表明,在围绕法治改革而进行的程序建设中,简单地借鉴一些外来的做法,尽管可能立竿见影,在局部意义上突显其成效,但对于制度的整个机体而言,却可能因破坏其内在运作机理而造成功能上的紊乱。对于程序建设问题,我们似乎还缺乏一种健全的视角。

三、启示

把司法程序视为法律文化的一部分,意味着在法律程序的认识上引入一种文化的视角。文化是一个具有众多含义的概念(据一项令人难以置信的统计,世界上关于文化的定义有300多种)。正是因为其含义众多,因而在司法程序建设上引入文化的视角,也就是引入了一种开放的、可以产生许多有价值的联想的视角。这里笔者想从检讨近年来司法程序改革的角度,列举文化视角所可能带来的五种启示:

一是文化的概念是一个全面系统的概念,视司法程序为法律文化的一部分,也就意味着司法程序的概念可以转化为一个在内容上广泛而系

---

[1] 比如管辖权这样的重大程序问题,即使在实行对抗制的美国,在规定提出异议的当事人承担证明责任的同时,法官也负有自我审查的责任。在我国,管辖权问题属于法院职权决定事项,没有设置当事人举证和辩论的程序,实践中法院常常基于地方保护的考虑,直接以异议方"举证不足"为由驳回管辖权异议。

统的司法程序文化的概念。

广义的法律文化应该包含法律制度、法律设置和法律观念三个方面的内容。与此相适应,作为法律文化的司法程序概念也应该包括程序制度、程序设置和程序观念三个方面。程序制度是程序观念的外化或体现,程序设置则是程序制度运作和实现的物质条件,因此,从系统联系的角度看,即使像人们通常所做的那样,把司法程序视为一种规范和制度设置,这种制度设置的有效性也有赖于相应程序设置和程序观念的支撑。

二是文化的概念是一个内涵式的概念,将司法程序视为法律文化的一部分,就要求在司法程序建设的过程中,把程序规范和制度的建设同程序观念的更新改造结合起来。

司法领域的程序规范和制度只是有关司法的程序理念的载体,如果在学习和借鉴外来先进的程序规范和制度时不注意研究和吸收其内含的程序理念,那么结果往往会貌合神离、南橘北枳。比如,公平审判的程序理念在世界各法治发达国家已转化为各种程序制度设计,其中包括对裁判者的各种特权式的保护,如薪金保障、任职保障、职务行为豁免等,如果在司法改革中仅仅强调这些赋予法官特权的程序制度,而无视或忘记在这些制度背后所存在的一种"历史交易"——社会大众希望通过赋予裁判者特权来获得公正的司法产品,那么,法官的司法特权就会由造福社会的法官特权蜕变为损害社会的个人特权。

三是文化的概念是一个传承延续的概念,把司法程序视为法律文化的一部分,就需要在司法程序的设计和改革上形成一个健全的时间维度。

法律文化是人们法律生活的历史沉淀,作为纽带,它既连接了过去和现在,也构成了使现在向未来顺利延伸的基本条件。如果总是以革命而非改良的态度,以割断历史或历史虚无的态度和方式来进行司法程序的设计和改革,那么其可行性和合理性都值得怀疑。

四是文化的概念是一个地域性的概念,视司法程序为法律文化的一部分,就是要注意司法程序设计和改革的合理的空间维度,注意这种设计和改革与所在"水土"的契合问题。

这不仅是一个在借鉴外来法律程序设计时需要考虑的问题,而且更是一个在我们这样一个地域广阔、差异众多的国度内部进行法律程序设计和改造所要重视的问题。在许多程序改革上,我们为什么不能基于不同地域的文化和总体发展水平作出区别对待呢?比如,考虑到中国东西部在社会经济整体发展水平上所呈现的"梯度"状况,我们是不是需要提出司法程序乃至整个司法和法制改革上的"梯度发展理论"呢?考虑到各地存在许多重大的地方文化和民族文化差异,我们是否应该对以往的改革有所反省,淡化一下"全国一盘棋"的意识,而给地方留出更多的自由发挥和创造的空间呢?当我们基于司法的被动性、诉讼的专业性而强调法官坐堂问案、当事人双方对抗的审判方式改革时,我们能够无视在广大封闭而不发达的地区人们对"为民做主"、更有作为的法官的眼巴巴的期待吗?如果说法律在某种意义上是也应该是一种"地方性知识"的话,那么司法程序就能例外吗?

五是文化的概念是一个多元合理的概念,把司法程序视为法律文化的一部分,就要求对本国已有的程序制度和观念采取一种温情的态度。

不同的文化是人类行为可能性的不同选择。各民族的文化皆有其自身的价值取向,有自己与所属环境的独特的适应能力,从而具有其自身的内在合理性。没有什么绝对单一的标准可以判断一个民族的文化为绝对的优,一个民族的文化为绝对的劣。借鉴这样一种文化价值相对论[1]的立场来看待中国的问题,那么包括法制发展在内的整个现代化的过程,都只能是传统性与现代性之间不断互动的过程[2],而不是什么"西化"[3]的过程。传统性表现为一个社会或社区在长期的共同生活中形成的比较稳定的制度(广义)和观念。传统是可变的。每一个民族的法律传统,都包含着因应现代社会需求并发展出现代性的因素。法制现代化就是传统的法律制度和法律观念在功能上对现代性要求的不断适应过程。而各种外来的法律制度和法律观念,只有在本民族法律文化中找到合适的生长点,才有可能发挥作用。

---

[1] 参见露丝·本尼迪克特:《文化模式》,王炜等译,三联书店1988年版,第23页。作为全书主旨的体现,作者引用了迪格尔印第安人的箴言:"开始,上帝就给了每个民族一只陶杯,从这杯中,人们饮入了他们的生活。"

[2] 互动的现代化观点,参见西里尔·E. 布莱克编:《比较现代化》,杨豫、陈祖洲译,上海译文出版社1996年版,译者前言。

[3] 按照"西化"的观点,现代化是产生于西方的制度和价值观念并向世界其他地区的传播过程。从历史看,现代化进程发端于西欧,17世纪后传播到欧洲其他地区和北美洲,20世纪亚非拉国家开始现代化进程。这种"西方中心论"直到今天仍然有极大影响。它的特点是将传统性和现代性两极对立,只注重现代化过程中的共性,认为现代化就是不发达国家通过社会变革取得发达的现代化工业国家的特征。

四、危险：文化的深刻和文化的浅薄

一个民族的文化往往被视为一个民族的"根"。对问题从文化的意义上进行寻根究底，很容易被认为是深刻的。但是，在揭示文化视角的启示意义的同时，也应该指出，由于文化视角的广泛性，文化视角含义的多样性，以及中国作为一个历史极为悠久的国家所具有的文化底蕴的深厚性和复杂性，从法律文化的角度谈论法律程序问题或任何其他问题，也可能会不得其深刻内涵而流于空泛和浅薄。文化的深刻和文化的浅薄犹如文化之树上的两个果子：运用恰当，则文化视角有可能拓宽我们在法律程序问题上的视野和思路；运用不当，则可能使我们在程序改革的价值判断和方案选择上流于形式，从而无所适从，一事无成。

3

审判方式改革再思考[*]

在现代社会,诉讼是当事人双方就所争议的问题求助于裁判机构加以解决的活动过程,因此,它主要涉及三方主体,即诉方、被诉方和裁判方。由于三方主体在诉讼过程中的地位、作用及相互关系不同,就形成了各种不同的诉讼构造。在当今世界,人们一般把诉讼构造区分为两大类,一类是以英美普通法系为典型的对抗制,另一类是以欧洲大陆民法法系为典型的讯问制。两者在风格上的基本差异大致可作如下简单表述:在对抗制中,诉讼从根本上讲是由当事人及其律师组成的对立双方的事,双方提出自己的主张,展示各自的诉讼证据,并进行攻防式的当庭举证、交叉询问活动,而法官除遇有程序性问题需要积极地加以干预外,只能持被动的立场;在讯问制中,法律极其强调法官作为取得案件公正结果的能动的保证人作用,而不那么借重当事方律师的能力。例如,在一些国家,法官会提示当事人双方集中注意力于特定的事实或法律问题,以此指导诉讼过程。[1] 由于两大诉讼构造在制度设计上存在把重心置于当事人还是裁判方的不同,前者又被称之为当事人主义,后者则被称之为职权主义。

当事人主义和职权主义皆为现代民主政治和法治社会中的诉讼构造,它们各有自己凭靠的学理基础和在具体制度上(存在于审判及其前后

---

[*] 本文原载《法学研究》1995年第4期。

[1] 参见《不列颠百科全书》(英文第15版),大英百科全书出版社1985年版,第26卷"诉讼法"条。

的各个环节)的一整套设计,因此,简单地品评孰优孰劣是不可取的;如果考虑到当今它们相互借鉴吸收的趋势,以及它们各自有效适用的广泛时空范围,则更无舍此取彼的必要。试想,从制度设计的基本原理上讲,人们固然可以把诉讼构造的重心置于充分发挥利害冲突的当事人双方的主动性上,并通过使裁判方尽可能处于公正无偏的境地而达到合理解决争议之目的,但与此同时,既然诉讼双方终究要借助于裁判方而达到定分止争之目的,又为何不能直截了当地发挥超然于当事人双方利害冲突之外、并具备更充分的职业技能和纠纷解决经验的裁判方在整个诉讼过程中的主导作用,而置当事人双方于辅助位置呢?有谁曾经或者能够令人信服地证明推行当事人主义模式一定会比奉行职权主义模式实现更多的司法正义呢?实际上,当事人主义和职权主义也并非水火不容,例如,日本在"二战"以后就在刑事诉讼领域实现了由原来的职权主义模式向当事人主义为主和职权主义为辅的模式的转变,并因此而独树一帜。[1] 既然有此先例,对已有诉讼构造不满的人们又为什么不能思考构造职权主义为主、当事人主义为辅的模式呢?

审判方式是诉讼制度构造的基本部分,实行审判方式改革,已成为当代中国法治实践中的一个焦点问题。人们普遍认为,中国长期奉行的是一种"职权主义"或"超职权主义"的审判方式,其基本特征或主要弊端,在民事诉讼领域表现为法官职能过强、干预过多,当事方作用微弱、缺乏自主性;在刑事诉讼领域则表现为控、审职能交错和辩护作用低弱。为克服这些弊端,人们自然把眼光转向职权主义的对应物——当事人主义。1991年4月,中国颁布实施新的《中华人民共和国民事诉讼法》。较之于此前的《中华人民共和国民事诉讼法(试行)》,新法在审判方式方面弱化了法官的诉讼职能的同时,强化了当事人在诉讼中的地位和作用。例如,改变过去要求法院依法客观、全面地收集、调查和审核证据的做法,确立了当事人举证责任,即"谁主张、谁举证"的主导地位,而且规定证据要当庭出示,由当事人相互质证;改过去要求法院依职权进行调解(实践中往往蜕变为强行调解)为当事人自愿申请调解;改变法院依职权裁定先予执行案件的做法,规定此举应以当事人的申请为根据;规定二审法院审理上诉案件的范围应以当事人上诉请求的范围为限,等等。所有这些都被看

---

〔1〕 参见李心鉴:《刑事诉讼构造论》,中国政法大学出版社1992年版,第98—112页。

作是在立法上对原来的诉讼"职权主义"或"超职权主义"模式进行"当事人主义"的改造。[1] 以立法为凭据和诱导,审判实践中出现了仿效英美对抗制的尝试[2],理论研讨中主张建立当事人主义审判模式的观点,则颇为流行。

　　如果把一国的诉讼制度视为一个完整的构造,那么促成民事审判方式改革的那些因素,同样也会牵动刑事审判方式作出与民事审判方式对应的变化。民事领域存在的是平等主体之间的法律关系,在民事诉讼中比较容易体现市场经济条件下当事人意思自治和责任自负的精神。但是,刑事诉讼虽然在很大程度上是国家对犯罪行为进行追究的活动,其中却也并非只有或主要是国家和社会的利益,而没有当事者个人的利益,或者这种利益纵然合法、正当,也只是居于次要地位;裁判方仍然要以公正的姿态对待相互对立的控、辩双方。因此,即使人们在原有的诉讼法律观念下难以明确控、辩双方在法律地位上是否应该完全平等,但认为辩方应该获得其基本的诉讼权利和地位,并且在制度设计上保证辩护职能的充分实现,也绝不是没有必要和可能的。而且,在形式上,当事人主义、职权主义及两者兼有的混合模式,皆属完整的诉讼构造,如果我们把自己原有的诉讼制度称为"职权主义"或"超职权主义",并且已经在民事审判方式上对其流弊作出了一些革除的努力,那么还认为作为整个诉讼制度一部分的刑事审判方式可以维持现状,则是讲不通的。显然,问题已不应该是要不要改,而在于怎么改。

　　中国正在进行刑事诉讼法的修改,解决刑事审判方式上存在的各种弊端,已成为修改过程中的一个重要议题。关于刑事审判方式的弊端,人们已有诸多归纳和列举。例如,法官在开庭审判前基于控方提供的材料对案件所作的审查、查证、讨论等造成的"先入为主""先定后审";由于审判委员会讨论决定案件和一审法院就具体案件事先向上级法院请示等做法造成的"审者不判""判者不审""上批下判";由于法官在庭审中根据庭

---

〔1〕 参见田平安:《我国民事诉讼模式构筑初探》,载《中外法学》1994 年第 5 期。也许有不少人认为这种"改造"并非以当事人主义模式取代职权主义模式,而是在后者之中融入当事人主义模式的因素。但是,对此我们要提出这样的疑问:什么是两种模式的共同因素?区分两种模式的因素或基本特点又是什么?不作这种辨析,就不可能确定审判方式改革的宗旨,也谈不上形成正确的改革思路。

〔2〕 但在实践中,法院的一般做法是由当事人在开庭前提供证据,法官在庭前审核证据后决定开庭审理。

前预先调查案情并展示证据证明被告人的罪行,造成"控审不分""审判越位",等等。所有这些都导致了辩护职能的弱化、甚至丧失,以及法庭审理走过场的后果。对此,人们在思考解决办法时同样把注意力转向当事人主义,提出了强化辩护职能、分清控审职能界线的思路,具体措施包括:为避免法官"先入为主""先定后审",主张对庭审法官实行起诉状一本主义;改变法官在庭审过程中包揽调查、举证等"越位"做法,使庭审活动以控、辩双方举证、质证为主要内容;主张律师可以在嫌疑人被采取强制措施后介入诉讼,以保证律师辩护职能的充分发挥等。这些措施无疑都是极有针对性和建设性的。

可见,在审判方式改革问题上,目前已存在这样一种主导性思路,即,人们首先认定中国以往的审判方式属于"职权主义"或"超职权主义"的模式,进而认为要克服以往在审判方式上存在的各种弊端,就应该按照当事人主义模式,至少是大量吸取当事人主义模式的因素去重新塑造诉讼主体三方的关系,弱化裁判方的职能,强化并借重当事方(在公诉案件中则是辩护律师)的作用。但是,这里我们有必要思考这样一个问题,即职权主义对于当事方的地位和作用是否就不加承认?是否一讲强化当事方的地位和作用就意味着放弃职权主义而走向当事人主义?中国在审判方式上所存在的种种弊端,是不是职权主义的固有弊端呢?不弄清楚这些问题,我们就不可能对已经作出或可能作出的改革审判方式的举措有一个恰当的评价。

如前所述,职权主义和当事人主义皆为现代民主政治和法治社会中的诉讼构造模式,也就是说,它们与那种盛行于封建时期的专横武断的纠问式诉讼模式是截然有别的。在纠问式诉讼模式中,只有裁判方才是诉讼的主角(集起诉与审判的职能于一身),当事人则是被纠问的对象。与之相对,无论是当事人主义还是职权主义,都体现了现代司法民主的精神,其构造表现为三方主体也即诉方、被诉方和裁判方的互动关系。职权主义与当事人主义的区别,并不在于是否承认当事方在诉讼中的地位和作用,而在于把诉讼中的主导地位和作用归之于裁判方还是当事方。例如,奉行职权主义的欧洲大陆民法法系国家,在刑事诉讼中,自19世纪以来也一样逐渐确立了嫌疑人作为诉讼主体的自主地位。在审判前的调查阶段,嫌疑人有权保持沉默以免自证其罪,而以酷刑或其他威胁办法强行获取的口供,则得不到法庭的承认;嫌疑人有权得到律师的帮助,以收集有利于自己的证据,并保护其权利不受执法者的侵犯。另外,在刑事审判过程中,控、审职能是被严格区分的,控方对于与指控相关的所有事实都负有证明的责任。民事诉讼的情况也自不待言,法院在私法问题上通常也只是就当事人提出的要求并根据他们提供的证据作出裁决,由此而体现了当事人意思自治和责任自负的原则。因此,如果说是否在诉讼中确认和保障当事方基本的权利和地位并且在诉讼主体之间作出必要的职能划分,是司法民主与否的一种标尺的话,那么把主导诉讼的角色归之于裁判方还是当事方,则是制度构造的技术差异而已。

因此,在中国审判方式中存在的诸如控审职能交错、审判职能越位、无视辩护职能一类的弊端,实际上并非现代职权主义诉讼模式所固有,恰恰相反,它们是作为对现代职权主义和当事人主义否定物的纠问式诉讼模式的残余改革所要解决的问题,主要是司法民主化的问题,而非变更审判方式的问题。从民事审判方面已经作出的改革看,弱化法官诉讼职能和强化当事人诉讼地位和作用的结果,在根本上也没有超出现代职权主义诉讼模式的范围。例如,新《中华人民共和国民事诉讼法》虽然确立了"谁主张、谁举证"的当事人举证责任的原则,并采纳了当事人相互质证的做法,但同时仍然规定,法院对当事人及其诉讼代理人因客观原因不能自行收集的证据或自己认为审案需要的证据,应当调查收集;法院应当依法全面、客观地审核证据。虽然庭审实践中已经有"对抗制"的尝试,但作为一般做法,法官仍然是在庭审前审核由当事人提供的证据,然后决定开庭。显然,法官在审判中还是居于主导地位。

刑事审判方式改革的主要内容是分清控、审职能界线,强化辩护职能,对此,人们固然可以像前文提到的那样,主张当事人主义或以当事人主义为主导的解决办法,但是,更为切实可行也不失合理性的思路,可能还是在现代职权主义的框架内,对现有审判方式的弊端进行司法民主化性质的改革。诸如"先定后审""判者不审""审者不判""上批下判""控审不分""辩护职能低弱"一类的刑事诉讼中的弊端,实际上皆为中国的"土产",而非现代职权主义之过。从已经得到广泛认同的改革措施看,如律师在刑事诉讼中的提前介入、通过刑讯逼供取得的证据不具有法律效力、落实合议庭的审判权限、使控诉方承担证明与指控相关的所有事实的责任等,我们也只能说中国正在通过司法民主化的进程,走向一种真正的现代职权主义审判模式。

应该指出的是,在这里我们只是要对审判方式的改革提出一种不同的思路和看法,以引发人们作进一步的思考。从论证这一思路的角度看,说它更为切实可行,是因为在中国的历史传统和发展现状中,可以举出太多支持的理由,而当我们考虑当事人主义模式或者以它为主导的改革方案时,我们又觉得需要配套建设的事物有太多太多,甚至可以说,中国并不具备实行当事人主义模式的土壤。说这种思路不失合理性,是因为通过司法民主化性质的改革走向一种真正的现代职权主义,会有一个明亮的前景。那么,我们是否可以在非此即彼的抉择之外采取一种兼容的态度呢?这自然是不成问题的。事实上,职权主义和当事人主义这两大诉讼构造之间,在不失各自基本特色的前提下,早已存在一种相互靠近的趋势。例如,在涉及儿童福利一类问题的案件中,英美普通法系的法官也经常在揭示案件事实方面扮演较为积极的角色,而不只是充当消极的裁判者。因此,它们本身就是具有兼容性的。除此之外,在当今世界,我们也已看到像日本那样兼容性极高、并独树一帜的以当事人主义为主、职权主义为辅的诉讼构造。或许,中国也可以独辟蹊径,建立一种高度兼容的以职权主义为主、当事人主义为辅的诉讼模式,尽管这需要周密的制度设计和长期的实际磨合过程,但肯定不会像建立当事人主义诉讼模式那样,令人一筹莫展。

4

"停访息诉"与制度理性

这里要提出讨论的是,在中国社会的法治进程中,制度建设的内在合理性问题。笔者想围绕一组概念来进行,即制度的常规运作和制度的非常救济。首先就公安、司法机关开展的"停访息诉"活动中两个被媒体广泛报道的事例,作一点分析和评论。

事例一:为了减少缠诉、缠访现象,避免诉讼资源的浪费,山东省高级人民法院出台了《信访案件终结评审小组工作程序》,在全国法院系统率先建立起信访案件终结制度,努力解决"上访老户"缠诉、缠访问题。山东省高级人民法院成立信访案件终结评审领导小组,由主管立案信访工作的副院长任组长,协管领导和立案庭庭长任副组长,各业务庭骨干法官为成员。评审领导小组下设刑事、民事、执行和行政三个评审小组,每个评审小组确定一名组长,负责案件的分配、组织审查、主持研究等项工作。

事例二:2005年5月18日至9月6日,公安机关开展了全国公安局长"开门大接访"活动,以集中处理日趋严峻的群众信访问题。此项活动的工作目标是"人人受到局长接待,件件得到依法处理"。截至8月28日,全国公安机关累计接待群众上访案件约20万起,依法处理群众信访问题约18万件,群众停访息诉约18万起,比率高达90%以上。

"涉法上访"案件数量居高不下,严重影响社会安定,困扰政府治理。回顾说来,我们不是没有相关的制度,这些年来各级政府系统为解决问题也付出了巨大的努力,但是,事态的发展却出乎人们的良好预期。上述两个事例,是公安、司法机关在求解"涉法上访"难题、摆脱困局方面所付出的崭新努力,是按照执政党"执政为民"的总体要求,在制度设计和运作方面推出的具体举措。

上述举措具有很强的现实针对性。它们内含了对"涉法上访"现象的同情和理解,顺应了现阶段、现实生活中人们对上访问题及其解决的认识和期待,因而其良好的实际效果是可以预见到的。具体说来,这种实效的取得主要基于以下两个方面的理由:

其一,这些举措对"涉法上访"现象采取了认真对待的积极态度,回应了执政党"执政为民"的宗旨,包含了外界广泛认同的价值取向。官方调研数据表明,大多数"涉法上访"都是"有道理的",真正无理取闹、缠访缠诉的属于少数,因而在体现民间疾苦方面,"涉法上访"具有表征意义。在上层决策者和社会大众皆同情"涉法上访"的氛围和舆情中,公安、司法方面也应内省,在道义上予以同情,在法律上予以救济,在经济上予以关照。

其二,在具体操作上,这些举措体现了对症下药、注重实效的特点。一个明显的表现是,它们为"涉法上访"提供了"特别优遇",即在常规处理之外的非常救济,这对上访者是一个巨大的心理安慰,所以才有当事人"一见局长,一听温暖的话,气已消了一多半",才会有在接访效果上"从哭诉到感谢"的典型样式。同时,这样做对上级领导和社会大众也是一个交代,因为在外界看来,"涉法上访"的问题一直得不到解决,说明公安、司法机关常规的运作方式存在问题,只有引入新的非常规救济措施,才足以说明对问题解决的重视和决心。

另一个表现是,上述举措都借重领导人权威,包含了"领导重视"的成分,从而顺应了社会上关于"领导重视或干预是最有效的救济"的想象。至少迄今为止,在我们的国家管理和社会治理理念中,"干部是决定的因素"(其中的坚强核心则是"领导是决定的因素")仍然占支配地位。在人们的心目中,"领导过问或干预"被用来注解制度救济的力度,甚至"穷尽救济"的概念自觉、不自觉地被等同于"最高领导的过问或干预"的概念。与此同时,如果一个上访者在受到特别关照、在被"领导重视"之后仍不能"停访息讼",那就很可能导致社会同情的逆转,被认为不近人情、胡搅蛮缠。

在承认和解析上述举措的实际效用的同时,也要对其因现实针对性而产生的局限性有所警觉。实效性的获得经常以急功近利为前提。从长远一点的眼光看,在社会法治化治理所涉及的制度建设中,需要处理好制度的常规运作和非常救济之间的关系。

法治不同于人治,它是在社会治理中以法律权威为重心的规则之治。法治的正当性和有效性所在,是注重制度的常规运作。而常规运作一般均排斥超越于制度常态的人(尤其是领导人)的权威和作用,在某种意义上说就是"公事公办""依法办事",是制度的非人格化运作。忽视制度的常规运作,以"特别优遇"和"领导重视"的非常规救济手段来处理常态发生的事件,必然导致制度品质和治理品质的恶化:当事人将一味地"剑走偏锋",职能部门和人员将丧失自尊感、责任心,领导人将穷于应付、不堪其重。这既不正当,也缺乏效率。

从长远看,从实现社会法治化治理的要求来看,对于"涉法上访"等各种法律问题的解决,还是应该立足于制度的常规运作。要在权威的配置和树立上,实现从领导人到具体制度、程序规则、职能部门和人员的重心转移,赋予制度的常规运作及其结果以足够的权威性。要随时注意在推行法治的过程中对人们习以为常的人治思维进行检讨,并逐渐地、不失时机地加以克服。同时,对于"上访"等各种不满于制度常规运作结果的现象,在营造宽松的社会交流空间、建立合理的补救渠道之外,还要更多地待之以平常心,尤其不能在制度建设上、在社会治理中因循传统思维惯性,消减、无视制度常规运作的权威和效率。一句话,法治的常态是制度的常规运作。

5

信访的法律定位*

在当前严峻的信访形势下,加之信访工作承载着政府和社会极其重要的价值期许,对此我们必须冷静地就信访工作的制度化、规范化建设进行系统深入的思考,对信访活动的性质进行明确的法律定位,以应对扑面而来的信访"浪潮"。

从法律上定位信访的性质,要回答一个最基本的问题,即信访是不是一种权利,或者说是不是一种独特的权利形态。按照"没有救济就没有权利"的法理,如果信访是一种权利,那么在法律上就必须有相应的保障和救济机制;如果是一种与其他权利不同的独特的权利形态,那么还应该有专门的保障和救济机制。实践中各政府机关制定专门的信访条例,以及力求建立专门的"信访工作机制"的做法,从权利形态和权利救济的角度看,显然凸现的是信访作为一种独特权利的思路。

信访是一种行为,一种活动,这一点无可置疑,但信访是不是一种独立的权利呢?按照 2005 年 5 月 1 日起施行的《信访条例》第 2 条的规定,信访"是指公民、法人或者其他组织采用书信、电子邮件、传真、电话、走访等形式,向各级人民政府、县级以上人民政府工作部门反映情况,提出建议、意见或者投诉请求,依法由有关行政机关处理的活动"。从此规定看,"书信、电子邮件、传真、电话、走访等"是"信"或"访"的信访方式;"反映情况,提出建议、意见或者投诉请求"是"信"或"访"的信访内容。从权利

---

* 本文原载《法制日报》2012 年 5 月 16 日,第 10 版。

形态的角度分析,信访能不能构成一种单独的权利,取决于其内容,单纯的、无内容的"信"或"访"的行为,不构成权利,或者说没有成为法律权利的必要。有关机关对信访的"依法处理",处理的应该是信访的内容,是信访反映的"情况",提出的"建议、意见或者投诉请求",而非"信"或"访"的行为。应该说,在以往的信访工作中,无论是上访者还是接访者,都存在注重处理信访行为而轻视处理信访内容或问题的不足,只是表面的"人回事了、停访息诉"。

信访不是一种空洞的行为方式,信访是有内容的,但是,信访的内容是否能够使它当然地成为一种独特的权利形态、从而在权利分类上非重复地被称之为"信访权"呢?答案可能并不那么简单。如果我们把《信访条例》中设定的信访内容与宪法和法律的相关规定作一个比照,那么会发现信访行为所行使的"信访权",并不是一种新的、独特的权利形态。例如,《中华人民共和国宪法》第35条规定了公民享有"言论、出版、集会、结社、游行、示威的自由";第41条规定公民对于任何国家机关和国家工作人员,有提出批评和建议的权利,对于其违法失职行为,有向有关国家机关提出申诉、控告或者检举的权利。《中华人民共和国民事诉讼法》第二编关于审判程序的条文中具体规定了当事人的起诉权、上诉权、申请再审权、申诉权等各种诉权。如此种种,足以使我们得出结论:信访是一种行为,是行使权利的方式,行使的是宪法和法律上已经确立的各种权利,如言论自由权、批评权、建议权、申诉权、控告检举权、申请再审权,等等;信访本身并不构成一种独特的权利形态,如果说有什么"信访权",那也不过是对上述宪法和法律上的既定权利的一种概括或笼统的表述。

澄清信访的法律性质,对其进行明确的法律定位,对于"做好信访工作",进行合理有效的制度建设,意义重大。

首先,澄清信访的法律性质,有助于我们客观准确地认识和识别信访活动的意义。由于信访活动包含了公民或组织的多项权利,而且这些权利在种类性质上还有质的区别,有的属于立足公共利益的参政议政、民主监督的权利,有的属于立足自身合法利益的控告、申诉、请求的权利,因而对于信访活动的意义应该结合具体的信访行为作出有针对性的客观评价。尽管任何法律权利都有其合法正当性(不一定是正当合法性),都需要认真地予以尊重和切实地加以保障,但是不加区分、笼而统之地说信访具有体现和保障公民或组织政治参与、民主监督和权利救济的意义,则可能使我们在具体的信访工作中不堪其重,使相关的制度建设、规范化操作难以合理有效地展开。有统计数据表明,现阶段信访活动的主要成分或显性表现是个人或组织的权利救济问题,而这样一类问题之所以使信访工作陷入困境,很大程度上与我们在认识上不加区分地赋予信访工作重大的政治使命,把信访工作与尊重和保障公民或组织参政议政的民主权利简单对接有关。

其次,澄清信访的法律性质,有助于我们合理有效地进行相关的制度建设。信访工作对于构建良好政制、实现有效的社会治理具有复合而重大的价值,但这样说并不一定意味着实现这些政治和社会价值必须在制度上建立独特或专门的"信访工作机制"。由于在日常生活中所说的"信访权"指的是宪法和法律上一些既定的权利,而在这些权利的保障和救济上并不是没有相关的组织制度和程序机制,因而"加强信访工作"并不是要在制度建设上"平地起高楼",不是"要在一张白纸上画最新最美的图画"。加强信访工作,切实保障信访行为所关涉的宪法和法律权利,当然需要制度和机制的设计和完善,只是不必一定要另辟蹊径、另起炉灶地在规则、机构、程序等方面创制出一套所谓的"信访工作机制"。比如,在公民或组织的批评权、建议权、控告权、申诉权等方面,都有相应的保障制度和程序,其中包括政府保障机制、人民代表大会保障机制、司法保障机制、社会舆论保障机制等,且各自具有特点和不同的分工要求。加强信访工作关键在于使既成的、常规的权利保障机制切实有效地发挥作用。要把信访工作、"停访息诉"工作"纳入人民代表大会监督","纳入司法程序",不加辨析、望文生义地追求建立独特的"信访工作机制",必然造成制度设计和运作上的混乱和不和谐。

最后,澄清信访的法律性质,有助于我们重新审视目前围绕加强信访工作所进行的制度实践的合理有效性。例如,目前一些地方的法院在追求"停访息诉"的过程中,推出了"信访案件终结制度"——设计建立专门的组织和程序,解决"上访老户"缠诉、缠访问题。这种做法固然有其理由,但从司法制度建设的角度看,显然有刻意追求"信访机制"独特性的弊端。因为我们现行的民事诉讼制度对当事人起诉、上诉、申请再审、申诉等有完整的制度设计,如能切实贯彻,完全能够满足信访工作中权利救济的要求。在此情形下另设所谓的"信访案件终结制度",必然是由于制度合理构建之外的原因或压力,从而必然造成制度建设的紊乱。另外,信访行为以相关的宪法和法律权利为基础,是权利的体现,任何制度或程序都无法在一般意义上终止或消灭权利,但是,对于"接访者"来说,当面对具体的信访行为或权利诉求时,完全可以、而且也应该依法给出终结性的答案,甚至说"不"。

信访是一种复杂的社会现象,在当前形势下我们也的确感受到了"信访洪峰"所造成的压力,对此我们必须有冷静的思考,在澄清信访活动的法律性质并作出明确的法律定位的基础上,进行合理有效的制度建设。

6
民事执行权的制度安排*

在我国司法改革的图景中,法院系统近年来所开展的民事执行改革无疑是一道亮丽的风景线。

这种改革是鲜活的,具有浓烈的生活色彩和明确的问题指向。按照童兆洪先生的概括[1],原有民事执行体制的弊端主要有三:一是上下级法院之间是监督指导关系,缺乏统一的管理与协调,抵抗地方政府和部门保护的能力较差;二是执行权过于集中,缺乏有效的监督制约机制;三是执行方式单一,主要依靠运动式的集中执行,工作方法简单。为了克服这些弊端,解决所谓的"执行难"问题,最高人民法院在《人民法院五年改革纲要》中提出:"经过试点,在条件成熟时,在全国建立起对各级人民法院执行机构统一领导,监督、配合得力,运转高效的执行工作体制"。从改革实践看,目前以高级法院为单元的执行工作统一管理和协调的体制已基本形成;许多法院建立了执行局一类的专门执行机构,并以界分执行裁决权和执行实施权为线索,在执行机构内部形成分权制约的机制。在这种"统管分权"的崭新体制下,产生了诸如交叉执行、指定执行、提级执行、集结(力量)执行等一些新的行之有效的执行方式。

改革是富有成效的,而且包含了可贵的观念转变和制度创新。随之而来的思考是,如何使改革成果获得定型、从而具有在立法上普遍推广的

---

* 本文原载《人民法院报》2002年5月17日。

[1] 参见浙江省高级人民法院执行局编:《执行改革探索与实践》,人民法院出版社2001年出版,"前言"。

价值？这就需要在理论上打通各种"关节",为改革提供一个合理、融通的说明。从笔者了解的情况看,研究者思考和分析问题的"进路"大致是相同的,即都是从解析民事执行权的性质出发,以此说明民事执行应有的制度安排。观点也趋于一致:民事执行权是法院的执行机构强制债务人履行法律文书确定的义务,实现债权人相应民事权利的权能;它是一种复合性质的国家公权,既包含司法权性质的执行裁决权,也包含行政权性质的执行实施权,而且从本质上说是一种行政权。因此,民事执行权可以、也应该以行政权的组织方式来运作。

笔者是同意这样一种分析问题的进路的,而且也赞成关于民事执行权性质的认定。不过,仅限于此来说明"统一管理和协调"的民事执行体制改革的正当性,还远远不够。因为按照通常的理解,法院不同于行政机关,它是一种负责裁判纠纷的机构,在组织和程序构造的原理上必须贯彻中立的原则,而不能实行行政机关的"上令下从"。从我国司法改革的总体构想看,淡化和消除司法的行政化色彩,也是其中最为关键的一环。如果一项司法改革举措不仅没有弱化反而强化了司法的行政化色彩,那么它在价值取向上就有问题。因此,对于"统一管理和协调"的民事执行体制改革,在理论上还需要进一步打通一些"关节",其中主要有以下两个问题:(1)法院作为司法裁判机关,为什么能够行使行政权性质的权力,如民事执行实施权?(2)法院行使行政权性质的权力,自然要遵循行政权运作的规律,在自己的机体中引入行政权性质的上令下从或"垂直领导"机制,这样一来会不会损害法院作为裁判机关的组织和程序构造?为避免损害所需要的合理的制度安排又是什么?

第一个问题涉及对法院及其所行使的权力的性质的理解,更进一步则关涉对司法、司法机关、司法权等系列概念的理解。由于时下国人常常在不同的意义上使用司法一类的概念,从本文的需要出发,笔者只能选择求取"最小公约数"的做法,即无论如何大家都会同意:法院是司法机关,裁判权是司法权;或者说,司法机关至少包括法院,司法权至少包括裁判权。然而,即使立足于法院和裁判权来界定司法机关和司法权,事实上是从权力主体(法院)还是从权力性质(裁判权)来界定司法权依然存在分歧。对于前者,法院行使的所有权力都被归入司法权。对于后者,只有裁判权被认定为司法权,其中,有的认为法院除了裁判权外还行使其他权力,有的认为法院只行使裁判权;有的认为事实如此也应该这样,有的则认为事实如此却不应该这样,真可谓纷繁复杂,不一而足。

从前述关于民事执行权二重性的认识以及执行改革的实践看,人们显然选择的是从权力性质或裁判权的角度界定司法权的立场,同时在事实和价值的层面上也都认为法院除了裁判权外还行使其他权力。对此,笔者是赞成的。因为,相对于法官、法庭等严格而直接的裁判权主体,法院是一个外延更广的集合概念;法院以法官、法庭为组织核心,以裁判为主要职责,并据此形成自己的组织和程序构造,但是,法院还包括书记官、法官助理、法警等各种辅助人员和组织,还承担着与裁判相关联的许多行政或其他性质的工作。因此,在选择了司法权是裁判权的立场、并认可法院(严格地说是法官、法庭)是裁判权的主体后,并不妨碍人们进一步认为:法院作为集合意义上的司法裁判机关,也能够行使非司法权性质的权力,如行政权性质的民事执行实施权。

肯定了民事执行权在权力性质上的二重性,也说明了法院作为裁判机关为什么能够行使行政性权力的道理,进一步就可以谈谈什么是合理的制度安排了。所谓合理,最基本的要求就是两个符合:一是符合民事执行权的性质要求;二是符合法院作为裁判机关的组织和程序构造。民事执行权包含了行政权性质的执行实施权,而且民事执行的目的是实现生效法律文书所确定的债权债务,由此看来,按照行政权的性质、合目的性的要求,建立执行局一类专门的执行机构,实行上令下从或"垂直领导"的组织和程序构造,是合理有效的。但是,与此同时,我们也要考虑法院是一个职司裁判的机构,考虑民事执行权中还有司法权性质的执行裁决权,民事执行中也会有需要通过实质或/和程序裁判才能解决的执行争议。这种考虑提醒我们,在法院的机体中引入上令下从或"垂直领导"的执行体制时,一定要特别注意,不能因此而损害法院作为裁判机构所内含的独立、中立的组织和程序构造。

从前人们对执行权的行政属性不加关注,往往以司法裁判权来遮蔽执行权,把执行作为裁判的附属,以裁判机构定位执行机构。与此形成对比,如今的民事执行改革在制度安排上似乎又有点偏向另外一端:对执行权的司法属性少了关注,对于在设立专门的执行机构、强化执行实施的同时,如何保证司法裁判在组织和程序上的完整性,着力不多。尽管现行改革在执行机构内部也强调、甚至凸显执行裁决权和实施权的分离,但客观地说,这种分离在一定程度上还不足以消除对两者交叉缠绕、混合行使的怀疑。

有鉴于此,笔者的看法是,在现有的制度框架中,在适当的时机,民事执行改革在制度安排上可以再作一点调整,即:将民事执行裁判权归入司法裁判的组织和程序构造中,维持司法裁判的完整连贯;将民事执行权界定为民事执行实施权,将执行局一类的机构定位为法院内部专门行使执行实施权的机构,并在组织、人事和程序上作相应的调整。

7

民事执行改革的几个理论问题*

民事执行改革(以下简称"执行改革")涉及执行机构、执行机构的组织构造和运作机制以及执行程序等各个方面,包含了深层次的观念更新。不过,若论其中最引人注目者,要数下列两项:一是建立上下"统一领导"的执行局管理体制;二是"以当事人主义重塑执行程序"。之所以这么说,是因为这两项改革创新力度之大,与以往的制度、观念和做法截然有别,从而使人们不能不进行深层次的理论思考。执行改革推行至今,各种招式已纷纷亮相,也形成了各种卓然有效的改革模式(如浙江省绍兴市的"两级分权"模式等),要想将改革的成果予以巩固、定型,将现行的改革进一步推进,确实也需要我们在理论上作深入系统的总结和提升。

下面,笔者想就执行改革中若干值得探究的理论问题作一提示,并表达自己一些不成熟的看法,以就正于方家。

1. 执行改革的考量维度:合法、合用、合理

与其他各项司法改革举措一样,执行改革在内容上也面临合法、合用和合理三个维度的考量。三个维度相互关联,但又各不相同;它们可能兼容,也可能冲突。合法是指合乎法律规定,尤其是合乎我国民事诉讼法关于执行的规定;合用是指现实可行,便于在当下环境和条件下更有成效地

---

* 本文原载《人民法院报》2003年1月24日。2002年11月22日,应时任浙江省高级人民法院副院长、执行局局长童兆洪先生之邀,笔者有幸参加该院召开的"全省法院执行工作制度建设座谈会"并作专题报告。本文是在此次报告的基础上对自己有关民事执行改革的思考的一个理论总结,也是对邀请者一种特殊方式的感谢!

解决"执行难"问题;合理则是指改革具有合目的性,包含正确的价值取向。从时序和形态的角度考察,合法性要求也可以说是在过去产生、延续至今、相对稳态的合用性和合理性要求;合用性和合理性要求则相应地可视为后来发生、面向今后、相对动态的正当性(如转化为法律则成为合法性)要求。

执行改革应该认真地对待合法性问题,因为执行改革、司法改革以至我国社会的整个政制变革,在总体性质上都是要迈向法治。当然,对于任何改革来说,合法性都可能由正当的要求变成落后的桎梏。改革意味着创新和超越,包括突破法律的界限。但是,当我们不得不面对突破法律界限的问题时,我们除了有勇气外还要思考:单纯的合用性或单纯的合理性证明,都不足以挑战合法性,只有两者结合,说明现行的法律规定既不合用也不合理,才能构成对合法性的批判。同时,我们不仅要有思考,还要有步骤:通过法定程序修改法律,或者依法设立改革试点推行改革,或者采取其他制度许可的办法。执行改革应该处理好合法、合用和合理三个维度之间的关系。从目前的改革情况看,似乎考虑比较多的是合用,对合法和合理的要求则顾及较少。

2. 执行改革的价值取向和合目的性

执行改革应该具有正确的价值取向,各项改革举措要有合目的性。说起价值取向和合目的性,有人可能会觉得玄虚,而事实上只要我们作一点分析,是可以概括出一些比较具体的要求的。整体说来,执行改革不管怎么改,都应该在价值取向或目的性追求上关照三个方面:(1)体现执行权的性质,遵循执行活动自身的规律;(2)真正有利于当事人权利的实现;(3)符合司法改革的整体方向,即司法的非地方化、非行政化和司法的职业化。

上文中笔者曾把建立统一领导的执行局管理体制和以当事人主义塑造执行程序作为关注和思考的重点,之所以如此,就在于它们与执行改革的价值取向密切相关。比如,执行改革在解决司法的地方保护主义和部门保护主义方面作出了艰苦的努力,并取得了明显成效。但是,在建立了统一领导的执行局管理体制后,如何在法院内部的不同系统间进行合理的区隔,以便兼顾司法的职业化、尤其是司法的非行政化要求?又如,执行改革针对以往法院在执行过程中大包大揽的弊端,强调了当事人的责任分担、意思自治、执行风险等,但是,在明确提出以"当事人主义"重塑原来"超职权主义"的执行程序的同时,如何基于执行权和执行活动的特性,确定法院应有的担当,从而真正有利于当事人权利的实现,使他们从改革中获得实惠?

3. 执行权性质的定位与统一领导的执行局管理体制

从理论上说,权力的性质决定权力载体的组织构造和运作方式。设立执行局并形成相应的统一(或垂直)领导的管理体制,是执行改革的"核心"所在,而这种改革的理论基础,则是对执行权性质的重新认识。从前人们把法院作为司法权(对应于行政权、立法权等)的载体,把司法权界定为司法裁判权,并按照司法裁判权的性质确定法院的组织构造和运作方式;执行权则被作为司法裁判权的一部分或自然延伸,在组织的构造和运作上与裁判权无所区别。如今,人们对执行权的性质已经有了新的共识:执行权兼有司法权和行政权双重性质,既非单纯的司法权,也非单纯的行政权;执行权在构造上由执行裁决权和执行实施权两部分组成,前者属于司法权,后者属于行政权。与此相适应,在执行权的组织构造和运作上,则设立专门的执行局并形成了执行局垂直领导的管理体制。由于在新的认识中人们依然把司法权视为司法裁判权,同时强调了执行权不同于司法权或司法裁判权的特殊性质,这就使得法院成了行使两种不同性质权力——复合权力——的集合主体,而不仅仅是单一的司法权或司法裁判权主体。这样认识问题的政治哲学和政治实践的根据在于:在立法权、行政权、司法权等各种不同类型的权力之间,并不存在截然的划分,权力以复合存在为常态;法院、政府、立法机关等尽管以执掌某类权力作标识,但都是拥有复合权力的集合主体。当然,在权力分类和权力的主体归类上,对于"法院是司法权的载体"这样一个具有广阔而深厚的理论背景或关联的命题,一旦发生变化,必将导致相关理论表述的错位和混乱。为免于此,我们也可以考虑把司法权作为司法裁判权和司法执行权的上位概念,使司法权成为一种包括两类性质不同而又紧密联系的权力的复合权力,从而坚持"法院是司法权的载体"这一传统命题。

在清理了执行权性质的定位和表述后,我们还要考虑其在组织和运作上的贯穿问题。如前所述,权力的性质决定权力载体的组织构造和运作方式。由于司法裁判权和司法执行权是密切联系而又性质不同的两种权力,决定了法院在组织构造和运作方式上要形成两个系统:审级构造和运作的裁判系统;垂直构造和运作的执行系统。值得注意的是,尽管人们把执行权认定为一种兼有司法权和行政权双重性质的权力,并在构造上把它区分为司法权性质的执行裁决权和行政权性质的执行实施权这样两个部分,但是,在执行权的组织构造和运作(垂直领导的执行局管理体制)上,贯穿的却全然是执行权的行政权性质。这样一种不连贯促使我们做出如下思考:为什么不能把执行权仅仅界定为行政权性质的执行实施权,从而与垂直领导的执行局管理体制彻底贯通?那样的话,执行裁决权就可以归入司法裁判权,其载体(专门或非专门的执行法官或执行法庭)在组织构造和运作上则成为裁判系统的一部分,其目的是对执行活动进行直接的司法(或合法性)控制。由此,司法裁判与司法执行也就有了清楚的区隔,既符合司法裁判职业化、非行政化的改革方向,也有利于在非审级(甚至不对应于审级如跨区或并区)的意义上更好地理解和设计执行的组织构造和运作机制。

4. 执行程序中的"当事人主义"

前已述及,在执行程序的设计方面,人们明确提出了以"当事人主义"取代原来的"超职权主义"的思路。但是,我们需要思考这样一个问题,即在执行领域是否应该有"当事人主义"和"职权主义"的划分?"当事人主义"和"职权主义"是两种不同的审判方式。尽管两种审判方式区分的主要依据是当事人双方和法庭之间在案件审理的程序推进和实体形成方面不同的责任分担,但区分存在的基本前提却是法官或法庭在审判中中立无偏的地位。恰恰是基于这样一种地位,才有可能对法官或法庭在更加能动还是更加被动的审理之间作出安排,否则的话,就只能以能动或"纠问"的方式进行审理。相比之下,执行中的情况显然有别于审判:执行是法院执行机构将生效的法律文书付诸实施,以落实法律文书效力、实现债权人权利的活动——执行机构的立场不可能、也不应该中立。从性质上说,生效法律文书是法官或法庭在具体个案中代表国家对当事人双方权利和义务(或债权和债务)的确定,是一种对象明确的具体的司法指令。因此,如果负有义务的一方不履行生效的法律文书,那么直接受损害的就不仅仅是权利人的利益,受损害还是由法律文书的权威所体现的公共利益。笔者认为,正是由于拒不履行生效法律文书包含了与司法或法律权威的直接对抗,《中华人民共和国民事诉讼法》第216条才会规定执行的启动除由当事人申请外,还"可以由审判员移送执行员执行"。

有鉴于此,笔者以为,法院执行机关在执行活动中不具有超然中立的地位,执行工作"天然地"具有职权干预、职权推动的形态(只要权利人不声明放弃权利)。当然,我们也应该注意在执行活动中债权人对于自己权利实现的合理的责任分担。执行改革在目的取向上要"真正有利于当事人权利的实现",相对于国家公权,债权人处于明显的弱势地位,执行机关做起来尚觉困难的许多事(如了解被执行人的资产状况等),债权人就更是无能为力了!

8

执行体制改革的想象空间*

应该基于什么样的时空坐标、理想尺度认识和对待"中国特色""中国国情",并据此进行中国的法治国家建设,推进中国的民事执行制度改革,是当下我们需要认真思考和斟酌的问题。民事执行制度改革已经有了多年的探索和实践,在这个过程中,浙江省的法院在笔者的印象中一直走在理论和改革的前列,积累了丰富的素材和经验。

通过改革创新,建立妥当有效的民事执行体制和机制,是一个错综复杂的问题。执行制度改革要解决的问题是什么?迄今为止我们为解决问题做了哪些努力、采取了什么措施和方法?所有这些努力对于问题的解决效果如何?如果问题没有得到合理有效的解决,需要我们进一步思考的问题又是什么?诸如此类的问题,需要我们从不同角度、多个层面进行理论探索和实践创新,在当前形势下,可谓挑战和机遇并存。

下面笔者想就执行体制改革的宏观层面,借鉴一种诊断和治疗的思路,在回顾描述执行改革现状的基础上谈谈自己的认识和体会,并就执行制度改革研究提一点建议。

一、问题诊断

对于中国民事执行制度改革所要解决的问题,这些年业内业外取得

---

* 本文原载《人民司法》2008 年第 21 期。

了很多共识的,主要是两个方面的问题,一个是所谓的"执行难",另一个是与之相伴的"执行乱"。如果对这两类问题的现象症状作一个诊断分析,"执行难"主要蕴含了关于执行效率或者说民事执行制度绩效方面的评价。既然都说执行难,评价自然是消极负面的。与"执行难"密切相关,"执行乱"所指向的现象症状,偏重于民事执行实践的公正性评价,这种评价同样也不是积极正面的。有趣的现象是,业内尤其是法院内部谈得比较多的是"执行难",以及如何破解"执行难";而社会舆情更多关注的是"执行乱"。如果说,现如今对于一个单位来说"基建工程"最易酿成腐败的话,那么在法院系统中,这些年滋生司法腐败的沃土则是民事执行领域。在社会大众眼里,"执行乱"已经成为中国司法制度的问题标签。媒体用"前赴后继"来刻画一些法院的执行乱象,有些学者则戏称法院的民事执行工作是"毁"人不倦。

二、治疗方案回顾

问题有目共睹,基于对问题的诊断所作出的治疗方案也比较清晰。多年来,为解决"执行难"和"执行乱"的问题,最高人民法院和各级地方人民法院都做出了很大的努力。就解决"执行难"问题而言,主要的思路和做法是澄清问题,提高法院执行力。所谓澄清问题,就是法院方面在各种场合提出,要搞清楚究竟什么是"执行难":不能笼统地认为生效法律文书执行不了就叫"执行难",而只有在"有条件执行"而法院没能执行的情况下才构成"执行难";法律和法院是无法也不应该为当事人承担民事活动的市场风险的。而提高法院执行力,主要的做法则是改进和创新执行方式,整合内部和外部的执行力量。改进和创新执行方式的做法有:集中执行、提级执行、指定执行、交叉执行、公告执行、悬赏执行、财产审计、财产调查等。整合执行力量方面的做法有:在外部联系方面依托和借助党委、人民代表大会、政府、公安机关、媒体、舆论等各方面力量,在内部则主要是上下整合,建立省级法院对辖区内执行工作的统一管理和协调体制等。

在应对"执行乱"问题方面,主导思路体现为三个核心概念,即在法律实体和程序上的分权、确权和规范化。合理分权最集中地体现在对民事执行权性质的界定上,区分了执行裁决权和执行实施权,并在法院内部进行相应的组织构造上的创新。这方面的努力我们可以在具象意义上看到执行局的制度安排,看到曾经受到广泛关注的"绍兴模式""长沙模式"等改革实践。在对执行程序当事人和其他参与人权利的确认和维护方面,最集中地体现在对执行救济制度的完善和强化上。通过确认和强化权利来制约执行权,其根本性或关键性意义甚至要大于权力划分和分工行使的意义。至于在执行程序运作方面的规范化努力,如执行案件的流程管理、执行款管理、执行和解等,也是我们解决"执行乱"的重要思路之一。

从上述为治疗"执行难"和"执行乱"所推行的各项措施的特点看,可以概括地称之为内置式的改革模式。之所以这样说,是因为这种执行制度改革实践坚持了原有的制度安排,将民事执行制度作为法院司法制度的基本组成部分,由法院在承担审判职能的同时担负起生效法律文书的执行职能,并在此前提下,通过发挥法院的能动性,整合内外部资源来解决执行领域存在的问题。与内置式的执行制度安排相对应的则是一种外放式的执行制度的理论和实践。这种不同的制度理论和实践,存在于域外如美国的法律生活之中,并因其良好的实施效果,以及对民事执行权性质看似更为清晰的认识和制度编排,而为国内的许多研究者所称赞和主张。尽管外放式的改革主张迄今为止依然是纸上谈兵或非权威、非正式场合的窃窃私语,但正是它的存在以及不时涌现,才使得中国的民事执行制度改革真正成了一个具有宏大体制关涉的问题,并呈现出诱人的理论和实践价值。

三、治疗效果评价——内置式改革失败了吗?

应该说,多年来我们对用来破解"执行难"和"执行乱"问题的内置式改革思路,已经有了相当充分的认识和实践,在这个意义上,说法院方面已经发挥了自己的聪明才智,穷尽了自己的想象力,也不算过分。比如浙江省高级人民法院在几年里就先后出台了关于执行制度的近30个规范性文件,内容涉及执行制度的方方面面,诸如执行工作统一管理,执行案件的流程管理、委托执行、听证、执行中的评估、拍卖、变卖,再执行凭证制度,执行款管理,执行案件的协调、监督、结案方式、公开和告知,强制被执行人申报财产,悬赏执行,执行和解,司法救助专项资金使用管理,立案审判执行协调工作,公安机关协助执行,司法警察参与执行,人民陪审员参与执行,办理申请变更执行法院案件,执行工作宣传等,可谓全面系统,应有尽有。那么,对于执行问题的解决,内置式改革的效果如何呢?对此法院内外都给出了自己的评价和看法,总的感觉是尽管多年来法院方面费尽心力,却没有从根本上解决问题,执行还难,执行还乱。正如有些法院主管执行的院长所言:执行难到底有多难,难到我们都不敢说、不能说!抛开华丽的、攀比抬升至近乎100%的执行案件结案率,司法判决的实际执决率可能不超过30%。

对于法院来说,内置式的改革实践体现的是在现行制度框架下,一种勇于担当、敢于进取的思路。与做任何事情一样,当我们在进取的道路上竭尽所能而无法如愿以偿的话,自然就会萌生退意。传统智慧告诉我们,退一步天地宽:如果执行对于中国制度框架中的法院是一项无论如何都不堪重负的任务,那么为什么不能另辟蹊径、坦率直陈呢?与一些主管执行的法院院长交流,他们感叹,执行之所以困难,问题出在体制上,而体制的症结在于人员编制严重不足:"人家公安都是几个人一组办一个案件,自然质量会比较高,哪像我们,那么多的执行案件,一人一年要办一百多个,案卷摞起比人还高,看都看不过来,怎么执行?"问题是,即使不考虑其他复杂的因素,法院内部有可能组建一个像公安机关那样庞大的执行局吗?如果不可能,将执行实施权放到法院之外,不就成为自然合理的制度选择了吗?!更何况现在许多地方的法院为了提高执行力不都已经借重党委政府的"面子"动用公安机关的力量了吗?一些业内人士认为,说法院执行难,将案件放出去由其他部门或机构执行就不难了吗,再说又有谁愿意接手?的确,在现行中国社会的发展状况和法治水平下,这些可能都是问题,但是,这些都是后续的制度设计和安排的问题,法院方面不必也无需忧虑太多。

在内置式的改革模式已经得到相当充分的实践却依然没有从根本上解决"执行难"和"执行乱"问题的情况下,执行体制改革创新的想象空间自然就打开了。

主张法院把执行实施的职能和权力外放,交由其他部门或某种新设立的机构去承担和行使,这种看法一直伴随着整个民事执行制度改革的过程。有些业内人士戏言:法院何必愁眉苦脸整天嚷嚷"执行难",如果不执行不就不难了吗?!在法学界,持有这种观点的学者不少;在法院内部,也有支持者。由于新近中国司法改革的决策者似乎也表现出对这种外放式执行制度变革的兴趣,使得这方面的议论和探讨又多了起来,可谓老话重提。

基于"路径依赖"等因素的考虑,笔者是一直赞成内置式的执行改革思路的,不过与此同时笔者也主张认真对待外放式的改革思路,给这种思路留出生存的空间。之所以持这样一种看似暧昧的态度,是因为外放式的执行制度安排的确包含了我们不能不予以重视的合理性,而且其可行性也不是内置式改革的主张者用简单的"路径依赖"的理由所能否定的。

具体说来,就可行性而言,外放式的制度设计与迄今为止法院所推行的内置式改革是存在可对接性的。因为在内置式改革的制度实践中,我们努力贯穿的一个基本认识就是区分了法院民事执行所包含的不同权力性质,区分了司法权性质的执行裁决权和行政权性质的执行实施权,并不断地将垂直构造和运作的执行局与执行实施权联系起来,以此来解决审级构造的法院系统如何能够容纳执行局这样类似行政组织的垂直构造系统的问题。与此同时,在执行理论和制度实践中,我们还在执行救济问题上越来越清晰严格地区分了执行异议和执行异议之诉这样两个不同的概念,使执行局、执行实施和执行异议在原理上构成了一组概念系列,区别于法庭、执行裁决和执行异议之诉的概念系列。执行制度从组织构造、职能担当到程序操作上相对于审判制度的独立,显然为进一步的分离提供了可能。从人类政治法律制度演变的历史看,这样一种组织裂变的现象也颇为常见。

从合理性的角度分析,外放式的执行制度设想也包含了一系列可据以支持的理由。举其要者,首先,域外的制度实践和经验,说明外放式的执行制度设计与内置式的执行制度安排一样有其现实合理性,从而无法将这样一种改革主张斥责为胡思乱想、游谈无根。其次,即使我们的法院勇于担当,不畏"执行难",执行工作对于法院来说也已经是"烫手的山芋",因为迄今为止的事实可能已经说明,以中国法院在权力架构内的地位以及所拥有的司法资源,是无力承担解决"执行难"问题的重任的。再次,法院的主要职能是依法裁决纠纷,行使的是司法裁判权,而生效法律文书的执行实施则属于行政权性质的活动,法院通过裁判行为为这种活动提供依据,并没有必要亲自操刀执行,造成所扮演角色上的混乱和冲突。将执行异议之诉的裁判归入司法领域,将执行实施归于行政执法——或者由原有部门或部门的组合承担,或者由国家专设的机构担当,这样在中国的法治建设中就会有一个更加清晰的司法裁判概念。最后，从更为深刻的原理看，司法在作为和不作为之间向来有、也应该有自我节制的倾向，如果说法律是理与力的结合的话，那么法院作为司法裁判组织在制度安排和行为宗旨上从来是重理不重力的，这是人类司法文明和司法哲学的重要内容，也是司法权威得以建立的关键所在。

四、没有主张的建议：认真对待外放式的执行改革主张

以上从正面对执行改革过程中出现的外放式执行制度改革主张进行了概括性的说明，这样做并不意味着赞成，也不意味着它离我们下一步的执行制度改革已经很近，而是因为在以往的内置式执行改革过程中，无论在理论上还是实践上主事者都还没有认真地对待过这种主张。而在笔者看来，在当下中国，不认真对待外放式的执行改革主张，即使我们坚持内置式的执行制度安排和实践方向，也会因为缺少参照、对比而难以在比较分析的基础上看清现有做法的问题所在。我们已经发现一些研究者就执行制度在操作层面的问题上作了许多细致的探讨，但是对于究竟由谁来担当执行实施的重任这样的前置性问题，还没有看到多少系统而深刻的探讨文章。希望法院内部和学术界在这个前置性问题上做出有分量的研究成果，这是笔者的期许，也是笔者的一点建议。

专题十一

证据与案件事实

1
非法证据排除规则之于中国司法发展的意义

非法证据排除规则之于中国司法发展的意义是业内讨论较多的理论和实践话题,表面上看这只是一个涉及内容有限的讨论,实际上则包含着深刻的法理意涵,连带着对证据概念和特性、证据运用实践的认识和把握,以及对现行法学理论、诉讼法理论、证据法理论和实务中关于非法证据的一些认识、观念和实践的反思与分析。本文的分析可能较为偏向原理性,在笔者看来,非法证据排除规则的确立举步维艰,其在理论认知和具体司法实践中所遭遇的问题,从根子上讲还是由于我们对这一规则的深层学理及其深刻意义认识不足,其中甚至存在很多有待认真辨析和澄清的认识。笔者将基于这样的背景谈一点思考心得。

首先,如业内周知,非法证据排除规则的意义是非常重大的,这一规则的确立和落实对于中国刑事司法制度的进步、整个司法品质的提升乃至国家整个法治化治理水平的提高都有牵一发而动全身的意义。2017年4月18日,习近平总书记主持召开的中央全面深化改革领导小组第三十四次会议审议通过了《关于办理刑事案件严格排除非法证据若干问题的规定》,该规定开宗明义地就确立这一规则的意义作出表达,即有利于"准确惩罚犯罪,切实保障人权,规范司法行为,促进司法公正"。该规定公布之后,法学界尤其是诉讼法学界的学者对非法证据排除规则的确立所具有的意义作了深入阐发,甚至在某种意义上是非常铺陈夸张的一种阐发。由此获得的提示是,非法证据排除规则涉及多种分析角度,也涉及多个价值层面。比如有学者认为,它体现了我国证据制度、司法制度的人本主义立场,"坚持非法证据排除规则是人本主义的具体体现。""要求国家机关和公务人员的活动,必须合乎人性、尊重人格、体恤人情、讲究人道、保障人权。"[1]此外,这一规则对于提升司法权威、促进司法公正、防范错案、保障人权、平衡司法的伦理和效用、规范和约束侦查行为等都具有非常重要和重大的意义。

非法证据排除规则是证据理论和实践中一项非常重要的规则。然而,这一规则在域外和我国的确立过程都经历了很多争议。现在一般认为这一规则发源于美国,主要是基于宪法中的正当程序原则。此外,在这一规则确立之后,司法实践中也逐步形成了一些例外原则,作为其在适用上的补充。对于非法证据排除规则本身,在世界范围内并非始终呈现为某种"一边倒"的言论,但总体来说是肯定了这一规则作为近现代司法文明的一项重要标志的积极意义。但是,这一规则在认知和实践中持续伴随而生的一系列问题,不断地引发人们的讨论。

应该说,这样一项规则的确立对于司法权威、司法公正、保障人权等诸多方面都有各种各样的正向作用,但这些正向作用都不是无条件的。比如,非法证据排除规则的确立到底是有利于提升司法权威还是损害司法权威,是有利于增进还是会损害民众对司法公正的良好印象,等等。这些问题并非都存在当然的结论。不仅是学界,普通民众也会有顾虑,认为非法证据排除规则会不会由于对犯罪嫌疑人过度保护而损害被害人一方或者社会公众的利益。诸如此类质疑的观点一直与肯定的观点并存。根据笔者过往的观察以及近期的一些调研,非法证据排除规则的确立在侦查部门、公安机关以及一些社会公众的生活哲学里,往往被认为是对犯罪嫌疑人的过度保护。因为大部分人在生活中可能会有这样潜在的观念——好人怎么会进派出所? 好人怎么会有警察去找他呢? 如此基于生活经验的判断,一般人都难以避免。也正是由于这样的看法存在,使得宣传非法证据排除规则的正向作用更多地流于宣示意义。此外,诸如沉默权、被刑事追究者的其他人权等,在有关国际人权保护的文献里都是被明确强调的,都被认为是与人权的保障密切相关的,因此按照这样的一系列标准去做,至少被认为是一种普世意义上的政治正确。但是究竟为什么要去做,其中真正的道理到底是什么,对于这些问题,目前为止还缺乏比

---

[1] 樊崇义,《非法证据排除规则与人本主义》,载《人民法院报》2017年8月16日,第2版。

较深入的探讨。

在笔者看来,对非法证据排除规则意义的讨论应该以对该规则含义的恰当理解为基本前提。这其中有一个非常关键的问题,就是非法证据排除规则中所涉及的非法证据是不是证据?也即,究竟是说非法证据根本就不是证据,还是说非法证据是证据,但是不能赋予证据的效力?从目前的学术表达看,非法证据是证据,只是不具有证据效力。现在流行的证据理论是将证据的存在问题与证据的资格问题区分开的。其中,证据存在相伴随的是一个证明力的概念,证据资格相伴随的是一个证明能力的概念,证据存在有别于证据资格,证明力不同于证明能力。因此,一个事物可以是证据,但可能不能被当作证据使用。证据是有证明力的,但只有满足客观性(或者称为真实性)、相关性(或者称为关联性)、合法性才具有证明的能力。因此,按照现行的证据理论来解读非法证据排除规则,我们只能选择后一种理解,即非法证据是证据,但是由于非法获得而不能赋予其证据的效力。这就是现在诉讼法学界证据理论里面的代表性观点:证据有证明力,但是证据不一定有证明的能力;证据要有证明的能力,必须具备客观性(或者称为真实性)、相关性和合法性三个属性。

对此笔者的看法有所不同。笔者认为,非法证据在法律上不具有正确证明一个事物的证据资格,证明能力的缺失就足以否定其作为证据的存在(身份)。既然不是证据,那么证明力也无从谈起。对此,可以追溯我国非法证据排除规则的确立过程。非法证据排除规则于2012年正式写入《中华人民共和国刑事诉讼法》,修改写入之前经过5年到10年甚至更长时间的酝酿,而且在这之前最高人民法院、最高人民检察院、公安部、国家安全部和司法部也都出台过这样的文件,直到2017年中央深化改革领导小组又进一步作出强调。回顾这样一个过程,我们可以清楚地看到,非法证据排除规则在理论认识上以及在具体的生活实践和司法实践中执行起来是非常困难的。从理论上作一点分析,最核心的症结就是:如果说非法证据就是证据,怎么可以不赋予它证明的能力呢?认为它有证明力,为什么不承认它呢?我们进行司法裁判的整体原则是以事实为根据、以法律为准绳,上述观点显然与我们实事求是的司法意识形态不吻合甚至相抵触。尽管现如今高调地对这一规则予以确认,同时对这一规则所涉及的一些具体要求作了更加具体丰富的规定,但如果这样一些问题依旧不解决,非法证据排除规则在实践中也很难真正得到贯彻落实。之前笔者曾与几个律师谈及此事，认为非法证据排除规则对于中国司法和法治的进步来讲是一个标志性事件，但是他们很不认同笔者的看法。他们认为这只是纸上谈兵，实际上根本做不到。为什么？这与上述有关非法证据排除规则的这种特别富有争议性的观念或者理念密不可分。

笔者的观点是，非法证据根本就不是证据，所以也不具有证明力。在我国现行诉讼法律部门中，只有刑事诉讼法明确规定了证据的定义，民事诉讼法和行政诉讼法都只是采取列举证据类型的方式来说明证据的内容。《中华人民共和国刑事诉讼法》第 50 条第 1 款规定："可以用于证明案件事实的材料，都是证据。"这里的措辞值得注意，在字面上讲的是"可以用于证明案件事实"，如果一个事物不可以被用于证明案件事实，那肯定不是证据。由于非法证据是非法获得而不具有合法性，不可以用于批捕、起诉、裁判中证明案件事实，因此就不是证据。主张非法证据是证据，具有证明力，而又因为非法获得而不承认其证明之能力或效力的观点，笔者认为是一种可能直接抵触我们的生活常识、违反司法"以事实为根据"之基本原则的看法，也是法律人给自己设下的一个陷阱。

下面再作一点具体的说明。在生活常识的意义上，事物之间的这种证明关系，乃是基于事物之间的客观联系，即所谓的相关性。由于有了这种联系，我们可以通过一个事物来了解另一个事物的真相。在笔者看来，相关性是证据成立的条件，是证据发生作用的一个基本原理。比如说在现场发现一把刀，刀上有血迹，同时还有指纹。我们就可以根据这样一些血迹、指纹推测刀肯定跟另外一个事物有关联性，比如血迹是张三的，基于这种关联性，刀就会发生一种证明案件事实的作用。因此，从生活的意义上说是不是证据，主要是基于相关性。在这一点上，笔者认为国外的证据理论是比较清晰的。在我国法律的诉讼证明领域中，证据这个概念因为作用于批捕、起诉和裁判等活动而被赋予明确的规范属性。而对证据获得的合法性要求和对证据运用的真实性要求，使得对证据概念的界定发生认知性质上的变化。也就是说，在司法诉讼的场合，认知活动的性质与日常生活中的认知活动是不一样的。在司法诉讼领域发生的这些活动，比如批捕、起诉和裁判，带有非常强的基于人类伦理的规范性或合法性。由于这种基于人类伦理的规范性或合法性，就使得对证据概念的认知和界定也必须体现其要求，从而在认知性质上发生一种深刻的变化，甚至在某种意义上是一种带有颠覆意义的变化。由此，司法活动所涉及的案件事实的证明依据,必须具有理论上所说的真实性、相关性和合法性,三者结合构成证据成立的标准。构成证据成立的标准表明,判断某一材料是否属于证据,"三性"是其必要条件。在逻辑上就是有之不必然、无之必不然,也就是说如果不具备"三性"中的任何一个属性,那就不能成为证据。对于用作提请批准逮捕、提起起诉和作出裁判的根据,如果不能满足真实性、相关性和合法性中任意一个要求,那就不能归入司法诉讼活动中的证据概念的范围。

不仅如此,更为重要的是,在证据材料的实际审查运用上,应该遵循合法性优先的立场,依循先审查合法性、后审查相关性、最后确认真实性这样一种先后的顺序,层层呼应、步步递进。在证据的运用上先审查合法性,意味着如果合法性这个要件无法满足,那么是否相关、是否真实的问题就不再提起、无从发生。而这一点恰恰是人们在原有的认识上出现疏漏的地方。比如,在非法证据排除规则的认识上,如果我们认为非法证据是证据,那就等于已经肯定了它具有相关性和真实性。如此一来,基于合法性缺失而作出的否定,就成为一种令人费解的全然属于人为刻意的行为。而事实上,如果没有合法性,何来相关性;没有相关性和真实性,又何来证据的概念的成立。

合法性对于证据概念的成立至关重要。之所以这样说,就在于合法性要求在很大程度上承载着人类生活秩序构建中的伦理特质。人类社会是一个人文社会,人性不仅是自然性,更是作为一种社会性或社会伦理性而存在,人际关系的处理,人与人之间所进行的各种活动,均具有非常强的伦理性。人类社会是人伦社会,人类社会生活秩序说到底是一种人伦秩序。人必须是一个伦理意义上的存在,除了作为一个生命体的自然属性之外,他(她)一定还具有这种社会人伦属性,其结果必然是,在人际关系的处理上一定要体现伦理优先。

人类对于动物也会产生一种很强烈的伦理感和道德上的善恶感。比如在挪威北部,捕杀海豹是重要的支柱性产业之一,但是对海豹的捕杀必须遵循法律上规定的一整套规则,不能采用残忍的方式,要尽量减少动物的痛苦。由此引发的争议,最终诉讼到欧洲人权法院。实际上这是一个将人与人之间的伦理性要求推及动物的现象。当然,这种伦理性从人与人之间到人与自然之间存在强弱不同的区别。人与一些没有生命的自然物的关系,诸如人与一块石头之间,可能这种伦理性的含义就偏弱或几近于无。

人际关系的处理需要体现强伦理性的要求。非法证据排除规则所凸显的证据的合法性要求以及在证据应用意义上的合法性优先的要求,其本质就是伦理性的要求,是伦理性质的合法性要求。非法证据排除基本的要求是不能以刑讯逼供、威胁、引诱、欺骗等非法手段获取被告人供述、证人证言、被害人陈述等言词证据。不能以刑讯逼供、威胁、引诱、欺骗等非法手段获取证据,实际上就是要求不能以残害同类、有辱人格尊严、背信弃义等邪恶方式去达到某种目的。这些方式是反人性、不道德的。因此,在对案件事实的认知上,人们之所以提出合法性甚至合法性优先的要求,说到底是一种伦理性诉求。目前来看,如果认为非法证据排除规则是好的,更多的解释是因为在国外法治发达国家这是比较通行的惯例,认为这是国际人权准则的一种要求。但笔者认为这些都是非常表面化和盲目的。作为现代文明标识之一的国际人权准则所要求的非法证据排除规则,它为什么是好的,直到现在为止,国内法学界,包括诉讼法和证据法学者对于这个问题的论述更多还是基于某些大家已经接受的标准或者现象的推演。应该清楚地认识到,对于证据合法性的要求,实际上是一个伦理性的要求,而伦理优先是人类社会共同生活中,特别是现代人类社会共同生活中一个通行的准则和要求。

在运用证据认定案件事实的过程中,强调基于伦理的合法性优位要求是不是一定会产生背离证据的相关性和真实性的后果,这在理论上是一个非常尖锐的问题。因为在事实认知问题上,如果合法性要求在绝对的意义上会导致背离对证据的真实性要求,从而不利于案件事实的发现,那么这个要求在法理上是很难成立的。笔者的看法是,对合法性优位的强调,在一般意义上不仅不会消极地损害对案件事实真相的发现,而且还会在积极的意义上有助于案件事实真相的发现。之所以是这样,是因为非法证据排除规则所涉及的合法性要求并不是无限度的。这一点显而易见。但是具体的限度是什么,限度在哪里,需要理论分析也需要实践试错调协。像刑讯逼供这样一些以暴力或以恐怖威胁获取口供的行为,应该清楚地归入排除之列。经验证明,很多冤假错案都是因为这类刑讯逼供等暴力逼供的行为造成的。虽然我们还没看到一种细致的统计,但如果说统计分析的结果是刑讯逼供等暴力或以暴力威胁手法所获取的口供在多数情况下会导致一个虚假的供述,那么就在一个反向的意义上证明,"禁止刑讯逼供"这样一个证据合法性要求不仅是一个伦理性的要求,同时也是一个有助于案件事实真相发现的要求。实际生活中的确可能存在不同情况,一个公安部门的同志持有的观念可能就是不打不招。由此可以举出各种各样的例子,说明通过刑讯逼供手段最后获取了有利于案件事实真相发现的口供,至少是基于口供提供的线索获取了更进一步的有用线索。这就是著名的"毒树之果"的说法。近年来,我国诉讼法学界,包括很多实务界的人一直在社会上宣传冤假错案与刑讯逼供等暴力取证的做法有直接、密切、高度的相关性,而且这样的说法实际上影响了决策者,所以才会有这样成型的非法证据排除规则。但是到目前为止,笔者并没有看到一种基于较大样本的分析,即刑讯逼供等暴力获取的供述到底真的多还是假的多,到底是有利于案件事实发现还是不利于案件事实发现。中国的法学研究在实证层面上还有很大的发展空间。当然,可能很多学者会指出这种案例在实际上不易收集。除了一些已经公开的案例,更大范围的样本无法收集,所以也无法进行这样的统计分析。应该清醒地意识到,非法证据排除规则所讲的合法性以及合法性优先的要求,如果仅仅是一个伦理性要求,则它的基础是不稳固的,如果说它不仅是一个伦理性要求而且还是一个有利于事实发现的要求,那么这个规则的正当性地位就很难撼动了。

笔者的看法是,非法证据排除规则的正当性基础,涉及从实证的角度上回答它到底是有利于还是不利于案件事实真相的发现,对此,我们可能做不到一边倒的认证,但是至少从现在已经观察到和收集到的一些案例来看,对证据的合法性审查或者对证据合法性的要求,实际上并不会必然导致背离案件的事实真相,所以非法证据规则才得以确立起来。有学者认为,非法证据排除规则有利于促使刑事诉讼中行使公共权力的广大司法人员彻底摒弃重实体、轻程序,重证据的真实性、轻证据的合法性这样一些陈旧的司法观念,有助于牢固地树立程序公正优于实体公正、证据合法性优于证据真实性、证明能力优于证明力这样一些司法理念。在这个问题上,如果我们能够在程序正义和实体正义之间、在证据的合法性和真实性之间有一个沟通和粘连,而不是把它们截然两分,能够在证据的证明力和证明能力之间多一点反思和辨析,那么结论就会更加圆满。我们应该很好地在这样的一些问题上作出梳理,比如我们原来讲轻程序正义、重实体正义,那么非法证据排除规则的确立就等于树立了程序正义优位这样一种观念。

基于伦理合法性要求的程序正义优位观念,其牢固确立也不能无视实体正义的响应。完全脱离开实体正义的那种程序正义可能是很难实现的。对于非法证据排除规则的这样一种理解,一个核心就是非法证据不是证据,因为它不具有基于伦理的合法性,而正是因为缺乏这种伦理合法性,所以它作为证据意义上那种相关性和真实性的要求就被悬置起来了。证据的相关性是必要的,证据的真实性也必须予以呈现,但在证据的认定和运用上,如果一个证据材料不具有合法性,那么就无需判断该证据材料的相关性和真实性。笔者一直有一个看法,一个好的制度对一个好的法官的角色要求,就是要求法官在案件的证据和事实的认定上立于不败之地。如果法官在证据材料的审查认定上首先立足于于合法性,不合法的则予以排除,就不会触及和背离证据的相关性和真实性要求,也当然不会导致违背以事实为根据、实事求是的原则。同时,当一个证据材料通过了合法性的审查而被认为具有相关性的时候,那么这种相关性对于案件事实的认定是不是能够发挥证明的作用,则是通过裁判当事人双方的努力、使真实性得以呈现来完成的。在这个过程中,法官居中,只是作出一个裁判者。

　　我们在很多情况下说相关性其实是跟真实性相混淆的。相关性只是觉得两个东西有关联,至于这两者之间到底是什么关联并不清楚,而一个事物证明力的发挥,必须要诉诸真实性的呈现。比如说一把刀的血迹,我们说这把刀上的血迹是受害人的,这是一个相关性陈述;或者说这把刀上的血迹是人的血而不是动物的血,这是对血迹的性质的一种判断。这样一个陈述不论是真还是假,同样对于最后案件事实的发现有证明意义。即使关于这个证据的陈述是假的,它同样会对我们确定案件事实起到证明作用。例如,甲的陈述是假的,但是"甲的陈述为假"这个陈述则是真的,在这一点上讲陈述为假对于最后案件事实的发现同样有意义。比如陈述的内容是"这把刀上的血迹是受害人张三的",最后证明这个血迹不是人的血、更不是张三的血,这同样对于案件事实最后的呈现具有积极意义,尽管这个陈述被证明是假的。这里需要有一个细致的辨析,因为我们很容易说假的东西就不具有证明力,但实际上却并非如此。一个案件事实的陈述只要与案件具有相关性,那么这种陈述无论是真的也好、假的也好,一旦以真实的方式呈现,就必定对案件事实的认定发挥积极作用。合法性、相关性、真实性在证据运用上表现为一种先后关联的逻辑关系。

如果非法证据排除规则基于上述法理得以阐明和确立,那么就必定会对中国司法的发展和文明进步产生重要的推动作用。

第一,非法证据排除规则的确立将会凸显司法的伦理性。司法活动是在社会中、人与人之间发生的,其中的伦理道德要求体现为司法程序中关于证据收集、案件事实认定的一些合法性要求。这样的一种伦理性是以司法合法性的要求为前提和指向的。这可能是一种平淡的表述,但实际上这也许是对中国司法概念的一种颠覆性理解。因为我国司法活动过往强调的是以事实为根据,而这个规则可能会对这一方面产生特别深刻、深远的影响。

第二,非法证据排除规则的确立可以提升中国司法的可识别性和标准化水平,也就是说司法是以审判为中心的、以判决为指向的。比如说司法裁判,法院的裁判是以法庭的法官为主角,所以裁判中作为案件事实认定的材料是不是证据,乃是以法官的认定为基本标准的。换言之,侦查部门、公诉部门认为是证据的不一定是证据。通过证据认定案件事实,一定是以法院法官、法庭裁判为指向或基本坐标的。中国推行司法改革到现在,笔者认为最大的一个问题就是司法主体的可识别性较差。因为我国原先的表述是公、检、法三机关分工负责,然而这三者实际上不是一个平面构造,而是有一个中心的,那就是法院。非法证据排除规则的确立可能会进一步强化司法主体的可识别性,这当然会给中国整个司法的组织构造带来非常重大的变化。这种变化与政治上的正确没有关系,这是一种社会治理的合理分工。从社会治理技术的角度上讲,我们需要这样一个有中心的、有焦点的司法观念,非法证据排除规则在这一方面可能会起到推进的作用。

第三,非法证据排除规则的确立可以增强司法的协商民主性。原先的证据认定事实上采取的是一种决定的模式,现在由于非法证据排除程序作为审理中一个相对独立的前置性程序,涉及当事人、律师对该程序的参与,改变了原来公、检、法直接决定的局面,进一步引入了一种沟通和协商的机制,从而增强了司法的民主性和透明性,有助于克服司法的独断。

第四,非法证据排除规则的确立可以在整体上提升司法的品质,因为它会使得我们对于证据和事实的认知和表述更加确定。比如在非法证据排除的过程中,说某项材料是证据,但又排除它。如果向一个非专业人士讲解其中的原理,会是非常艰难的说理过程。这也是到目前为止,实践中潜在或显在的、依然对非法证据排除抱有怀疑态度的一个很深层次的原因。所以笔者认为在这方面可以进一步提升司法的理论和实践品质。

总之,非法证据排除规则的确立对于中国整个司法制度的发展具有牵一发而动全身的意义,这样一种积极效应的未来发展值得期待。

2

解读"以事实为根据"[*]

对于"事实",法官们会有一种不同寻常的敏感和洞察力,因为法官对纠纷的裁判是以案件争议的事实为根据的。"以事实为根据",是我国法律对法官裁判案件的一个最基本的要求,也是我们这个社会在意识形态上的一个最重要的特征。可是,曾几何时,人群中、尤其是法律职业群体中突然有人站出来大声地说"'以事实为根据'这个说法不对"、并且还讲出了许多道理来,就不能不引来业内业外无数惊奇的目光了。一时间,赞成者有之,附和者有之,反对者也不乏其人。依笔者之见,不管采取哪种立场,都应该以审慎思考为前提;单纯的立场宣示,多少显得有点草率。

对"以事实为根据"的质疑,主要有两个方面的理由:其一,"以事实为根据"是一种政治口号,它未经"法言法语"的转换,就简单而粗暴地在法律和司法领域登堂入室,并占据了一个核心原则的位置。这严重违背了法治社会中法律自治的理念,是政治驾驭法律、干扰司法的"口实"。其二,在司法裁判过程中,重要的是"证据"而非"事实"。法官审理案件是"审证据"而非"审事实",裁判是"以证据为根据",而非"以事实为根据";证据所证明的只可能是"法律真实",而不可能是"客观真实"。

应该承认,对"以事实为根据"的质疑作为一种反思性意见,的确推动了人们对"事实""证据""法律真实""客观真实"等许多基本概念进行深入思考,从而有助于夯实司法裁判制度的正当性基础。在对"以事实为根

---

[*] 本文原载《人民法院报》2002年2月1日。

据"的理解上,存在着为世俗所蒙蔽、脱离法律实践特性的状况,以至于作为一项基本的法律原则,迄今还没有形成比较确定的法律含义。同时,凭借它所包含的批判性力量,我们曾适时折冲平抑了社会上要求"实行错案追究"的强大呼声,彰显了法治社会一些不可缺少的特性和价值理念,有利于我国司法的正常运作和合理发展。

但是,对"以事实为根据"的质疑也带有明显的"事实怀疑主义"的倾向,因为它将证据和事实、法律真实和客观真实分离开来,并提出了以证据为根据、追求法律真实的要求。这种"事实怀疑主义"如今已迅速蔓延,并开始进入我国的法律原理;对人们的认识和行动,则造成了一定程度的无序和混乱。有鉴于此,我们不能不认真地思考一下:区分证据和事实、法律真实和客观真实,果真意味着必须放弃"以事实为根据"这一原则吗?下面,笔者想针对性地从几个方面就"以事实为根据"应有的法律含义作四点阐述。

其一,价值判断和事实判断:"以事实为根据"是一个有操作意义的价值判断。

"以事实为根据"是一个"应然性"的价值要求,同时也是一个具有操作意义的价值判断。从判断形式看,"以事实为根据"说的是:司法裁判"应当"以事实为根据,而非"是"以事实为根据。一个事实判断可能因为一个反例而被推翻,例如,因为发现了一只白乌鸦而使"乌鸦是黑的"这一事实判断被证伪。但是,对于一个价值层面的要求或判断来说,其成立却无须依靠事实证明。当然,事实方面的情况会影响价值判断的可操作性,不过证成的标准却非常有趣:要说明一种价值判断不具有可操作性,需要完全地否证事实;而要肯定一种价值判断的实际操作意义,在最低限度上只需要有一个证成事实就行了。因此,在裁判过程中,只要我们不在认识论上主张案件事实的绝对不可知,就无法否认"以事实为根据"这一价值判断具有可操作性。

其二,客观真实和法律真实:"以事实为根据"所容纳的"法律真实",应该以"客观真实"为依归。

"事实"是指事物的真实情况。通常所说的"事实",属于认识论范畴,又称"客观事实",它由事实材料和事实陈述所构成:事实材料是事实的载体,包括事和物;事实陈述则是认识主体对事实材料所具有的性质或所具有的联系的如实陈述。单纯的一把"刀"并不构成"事实",只有加上对它的切割性质以及它与被切割对象之间的联系的如实陈述,才能构成"事实"。"事实"包含了"如实陈述"的要求,因此"客观真实"是"事实"的基本属性。

司法裁判中的"案件事实"是"事实"的一种形态,对这种事实的司法认知则是认识活动的一种。在这里,通过证据材料、关于证据材料的事实陈述以及具体的证明过程所获知的案件情况,由于受到"法定"的影响,当然可以被称之为"法律上的真实"。但是,"法律上的真实"必须以"客观真实"为依归,如果"法律上的"这一限定与"真实"相背,那么"法律上的真实"这一概念就会蜕变为"假的真"的概念。实际上,并非任何事实或事实的任何方面都具有法律意义,在"真实"前面加上"法律上的"限定,意味着撷取"事实"的法律意义,而非曲解"事实"本身。在理解"以事实为根据"时,"案件事实"和"法律真实"无疑是体现了法律活动特点的表述,问题是,我们不能在对抗"事实"和"客观真实"的意义上界定它们。在司法裁判过程中,"法律真实"如果不能在统计意义上做到与"客观真实"在多数情况下的一致,或者使人们普遍相信有可能达到并追求这种一致,那么,裁判所依赖的这种"法律真实",就会在制度和意识形态上失去其正当性,司法过程就会变质。

其三,证据事实和待证事实、局部事实和整体事实:"以事实为根据"是一个动态实现的过程。

证据由证据材料以及对证据材料所具有的性质或联系的如实陈述所构成。在裁判过程中,证据是指能够"证明案件真实情况的一切事实";证据本身就是"事实"的一种形态,如果说案件事实是一个整体,证据事实就是其中的一部分。"以事实为根据"中的"事实",首先是指证据或证据事实。同时,它还指由证据事实所支撑的待证事实。在案件中,一个待证事实同时可能成为另一个待证事实的证据事实,而且,由于具体案件事实的相关性使它们相互间形成一种"链条",除了少数单纯的证据事实或待证事实外,多数具体的案件事实既是证据事实又是待证事实。证据事实和待证事实属于案件的局部事实,各种局部事实则组合成案件的整体事实。在裁判过程中,"以事实为根据"的实现,应该是一个不断从证据事实到待证事实、从局部事实到整体事实的动态过程。

其四,事实可知和事实怀疑:"以事实为根据"需要"事实可知"的认识论立场,同时吸收"事实怀疑"的合理成分而具有反思性。

司法裁判针对的是过去发生的"事件",但是,如果我们在认识论上持可知论的立场,不把案件事实视为不可知的"自在之物",就应该肯定案件事实是可以"如实陈述"的,从而使司法认知达致"客观真实"。当然,任何过去发生的"事件"都无法百分之百地加以再现,相关信息的流失不可避免。对此,笔者想作两个方面的强调:其一,对过去事件的事实状况的把握,尽管不能夸张地说"一叶知秋",但其可靠性并不以掌握百分之百的信息为前提;其二,由于不能百分之百地掌握信息,对案件事实的把握只能是认识意义上的把握,而非本体意义上的把握:"法律真实"属于认识论上的"客观真实",它可能也应该符合本体论上的"原本事实",却不可能等同、同一,因而对这一点必须具有并保持反思性。

3

何谓法律真实？*

在2002年2月1日《人民法院报》的《司法琐话》栏目中，笔者谈了如何理解"以事实为根据"这一原则的法律含义的问题。在这里，笔者想延续上一篇文章的话题，进一步谈谈如何理解"法律真实"的含义问题。

"法律真实"是时下在法律界相当流行的一个用语。这一用语与司法裁判中的事实认定问题密切相关，代表了在事实认定上与以往不同的一种反思性和批判性的观点。它认为：司法裁判中的事实认定是通过举证、质证和认证的过程来实现的，通过证据所揭示的案件事实，就真实性而言，只可能是"法律真实"，而不可能是以往所说的"客观真实"，因此，对于案件事实的认定，应该要求做到的是"法律真实"而非"客观真实"。

"法律真实"的观点从产生的那一天起，就在许多业界人士的心里引发了强烈共鸣。但是，与任何反思性的新观点一样，目前它也遭遇了强有力的质疑。其中最为要害的一点是：判断对案件事实的认定是否具有真实性，其标准只能是、也必须是案件本身的真实情况，而不能、也不应该是法律或任何其他外在的东西。据此，如果我们说"这张桌子上有一只杯子"，那么判断其真实与否的标准只能是看所提及的桌子上到底有没有杯子，而不能是查看法律或其他不相干的东西。在质疑者看来，"法律真实"是一个不能成立的"伪概念"，在案件事实的认定上，应该坚持"客观真实"的标准。

---

* 本文原载《人民法院报》2002年3月15日。

"法律真实"是不是一个虚假概念？它是否能够成立并取代或补充"客观真实"成为认定案件事实的标准？

在作深入分析之前，笔者想首先应该肯定，"法律真实"这一概念的产生具有非常重要的意义：它促进了对裁判过程中案件事实认定问题的思考和认识，体现了法律界职业意识的萌发和对社会生活现象的专业角度的精确思考，以及在司法裁判正当性基础方面作出更加合理的阐释的努力。可以说，这些意义伴随着"法律真实"概念而产生，并不需要以它在理论和制度上的确立为前提。同时，任何新概念的出现，都会受到质疑。回应质疑的过程，关系到一种新概念最终是否能够定型并获得确立。上述对"法律真实"概念的质疑表明，在目前对"法律真实"含义的解说上，的确存在着一些需要深入探究、辨析和厘定的问题。

下面，笔者想先一般地分析一下何谓"事实"、何谓"真实"的问题。这里有必要分辨四个相关概念，即事实存在、事实判断、真实属性和真实评价标准。

按照通常的理解，事实是指事物的真实情况。如果作进一步的分析，那么我们会发现，事实包含两层含义，即事实存在和事实判断。事实存在是指作为认识对象的"事物的真实情况"。其中所说的"事物"，可能有不同的形态和状态：物质的、制度的或观念的；历史的或现实的；直接的或间接的，等等。事实存在处于认识之外，是一种"自在"。当这种"自在"进入人们的认识，就有了事实判断，即对"事物的真实情况"的陈述或认定。例如，桌子上有一只杯子，这是一种事实存在，而张三对李四说"这张桌子上有一只杯子"，则是在作事实陈述。尽管人们所说的事实通常指的是事实判断，但从认识的有机过程和联系而言，一个活生生的事实，应该由事实存在和事实判断来构成。

人们通常所说的真实，意指与客观事实相符合。联系上面对事实的分析，更准确的表述为：真实是指事实判断与事实存在相符合，或者说，对事物的陈述符合"事物的真实情况"。由于事实存在是一种客观存在，而真实的基础是事实判断符合这种客观存在，因此真实又被称之为"客观真实"。进一步分析，真实也包含着有机联系的两层含义：真实属性和真实评价标准。真实与事实判断密不可分，它是事实判断的基本属性；事实判断必须是真实的，不具有真实性就不属于事实判断。例如，上面所说的"这张桌子上有一只杯子"之所以成为一个事实判断，是因为它是真实的，符合桌子上有杯子的"真实情况"。与真实属性密切相关的是真实评价标准的概念。所谓真实评价,就是认定事实判断是否具有真实的属性,或者说是否符合"事物的真实情况"。真实或"客观真实"作为评价真实的标准,所指的就是符合"事物的真实情况"。

以上对事实存在、事实判断、真实属性和真实评价标准的分辨和解说,包含了在哲学认识论上的一种立场选择,这就是认识论上的可知论、反映论和决定论。事实存在只有是可知的,才有可能加以陈述;而事实陈述只有是对"事物的真实情况"的反映并为之所决定,才有可能是真实的。尽管在哲学认识论上也存在其他不同的立场,从而对事实和真实问题有完全不同的解说,但是,从我国的意识形态和立法指导思想看,内含于"以事实为根据"的原则之中的认识论立场,显然是可知论、反映论和决定论。

立足于这样的立场和概念框架来分析问题,那么"法律真实"这一概念显然不能在背离"客观真实"、背离对"事实"和"真实"的一般理解的基础上来确立。司法裁判中对案件事实的认定,是事实认知的一种,同样要求具有真实的属性,要求符合案件的真实情况,并以此作为评价真实的标准。

但是,这么说并不意味着"法律真实"的概念是多余的、没有意义的。"法律真实"作为真实评价的标准,它使笼统而难以操作的"客观真实"概念转化为体现司法认知特点和要求、现实且可操作的概念。在司法裁判过程中,案件的真实情况往往是历史的、待证意义上的事实存在,对于这种存在的认定,只能通过各种证据即它遗留下来的种种"痕迹"以及它与其他事物的联系来实现。因此,要评价对案件事实的认定是否具有真实性,就必须把"客观真实"标准所要求的"符合案件的真实情况",转化体现为"符合案件证据情况"的"法律真实"标准,诸如刑事裁判中的"排除合理怀疑"标准、民事裁判中的"优势证据"标准等。退一步说,即使案件的真实情况犹如我们看见的一只杯子那样现实可感,由于在事实认定上有不同主体的参与,有人可能说是碗,有人可能说是笔筒,还有人可能说是摆设或其他,也需要有针对裁判特点和要求的、更具规范和操作意义的评价案件真实的标准。一句话,"客观真实"作为评价事实判断真实性的标准,虽然提出了概括性的要求,但只有在各种实践领域、在各种具体场合下转化为与"法律真实"相类似的更具操作性的评价标准,才能实现并具有意义。同时,"法律真实"作为评价案件事实真实性的标准,也不能剪断连接"客观真实"标准的"脐带",否则在现代法治社会中就没有正当性。

不过,在案件事实认定及其真实性的评价上,法律因素的介入会不会导致对"案件真实情况"的扭曲、甚至歪曲呢?考虑到非法证据排除、证人适格性要求、举证时限规定以及审限要求等情况,我们无法不提这样的问题。"法律真实"的概念要想在理论和制度上最终获得确立,也许这是必须要过的"火焰山"。

4
证成法律真实标准*

在2002年3月15日《人民法院报》的《司法琐话》栏目中,笔者分析了"真实"这一概念,认为真实或客观真实包含有真实属性和真实评价(标准)两层含义——作为事实判断的内在属性,真实是同一而无差别的;作为真实评价的标准,真实则必定要由一种抽象的形态、一种对"符合事物真实情况"的概括要求,转化为不同实践领域的具体的操作形态和要求,从而由"一"分解转化为"多"。正是在这种分解转化的过程中,产生了司法裁判中的"法律真实"的概念和标准。法律真实作为评价真实的标准,是一种实践形态的客观真实标准。

司法裁判必须"以事实为根据",这就对每一个裁判者提出了"追求真实"的要求。不过,"追求真实"不同于"评价真实":前者说的是,对案件事实的判断或认定要具有真实性;后者是说,对案件事实的判断或认定是否具有真实性,要按照一定的标准来评断。尽管"追求真实"只有通过"评价真实"才能实现,但"追求真实"关注的是真假问题,而"评价真实"关注的就不仅是真假,而且还有评价标准是不是合理可行的问题。

法律真实标准由抽象概括形态的客观真实标准分解转化而来,它是否具有认知上的合理性,是否能够在我国的意识形态和制度上寻得正当性,关键要看它是否能够与作为其"母体"或原型的客观真实标准保持正向联系,从而在理论上实现由一种"多"向原初的"一"的"回归"或"还

---

* 本文原载《人民法院报》2002年4月12日。

原"。在对案件事实认定的真实性的评价标准上,如果我们提出"法律真实"的目的不是要用以实现"客观真实",而是要取代"客观真实",那么"法律真实"就会像是一只迷途或走失的"羔羊"。

"羔羊"必须"回家",这个"家"就是一般形态的客观真实标准所要求的"符合事物的真实情况"。在案件事实的认定上,虽然基于法律真实的标准必然会引入各种法律规范的因素,却不应该放弃或背离对真实的追求、扭曲甚至歪曲"案件真实"。事实上,也不能认为法律真实标准的确立,必然会导致对"案件真实"的扭曲甚至歪曲。对此,笔者想由简而繁、由一般而具体,作以下四个层次的说明。

第一,法律真实是一种实践形态的客观真实标准。受认知当下性和局限性的影响,任何实践形态的客观真实标准包括法律真实标准,都是"追求真实",而不能绝对保证获得真实,甚至也不能保证必定能够作出真实性的评断。

抽象的客观真实标准缺乏当下(即时)性,因而只能是一种理想或理论形态的标准。这种标准要想付诸实施,就必须转化为实践形态的客观真实标准。而一旦转化为实践形态的客观真实标准,具备了当下性,就必然要受认知局限性的影响。诸如认知目的、认知主体、认知对象、认知手段、认知途径、认知的时间和空间等各种当下性因素,都有可能造成认知的局限。由于存在这种局限,对于"事物的真实情况",人们有可能作出错误的陈述,也有可能一时一地难以说清;对于事实判断的真实性,有可能作出错误的评断,也有可能一时一地难以评断。法律真实的标准与其他任何实践形态的客观真实标准一样,尽管在价值取向上都是以追求真实性为依归,但在实际运作中,由于受到认知当下性和局限性的影响,都不可能保证对事实判断的真实性作出绝对正确的评断;甚至基于"追求真实"的考虑,也不应该要求必须对事实判断的真实性作出判断。因此,我们不能以"应该确保对案件事实认定的真实性作出评断""应该确保案件事实认定的真实性"这样一些不切实际、似是而非的理由,质疑和否定法律真实标准的合理性。

第二,法律真实是一种规范形态的客观真实标准。就一般意义上说,这种规范性并不排斥真实性。

法律真实是评价案件事实判断真实性的标准。在司法裁判中,认定案件事实,是为了适用法律、裁决纠纷。因此,认定案件事实是一种合目的性的认知活动。这种合目的性,反过来要求认定过程的有序性,并进而在评价事实认定真实性的标准上表现为规范性。法律真实标准的规范性,是它区别于其他实践形态的客观真实标准的关键所在。这种规范性的要求既表现为对案件事实的整体判断,如刑事裁判中的"排除合理怀疑"标准、民事裁判中的"优势证据"标准等,也表现为对案件具体证据事实、待定事实的判断,以及案件事实认定的许多其他方面,如证据类型、证据收集、举证时限、证人资格、质证要求、认定主体,等等。尽管如此,规范性并不一定排斥真实性。从一般意义上说,法律真实标准所包含的这些规范性要求,从立法或制度安排上说,至少都不应该被认为是旨在背离而非追求对案件事实判断的真实性,从而在真实性上不利于对案件事实的正确认定;在实践中,也不应该在盖然性上被证明为不利于对案件事实的正确认定。否则的话,就足以构成修改和完善立法或制度安排的正当理由。

第三,法律真实是一种以合法性评价为先决条件的客观真实标准。合法性评价不能取代真实性评价,但它会阻断真实性评价的发生。

在"真实"的前面加上"法律"这一限定,意味着法律真实标准是合法性评价和真实性评价的统一。就两者的关系而言,合法性评价在先,真实性评价随后;不能通过合法性评价,则会阻断真实性评价。所谓"阻断",是说在证据事实不具有合法性的情况下,就不再需要评价其真实性。证人不具备资格,证据是通过刑讯逼供等非法的手段获得,证据没有在法定的时限内提出,等等,都有可能导致证据事实不具备合法性条件,从而阻断真实性评价的发生。

第四,法律真实是一种以"追求真实"为主旨、以"不背离真实"为底线的客观真实标准。在对案件事实判断真实性作出肯定和否定的评价之间,结合司法裁判的目的和特点,需要引入"搁置真实性评价"的概念。

"以事实为根据"要求关照事实,或者说,关照事实判断的真实性。关照事实判断的真实性,有可能是肯定,也有可能是否定;而在无法肯定或否定的情况下,则既不肯定也不否定,从而产生"搁置真实性评价"的现象。在司法裁判活动中,法律真实标准所评价的对象,是争议各方关于具体、局部或整体的案件事实所作的陈述;评价的结果可能是真,可能是假,也可能是介乎两者之间,即不能认定为真、也不一定意味着是假。例如,公诉人指控张三存在盗窃罪中的盗窃行为,法庭根据确认的各种证据、按照"排除合理怀疑"的标准,最后可能认定指控事实成立即盗窃行为存在(真),也可能认定指控事实不成立。之所以不成立,可能有两种情况:一种是认定盗窃行为不存在(假);另一种是因为没有足够的证据证明盗窃行为存在(真假难辨)。由于评断为"真假难辨"与评断为"假",在法律后果上相同,皆为无罪,因而它们很容易被认为是一回事。生活中许多人包括业界人士为常识所蒙蔽,奉行的是非黑即白、不真即假的观念,他们很容易把"真假难辨"这种对真实性评价的"搁置",误认为是"背离真实",从而怀疑和否定法律真实的标准。而在笔者看来,这正是为了"追求真实",至少也没有"背离真实"。

专题十二

裁判文书说理

1

司法判决的结构和风格
——对域外实践的比较研究*

在现代法律实践中,承认法律适用与法律解释之间的必然联系,已成为一种日益普遍的共识,而在司法判决中对法律解释活动予以承认和充分展示,则代表了今后的发展趋势。法律解释的问题普遍存在,法律人应该公开面对它们,并且在处理它们时尽可能采取明确予以展示和富有自我批评的态度。司法判决的正当性并不限于表面,而证明这一点的最好做法就是按照人们的意愿对判决的理由予以坦率的陈述。在不同的解释论点发生冲突时予以承认,并以一种恰当而可证明的方式解决冲突,是证明判决正当性的关键所在。只有公开陈述判决的根据,司法判决才有可能得到充分制约。在当代这样一个民主政治风行的世界,对司法裁判中的争议公开这一要求漠然处之,司法公正的形象就难以确立;公正、无偏是司法的特殊优点所在,这些优点也应该体现在司法判决之中。

一、司法判决的结构

(一)要素

司法裁判是依照法律的要求认定事实、适用法律以解决纠纷的活动过程。司法判决作为这一过程的结果,一般采用书面形式,它不仅要记录

---

* 本文原载《法学》1998 年第 10 期。

有关的事项,如审理法院的名称、当事人和委托律师的姓名等,而且更根本的是要对裁判结果的正当性予以证明。

司法判决以案件当事人为直接和主要对象,它需要对当事人提起的争点和论点作出裁决。因此,判决的一个重要功能就是向败诉方表明判决是合法的,是法院对诉诸司法的公民的一种合理回答,而不单纯是一种具有国家权威性的行为。同时,法院也可以并应该通过司法判决向当事人和社会证明,自己是具备高超的裁判技能的职业团体。

从证明的角度看,司法判决包含某种证明结构。通过分析这种结构,我们不仅会发现其中的一些基本要素,如案件事实、建构法律解释论点所使用的制定法条文和其他材料、具体的争点、解决争点的理由以及最终的结论,而且会发现这些要素被以一定的方式加以编排,从而存在某种相联关系。所谓司法判决的证明结构,指的是不同的构成要素及其相联关系。

有研究表明,在所有国家中,司法判决都包含最低限度的内容或要素。衡量最低限度的一种标准是,一个受过法律专业训练但不熟悉案情的人能够无须求助书面判决以外的材料而评估判决在法律上的正确性。[1] 在英美等普通法国家,司法判决的最低限度的内容是由普遍接受的惯例决定的,而这种惯例又在很大程度上植根于最高法院的实践。在许多大陆法系国家,对于判决所必须包含的内容,一般在法律上都有明文规定。其中与判决结果的正当性证明密切相关的事项主要有六个方面:案件所经程序的叙述,当事人提交证据和所持论点的概述,案件事实的陈述,所适用的制定法规则,支持判决的理由,以及法院的最后判断和判决等。

在"支持判决的理由"方面,各国制定法的要求并不相同。例如在法国,制定法一般被设想为是清楚的,因此,制定法所要求的证明判决正当的理由,大致由对相关事实的陈述和对相关法律规则的参照所构成,不包括按照特定的法律解释论点把判决结果与制定法规则连接起来的、包含若干步骤的证明努力。在其他一些国家,制定法在这方面则要求更多的东西。

---

[1] 当然,由于一些国家如法国不要求在判决中引用——虽然所有国家都要求援引——有关制定法条文,或者不要求在判决中展示所有相关的案件事实,就妨碍了对判决中证明的充分性的判断。

但是,各国法院的实际做法可能远远超出制定法正式要求的范围,而且会有很大差异。对于具体的司法判决来说,什么算是有效的证明,什么算是具有充分理由,通常要取决于上级法院尤其是最高法院的做法,甚至在制定法没有正式要求时的情况也是如此。因为,尽管司法裁判的主要功能和目的是解决各种纠纷,判决则是对纠纷的处理结果及其理由的说明,但是,由于下级法院司法判决面临被上诉和审查的可能,在司法判决就必然受这种可能性的制约。

(二)证明模式

司法判决提供了关于什么是判决结果及其证明理由的观念,但是,它在事实上是否实现了向当事人和公众说明其合法公正的功能,以及在什么程度上实现了这种功能,则与司法判决的逻辑结构尤其是其中包含的证明模式密切相关。[1] 司法判决的证明模式反映了不同结构要素间的内在联系,反映了由一定的理由和论点达致最终结论的推理形式。

有关研究的结果表明,除法国外,多数国家流行的做法是撰写相当长的司法判决,以证明和展示对制定法的解释和适用。绝大多数证明趋向于复杂而非简单,趋向于包含若干解释论点而非一两种解释论点。尽管有时判决中所列的解释论点非常冗长,但一般做法是通过参照法律或其他某种因素来证明每个推理步骤。

在这方面,显然存在着丰富而复杂的差异,对于这种差异,如果从证明推理的宏观结构或证明逻辑(即前提与结论之间的逻辑关联)上进行分析,则可以概括出以下三种模式:

1. 简单归摄模式

在简单归摄模式(simple subsumption)中,判决证明被归结为一种逻辑三段论架构。判决书中陈述的仅仅是法律规则、相关的事实以及判决结论。法国的司法判决大多采取这种模式,整个判决经常是用单独一个长句来表达。这种模式有两种主要的变化形态:一种是并不明确陈述所

---

〔1〕 一般说来,判决书越注重技术、正式和演绎,能为未经法律训练的当事人和普通公众阅读理解的可能性越小。在这种情况下,说服当事方相信判决充分合理,以及使公众得以审查判决的合法性和公正性这样的功能,就只能通过律师对判决结果的说明工作,才能较好地实现。因此,律师是司法判决所面向的重要对象。法院往往倾向于按照职业律师的要求制作判决,其基础和手段是共同的职业传统,包括共同的法律观念。

有的三段论要素,只陈述有关事实和判决结论,所适用的制定法也只是隐含地提及——即只指明所适用的制定法条文,并不引证。这种形态可见于芬兰和瑞典早先的司法判决和当今法国的一些司法判决。另一种是在前提不止有两个时,陈述的内容超过简单的逻辑三段论构件。

简单归摄模式的逻辑三段论结构可以用符号表示如下:

大前提:Tx - Jx(所有满足构成要件 T 的对象 x,有 J 的法律效果)

小前提:Ta(a 为某一满足构成要件 T 的对象 x)

结论:Ja(法律结果 J 归属于 a)

2. 复杂归摄模式

复杂归摄模式(sophisticated subsumption)不同于上述归摄模式。在这种模式中,法院提供一种更长、更详尽的证明。尽管判决仍然是从一定前提展开逻辑演绎的结果,但对前提的陈述复杂而详尽,因为这些前提又由"次级前提"来证明。例如,法律规定,凡犯盗窃罪者处五年以下有期徒刑,何为盗窃罪? 盗窃罪是指窃取他人的动产以为自己或他人不法所有;何为窃取? 窃取是指乘人不备秘密移置动产,使其脱离原来的财产监督而归于自己或他人持有的行为;何为持有……像这样不断追问每一前提中概念的含义,以构成"次级前提",直至将某一对象或事实归入能导致法律结果的构成要件。这种模式广泛流行于德国、意大利、芬兰和波兰等大陆法系国家。从理论上分析,其主要形态有三:

(1)线性形态。在这种复杂的证明形态中,证明由一连串逐级推进的演绎步骤组成,其中的每一步都由前一步来证明。

(2)非线性形态。这是一种犹如"椅子腿"般的证明模式,其最重要的特征是,每个结论(包括最终的判决结论)都由若干论点支持。

(3)混合形态。如果有若干推理步骤,每一个步骤都以"椅子腿"的形式来证明,即运用若干复杂论点,那么就出现了上述两种形态的混合形态。

复杂归摄模式的逻辑结构可以用符号表示如下:

大前提:Tx - Jx(所有满足构成要件 T 的对象 x,有 J 的法律效果)

小前提1:T_{1x} - Tx(对构成要件 T 的第一层次的解释)

小前提2:T_{2x} - T_{1x}(对第一层次构成要件 T 的解释)

……

小前提 n:Tnx - Tn - 1x(Tn 为对构成要件 T 的最终层次的解释)
小前提:Tna(a 为某一满足对构成要件 T 的最终解释 Tn 的对象 x)
结论:Ja(法律结果 J 归属于 a)

以上符号表示不只是线性形态的复杂归摄模式,因为对构成要件的每一层次解释可能涉及的是两个以上的概念,那样一来,它就成了混合形态的复杂归摄模式;而如果前提层次不多,那么它就成了非线性形态的复杂归摄模式。

对于司法判决为什么要诉诸这样一些复杂的归摄性证明形式,大致可以由各种文化和制度方面的因素来说明。第一个因素是,这些形式反映了一种从权威—服从方式向对话—服从方式的转变,据此,判决书被看作对当事人提出的论点或主张的回答。第二个因素是程序性的。在一些国家,向最高法院的上诉是按照具体程序法的"攻击理由"的形式构建的,这就使得法院必须审查和决定若干被准确界定的争点。第三个因素是,在现代社会中,法律文化中的正统色彩或意识形态色彩日益淡薄,变得越来越向差异性、演进变化和多元观点开放。第四个因素是,在一般意义上出现了从纠问式程序向对抗式程序的转变。

3. 对话、选择性证明的模式

在对话、选择性证明的模式(discursive alternative justification)中,最终判决不是作为一定前提的逻辑结果出现,而是作为按照解释论点和优先规则所作的司法选择的结果。这种模式的主要特点是,陈述和讨论在每个相关争点上相互冲突的解释论点,辨别可能的选择方案,然后作出公开选择并陈述理由。在这里,常常会出现一些实体方面的思考或对有关价值的讨论。

这种模式流行于美国、英国、阿根廷等普通法系国家,反映了在司法判决的证明结构上普通法系国家和大陆法系国家之间存在的一种显著差异。究其原因,一个是,英美等普通法系国家的司法裁判模式采取的是对抗式,法官本身都曾是以对话方式执业的律师。另一个是,英美等普通法系国家的司法界在传统上比其他国家的司法界起更大的作用,也许英美等普通法系国家的法官觉得以演绎归摄的方式行事不像其他国家的法官那样有必要,因为后者的合法性一向面临更多的怀疑和挑战。[1]

(三)关于不同意见的展示

说到对话性或选择性的证明模式,自然涉及司法判决中展示不同意见方面的情况。在这方面,各国间的差异也比较大。在普通法系国家中,司法判决广泛展示不同意见,当然也有例外,比如英国上议院如今倾向于只发布一种意见。大陆法系国家的情况比较复杂:在传统上,司法判决一般只展示一种法院意见,如今情况已然变化,除了法国和意大利,多数大陆法系国家的司法判决中都出现了不同意见。但是,大陆法系国家允许不同意见的情况也有很大差异。在一些国家如阿根廷、芬兰和瑞典的司法判决中,对不同意见的展示相当充分,它们的做法与美国联邦最高法院的做法非常相近。在德国,不同意见一般只出现于宪法法院的判决中。

司法判决是否展示不同意见,以及在何种程度上予以展示,取决于各种复杂因素,其中主要有三:

第一,坚持民主的司法运作模式的程度。坚持程度高则不可能有法官的秘密表决,就会赞成公开。法官有权持有不同于多数决定的意见并公开陈述理由,在英美等普通法系国家一直被认为是民主的重要表现。而在大陆法系国家,虽然情况已有很大变化,但有一种传统观念仍可能具有很大的影响力,这种观念认为,秘密表决是强化司法判决权威的手段,法院只持一种意见有利于增强法院的权威和法院判决的效力。

第二,法官对自己在判决制作中的实际作用所负的道德和政治责任。在一些国家,法官公开承担个人责任,他们凭借这种责任以公开证明自己的立场。在其他国家,司法界要官僚化得多,一些法官会躲避个人责任,偏好在秘密评议的环境中起作用。他们意图作为机构而非个人行事,机构则只有全体的意见而没有任何个人意见。

第三,一种排斥可能出现的不同意见的关于法律真理的观点。这种

---

[1] 梅利曼说:在普通法系国家人们的心目中,法官是有修养的伟人,甚至具有父亲般的慈严。普通法系的最初创建、形成和发展是出自他们的贡献。普通法系的法官拥有对行政活动甚至国会立法的司法审查权,"司法至上"可以视为对普通法系司法状况的一个正确描写。而在大陆法系传统中,自罗马法以来,法官就是普通人,"他的形象是一个执行重要的而实际上无创造性任务的公仆",司法的功能受到法国革命中盛行的严格分权学说的限制,这种学说和法典编纂的努力,都包含着对司法的不信任。参见〔美〕约翰·亨利·梅利曼:《大陆法系》,顾培东、禄正平译,知识产权出版社1984年版,第36—41页。

观点盛行于法国的法律文化之中,它在某种程度上可能是宗教传统影响的结果。

当然,即使同样在司法判决中展示不同意见,在观念上也可能存在差异。比如,在德国,宪法法院在判决中也发表不同意见,但是,这并不意味着人们认为一般法院也应该在判决中展示不同意见。德国的宪法法院非常特殊,其成员部分选自司法界外部,而且宪法案件的裁判一般都具有政治特征,因而人们才认为法官应该有可能表达自己不同于多数决定的意见。在其他国家,则可能没有这样一种认识上的区分。

应该指出的是,就司法判决的逻辑结构而言,从演绎证明到对话证明,从"封闭"到比较"开放"的推理形式,从不容置疑的权威到在不同解决方案之间的辩证选择,已成为一种趋势,尽管这一趋势是在各种法律传统或法律制度内部发生的,是渐进的而非突发的。

二、司法判决的风格

(一)差异

对司法判决结构的上述探讨,已在很大程度上揭示了司法判决在制作方式或证明风格上所存在的差异。尽管各国的司法判决在功能上大致相同,但由于政治法律制度、法律文化传统、法律职业状况等方面存在的差异,在司法判决的制作方式或证明风格上也表现出很大的不同。这种风格上的不同可能涉及内容方面,也可能涉及形式方面;可能存在于内在的结构,也可能表现于外在的语言。

以下,笔者把在这方面一项比较研究的成果作一概括和介绍。[1]该研究对阿根廷、德国、芬兰、法国、意大利、波兰、瑞典、英国和美国等9个国家高等法院在司法判决的证明风格上所存在的差异进行了分析总结,这些差异涉及司法判决的诸多方面,具体可以分为八个方面:解释性选择的可能性、语言的专门化程度、具体化程度或决疑性质、表述的详尽程度、隐含的合理性概念或模式、形式理由和实体理由的比例、对司法裁判性质的认定以及整体色彩。有必要首先指出的是,在司法判决风格的差异方面,法国和美国显然构成了对立的两极。

---

[1] See D. Neil MacCormick and Robert S. Summers, ed., *Interpreting Statutes: A Comparative Study*, Dartmouth, 1991, at pp. 496 – 508.

1. 解释性选择的可能性

法院是否设想只有单一的正确答案,是否在判决中公开承认存在法律解释争议或对制定法的可选择性解读,各国的情况并不相同。在一些国家,最突出的是法国,司法判决一般不公开承认法官需要在对制定法的不同解读间作选择。相反,法国法官普遍以只有一种可能的答案的方式行事,事实上是拒绝承认或回避制定法有解释和补缺的必要。美国的情况则相反,制定法需要解释和补缺被视为理所当然,解释争议被明确而公开地承认。美国法官常常对制定法提出可选择的不同解读,并基于语义论点和其他解释论点而在不同解读之间做公开的选择。意大利、德国、波兰和芬兰的情况比较像法国,英国、阿根廷和瑞典的情况则与美国比较相像。

2. 语言的专门化程度

司法判决在多大程度上是以专门的法律语言而非普通语言来表达,各国并不相同。在法国,最高法院的司法判决一般以法条主义的、专门的和官僚式的语言撰写,普通语言所占的比例很低。美国的情况则与之形成对比。尽管不能说在美国的司法判决中法条主义的专门表达比例很低,但除了涉及税法、商法和经济法规这样一些比较专门的领域外,总体上看不如法国的程度高。德国、波兰和意大利的情况比较像法国,英国、阿根廷以及近来的瑞典和芬兰,与美国的情况相像。

3. 具体化程度或决疑性质

司法判决在多大程度上是具体的而非抽象的、决疑性质的而非一般性质的,在这方面,各国司法判决的情况有明显的不同。在瑞典,司法判决几乎完全集中于具体的案件事实上,旨在解决由具体事实产生的争议。法国的司法判决比较抽象一般:一些判决仅仅把事实划分为"属于"或"不属于"被视为当然的一般法律规定,另一些判决则几乎没有法律适用方面的决疑性思考。英国和美国的司法判决往往兼顾抽象和具体、一般和决疑的双重属性,既陈述一般的制定法规则和原则,同时又非常具体地把它们适用于具体的事实和争点之中。

4. 表述的详尽程度

法国最高法院的判决一般非常简短、概要,常常是寥寥数行或只有一、两节。英国、美国法院的判决则截然相反,它们常常包括对争议问题的详尽而扩展的讨论。阿根廷、意大利、德国和波兰,以及近来的瑞典和芬兰,司法判决的表述也是如此。[1] 司法判决朝着详尽的方向发展,已成为一种主要趋势。

5. 隐含的合理性概念或模式

在司法判决中,往往隐含着某种关于合理性证明的概念或模式,这种合理性概念或模式可能属于从权威前提出发的逻辑演绎模式,也可能属于与之相对的对话合理性模式。在法国、德国、意大利、波兰,以及某种程度上的芬兰,司法判决中盛行的合理性概念或模式是逻辑演绎或三段论归摄,即从权威性前提出发演绎出有约束力的结论,或者说努力把结论作为接受前提的一个必然结果。这种基本模式更像"链条"而非"椅腿",尽管在这一"链条"的具体环节上可能由"椅腿"式的理由所支持。在阿根廷、英国、美国和瑞典,暗含于司法判决中的合理性概念或模式是"对话"型的。按照这种模式,最终的结论产生于在不同解释间的公开选择,而这些解释又由一个或多个解释论点来支持,类似于"椅腿"对"椅座"的支撑,或多股细丝拧成的粗绳。法院并不力图把最终选定的结论作为接受前提的必然结果,只不过认为它比其他选择拥有更充分的理由而已。

6. 形式理由与实体理由的比例

形式理由是指产生于权威法律渊源的理由。这种权威渊源的范围在不同法律传统的国家中会有所不同,比如在普通法系国家,它大致包括所适用或解释的制定法、相关的宪法和制定法规定、相关的判例、相关的行政法规或官方解释、相关的法律原则、相关法律概念的逻辑关系、所在领域的权威性政策,以及官方的立法准备材料等。独立的实体理由是指属于道德、政治、经济和社会内容的理由,其效力大小取决于它们自身的重要性程度,而非与权威法律渊源的联系。实体理由包括产生于道德准则的正当(rightness)理由,产生于可能的社会政策目标(goal)的理由,以及产生于法律的制度和程序特征的各种制度理由。实体理由可以构成一种法律解释论点,也可以在对立的理由之间起解决冲突的作用。

---

[1] 有学者曾对法国、德国和美国的司法判决做过有趣的比较研究,发现在同样的问题上,法国的判决用了300字,德国的判决用了2000字,美国的判决则用了8000字,而且还不包括附带的不同意见。转引自 M. Troper, C. Grzegorczyk and J. Gardies, "Statutory Interpretation in France", 载 D. Neil MacCormick and Robert S. Summers 前引书, 第172页。

在所有国家高等法院判决的法律解释中,形式理由对实体理由的比例都很高。一方面的差别是,在法国,形式理由几乎是唯一理由。在意大利、波兰和芬兰,只有少数不能直接归结于正式法律渊源的实体论证。在英国,实体考虑必须与权威的法律渊源相联系。另一方面,纯粹的实体理由在瑞典的制度中变得越来越常见,在阿根廷则属常见,在美国联邦最高法院的判决中,则一直是制定法解释中的常规要素,尤其是在没有或者只有薄弱的语义论点时,更是如此。

应该强调的是,如果最高法院既充当宪法法院,又充当普通最高法院,那么其判决风格往往倾向于比较实体化。美国就是一个典型例子。在美国联邦最高法院的判决中,既有比较独立的实体思考,也有与权威法律渊源相联系的比较实体化的思考。而且,如果一个具有宪法裁判权的法院在决定是否违宪的问题上解释制定法时,它的解释也会更加趋向于实体化。宪法裁判在制定法的解释上,也对法院选择比较实体化的风格具有影响,这可以说是一条定律。

7. 对司法裁判性质的认定

法院在多大程度上认为自己不仅是在认知、确定制定法并将之正确适用于个案事实,而且还面临弥补制定法缺漏的需要,面临评估选择方案、创造所需法律的任务,这方面的认知差异也表现于司法判决之中。法国法院在案件裁判中几乎从不承认任何评估性或创造性因素,它们似乎相信裁判只是认知问题,即确定和适用现存的法律。它们偏好的常常不是阐述制定法语词的含义,而只是把事实区分为属于或不属于制定法规定的范围。美国的分权理论与法国相对不同,在这种理论背景下,美国联邦最高法院具有相当不同的历史传统和功能,它构成另一极,承认制定法需要进行评估性和创造性判断,而不局限于对制定法的认知和适用。就是否公开承认评估性和创造性的司法角色而言,芬兰、意大利和波兰的情况与法国的情况更接近,英国和瑞典的情况则与美国的情况相近,德国居中。

8. 整体色彩

司法判决在整体风格上可能表现出比较具有威权性的色彩,也可能表现出比较具有论证性或对话性的色彩。这一点在一些疑难案件中表现得尤为突出。在威权性风格中,法院的判决是非个人的、权威的和不署名的;在论证性或对话性风格中,法院的判决是比较个人化的,由裁判者署名,从而会带有裁判者的某些风格特征。在威权性风格中,法院在解释问题上似乎认为只有一种可能的答案,即法院的答案;在论证性或对话性风格中,则认为不止一种答案是可能的,并通过听取正反两面法律解释论点以显示最终选定的解释论点最为合理、最经得起证明,因此,在这里,判决的构建可以看作是对败诉方论点、下级法院法官的论点和持不同意见法官的论点的一种对话性回答过程。法国、芬兰、德国、意大利和波兰的情况偏向于威权性风格,阿根廷、瑞典、英国和美国的情况则更具论证性或对话性特色。

(二)对立的两极:法国和美国

细心的读者会发现,以上关于司法判决风格差异的诸个方面,相互之间存在着某种亲和性,遂构成以下两个系列的集合。

表 司法判决风格的两个系列

系列一	系列二
(1)认为只有一种可能的答案,不公开承认存在解释争议或对制定法的不同解读;	(1)认为可能的答案不止一种,公开承认存在解释争议或对制定法的不同解读;
(2)高比例的法条主义的专门语言;	(2)低比例的法条主义的专门语言;
(3)抽象、一般的性质;	(3)具体、决疑的性质;
(4)简短、概要的判决;	(4)详尽、扩展的判决;
(5)从权威前提出发的逻辑演绎模式,如三段论归摄;	(5)对话合理性选择模式;
(6)实体理由对形式理由的比例较低;	(6)实体理由对形式理由的比例较高;
(7)不承认司法裁判具有评估和创造性质,在本质上视司法裁判为认知、确定和适用现存法律的过程;	(7)承认司法裁判具有评估和创造性质,而不只是认知、确定制定法并将之正确适用于个案事实;
(8)整体上的威权性色彩。	(8)整体上的论证性和对话性色彩。

上述两个系列的八个方面基本上构成了对立的两个集合。由于同一系列的不同方面之间具有亲和性,所以知其一,一般就可以推知其他。例如,在两个系列中,我们可以由(1)推知(7),由(5)推知(6),等等。但是,这只是一种大致的区分,实际上也不那么绝对,例如,论证风格的对话性也可以在接受三段论归摄的理性模式中发现,详尽的司法判决也可能包含高比例的形式理由,甚至表现出某种威权性质。

在司法判决风格的两个系列中，法国和美国的情况显然构成对立的两极：法国是系列一的典型代表，美国是系列二的典型代表。其他国家的情况虽然很难笼统地说属于哪一极，但在不同的方面则可以说或者接近于其中一国的情况，或者居中。总体说来，法国似乎比较孤立，而且偏离法国的一极朝向另一极，已成为一种趋势。

对于法国和美国在司法判决风格上两极分野的主要成因，我们可以从制度和文化的角度（如两国不同的制度结构、历史背景、民主和分权观念，以及不同的法律文化和法律理论等）作一简单的分析和说明。

法国法院希望给人留下比较被动的印象，它们一般不宣称有什么超越制定法原文的解释问题，不公开承认立法存在缺漏，不认为自己能扮演任何立法角色。达维说："在法国，法官不喜欢让人感到自己是在创造法律规则。当然，实践中，他们的确是在创造，法官的职能不是也不可能是机械地适用那些众所周知的和已经确定的规则。但是法官却千方百计让人们感到情况是这样：在判决中，他们要声称适用了某项制定法，只有在极其罕见的情况下，他们适用有关平等的不成文的一般原则或格言时，才会让观察者感到法官具有了创造性或主观能动性。"[1]相比之下，美国的法院看起来则能动得多。美国联邦最高法院公开承认解释争议的存在，承认对立法原文的超越甚至修改，承认其有补缺和"造法"的功能。这种在角色承担上的被动和主动之分，与两国不同的历史文化和制度设置是分不开的。

从法国方面看，法院之所以努力铸造被动的形象，在某种程度上可归因于法国大革命的影响。革命前的法院非常能动，被视为压迫民众的旧王朝的臂膀。革命后的民主和分权概念（分别基于卢梭和孟德斯鸠）正式把法院置于一种从属、被动的地位，甚至不承认在适用法律的过程中需要解释法律。法国法官视立法为立法机关的事，理由是立法机关为民选机构。与司法机构的角色形成对比的是，法国的行政机构具有为实施国会立法而制定补充性法令的固有权力；其中有些法令甚至不需要基于国会立法，这一点尤其表现在公法领域中。同时，法国的最高法院和最高行政法院没有审查制定法合宪性的权力（尽管后者对行政行为在宪法和法律

---

[1] 〔德〕K. 茨威格特、H. 克茨：《比较法总论》，潘汉典、米健、高鸿钧、贺卫方译，贵州人民出版社1992年版，第233—234页。

上可以有效进行能动的审查）。只是在合同法和侵权法这样的私法领域中，法国最高法院才坦率承认有类似于普通法传统中法官的"造法"功能。[1] 此外，法国的法律文化和法律理论长期以来一直具有注重形式的实证主义性质，它与注重实体的工具主义性质的法律文化和法律理论截然有别。法国法院的被动形象显然与其主导的法律文化和法律理论正相吻合。

从美国方面看，恰与法国的情况形成对比。由于不同的历史背景，美国的民主和分权概念别具特色（基于麦迪逊等联邦党人的观点）。美国法院是平等的而非从属于政府部门，并在事实上拥有广泛的立法权。美国联邦最高法院位于司法制度顶层，它通过违宪审查包括对议会法案的审查，创制了大量宪法性判例法。它还按照一些授予机构和官员管理权的制定法，最终审查这些机构和官员的行为是不是合法，从而创制了大量的行政—管理性判例法原则。同时，美国的法律文化和法律理论也提供了说明。在美国，注重实体的法律工具主义具有高度影响力，它视法官为"社会工程师"；作为法律工具主义的一支——20世纪20年代兴起的法律现实主义，则揭示了法官在解释外衣的伪装下继续不断地造法。可以设想，美国法院在法律解释问题上的能动性，在许多法国学者看来必然是不民主甚至反民主的。

法国和美国在制度和文化方面的差异，也在很大程度上说明了两国司法判决在证明风格上的不同。法国高等法院的判决在解释和适用制定法上往往不是证明性的，而是结论性的。它非常简单，常常只是意在陈述

---

[1] 茨威格特和克茨分析认为，《法国民法典》在经历了19、20世纪席卷法国的猛烈的政治、经济和社会风暴后之所以仍然有效，除了立法者在许多领域尤其是家庭法和继承法方面对法典条文作了修改，从而不断适应变化的社会现实外，司法判例也起了重大作用。司法判例使法典规定与现代社会需求相适应，同时通过解释对这种社会需求予以规制。例如，根据《法国民法典》第1384条的规定，法国判例发展了事故法，这种法充分考虑了现代高科技社会中的特殊危险，远比法典编纂者设定的损害赔偿制度可取；在劳动法方面，法院发展了有关雇工和职员的社会保护的规定；判例发展了"滥用权利理论"，据此，所有人使用财产权、解雇权、诉讼参与权及其他权利在某种程度上受到限制，即权利行使一旦被法院认为构成"滥用"，就要承担损害赔偿责任；判例还在《法国民法典》第1121条关于利他契约的模糊规定基础上，发展了有关保险契约的规定；在家庭法和继承法领域，判例也同样起了绝对重要的作用。"于是乎，法国私法的许多领域不知不觉地已不复表现为成文法，而是变成了普通法。"参见〔德〕K.茨威格特、H.克茨：《比较法总论》，潘汉典、米健、高鸿钧、贺卫方译，贵州人民出版社1992年版，第174—177页。

结论而非证明结论。[1] 法国法官可能认为,详尽而扩展的司法证明、诉诸实体考虑和评价性分析,侵犯了民主的立法机构和负有政治责任的行政机构共享的立法垄断权。大多数美国高层法官则可能不这样看问题。他们经常撰写篇幅宏大、论点详尽的司法判决,公开讨论价值问题,公开展示不同意见。法国司法判决简单概要的风格与法国注重形式的实证主义法律文化是一致的,而美国司法判决强烈的论证风格则与视法官为"社会工程师"的注重实体的工具主义法律文化[2]相一致。

法国的证明实践本质上以权威或形式理由为基础。法国法院往往紧扣制定法原文,常常采用的是语义或系统属性的形式论点,以及逻辑演绎的合理性证明模式,好像最终结论是权威前提的必然产物。与此形成鲜明对比,美国高等法院的证明实践诉诸实体理由,具有公开的创造性和评价性色彩。它采取的是对话性的"充分理由"立场,而不限于诉诸制定法的权威。因此,法国法院在很大程度上诉诸的是民主的立法机构的权威;司法机构则是从属性的,意在实施立法机构的意志或者负有政治责任的行政机构的意志。相反,美国法院不是其他政府部门的从属机构,而是执行独立司法功能的平等机构,这种功能决定了其需要公开承认对制定法的解释、补缺,甚至在适用中对制定法作某种修正和调整。在美国法官看来,立法机构和行政立法机关不可能制定完美无缺的法律,对未来不可能有充分的预见,对于在法律适用时用于分析问题的形式不可能有特别的优势。因此,法官不局限于权威的形式理由,而实体性地诉诸在法律适用时出现的道德、经济、政治和其他社会因素,势成必然;法官扮演某种创造性角色、因时制宜地作出评估性思考,也势成必然。

(三) 第三种模式

许多国家如意大利、德国、波兰和芬兰表现出在两极之间形成"第三

---

[1] 法国司法判决的内容、结构和措词是法国法律思维类型的具体表现。从字面上看,判决由一个单独的句子组成,例如,最高法院的判决读起来或者是"本院……驳回(撤销请求)",或者是"本院……撤销(被上诉的判决)并将该案移交某法院重审"。判决中没有专门叙述案件事实或案件来历的段落;实际上,只有在对于阐明必需撤销原判的各个理由、原审法官的论据或最高法院本身的观点十分必要时,才引述事实。即使在这种情况下,引述也可能只是非常间接的提及。参见〔德〕K. 茨威格特、H. 克茨:《比较法总论》,潘汉典、米健、高鸿钧、贺卫方译,贵州人民出版社 1992 年版,第 228—230 页。

[2] 作为这种文化的一部分,在司法判决理由的展示上,美国法律职业界普遍主张强有力的证明和司法坦诚。

种"模式的趋势。在这种模式的司法判决中,像法国的地方是:高比例的法条主义的专门语言,高比例的形式理由,整体上的威权性色彩等。像美国的地方是:复杂的论点结构,详尽而扩展的判决,实体的宪法原则和其他一般法律原则在一些解释例中起主要作用等。既像法国又像美国的地方是:评估性和创造性一般得不到公开承认,但法官知道他们自己也创制法律。

在这些国家,法院比较被动,但大量涉及法律解释问题。它们对司法中涉及的社会和政治问题,表现出较高程度的敏感性。虽然创造性的选择一般得不到公开承认,但它们趋向于直接面对法律缺漏,承认制定法落后过时。它们试图凭借法律体系内部的法律渊源和材料解决法律解释问题。它们不仅利用传统实证主义法律文化的工具,尤其是从语义和系统角度出发的论证,而且还诉诸具有权威的立法目的和法律教义。

2

司法裁判文书的说理性*

增强裁判文书的说理性,是我国司法改革的一项重要举措。这一举措除了提高裁判文书本身的品质之外,还包含着其他许多潜在而深远的意义,诸如顺应民主社会中对尊重权利的期盼,落实司法裁判的公开和公正要求,彰显现代司法权运作的内在逻辑,提升裁判者的职业素质,回应学理上对法律和事实确定性的反思,提高司法裁判的社会公信度,等等,不一而足。正是有了这许多的意义,或者说,正是由于说理的裁判最能刻画司法的现代性,我们甚至可以把这一改革作为能够从整体上带动我国司法改革的一个切入口。

那么,什么叫"增强裁判文书的说理性"呢?这其中有许多值得思考的问题,因为,围绕着这一提法,时下人们有不同的理解:有的认为,增强裁判文书的说理性,就是要明确告知裁判所依据的具体法律规定;也有的认为,我国从前的司法裁判往往是威权主义的、不讲理的,如今要求增强裁判文书的说理性,就是要实现裁判从不讲理到讲理的转变;还有的认为,增强裁判的说理性不只是一个提高裁判文书的说理成分的量的变化,而且还要求有某种质的转变,即"法理裁判"——在没有法律、法规或法律、法规规定不明确的情况下,法官可以适用法理或以法理为补充作出裁判。有鉴于这样一些看法,笔者想就裁判文书的法律理由、裁判文书说理的充分性以及裁判文书说理和法理裁判这样三个问题,谈一点自己的

---

* 本文原载《人民法院报》2001 年 10 月 19 日。

认识。

首先,增强裁判文书的说理性,意味着将裁判结果所凭借的法律理由展示出来,它包括但不限于告知裁判所依据的具体法律根据或法律规定。

这里涉及裁判文书的法律理由的构成问题。众所周知,任何一个案件的裁判结果,都是基于一定的法律根据和事实认定作出的,它是法律根据和案件事实逻辑结合的结果。因此,如果分解地来看一个裁判的法律理由,它大致包括三种成分,即法律根据、案件事实以及它们两者间在法律上的逻辑联系。单纯的法律根据不可能构成一个裁判的法律理由,单纯的案件事实也不可能构成一个裁判的法律理由,两者皆备但缺乏法律上的逻辑联系同样不能构成一个裁判的法律理由。只有一定法律根据和具体案件事实在法律上的逻辑结合,才能构成一个裁判的法律理由。例如,张三因驾车闯红灯致人死亡而被判犯有交通肇事罪,处有期徒刑三年。在这里,单纯的事实认定——闯红灯致人死亡——只是张三被判罪处罚的必要条件,《中华人民共和国刑法》第133条关于交通肇事罪的规定也只是张三被判罪处罚的必要条件,只有两者的逻辑结合,才是张三被判罪处罚的法律理由。

以上是在概括的意义上对裁判文书的法律理由所作的分析。如果我们从动态证明的角度,把司法裁判作为法律推理的体现,同时认为法律推理是在解决法律争辩中运用法律理由的论证过程,那么,裁判文书的法律理由的整体构建活动,必然包含对法律的解释和对事实的认定;而且,这种解释和认定活动又必然是在包含众多法律和事实争点以及一系列"为什么"的提问下,不断后退、不断说明进一步的理由、直至获得某种具有包容分歧意见的"最终依据或理由",并作出判断选择的过程。因此,裁判文书的法律理由不仅指作为法律根据和案件事实逻辑结合、并支撑裁判结果的综合性的理由,而且还包括支撑对法律条文的字、词、句的理解和说明,支撑对案件事实不同方面的认定以及揭示它们在法律上的逻辑联系的个别理由。考虑到法律理由的这种具体展开,我们就可以把整体的法律理由视为一种理由的集合,并由此认为,在一个具体案件的裁判中,法律理由包括对法律作出一定解释的理由、对案件事实作出认定的理由,以及揭示法律根据和案件事实具有法律上的逻辑联系的理由。

其次,增强裁判文书的说理性,并不是说我国原来的裁判文书完全不说理,而是说说理的程度不够充分。

裁判文书不仅要说理,而且要尽可能在程度上做到说理充分。从说理的角度看,如果一个司法裁判是在相应的法律根据和事实认定的基础上合逻辑地作出,就不能说它完全不讲理。司法裁判中的"威权主义"只是一个相对的概念。在比较研究中,我们说一些国家(如法国、中国等国)的裁判文书是威权主义的,并不是说这些国家的裁判文书完全不讲理,而是说它们在阐述裁判的法律理由时做得不充分,以至于给人留下"我有权判决,你必须服从"的印象。

那么,怎么做才算得上说理充分呢?关键的一点是,要克服使裁判文书流于一般化、套路化的做法,加强其决疑性。所谓裁判文书的决疑性,就是要在针对具体案件的争议事实,对当事人提出的各种事实争点和/或法律争点作出回应。同时,从受众的角度看,裁判文书的说理是否充分,并不只是以对法理的阐发是否充分来衡量,也不意味着极尽"法言法语"之能事。它还包括是否体现了情理、事理和文理,做到了"四理并茂"。诸如裁判文书对法律解释的争议是否予以展示,裁判文书的语言是否过分专门化,裁判文书对事实争点的回应程度,裁判文书表述的详尽程度,裁判文书中的法律推理是否充分体现了不同意见之间的对话,裁判除对权威法律渊源的考虑之外是否还关照道德准则、社会政策目标等实体理由,等等,都影响到人们对裁判文书说理是否充分的判断。当然,裁判文书是否说理充分与裁判结果是否让人心悦诚服虽有联系,却不是一回事。

最后,增强裁判文书的说理性,并不当然意味着可以在一些案件中依据法理作出裁判。

如果说法理裁判是指"在没有法律、法规或法律、法规规定不明确的情况下,法官可适用法理或以法理为补充作出裁判"[1],那么,至少其中所包含的"没有法律、法规时可适用法理作出裁判"这层意思,不应属于"增强裁判的说理性"的提法。因为在"单独"而非"补充"的意义上界定法理裁判,意味着把法理作为正式的法律渊源。就此而言,关键不在于是否在争议的问题上存在统一、明确法理等所谓法理裁判的"可行性"问题,而在于法理裁判本身是否成立的问题,即在一个法律制度中,裁判者是否有权在缺乏法定裁判根据时、依照非正式的法律渊源作出裁判?在当今世界的法律实践中,法理裁判的现象是存在的。许多国家如《瑞士民法

---

[1]《人民法院报》2001年9月7日、2001年9月28日张卫平教授的文章。

典》第1条中就规定:如本法没有可为适用之规定,法官应依据习惯法,习惯法也无规定时,法官应根据其作为法官所阐发的规则判案,在此,法官要遵循业已公认的学说和传统。这种规定是对"法条主义"法制模式的反思和批判的结果。不过,依据法理作出裁判除了要受"没有可适用之规定""公认的学说"等限制外,它并不适用于刑事裁判。由于罪刑法定原则的要求,刑事裁判应该奉行严格的法定主义,这是现代法治社会的通例。我国是否在民事裁判中引入法理裁判,显然超出了"增强裁判文书的说理性"这一话题的范畴。

3

"法官后语"与"情法交融"*

裁判文书改革是司法改革的重要组成部分,在这方面,近年来法院内部推出了各种改革举措。例如,在判决书的"事实和证据"部分,用"评判如下"取代过去笼而统之的"经审理查明",以便充分表述控辩主张和双方举证、质证的内容,以及法官认证的过程、理由和结果;对于争议不大、事实清楚的简单案件,采用填充式的裁判文书样式;在判决书后附上本案所适用法律的具体条文内容;在判决书后附页交代当事人针对判决所拥有的诉权,等等。这些改革淡化了长期以来裁判文书的"威权主义"色彩,加强了裁判文书在内容和形式上的说理性、透明度和合目的性要求,体现了尊重诉权、方便民众、追求公正的价值取向,因此,赢得了行业内外普遍的好评。当然,改革是一项不断探索的事业,在许多改革举措获得赞扬和认可的同时,也有一些改革举措没有得到预期的喝彩,反而招致了质疑。这其中就包括在判决书中附"法官后语"这样一种做法。

有许多人认为笔者是反对此项改革的,因为在此前一篇论及"司法改革中的健全思维"的文章中,笔者曾就此评论:"一些法院推行在裁判文书中附加'法官后语'的改革。我读了有关的说明材料,但是终了还是要问:法与德、法与情到底是什么关系?在高扬法治旗帜的今天,如果我们在作出了司法判决之后还觉得在道德、情理上'心有余悸'、意犹未尽,而不能坚信自己的裁判说理可以在法理和情理(当然还有事理和文理)上做到内

---

* 本文原载《人民法院报》2002年11月22日。

容和形式上的交融合一;如果我们总是对法律抱着一种道德怀疑主义、'无情无义'的看法,总是觉得只有在法理之外才能展示道德、情理,那么我们真是有充分的理由不仅怀疑这里的'法',也怀疑这里的'德'、这里的'情'。"[1]

白纸黑字、言之凿凿,想不承认是不可能的。但是,据此就说笔者"反对改革",却有点过分。细心的读者会体味到,笔者上面的那段话,与其说是反对,不如说是质疑;与其说是全盘否定,不如说是在否定中有肯定。因此,如果有人说笔者的质疑或批评是建设性的,笔者会非常地感谢!

在当下学界和社会都极其讲究"效率"的氛围中,面对各种是非、争议,迅速地在立场上做出非黑即白的抉择,最为人们所青睐,诚所谓"登高一呼,众山响应";相反,追本溯源、穷其原委,则会因态度"暧昧"而自寻末路。尽管如此,对于"法官后语"这样一项改革以及其他任何改革,笔者还是希望能热情而细致地予以对待,希望能作进一步的分析,为以后更深入的探讨提供素材。

笔者对"法官后语"改革的肯定,主要在于两个方面:一是改革者在推行此项改革时所表现出来的进取而又谨慎的司法美德:"法官后语"改革是有选择、有条件、分步骤地局部进行的,而且其尝试性被推行者一而再、再而三地反复强调。这样一种改革姿态,具有多方面的意义,对于当下和今后的司法改革,更是富有启示性。二是此项改革的意图或初衷。按照推行此项改革的法院所公开的材料,此改革的目的在于:"崇尚与时俱进的先进文化,倡导健康文明的社会道德,激活长久以来严肃之法律理性,体现判决之道德关怀,使裁判的社会效果得以进一步扩展。"[2]应该说,这种改革意图既有很强的历史和现实针对性,又富有深刻的理论意义。我们常说,裁判文书要想说理充分,就应该努力做到法理、情理、事理和文理的"四理并茂"。突出裁判文书对道德情理的关怀,以求"情法交融",增加裁判的说理性和社会亲和力,这从改革的价值取向上说,显然应该予以充分的肯定。

笔者对"法官后语"改革的质疑或否定,主要是就它的表现形式而言

---

[1] 张志铭:《司法改革中的健全思维》,载《人民法院报》2002年9月20日,《司法琐话》栏目。

[2] 上海市第二中级人民法院研究室:《裁判文件附设"法官后语"的思考》,载《法律适用》2002年第7期。

的。"法官后语"采取的是附署于裁判文书的规范格式之后的形式,即所谓的"后置式"或"外挂式",意在对当事人进行道德和法律上的教育,补充说明裁判的理由和结果。这样一种后置式的安排及其所基于的理由,笔者觉得是有问题的。具体看法如下:

第一,司法裁判是依法就案件争议作出裁断,这种裁断在个案的场景中厘定了当事人之间的权利和义务,由于裁判所依据的法律以及裁判结果所确定的权利和义务本身都具有道德内涵,裁判者对于自己的裁判应该有道德上的确信。后置"法官后语",认为"裁判理由"在于理性地求真,奉行科学主义,而"法官后语"在于道德上求善,体现人本主义,这就丢失或离析了法律、权利和义务、司法裁判本身所固有的道德内涵,忽视了现代法治的德性要求。尽管社会的道德和道德评价多姿多彩,难求一律,但是,法治、法律、权利和义务、司法裁判与社会的主导意识形态和道德观念从来都是密切联系的。诸如"法治是法制的德性""法律是道德的底线""法本缘情""法是决定善良和公平的一种艺术""权利是正当而合法的利益主张""法学是正与不正之学""司法裁判以公正为依归"这样一类的表述,展示的皆是法治、法律、权利和义务、司法裁判与道德情理的正向关联,以及它们本身固有的、不可分离的道德属性。因此,法律、法理,岂能没有人文关怀?基于法律的司法裁判,又怎么能无情无义?

第二,司法裁判只能在揭示所依据的法律、所厘定的权利和义务的道德内涵的意义上讲"情理",不能背离,也不能超越。如上所述,社会的道德和道德评价是多元的,难以企求道德一律,因此从理论上说,法律和依据法律的司法裁判与道德之间的关系可能有三种模式:正相关、负相关和不相关。而就正相关而言,又有相合和相离(即超越)之分。司法裁判是对案件当事人的权利和义务的厘定,是利益的分配,因而不可能与道德情理不相关。同时,"法官后语"是对裁判的理由和结果的补充说明,因而也不应该在这里出现司法裁判与道德情理的负相关。余下的只能是正相关的情况。在正相关的意义上,裁判者只能选择相合的立场,而不应该选择超越的立场,或者说道德上所谓的"高标准",因为那样一来,就会使裁判者越出法律要求的限度和范围,进入社会道德自主和自治的领域;就会扭曲裁判、裁判者与法律之间的基本关系。这对司法裁判和裁判者来说是危险的,对社会也没有什么好处。

第三,要想实现司法裁判与道德情理的相合,在裁判所依据的法律和所厘定的权利和义务的道德内涵的范围内揭示"情理",最妥帖的安排就是把"法官后语"所要表达的"情理"内容,融入到裁判说理中去,以便使裁判说理在内容和形式上都能实现"情法交融"。裁判说理是一个过程,而不是一种简单的宣示;对控辩主张和双方举证、质证的内容,以及法官认证的过程、理由和结果的充分表述,为"情理"的融入,为"情理"与"法理""事理"和"文理"的结合,提供了恰当而充分的空间。

综上,在一个追求法治的现代社会中,裁判者应该认识和坚信司法裁判本身所固有的道德内涵,应该在裁判中揭示这种道德内涵,并在裁判文书中有机地表达这种内涵。"法官后语"的合理内核是对"道德情理"的强调,我们应该吸收并厘定这一合理内核,并在裁判文书中作出"情法交融"而非"情法分离"的表达。

4
如何看待"公开合议庭不同意见"*

在判决书中载明合议庭成员的不同意见,是法院在司法改革进程中推行的一项改革举措。对于这样一项改革,业内外有一些不同的评价。这些评价的着眼点在于此项改革的合理性及其利弊得失。对此,笔者是赞同的。因为尽管任何一项司法改革举措都会面临合法性和合理性的考量,但就此项改革而言,由于相关的法律规定比较模糊(如《中华人民共和国民事诉讼法》第42条和《中华人民共和国刑事诉讼法》第184条皆规定:合议庭按照少数服从多数的原则评议决定案件,少数人的不同意见应当如实记入笔录),问题的关键却不在于是不是合法,而在于是不是合理,是不是利大于弊。当然,如果有人进一步问,从合理性的角度看,你的立场是赞成还是反对?笔者则怀疑自己是否能够给出一个干脆响亮的回答。笔者认为,肯定没有理由反对这样的改革,但要毫无保留地赞许,又觉得心里有点不安。

笔者的不安,或者说我的赞许之所以拖泥带水、"犹抱琵琶半遮面",首先是基于以下两个方面的原因:

其一,从域外法治发达、司法制度比较成型的国家的制度实践看,对于是否在判决书中公开展示不同意见,迄今仍有很大差别。在英美等普通法系国家,虽然司法判决广泛展示不同意见,但也有例外,比如,英国上议院如今仍倾向于只发布一种意见。大陆法系国家的情况比较复杂:在

---

* 本文原载《人民法院报》2002年12月20日。

传统上,司法判决一般只展示一种法院意见,如今情况已然发生变化,除了法国和意大利,多数大陆法系国家的司法判决中都出现了不同意见。当然,大陆法系国家允许公开不同意见的情况有很大的差异。在一些国家如阿根廷、芬兰和瑞典的司法判决中,对不同意见的展示相当充分,它们的做法与美国联邦最高法院的做法非常相近。在德国,尽管对于判决是否应该展示不同意见已争论了一个多世纪,而且在学界似乎还普遍形成了肯定性的意见,但迄今为止,不同意见只出现在宪法法院的判决中,其他法院则不在判决中展示不同意见。

其二,与不同的制度实践相对应,对于公开展示不同意见的合理性,在理论上也有截然不同的说法。在判决书中展示不同意见,是英美法传统沿用至今的做法,它与英美等普通法系国家的法律制度、法律文化和法律职业状况等相契合,被认为是司法民主和法官(或司法)独立的重要表现。按照它们的理论,法院判决是对诉诸司法解决争议的公民的一种合理回答,而不单纯是一种具有国家权威的行为,因此,将判决建立在各方充分对话以及更好地回应诉讼当事人的争点的基础上,有利于强化法官作为"社会工程师"的意识,增强裁判的说理性,提升司法的公正性和权威性,促成法制的完善。与此相反,大陆法系国家基于自己的法律制度和法律文化传统,则一直在裁判中奉行"秘密评议原则"——不公开展示合议庭法官的不同意见,并认为这样做有利于使法官在裁判中更加独立、更加负责,有利于提高判决的权威以及法院的威信和声望。应该说,大陆法系国家的这种观念是根深蒂固的,即使如今出现了反向的制度实践,但观念的变化相对来说还是要缓慢得多。比如,在德国,尽管宪法法院在判决中公开展示不同意见,但并不意味着相关的观念有了根本性的变化;主流的法律理论只是认为,之所以宪法法院在判决中要公开不同意见,是因为宪法法院非常特殊,其成员部分选自司法界外部,而且宪法案件的裁判一般都具有政治特征,法官应该有机会表达自己不同于多数决定的意见。从我国国内的研讨情况看,对于公开合议庭的不同意见是不是有利于法官个人的独立和负责,是不是有利于司法公正以及法院及其判决的权威,也表现出截然不同的意见。

如果说以上两个方面的原因只是出于对相关事实现象的观察的话,那么笔者还想进一步从分析的角度谈一点看法,即推行在判决书中"公开合议庭不同意见"的改革,不可能是无条件的。上面已经提及法律制度和法律文化传统等语境因素的影响,更具体地说,在判决中是不是公开展示法官的不同意见,以及在什么程度、以什么方式展示不同意见,取决于各种复杂的因素。其中主要有三个因素:

第一,坚持民主的司法运作模式的程度。如果一个社会认为司法判决的权威只能建立在充分对话和理性选择的基础之上,高度注重司法的民主运作,那么就会赞成公开,而不会有法官的秘密表决。在英美等普通法系国家,法官有权持有不同于多数决定的意见并公开陈述理由,一直被认为是司法民主的重要表现。而在大陆法系国家,虽然情况已有变化,但传统的观念仍然具有很大的影响力。传统观念认为,合议庭的秘密表决是强化司法判决权威性的重要手段,司法判决只展示一种意见,有利于增强法院的权威和判决的效力。

第二,法官对自己在判决制作中的实际作用所负的道德和政治责任。审判独立是否表现为法官独立,法律制度和法律文化的大环境是否为法官的独立和负责提供充分的保障,直接影响着法官在裁判中是否想要独立而负责地行事的意愿,以及这种意愿与社会期许和制度期许的正向关系的形成。在许多国家尤其是普通法系国家,司法的个性化程度很高,法官在裁判中公开承担个人责任,并基于这种责任在判决中向社会展示和证明自己的立场。而在其他一些国家尤其是大陆法系国家,司法界的官僚化色彩比较浓厚,法官更愿意作为机构、以机构全体一致的面目而非任何个人意见的方式行事,法官习惯于躲避个人责任,偏好在秘密评议的环境中起作用。

第三,对于法律确定性的看法。从逻辑上说,公开合议庭的不同意见,以承认在同样的法律问题上可以有不同的解答为前提。如果一个社会在法律观念上持坚信法律真理、排除不同意见的立场,设想在任何法律问题上只可能有单一的正确答案,不承认对法律的解释存在争议,对法律条文的含义存在可选择的不同解读,那么公开合议庭的不同意见就无从谈起。在一些国家,最突出的是法国,司法判决普遍以唯一可能的答案的面貌出现,说明它们在制度理念上拒绝承认或回避制定法有解释和补缺的必要。美国等一些国家的情况则相反,制定法需要解释和补缺被视为理所当然,解释争议被明确而公开地承认。

因此,对于我国已经推行或将要采行在判决书中"公开合议庭不同意见"改革的那些法院来说,不仅在合理性的思考中要面对世界范围内差异很大的理论和实践,而且还要真切地掂量支撑此项改革的各种环境因素。如果说针对差异的抉择最多只能给出理论上的合理性的话,那么针对环境因素的考量则关系到此项改革是否具有现实合理性。

当然,说了那么多保留的话,其意还在于为改革决策者提供参考,并不表示笔者不赞成此项改革。笔者是赞成这样的改革的,之所以赞成,主要是基于两个方面的事实:一是在当今世界,尽管在公开不同意见方面仍然存在很大的差别,但毕竟出现了大陆法系国家在相关观念和实践上朝着普通法系国家靠近的反向运动,从而体现或反映了在司法判决的制作或说理上的一种发展趋势:从"封闭"、权威—服从式的演绎证明到"开放"、对话—选择式的交流理性;承认法律解释争议的普遍存在,并且在处理它们时尽可能采取明确予以展示和富有自我批评的态度。二是随着我国社会的转型,我们的法律制度和法律观念也变得越来越向差异性、多元性的观点开放。有鉴于此,在条件基本具备的地方,谨慎而有步骤地尝试这样的改革,显然是有益的。

专题十三

司法判例制度的法理

1

司法判例和司法判例制度的法理解析

一、司法判例的含义

什么是司法判例,先来看看域外的英国、美国、德国、法国和日本学者的理解。按照麦考密克和萨默斯主编的《解释先例:一个比较研究》[1]一书中相关国家学者提交的判例制度研究报告的介绍,英国的"判例"(或"先例"precedent)一词有不同的用法。一般情况下"只是指法院作出的与手头待决案件在法律上有显著可类比性的先前判决(prior decision)"。其中同类性质上级法院的先前判决,除非在事实或法律的某个显著点上有区分,皆为必须遵循的约束性判例,其他的先前判决则是说服性判例。在严格意义上,判例"仅仅指有约束力的相关案件或判决中具有实际约束力的那部分内容"[2]。在美国,以纽约州为例,"判例一词有多种用法,但在最为严格的意义上则是指同一司法辖区内上级法院和同一上诉法院有约束力的判决。法院通常赋予这些判例以决定性的权威意义,尤其是在诸

---

[1] See D. Neil MacCormick and Robert S. Summers, ed. *Interpreting Precedents: A Comparative Study*, Dartmouth/Ashgate, 1997.

[2] "Precedent in the United Kingdom", ed. *Interpreting Precedents: A Comparative Study*, Dartmouth/Ashgate, 1997, at p.323.

如合同、侵权和财产这样一些普通法领域,就更是如此"[1]。

在德国,"判例通常意指任何先前作出的与待决案件可能相关的判决。判例虽然被推定具有某种约束力,但在法律话语中,并不意味着这种约束力的性质或强度是确定的,而且作出判决的法院也不必刻意制作判决以便被当作指导将来判决的判例,只要具有相关性就够了"[2]。在法国,"判例一词在通行的法律词典中仅仅意指在作出判决时,采用与过去类似情况案件相类似的判决。具体有强弱不同的两种含义,前者指把上级法院的判决当作虽不具有法律性却具有权威性的论点,意味着该判决虽不具有约束力但应当为下级法院所遵循,而下级法院虽然没有法律义务,但基于现实的考虑总是会遵循上级法院的论点;后者指任何法院甚至是下级法院作出的类似案件的判决,都应当被当作肯定或否定的例子,遵循这种判例有助于法院更好地分析案件事实和所涉及的法律争议,并体现法律面前人人平等的原则要求"[3]。

另外,根据我国学者对日本判例制度的研究,日本在1898年施行《日本民法典》后约半个世纪的时间里,由于对"判例"概念的理解缺乏共识,有的理解为英美法意义的"裁判上的先例",有的理解为广义的"裁判例""判决例",或理解为"判决中的法律论",相关的判例研究一直处于一种看似繁荣实则混沌的状态。直到20世纪中后期,川岛武宜提出"只有那种具有先例拘束性的裁判例规范才有资格称为判例"[4],理论上的混乱局面才基本改观。

按照中国最高人民法院《关于案例指导工作的规定》,中国法院案例指导制度中的"案例"是指:为统一法律适用,由最高人民法院按照一定程序在全国各审级法院生效判决中选取编发的、并在今后的裁判中具有"应当参照"效力的案例。较之于域外对司法判例的理解,在判例的生成主体、判例的价值、判例的效力等重要方面都具有显著特色,引人注目。

---

[1] "Precedent in the United States (New York State)", ed. *Interpreting Precedents: A Comparative Study*, Dartmouth/Ashgate, 1997, at p.364.

[2] "Precedent in the Federal Republic of Germany", ed. *Interpreting Precedents: A Comparative Study*, Dartmouth/Ashgate, 1997, at p.23.

[3] "Precedent in France", ed. *Interpreting Precedents: A Comparative Study*, Dartmouth/Ashgate, 1997, at p.111.

[4] 解亘:《日本的判例制度》,载《华东政法大学学报》2009年第1期。

二、司法判例含义的理论解析

基于上述资料信息,可以从时间维度按照先前和后来两个位序来分析认识司法判例的含义。

司法判例是法院先前作出的判决,故又叫先例、案例、成例,具有记录司法裁判活动的功能。从一般意义上说,任何法院在案件中作出的既定判决,都形成裁判的实例;它们不是杜撰而成的,也不应该是修饰加工过的,而是具有真实存在的事实属性。同时,司法判例与后来的司法裁判必然具有某种联系,具有相关性。这种相关性的基础是,针对案件纠纷所进行的裁判活动,是一种反复进行的类型化的认知和实践活动,作为类型化裁判活动结果的司法判例,不仅构成一个个真实的事例、实例,而且还由于类型化的性质而必然与后来的裁判活动形成联系。类型化是一个相互联系的概念,意味着同一类型中所包含的各个事项间具有相关性,联系密切。

由此可以理解司法判例含义的第一组概念:既定判决和相关性判决。既定判决是作为法院先前裁判活动结果的司法判例的初始含义,它作为历史事实存在。相关性判决是基于既定判决的类型化特征,以及由此生发的其与后来判决所具有的逻辑上的相关性,而在延伸意义形成的司法判例含义。由于司法判例的原初含义是既定判决,而相关性判决的生发以人们对类型化关系的认识和强调为前提,现实中关于"是不是判例"的说法,常常失之于武断和语意不清。分析看来,"是不是判例"的问题,关注的只能是既定判决与后来判决的关系,因此,对于任何法院的任何一个既定判决,尽管不能说它不是案例或判例,但是从司法判例制度的角度说,研究的起点或关注的对象只能是相关性案例;单纯的既定判决是没有意义的。

为什么这样说呢,因为从相关性判决中可以进一步引申出影响力判决的概念,从而使司法判例的含义基本得以澄清,也使得司法判例制度概念的厘定有了可靠的前提。既定判决与后续判决的相关性,出于人们因循、模仿、跟从等原因,既定判决会自然而然地转化为对后续判决的事实上的影响力。基于此种影响力,作为既定判决的司法判例对后续相关裁判活动的指引功能脱颖而出。这种功能至关重要,它连接司法裁判活动的过去和现在,并预示着司法裁判活动的未来,使得司法的价值在很大程度上可以通过司法判例作用的发挥得以体现。而对司法判例这种作用的确认和规范,则成为司法判例制度。

三、司法判例制度及其法理解析

如上所述,司法判例的初始含义是既定判决,既定判决作为类型化裁判活动的结果必然成为与后续裁判相联系的相关性判决,而这种相关性又自然会生成为既定判决对后续裁判的影响力。但是,这种影响力只是一种自发生成的现象,不具有规范的形态,因而也难有确定性和可靠性。如果予以规范定型,赋予既定判决对后续裁判的作用或影响力以一种确定的形态,则意味着从既定判决影响力现象向既定判决影响力制度的转变。由此可以理解司法判例制度的又一组概念:影响性判例和规范性判例。

制度是规范的集合。制度的主要意义或基本指向是规范化。制度化是就事物的设定和运作所做的规范性安排,是在事物中注入规范性的元素。制度化、规范化的过程不仅是一个秩序化、模式化的过程,也是一个包含目的追求、落实价值判断的过程。从法理角度看,司法判例制度以司法判例为规整对象,其着力点是既定判决对后续裁判的作用力或影响力,所要解决的问题或达成的目标,是将这种自发生成的、事实意义上的影响力予以制度化,转变为一种规范的形态,使作为既定判决的司法判例由一种影响性判例转化为规范性判例。这也就是司法判例制度的全部意义之所在。

考察看来,制度化的途径主要有二:一是创制,二是惯习。前者最为显著,指通过制定专门的规范性文件,或者通过专项的法律规定,进行明确的制度创设;后者不那么明显,指在一定的制度背景和框架下,基于各种约束条件而在人们的行动上表现出来的惯习。从司法判例制度产生的情况看,域外有采行专门法律规定的做法,如《德国联邦宪法法院法》第31条第1款规定,联邦宪法法院的所有裁判对联邦和州的宪法机关、所有法院和政府机关具有约束力;第2款还规定,在一些案件尤其是宪法法院宣布法律规则无效的案件中,宪法法院的裁判具有制定法的效力,它们被公布在联邦法律公报中,对全体公民都有约束力。[1] 但是,司法判例制度更多的还是以司法惯习的方式存在。像中国最高人民法院一样制定专门的案例指导工作规定的情况很少,也许是绝无仅有。

总之,对于司法判例制度的认识,首先在于对司法判例的认识,而关键则在于对既定判决之于后续裁判的作用或影响力的认识。没有对司法判例作用或影响力的认识,就谈不上对司法判例的认识,更谈不上对司法判例制度的认识。忽视这样的认识逻辑去谈论司法判例制度,或者似是而非,或者空洞乏力,这也是时下关于司法判例制度理论研究不尽如人意的原因所在。

聚焦于司法判例的作用或影响力来探讨建立和落实司法判例制度的法理基础,那么前述关于司法判例制度的意义、含义和运作机理等三方面的重要问题,就可以明确地表述为如何确认司法判例作用的价值,如何界定司法判例作用的性质和含义,以及如何明确司法判例作用的实现机制这样三个方面的问题。对围绕司法判例作用的这些问题的认识和回答,构成了一个国家或地区的司法判例制度建设的法理基础。

---

[1] See "Precedent in the Federal Republic of Germany", ed. *Interpreting Precedents: A Comparative Study*, Dartmouth/Ashgate, 1997, at p.26.

2
司法判例作用的自然生发原理

司法判例制度对司法判例作用的确认,以对其作用的意义或价值正当性的认识为前提,而对这种作用的正确认识,则以对司法判例作用的生发原理的认识为先决条件。这涉及司法判例制度确认和规范化司法判例作用的思路问题,在这个问题上的疏忽,以及一味地凭靠权力意志,必然造成制度化过程的消极后果,致使司法判例的固有作用受到减损。

有分析表明,司法判例的作用基本上可以说是自然生发的,虽然司法判例制度确认并使这种作用规范化,但并不构成这种作用生发的主因。因此,并不是因为有了司法判例制度才有了司法判例的作用。有研究认为,司法判例制度在英国最先得以确立的原因是:英国经验主义的传统,保守主义的文化基础,司法判例的汇编,法律职业的行业化,陪审制度的确立等。[1] 由于与多数研究者一样,这里没有区分司法判例的作用和司法判例制度对此作用的确认,表达含糊。确切地说,这些原因直接形成的是与司法判例作用的因果关联,与司法判例制度的因果关联究竟如何,则需要细加甄别。

司法判例作用的自然生发原理主要包括两层含义:(1)司法判例的作用是一个与法官裁判活动必然伴生的现象;(2)司法判例的作用是一个与统一的司法管辖权制度、法院审级制度、法官职业共同体制度等必然伴生

---

[1] 参见奚晓明:《两大法系判例制度比较研究》,北京交通大学出版社2009年版,第16页。

的现象。

司法判例是先前的既定判决,作为类型化的司法裁判活动的结果,其对后来的判决,出于人们因循、模仿、跟从的原因,会具有自然而然的、事实意义上的影响力;基于事物生存竞优、主体理性选择的道理,裁判者也会自觉自愿地关注那些富有职业声望的同行的判例,倾心于那些内在质地良好的判例。这是一种社会生活领域的自然现象,也是司法裁判领域的必然现象。所谓的英国经验主义传统、保守主义文化基础等,作为社会生活现象其实不独为英国人所有,任何人类活动其实在很大程度上说都是经验的、因循的,因而也是理性的,只是在英国人那里表现得更为显著而已。

司法判例作用自然生发的最为重要的原因,是统一的司法管辖权制度和法院的审级制度。研究表明,1875 年英国颁布实施《司法条例》,通过司法机构改革建立了统一的司法管辖体系,从而为"遵循先例"制度提供了体制和程序上的保障。在一个统一的司法管辖权制度下,基于法院审级构造的裁判原理,下级法院在裁判中必然会高度重视上级法院先前的同样或同类判决。同时,基于司法裁判均衡的伦理要求和行动逻辑,基于法官职业共同体的建构,一个法院也会尽量在裁判活动中保持与自己先前的判决一致,会关注同级法院、甚至下级法院的判例。由于司法判例作用之生成与法院的统一管辖权制度、法院的审级制度等密切相关,域外的司法判例制度基本上都是循着法院的审级构造对其作用加以确认和规范。

有研究者认为,"遵循判例原则是 18 至 19 世纪英国司法机构改革的结果,也是 19 世纪判例汇编制度发展的产物"[1]。这种看法具有相当的代表性。其实,司法判例汇编与司法判例作用的生成虽有一定的关系,但分析说来,它更是出于回应司法判例作用生发后的需求。因此,将司法判例汇编作为司法判例制度的一部分来认识更为妥当,它的作用是记载、整理和规整司法判例。同时,不少研究者从司法判例作用生成原因的角度提及司法效率、司法权威、司法均衡等因素,从前面的分析看,这些因素被归入司法判例作用的意义或价值正当性的范畴更为妥当,当然它们反过来也强化了司法判例自然生发的作用。

---

[1] 齐树洁:《英国民事司法改革》,北京大学出版社 2004 年版,第 122 页。

中国最高人民法院《关于案例指导工作的规定》将指导性案例的确定和发布作为专属于最高人民法院的一项权能,并且不受审级范围的限制遴选指导性案例,从而使指导性案例在作用机制上呈现为一种人为的、基于最高人民法院权力垄断的"特别加权"特色;这种基于最高人民法院权威认可而产生的指导性案例,其数量必属凤毛麟角,其地位和影响力也定非其他司法案例可比。尽管做出如此特别的判例制度安排也无不可,但是要清醒地认识到,设立指导性案例在裁判中"特别加权"的作用机制,并不应该构成对其他司法案例作用的人为排斥,个中道理的关键还在于,基于判例作用机制的自然发生的原理,在事实上也绝无可能实现这种排斥。中国各层级地方法院尤其是省级法院已然普遍存在的编选司法案例指导裁判活动的实践,将一如既往地进行并发挥重要作用。[1] 当然,中国最高人民法院编选的指导性案例,则将成为其中最具权威性的一类司法案例,并对各地各级法院原有和将有的司法案例编选实践构成技术上的示范指引。

---

[1] 有学者也明确表示,中国指导性案例的生成,主要依赖最高人民法院的司法外权力,采取不以司法等级权威为基础的案例选编方式,没有遵循普遍的形式人民主义进路,没有严格依傍法院体系和审级制度,其实效有待观察;主张最高人民法院和高级人民法院都应成为判例法院,并可遴选本辖区内的法院的案例作为指导性案例。参见宋晓:《判例生成与中国案例指导制度》,载《法学研究》2011年第4期。

3
司法判例约束力的法源性质

对司法判例的作用或影响力的性质予以界定,是司法判例制度化的重要内容。此类话题理论上一般从法律渊源的角度予以展开,通常讨论的问题是,司法判例是不是一种正式的法律渊源。由于对法律渊源的含义存在理解上的不同,对于司法判例法源性质的认识,也常常陷入模糊混乱的境地,从而使我们在讨论前不得不有所澄清。

法律渊源从法律实质内容的角度说主要是指各种影响促成法律的因素。这些因素可以在广泛的意义上涉及社会、经济、政治、文化等各个方面。在更加直接的意义上,法律渊源则是指法律的形式渊源,即作为法律载体的各种法律形态。作为法律形态,可以有不同的分类,常见的如制定法和习惯法、国际法和国内法、宪法、法律、法规、司法解释等。值得注意的是,法律形式的概念内含着法律效力的概念,意指有效的法律形态。因此,作为法律形式的法律渊源的概念直接引发对法律效力来源的关注,进一步则导向对立法权的关注,追问谁有权立法、谁是立法者。正是因为在法律渊源、法律形态、法律效力来源、立法权、立法者等概念间存在这样的意义关联,构成一组概念链条,所以对司法判例法源性质或定位的探讨,才会最终聚焦于以下的一些问题:司法判例是不是一种法律渊源,司法判例是不是一种具有法律效力的法律形式,司法判例是否意味着"法官造法",法官有没有"造法"的权力,等等。

分析至此,答案自然呈现。在英美等普通法传统的国家和地区,答案是肯定的。从历史上看,英美国家的普通法在很大程度上建立在判例的基础上。"法官造法"天经地义，不仅在实践上一以贯之，传统和现实相统一，而且还有各种论证"法官造法"正当性的理论支持，诸如法官是法律的喉舌的"司法宣示论"，国会制定的法律仅仅是法律的渊源而非法律本身的"司法造法论"，等等。司法判例作为正式的法律渊源与立法机关的制定法相对，构成判例法，并在合同、侵权、财产、遗嘱和信托等领域成为法律的主体。"遵循先例"成为明确的法律适用原则：司法判例对于最高法院以下的所有法院具有正式的约束力，不遵循上级法院的判例，除非基于严格限定的强有力的理由，否则构成法律上的错误，通常会在上诉时被推翻；同时，司法判例对于最高法院自身也有很强的规范效力，只是由于没有被上诉推翻的可能而不被认为属于正式的、强制性的约束力而已。[1]在欧洲大陆等制定法传统的国家和地区，答案一般说来则或明或暗地是否定的。[2] 法官不能篡权越位成为立法者，无权立法；司法判例不是正式的法律渊源，不构成判例法并挑战制定法作为法源的唯一性；司法判例在裁判适用中也不具有正式的、强制性的法律效力，不具有普通法传统中基于"遵循先例"原则而具有的法源地位，法院对司法判例的遵行通常只是一个事实。中国除香港特别行政区外属于大陆法传统，没有"法官造法"的理念和制度、传统和实践，中国最高人民法院的指导性案例在现行政制和法律框架下，也不可能拥有正式法源的地位，并在社会生活和司法裁判中具有法律那样的效力。

目前国内外研究中关于司法判例是不是一种正式法源，是不是意味着肯定"法官造法"的权力而构成判例法的讨论，主要是基于立法视角对司法判例约束力的考察，偏重于对司法判例约束力的定性分析。从前面对司法判例约束力的描述看，这种对司法判例法源性质的定位，产生的是正式的或法律上的约束力和非正式的或事实上的约束力这组概念。值得注意的是，基于这组概念来认识司法判例的约束力，构建司法判例制度，实际上使人们陷入了某种误区。因为，如果对司法判例约束力的认识附着于司法判例是不是正式法律渊源的回答上，并以此判断司法判例在后

---

[1] 当然，这些国家的最高法院确实会重新考虑自己先前的判决，偶尔基于审慎权衡的理由也会背离或推翻它们。

[2] 在德国、波兰、西班牙等国家，一些特殊类型的判例具有法律上的约束力，比如在德国，联邦宪法法院的判例对所有其他法院具有正式的约束力，而联邦最高法院的普通判例没有正式的约束力，尽管其在没有相反的具体理由时也会被遵循。

续裁判中的约束力的有无和大小,判断司法判例在法律规范体系构建中的意义,那么就会忽视司法判例约束力的自然生发机制,认识不到司法判例所拥有的非正式的或事实上的约束力,可能并不逊色于正式的或法律上的约束力,更无法深入考察分析司法判例在法律规范层面上所具有的生成裁判规则的意义。这种生成裁判规则的作用,下文将专门讨论。

有鉴于此,笔者认为更应该从司法裁判的角度来认识和界定司法判例的约束力,认识和界定这种约束力所具有的规范性。关照前文对司法判例约束力情况的描述,如果从司法裁判的角度而非法律创制的角度看问题,那么对司法判例约束力的法源定位的看法就会变得生动而立体,就不会那么静止而狭窄。具体说来,不承认"法官造法""遵循先例",并不意味着司法判例的作用或约束力就没有或更小;司法判例的约束力,可能是正式的或法律上的,也可能是非正式的或非法律上的,还可能是两者兼而有之;实际上对后续裁判具有约束力的司法判例的范围,可能包括法院司法管辖在纵向意义上的上下之间和横向意义上的相互之间的各种情况。

可以确切地说,司法判例的作用或约束力自然地产生于司法的结构和过程中,而非主要依赖于从立法上对司法判例法源性质的确认。依托于司法统一管辖、法院审级构造和职业共同体的组织建构,秉承"同案同判"的公正司法理念,司法判例的约束力会形成基于司法惯习的生动立体的规范形态,而法官是否"造法",司法判例是不是法源、是不是成为"判例法"而具有正式的或法律上的约束力,则会成为过于简单狭窄的追问。[1]

对司法判例作用和性质的法源定位,意在从制度规范的角度厘定司法判例作为裁判依据对后续裁判的效力,而裁判效力说到底是一种权威与服从的关系。司法判例作为裁判依据对后续裁判具有什么样的权威或约束力,后续裁判需要在什么程度上遵行司法判例、受其约束,可以综合立法和司法角度的各种分类描述,作出更加规范的制度刻画。

---

[1] 法律体系由两个方面的内容构成:一是在法律论辩中必须被当作权威理由的规范,具有正式的或法律上的约束力,二是只应当被当作权威理由的规范。欧洲大陆国家的司法判例绝大多数属于后者,普通法体系下多数判例具有正式的法律约束力,有些则具有较小的规范效力。参见 D. Neil MacCormick and Robert S. Summers, ed. *Interpreting Precedents: A Comparative Study*, Dartmouth/Ashgate, 1997, at pp. 467-468。

在笔者看来,对司法裁判具有影响力并在广泛的意义上构成裁判依据的材料是有不同的类别的。按照对裁判者制约和影响的力度,裁判所依据的材料大致可以区分为权威性、准权威性和说服性三类。具体差别在于:对于权威性材料,裁判者不管认可与否都必须遵行适用,诸如中国的宪法、法律和法规等,皆属此类;对于准权威性材料,裁判者可以不认可不适用,但应详细说明理由,诸如中国的司法解释、部门规章等可以归入此类别;对于说服性材料,裁判者只有认可信服才自觉地加以采用,不采用也没有说明的责任。作为裁判依据的说服性材料是一个可以在效力层级上作更为细致划分的非常宽泛的类别,甚至教科书上和权威理论的观点都可以归入,展示了裁判背景的广阔性和复杂性。从裁判引用的角度看,前两类属于应当直接引用的范围。

中国最高人民法院《关于案例指导工作的规定》第 7 条要求,对于"最高人民法院发布的指导性案例,各级人民法院审判类似案例时应当参照"。此规定涉及指导性案例在司法裁判中的具体法律效力或法源定位这样一个核心问题。"应当参照"一语既包含了刚性的"应当"要求,也包含了柔性的"参照"要求,因此是一个需要澄清语义的表述。按照法院方面主事者给出的一种解释,"应当参照"是指指导性案例具有类似于最高人民法院司法解释的效力,比如,指导性案例可以作为裁判依据,并应当作为裁判依据在裁判文书中引用,如果违反,则可能成为当事人上诉抗辩的理由,可能成为上级法院撤销判决的理由。这样的解释尽管明确果断,却难以与当下国家在立法制度和司法制度上的基本安排对接,也缺少法源理论所涉及的裁判依据原理的支持。笔者的看法是,指导性案例所具有的"应当参照"的法律效力,可以合理地定位于准权威性依据的级别,类似于司法解释,而不同于其他司法案例。个中原因或理由是,如果定位于权威性类别,将会突破以立法为中心的成文法国家的制度底线,并引发制度和观念体系中的连锁反应,导致混乱;如果只是定位于说服性类别,则会使案例指导制度多此一举,因为如上所述,任何司法判例作为法律适用的先行实践或故事,皆有其自然而然的事实上的地位和作用。

4

司法判例与规则创制*

英美等普通法国家中"法官造法""遵循先例"的观念,意味着司法判例作为正式法律渊源的地位,对后续司法裁判具有权威性的约束力。与此相适应,英美判例法理论和实践中在司法判决中区分了一对概念,即判决理由(ratio decidendi)和附带意见(obiter dicta)。判决理由是案件事实同某种既有的规则、原则等规范相结合的产物,构成判决的依据,是判决中具有约束力的内容,并约束后续同样案件的裁判;附带意见是判决中没有约束力或者并非必要的部分,但它对后续同样案件的裁判也可能会有影响,只是这种影响并非强制性质而是说服性质。因此,法官造法所说的"法",遵循先例所说的"先例",准确地说是指构成裁判依据的判决理由。普通法系国家司法判例具有正式法律渊源的性质,对于后续同样案件的裁判具有法律意义上的强制性的约束力。

但是,如果我们按照普通法传统国家"法官造法"和"遵循先例"的理论和实践来看待制定法传统国家的情况,则容易被误导或者被蒙蔽。事实上也确实如此。若被误导则以为所有司法判例制度,都意味着对"法官造法"和司法判例的正式法源地位的肯定;若被蒙蔽则很容易因否定"法官造法",否定司法判例的造法功能或正式法源性质,而无视其在裁判规则生成方面的意义。对此,下文将联系当下中国建立案例指导制度的认识和实践来加以说明。

---

* 本文摘自张志铭:《司法判例制度构建的法理基础》,载《清华法学》2013年第5期。

在中国建立案例指导制度,最容易使人们联想到并混同于普通法系国家的"遵循先例"制度,业界就有许多人认为指导性案例具有一般意义上的"造法"功能。笔者的看法是,指导性案例最基本的价值功能应该定位于适用法律,而非创制法律。这一点完全不同于普通法系国家的"遵循先例"制度,与其中内含的法律文化传统及相关的观念和实践,诸如经验主义法律思维、"法官造法"、立法怀疑主义、司法在社会法秩序构建中的中心地位等,也相去甚远。成文法国家的司法判例制度,以对制定法的解释适用为指向,是制定法规范在具体个案裁判场景中的具体化,或者说是制定法延伸意义上的"法律续造"。因此,如果说普通法国家的"先例"准确地说意指作为"法官造法"的"判决理由"(Ratio decidendi),我国的指导性案例则是适用法律的成例,是在认定事实、解释法律和作出法律决定方面的典型案例,甚至可以延伸至判决执行领域的典型案例。

在一个成文法传统的国家,尤其是在中国这样一个着力于通过立法活动构建系统严整的法律体系并且已经宣告"中国特色社会主义法律体系已经形成"的国家,应该慎言"法律缺失"或"法律缺漏"。不仅如此,考虑到由法律概念、法律原则、法律规则、国家政策、法律认可之习惯等多种多样法律构件所形成的"法网恢恢、疏而不漏"的法律自洽效果,在事实上我们也很难认定在具体个案场合确实发生了"无法可依"的状况。最高人民法院《关于案例指导工作的规定》开宗明义,说明指导性案例的价值功能属于"统一法律适用"的性质;第2条关于指导性案例选定条件的规定,也没有提及"无法可依"的情况[1];最高人民法院公布的第一批四个指导性案例也各自列明了"相关法条",所有这些都清晰地提示了从适用法律的典型性、示范性事例的角度来定位指导性案例作用性质的立场。

但是,在谈论司法判例包括中国的指导性案例作用的法源性质时,应该特别提出并区分创制法律和生成规则这样两个概念的区别:司法判例不创制法律,但能够而且也确实在生成裁判规则。在认定制定法传统国家司法判例最基本的功能在于适用法律而非创制法律的同时,也应该坦承其在解释和适用法律意义上的规则生成意义。法律在具体的适用过程

---

[1] 该条的具体规定是:"本规定所称指导性案例,是指裁判已经发生法律效力,并符合以下条件的案例:(一)社会广泛关注的;(二)法律规定比较原则的;(三)具有典型性的;(四)疑难复杂或者新类型的;(五)其他具有指导作用的案例。"

中,存在各种形态的法律延伸或"弥散"意义上的"法律续造"现象。司法判例,包括我国的指导性案例,作为在具体个案裁判场景中法律解释适用的结果,是"法律续造"的一种极为重要的形态,对于法秩序的形成具有非常重要的意义。尤其是在中国最高人民法院编发的指导性案例中,包含了对所选案例"裁判要点"的概括,使得指导性案例生成裁判规则的意义更是了然于目。

我国最高人民法院到2013年为止已经编发了4批共16个指导性案例,其中都包含了关于"裁判要点"的概括。从下表第一批四个指导性案例所提示的"裁判要点"看,作为对相关法律条文的解释适用,都具有作为一般行为规则的形态和含义,其中所包含的规则适用条件、具体行为模式和相关法律后果等规范逻辑要素,很容易加以识别。由于指导性案例的"裁判要点"对以后的裁判具有指引作用,将其承载的规范内容称之为裁判规则,当属恰如其分。基于这样的认识来看待今后指导性案例"裁判要点"的制作,也可以在其表述和内容上提出更加明确的规范要求。

表　最高人民法院第一批指导性案例汇总表

四个指导性案例	相关法律条文	裁判要点
上海中原物业顾问有限公司诉陶德华居间合同纠纷案	《中华人民共和国合同法》第424条规定:居间合同是居间人向委托人报告订立合同的机会或者提供订立合同的媒介服务,委托人支付报酬的合同。	房屋买卖居间合同中关于禁止买方利用中介公司提供的房源信息却绕开该中介公司与卖方签订房屋买卖合同的约定合法有效。但是,当卖方将同一房屋通过多个中介公司挂牌出售时,买方通过其他公众可以获知的正当途径获得相同房源信息的,买方有权选择报价低、服务好的中介公司促成房屋买卖合同成立,其行为并没有利用先前与之签约中介公司的房源信息,故不构成违约。
吴梅诉四川省眉山西城纸业有限公司买卖合同纠纷案	《中华人民共和国民事诉讼法》第230条第2款规定:申请执行人因受欺诈、胁迫与被执行人达成和解协议,或者当事人不履行和解协议的,人民法院可以根据对方当事人的申请,恢复对原生效法律文书的执行。	民事案件二审期间,双方当事人达成和解协议,人民法院准许撤回上诉的,该和解协议未经人民法院依法制作调解书,属于诉讼外达成的协议。一方当事人不履行和解协议,另一方当事人申请执行一审判决的,人民法院应予支持。

(续表)

四个指导性案例	相关法律条文	裁判要点
潘玉梅、陈宁受贿案	《中华人民共和国刑法》第385条第1款规定：国家工作人员利用职务上的便利，索取他人财物的，或者非法收受他人财物，为他人谋取利益的，是受贿罪。	(1)国家工作人员利用职务上的便利为请托人谋取利益，并与请托人以"合办"公司的名义获取"利润"，没有实际出资和参与经营管理的，以受贿论处。 (2)国家工作人员明知他人有请托事项而收受其财物，视为承诺"为他人谋取利益"，是否已实际为他人谋取利益或谋取到利益，不影响受贿的认定。 (3)国家工作人员利用职务上的便利为请托人谋取利益，以明显低于市场的价格向请托人购买房屋等物品的，以受贿论处，受贿数额按照交易时当地市场价格与实际支付价格的差额计算。 (4)国家工作人员收受财物后，因与其受贿有关联的人、事被查处，为掩饰犯罪而退还的，不影响认定受贿罪。
王志才故意杀人案	《中华人民共和国刑法》第50条第2款规定：对被判处死刑缓期执行的累犯以及因故意杀人、强奸、抢劫、绑架、放火、爆炸、投放危险物质或者有组织的暴力性犯罪被判处死刑缓期执行的犯罪分子，人民法院根据犯罪情节等情况可以同时决定对其限制减刑。	因恋爱、婚姻矛盾激化引发的故意杀人案件，被告人犯罪手段残忍，论罪应当判处死刑，但被告人具有坦白悔罪、积极赔偿等从轻处罚情节，同时被害人亲属要求严惩的，人民法院根据案件性质、犯罪情节、危害后果和被告人的主观恶性及人身危险性，可以依法判处被告人死刑，缓期二年执行，同时决定限制减刑，以有效化解社会矛盾，促进社会和谐。

5
司法判例作用的实现

一、司法判例的裁判适用与"同案同判"

司法判例对后续案件司法裁判的作用可以直接而确切地表述为"同案同判",对司法判例作用的确认,也就是对"同案同判"的意义或价值正当性的确认。同样,司法判例作用的实现,涉及司法判例在后续司法裁判中的适用,而分析说来,其中的关键则在于裁判者在后续裁判中如何认识、把握和运用"同案同判"的原则,以及如何认识、把握和对待该原则所必然涉及、与司法判例作用实现密切相关的法官自由裁量权问题。从制度上规范司法判例作用在裁判适用中的实现,不仅在比较理论的层面上界定司法判例作用的法源性质,而且还要在比较技术操作的层面上聚焦于"同案同判"的原则,聚焦于其中所内含的规范法官审判裁量权的要求。

司法以公正或正义为依归。在人类社会生活秩序的形成过程中,公正至关重要,含义却极为复杂。从平等对待的角度看,有时公正要求在不考虑人的某些差别的意义上讲同样情况同样对待、不同情况不同对待;有时则要求在考虑人的某些差别的意义上讲同样情况同样对待、不同情况不同对待。亚里士多德称前一类情形为"校正正义",后一类情形为"分配正义"。司法所追求的公正大致属于"校正正义"。"同案同判""不同案不同判"则是对公正裁判的一般性要求,也是建立案例指导制度的直接目的所在。但是,什么是"同案","同判"的含义又是什么,目前法律理论和实务界在理解上存在明显分歧,所采用的表述也多有不同,诸如"同类案件同类判决""类似案件类似判决""同样案件类似判决""同类案件同样判决""类似案件同样判决",等等,不一而足。

联系中国的案例指导制度来看,最为流行的看法是,在案例指导制度中,"同案"是将一个待决案件的案件事实与一个先决案件或案例的案件事实作对比的结果,由于世界上不存在绝对相同的两个事物,司法裁判中也不存在案件事实绝对相同的两个案件,因此,"同案"的确切表述应当是"同类案件"或"类似案件",而非"同样案件"或"相同案件"。中国最高人民法院《关于案例指导工作的规定》第7条似乎就采用了流行的观点,其行文是:"最高人民法院发布的指导性案例,各级人民法院审判类似案例时应当参照。"与这种流行观点不同,笔者的观点是,"同案同判"中的"同案"还是表述为"同样案件"比较好,理由主要可以从表述形式和表述内容两个方面来分析。

从表述形式看,"同样案件"与"同类案件"尽管只有一字之差,但给人的感觉却相去甚远。在两个事物之间作异同比较时,如果说它们"同样"或"相同",那么尽管不是意指绝对的"同一",重心却在同不在异,而如果说它们"同类"或"类似",则说的是"同",意指实为"异"。从定性和定量的角度来分析,"同样"或"相同"似乎既有性质上的肯定,也有数量上的肯定,而"同类"或"类似"则属于性质上的肯定,量化分析上的否定。因此,说"同类案件同样判决",就如同说两个不完全相同的案件要采取完全相同的判决,这在逻辑上似乎讲不太通,而说"同样案件同样判决"则因果关联分明。

从表述内容分析,一个待决案件与一个指导性案例是不是属于"同案",需要有两个步骤的分析,即案件性质上的定性分析和案件情节上的定量分析。

案件性质上的定性分析,是看待决案件的事实与司法判例或指导性案例的事实在整体性质上是否涉及相同的法律问题,内含着对案件事实在法律性质上的类型化或定型化操作。这里最容易陷入的误区是,紧盯着案件事实做文章,误以为要解决的是什么单纯的"事实问题",而非"法律问题"。实际上,司法裁判是将案件事实"归入"具体法律调整范围,或者说是以具体法律规定"涵摄"案件事实的活动,因此,在认识上要明确,案件事实并不是与法律适用毫无关联的纯粹的"事实问题",而必然是与法律适用直接或间接相关的"事实问题"。应该立足于案件事实与具体法律条文的联系,以案件事实的法律特性为线索,来确定两个案件的事实在整体上是不是涉及相同的法律问题,是不是属于同样法律性质的案件。比如,最高人民法院公布的第一批四个指导性案例,其案件事实整体涉及的法律问题分别是:房屋买卖居间合同实践中的"跳单"行为是否违约的问题,民事案件二审期间当事人一方不履行和解协议、另一方申请执行一审判决法院是否支持的问题,国家工作人员在一些特定情形中的行为是否构成受贿罪的问题,以及在婚恋矛盾引发故意杀人的案件中如何量刑(或如何适用死刑和限制减刑)的问题。

对于案件事实的法律性质的比较分析,弄清楚案件事实所涉及的法律关系的性质和种类会有很大帮助。也有论者强调案件当事人"诉讼争点"的提示和指引作用,这是正确的,只是与此同时需要细加辨识:任何诉讼案件皆有其涉及的法律问题,但并不一定在案件相关的事实和法律上有争议,许多诉讼属于当事人借助司法的权威强化和实现自己的主张的情况;也有许多争议只是局部、枝节意义上的,与案件事实整体涉及的法律问题的认定无关。另外,不同案件事实所涉法律问题在性质类别上的"相同",可以有上位和下位、大类和小类上的层级区别。例如,最高人民法院公布的第一个指导性案例,其案件事实整体涉及的法律问题可以定位于房屋买卖居间合同实践中的"跳单"行为是否构成违约的问题,也可以定位于买卖居间合同、甚至更高层级的居间合同实践中的"跳单"行为是否构成违约的问题。具体认定为哪个层级类别,无法一概而论,需要留待裁判者的自由裁量;同时大致可以认为,抽象意义上的层级类别越小,具体意义上的可比性或趋同性越大。

在定性分析确定待决案件的事实与指导性案例的事实在整体性质上是否涉及相同法律问题之后,还需要在案件情节的比较上作定量分析,看两个案件在具体情节上是否可以视为"相同"或"同样"。具体的操作方式是:(1)以择定的指导性案例为基点,与待决案件在具体案情上进行比较,列出事实情节上的相同点和不同点;(2)结合具体的场合,针对所涉及的法律问题,比较确定相同点和不同点的相对重要性,并作出属于"相同案件"还是"不同案件"的判断:如果认为相同点对于认定和处理案件涉及的法律问题更重要,则无视或舍弃不同点,视为"同样案件";如果认为不同点对于认定和处理案件涉及的法律问题更重要,则无视或舍弃相同点,视为"不同案件"。[1] 由于两个案件在案情比较意义上不可能绝对相同,也不会绝对不同,最终视为相同或不同,属于一种"法律拟制"的性质。业界许多论者基于两个案件的案情不可能绝对相同的事实,主张将"同案同判"中的"同案"理解和表述为"类似案件"或"同类案件",这是知其一不知其二——不了解裁判中对"同案"的认定,不仅有对案情同异点的比较,而且还有针对案件事实整体涉及的法律问题,对案情相同点和不同点所作出的二者有其一的抉择。当然,这样的定量分析所需要的权重和抉择,也少不了裁判者的自由裁量。

"同案同判"不仅涉及对"同案"的理解,而且还必须联系"同判"来理解"同案"。申言之,"同案"是导致"同判"的原因,是支持"同判"结果的根据,我们只有基于"同判"的要求、在匹配"同判"的意义上去选择和锁定"同案"的表述和含义。那么,什么又是"同判"的含义呢?

所谓"同判",是指"同样的判决",具体到指导性案例的意义或价值来说就是:如果一个待决案件的案件事实与一个指导性案例的案件事实被认为是相同或同样,那么就应该作出与指导性案例相同的判决。这里,相同判决意指相同的法律处置,包括相同的法律认定以及相应的肯定或否定法律后果;至于法律后果在数量上是否一般无二,则不可强求一律,因而不属于相同判决所要求的内容。基于这样的分析来看问题,那么业界一些人所提出的与"同类案件"或"类似案件"相对应,将"同判"称为"同类判决"或"类似判决"的主张,则不可能是恰当的了。

当然,按照以上所作的辨析,也可以将"类似案件"和"同样案件"作为一组概念,去刻画指导性案例的作用在司法裁判中的实现过程。《关于案例指导工作的规定》第7条关于"最高人民法院发布的指导性案例,各级人民法院审判类似案例时应当参照"的文字内容,可以理解为是对法院审理案件时的要求,与"应当参照"匹配的是"类似案件":如果案件不类似,应当参照也无从谈起。在此基础上,再补充写上审理后的要求,整个条文可以修改为:"最高人民法院发布的指导性案例,各级人民法院审理类似案件时应当参照。如果审理后认定案件事实相同,应该作出与指导性案例相同的判决。"这里将原条文中的"审判"改为"审理","类似案例"

---

[1] 参见〔美〕史蒂文·J. 伯顿:《法律和法律推理导论》,张志铭、解兴权译,中国政法大学出版社1998年版,第二章"类比法律推理"。

改为"类似案件",则是出于规范性文件讲究用语准确的考虑。由于对指导性案例所要求的"同案同判"在不同裁判阶段的要求的差异缺乏区分,业界对"应当参照"的含义解释,目前存在着明显的混乱。

二、司法判例的裁判适用与法官自由裁量权

司法判例在后续裁判中作用的发挥,离不开法官自由裁量权的运用。在域外法治发达国家和地区,由于对"司法独立"的强调以及法官所享有的职业尊荣和社会尊荣,法官在裁判中的自由裁量权一般在法律理论和实务中被积极地加以肯定。具体到司法判例制度中,法官的自由裁量权被看作司法判例作用实现机制的重要因素。与此形成对比,在当下中国的法律理论和实务界则有很多人认为,目前中国法官群体整体素质还不够高,对法律的统一适用和裁判的质量构成了严重的不利影响,建立案例指导制度是解决问题的重要举措:有益于约束和控制法官的自由裁量权,实现最高人民法院《关于案例指导工作的规定》所说的"总结审判经验,统一法律适用,提高审判质量,维护司法公正"的目的。讨论司法判例作用的实现,有必要在制度原理上对法官自由裁量权的意义予以澄清。

由于当下中国的司法状况,指导性案例的确能为裁判者依法裁判提供更加明确的指引,从而有助于解决因法官群体整体素质不高对裁判质量造成的不利影响。但是,一定不能认为,我们需要指导性案例是因为法官整体素质的问题。法官素质不论高低,都需要案例指导制度,否则,就会错以为目前法官整体素质较低需要案例指导制度,将来法官素质高了就不需要案例指导制度了。其实司法判例制度(包括我国的案例指导制度)与裁判者素质的高与低并没有太大的逻辑关联性,它所针对的是裁判者之间的差异性,以及这种差异性对法律统一适用所可能造成的不利影响。裁判者素质高了也同样有个体差异性,甚至张扬个性的冲动会更加强烈,从而更需要发挥司法判例的平衡作用。

从上文对司法判例作用的实现机理看,法官的自由裁量权恰恰是司法判例制度包括我国的案例指导制度发生作用所不可缺少的重要因素。因为,在一般意义上说,实现所有案例制度一概要求的"同案同判",关键在于辨析案件的同与异,做到"同样案件同样判决","不同案件不同判决",因此必然需要借助法官的自由裁量权来实现;从具体的操作技术上

看,无论是对案件事实所涉法律问题的类型级别的把握,还是对案件事实情节在相同点和不同点上的列举和权重,都需要法官裁量才能确定。正如英国法学家哈特在其力作《法律的概念》中所言:"虽然'同样案件同样对待,不同案件不同对待'是公正理念的一个中心部分,但它本身是不完全的,在加以补充前,它无法为行为提供任何确定的指引……在决定哪些相似点和不同点具有相关性前,'同样案件同样对待'必定还是一种空洞的形式。要充实这一形式,我们必须知道在什么时候为了眼前的目的案件将被看作是相同的,以及哪些不同点是相关的。"[1]有鉴于此,中国案例指导制度也必须正视法官的自由裁量权,与其正向关联;与其他国家和地区的司法判例制度一样,中国案例指导制度的目的,也不应该是否定甚至取消法官在个案裁判、指导性案例的运用中的自由裁量权,而是要规范其自由裁量权的行使。

中国最高人民法院《关于案例指导工作的规定》开宗明义,写明了建立案例指导制度的目的:"为总结审判经验,统一法律适用,提高审判质量,维护司法公正,根据《中华人民共和国人民法院组织法》等法律规定,就开展案例指导工作,制定本规定。"基于上面的分析,考虑到法官自由裁量权对于司法判例作用实现的极端重要性,以及它在司法判例制度中所应该具有的确切含义,此段文字似乎可以调整为:"为统一法律适用,规范法官自由裁量权,维护司法公正,根据《中华人民共和国人民法院组织法》等法律规定,就开展案例指导工作,制定本规定。"

---

[1] 转引自〔美〕史蒂文·J·伯顿:《法律和法律推理导论》,张志铭、解兴权译,中国政法大学出版社1998年版,第48—49页。

专题十四

中国律师业的发展

1

写在中国律师制度建立百年之际*

中国律师制度是清末变法改制效仿西方典章制度的产物。当时统治者推行法律改良的直接动因是为了消除列强在中国的治外法权以重整治权,也即清廷所谓的"参酌各国法律,悉心考订,妥为拟议,务期中外通行,有裨治理"。1912年9月16日,北洋政府延续清末关于律师制度构建的基本思路,颁布实施了中国历史上第一部关于律师制度和律师业的单行法规《中华民国律师暂行章程》,标志着近现代律师制度在中国的正式建立,作为法制现代化重要符号的律师制度在中国迄今已历时百年之久。

近现代律师制度和律师业在中国的出现,包含了一场由外而内、由表及里地用西方现代意义的"律师"重塑和更新中国本土"讼师"意涵的变革活动。传统中国虽然也曾使用"律师"一词,而且在功能上也有职业形态相似的"讼师",但是它们之间的含义毕竟有本质的不同。近现代意义上的"律师",是近现代资产阶级革命的胜利果实之一,它以保障人权、体现司法民主和法治精神为基本价值取向。而在传统中国社会,"讼师"又被贬称为"师爷""讼棍""刀笔吏"等,是不敬"道德文章"、专长于"操两可之说,设无穷之辞"的道义小人,在法律文化上缺乏价值正当性。清末重臣张之洞曾极力反对试行沈家本、伍廷芳拟定的《大清刑事民事诉讼法草案》,在言及其中规定的律师辩护制度时坦言其忧虑:在中国实行律师制度会使"讼师奸谋适得尝试"。可谓一语道破!

---

* 本文原载《律师文摘》2006年第3辑。

由于近现代律师制度内含的精神异质于中国固有的法律文化传统，在形式上律师极易被混同于中国传统社会为人所不屑的"讼师""讼棍"一类，使得律师制度如何在一个东方传统的社会中生根发芽、开花结果，成为萦绕于律师从业者和关注者脑海中挥之不去的问题。实践中，伴随着中国政制的更替演变，律师制度和律师业也经历了兴衰存亡的过程。

辛亥革命推翻清朝的统治，开创了我国民主共和的历史，从1912年到1949年，中华民国先后经历了南京临时政府、北洋政府和南京国民政府三个时期。此时中国律师制度的立法和实践效仿的是西方资本主义国家，尤其是日本和德国的律师制度模式。虽然期间战乱频仍、内外交困，但律师制度艰难前行，相关法律趋于完备，律师业也初具规模。

1949年中华人民共和国成立，执政的中国共产党以"蔑视和批判《六法全书》及国民党其他一切反动的法律、法令的精神，以蔑视和批判资本主义国家一切反人民法律、法令的精神"[1]，领导中国进行了建立"新的律师制度"的尝试。新的律师制度以当时的社会主义"老大哥"苏联为仿效对象，其主要特点是把律师纳入国家公职范围，律师统一在法律顾问处任职，而非私人或合伙开业。但是即便如此，它还是遭到众多的非难指责，如认为律师制度是资本主义所专有，律师的刑事辩护是丧失阶级立场、替坏人说话等。在1957年的反右派斗争中，许多律师成了右派，有的还被判刑进行劳动改造，律师制度随之夭折。

如果我们的讨论基于1957年及其后二十多年的历史记忆，那么关于中国律师制度和律师业命运的话题，势必沉痛而严峻，这是一个关于"生存还是死亡"的问题。所幸的是，1978年后中国经过三十多年的改革开放，在社会利益分化重组的情势下逐步实现了社会治理结构的重大转型，市场经济、民主政治、人权法治已经成为难以逆转的发展趋势。中国社会已经越来越深刻地融入当今世界全球化的格局之中，律师制度和律师业也深深地嵌入当今中国的政制发展和社会结构。眼下中国律师业总体发展势头良好，执业者已有20多万之众，律师事务所约1.8万家，并逐渐形成自己的表意能力和表意空间，在社会生活法律秩序的构建中发挥着越来越显著的作用。当此情景，假使我们仍然在"生存和死亡"的意义上谈

---

[1] 《中共中央关于废除国民党的六法全书与确定解放区的司法原则的指示》，载《中国法制史资料选编(下)》，群众出版社1988年版，第1187页。

论律师的命运,尽管不乏居安思危、未雨绸缪的深度合理性,却也难免招致杯弓蛇影、杞人忧天之讥。因此,在量的意义上,在"兴衰"而非"存废"的意义上关注律师的命运,关注律师业的健康发展,显然已在情理之中。

按照律师业持续稳健发展的要求讨论中国律师的发展,需要我们从整体上把握其发展轨迹。中国律师制度三十多年的发展,大致经历了从"国家法律工作者"到"社会法律工作者"的重大转变。分析来看,把律师业推向社会,使其脱离对国家编制和经费的依赖从而实现与国家权力的"断脐",这种"去国家化"的变革只是一个完整的社会化进程的前一段。社会化进程的后一段则是律师业在回归社会之后,从职业技能、职业伦理、职业自治、职业(社会)认同等诸多方面进行全方位的职业主义改造,使律师业在社会分工体系中拥有自我发展、自我约束的资源和能力。这涉及中国律师业的行业化发展问题。为此,国家权力特别是司法行政权应该通过政策和法律的运作,继续为律师业提供尽可能多的扶持和资源,因为"断脐"毕竟不是"断奶"和自立于社会。同时,律师业要"苦练内功",包括实现高度的专业化,形成职业共同体精神及职业自治自律的机制,并通过广泛的社会参与,求得社会的高度认同。

今日的中国律师业已非往昔可比,不仅"断脐"早成定局,而且"断奶"也基本变成现实。律师业已经脱离国家怀抱,不再接受政府呵护,融入社会大家庭,变得更加自主自立;律师的生存根基和命脉,已经从政治上的阶级忠诚,转向了参与社会分工、回应社会需要的职业理性。当下和今后中国律师业的发展,直接受制于三个方面的因素,即与律师业发展密切相关的社会需要、社会角色和社会认同。律师业应当立足于社会生活的需要,在回应和满足社会生活需要的意义上,凭靠自身的职业"功夫"和相关的社会认同,赢得并巩固自己在社会分工体系中的角色担当。

寻根于社会,植根于社会,在社会的广阔天地中生长得根深叶茂,是中国律师业不能不予以清醒认识和自觉行动的主题。在这样一个时刻,在中国律师制度建立百年之际,我们有必要内省,有必要反思,看看我们自己以及我们的周围,看看有哪些情况促进或彰显了这一主题,有哪些情况妨碍或消解了这一主题。有鉴于此,笔者想在审视检讨现行制度认识和实践的基础上,在宏观层面上就中国律师业的发展择有以下三点建言:

其一,法治兴、律师兴,律师业的兴旺以法治发达为前提。在法律界尤其是律师界流传着一种说法:"律师兴、法治兴""无律师不成法治"。

此种言论虽具有感召力,却可能给人以误导。应该说,基于律师业和社会法治的内在逻辑关联,律师业的兴盛的确能表征社会法治的发达,而且从互动的意义上说,律师业在促进和维护社会的法治化治理方面,也具有不容忽视的作用。但是,从律师业和现代法治这两者之间更为原初的关系看,如果以为一个社会只要律师业兴盛了,法治就必然发达,则显然是因果颠倒、倒因为果。人类已有的实践经验表明:法治兴、律师兴。没有民众对法治的崇尚,没有承载自由、民主、法治的政制框架,没有良好的法治环境,就不可能有真正发达的律师业。中国律师的命运,在整体上取决于中国社会的法治化进程;尤其是在现阶段,律师业致力于推进法治,也就是致力于律师业的长远发展。

其二,弘扬职业主义精神,在律师角色的价值正当性上进行文化和观念的重建,从根本上解决对律师的社会认同问题。近现代律师制度在中国原属"舶来品",在轻讼、贱讼的传统中国宗法等级社会,律师极易被混同于专以舞文弄法、帮闲助讼为能的讼师一类,缺乏道德和法律上的正当性,从而使律师制度在实践中面临双重危险:一是因与中国传统法律文化格格不入而遭排拒;二是因丧失现代精神而发生实际蜕变,即所谓的"讼师奸谋适得尝试"。1949年中华人民共和国建立后的很长一段时期,律师制度被说成"资产阶级的专利",律师被视为"专为坏人说话"的政治上的"失节者",在意识形态和制度实践上遭到排拒。从现状看,这些不利于律师业发展的文化传统和观念形态,至今影响广泛,严重阻碍了社会对律师的整体认同。加之律师界弥漫着一味追名逐利的商业主义倾向,使得社会对律师的认同感更是雪上加霜。而律师业的存在和发展,恰恰不能没有或缺乏社会认同。律师是一个需要诸多职业特权(如职业自治、职业豁免、职业调查等)的行业,而这些职业特权的获得和实现,都以律师的社会担当以及社会对律师的认同为基本前提。从中国律师业的长远发展看,要解决文化传统排拒、意识形态歧视、商业主义泛滥的问题,就必须有天下情怀、社会抱负,不断强调自己的社会担当,弘扬利他主义的职业伦理,彰显自己的价值正当性,并在获取社会高度认同的基础上,实现职业特权和职业使命之间的历史性契合。

其三,以司法考试制度的确立为契机,理顺律师与检察官、法官等不同法律职业之间的关系,锻造共享的"法律家"身份,构建法治实现所必需的法律职业共同体。当下律师与检察官、法官等法律职业之间的非职业关系,严重影响了律师业的生存状态。"律师"(lawyer)既是一种职业,也是一种身份;作为身份,它是指"法律家"。"法律家"的身份并不为律师职业所独享,同时也为检察官、法官、法律教师等其他各种法律职业所共享。法律职业共同体的建构以"法律家"的共同身份为标识,以精神同质、组织贯通(职业间的有序流动)为主要内容。国家统一司法考试制度的建立,为造就不同法律职业共享的"法律家"身份提供了契机,并为法律教育和职业培训等方面的配套制度设计提供了"引力"。从社会整体构造看,由于不同的法律职业作为身份共同体具有结合公私资源的属性,弥合了国家、社会和个体之间的缝隙,从而成为在精神和组织上连接不同主体为社会共同体的一座桥梁。

基于宏观层面的认识和要求,在当下和今后中国律师业发展的具体操作上,需要进行各种具有针对性的不懈努力。

有必要审视目前律师业在整体上表现出来的某种涣散和失落现象,更加关心自己的利益整合和代言问题,关心律师协会的建设,使协会更少官方色彩、官场习气、官样文章,更多地贴近律师,为律师所有,为律师所治,为律师所享。

有必要正视律师业内部的分层和分化,更加关心律师群体同质、同心、同命运的问题。从整体上说,中国律师业目前在制度和生活中的根基并不算牢固,可供利用的资源也比较有限,而与此形成强烈对比的是,一些具有先占和后发优势的"大律师"存在严重的资源个别化、特权化现象,他们的世故功利、乐于现状、独善其身,严重阻碍了在制度上解决律师资源的共享和公平分配问题,损害了律师业作为共同体的精神品质。

有必要在满足社会需要和赢得社会认同方面求得平衡,因为律师以自己的法律知识和技能为社会服务,参与社会分工,让社会大众觉得律师有用,甚至有功,这只是一方面;同样重要、甚至更为重要的是律师的道义担当,是律师的利他主义职业伦理,以及由此获得的律师的社会认同和在制度上的职业特权。历史和现实表明,不关注社会认同,不与社会大众形成良性互动,不仅会遭遇尴尬,而且会面临危险。

有必要清楚地意识到律师服务的有限性与对律师作用的过高社会期许之间的矛盾。律师服务处于法律服务的高端,律师服务必然是一种相对稀缺的产品,相伴而来的则可能是律师淡出社会公众视野的危险。律师业要摆脱在"有用"和"无用"之间作急功近利的判断和选择,知"无用即为大用"之理,在广阔的公共生活空间中充分伸展自己的触角,在中国社会的转型和法治过程中发挥自己的标杆和示范作用。

律师业的发展还涉及其他诸多方面,诸如细分法律服务市场,包括服务区域、服务品种、服务方式等,合理选择自己的业务范围和业务拓展方向;在数量有限和分布集中的状况下,关照法律服务的广阔地域、领域,发挥自己的辐射作用,等等,这些问题都已经摆在我们面前,需要认真对待。

中国律师业的当下和未来,取决于律师业对自己生存根本的清楚认识,取决于律师业在立足根本基础上的不断反思和努力。

2

揭开律师数量与分布的真相*

根据2005年的官方报告,我国时有执业律师11.8万人,律师辅助人员3万人;执业律师人数占人口总数的不到万分之一,其中过半数的律师集中在大城市和东部沿海地区,广东省、北京市的律师人数超过万人,而西部12省、区、市律师总数不过2.4万人;目前还有206个县没有律师。与此相关,为政府和社会共同持有的看法是:"与世界其他国家相比",我国律师总体数量不足,而且地区分布不均衡、不合理,经济欠发达地区律师严重短缺;律师数量的短缺、分布的不合理,加上律师素质方面存在的问题,使得"律师队伍还不能完全适应全面建设小康社会日益增长的法律服务需求"。在上述统计数字和相关看法的基础上,政府主管部门明确表示的政策取向是:进一步扩大律师规模,调整布局,实现区域协调发展。

针对上述背景情况,笔者的看法是:在现阶段甚至在今后很长一段时期,中国律师业的发展都可能处于"不能完全适应社会日益增长的法律服务需求"的状态,但是,对与此判断和相关政策取向密切联系的、关于我国律师数量不足和分布不合理的判断或认识,则有必要作更加理性的分析和思考。

我国的律师数量是不是不足?如果单从律师在人口中所占的比例来分析,自然只能得出否定的结论。有研究表明,美国是世界上律师最多的国家,有近百万名律师,占人口总数的0.33%,其他国家如英国是

---

* 本文原标题为《关于律师的话题》,载《法制日报》2005年11月24日,第9版。

0.15%,德国是0.08%,法国是0.04%,日本是0.012%,甚至在发达程度可能低于我国的印度,律师数量也占人口总数的0.013%。至于我国律师的地区分布是不是不合理,如果基于律师地区分布的绝对数来应答,那么除否定之外显然也别无他选。但是问题的关键在于,就上述结论而言,诉诸律师的人口比例、律师地域分布的绝对数等依据是否充分?它们之间是否有足够的逻辑关联?这可能恰恰是我们目前在律师发展方面所作的状况评估和政策取向的疏漏所在。

在对律师数量的认识上,有必要区分三个相关而不同的概念,即法律需求、法律服务需求和律师服务需求。这是一个层层相延、范围不断变窄的概念链条。简单地说,在一个主体存在法律需求的情况下,是自助还是他求,是求助于任何"法律工作者"还是求助于"律师",取决于各种复杂条件的限制。由于社会经济发展水平、法治发展程度、法律文化传统等诸多因素的影响,同样一万个人所产生的法律需求、法律服务需求和律师服务需求,可能在数量上相去甚远。由此才形成了上面所述及的各国在律师人口比率上的差异。从恒定不变的意义上说,法律需求量永远会大于法律服务需求量,而后者又永远只能部分转化为律师服务需求量。至于一个社会的律师服务需求量究竟有多大,则有一个不断测度的过程。正如日本学者棚濑孝雄所言:"社会的整体结构以及律师在其中的位置从根本上规定着人们对律师需要进行定义的社会过程。"因此,对于判断律师数量多与少的问题,律师的人口比率并没有什么实质意义。

在区分了上述三个概念之后,我们就有可能在谈论社会的法律服务需求和相关的制度设计时,采取更加客观的分层、分类的态度,而不会将其混同于律师服务的需求,进而误导我们在律师业发展方面的各种认识和判断。例如,对于遍布全国基层、在法律服务范围上与律师几乎相同的12万"基层法律服务工作者",我们会在积极的意义上采取推进、引导、规范的做法,更加理性地对待"大中城市基层法律服务逐步淡出诉讼领域"的政策,更加警醒地看待已然在社会上蔓延开来的关于限制基层法律服务的发展,使之逐渐萎缩、退出的主张。有研究表明,即使是在上海市这样的大城市,市郊至少有30%的法律服务还是由基层法律服务工作者提供。考虑到我国经济社会发展的不平衡、法律服务需求的复杂多样性,我们应该更加明确地意识到律师服务只是法律服务的一部分,是处于社会法律服务链条高端的法律服务。同时,对于社会的律师服务需求,我们也会采取更加审慎的态度,尤其是在其实现方面,既看到律师数量或律师供给方面因素的影响,也看到律师理性选择的制度本身和制度环境方面因素的影响。对于长久以来存在的刑事案件和小额民商事案件律师辩护或代理率低的问题,如果要深究其原因,显然主要不在于律师数量的不足,而在于律师发挥的作用有限和执业环境不完善。

在律师分布状况的评价方面,律师聚集于大城市和经济发达地区,是律师业发展的规律。比如,美国律师人数众多,但其中有约8%(8.3万人)聚集在面积不大的纽约市,律师人口比例居全美之首;日本则有近半数(48%,9 000多人)律师"扎堆"在东京市。在我国,北京市、广州市、上海市等大城市对律师的吸纳能力自不待言,即使是律师数量"严重不足"的西部地区,也同样如此。官方调查表明,广西壮族自治区每万人拥有律师量为全国平均水平的56%,律师总数是2 506人,其中有70%的律师集中在南宁、柳州、桂林三市的城区,而有4个县却没有一名律师。个中原因不由得我们不深思。律师服务处于法律服务链条的高端,从法律服务的角度看,虽然全国还有206个县没有一名律师,但都有各自的"基层法律工作者";考虑到我国在律师执业方面并没有法律上的地域限制,也不能说"没有律师"就意味着在需要律师服务时不能得到律师服务。

总之,我们应该针对不同层次的法律服务需求,在制度上设计出多样的法律服务主体和产品;在律师的数量和分布方面,在加强规划、引导之时,要有更多的内在洞察,更多地关注社会和市场的自然调适作用,遵循律师业发展的内在规律。

3
现代化与中国律师制度的发展*

在中国社会主义现代化的宏大场景中,律师制度的发生和发展,不过是其中不那么起眼的一幕。但是,正如一滴露珠可以折射整个太阳的光辉一样,律师制度的历史,也生动展示了中国现代化进程的跌宕起伏。

中国的律师制度是清末修律运动中效仿西方典章制度的产物,其后虽经北洋政府和国民党政府有所发展(尤其是在立法上),但从根本上说,将其归结为一种现代标识最为适宜。之所以这样说,主要有两个原因:其一,律师制度见之于中国社会,其形式意义远多于实质意义。在近代西方,律师制度是司法民主的重要体现,而司法民主又是在整个社会倡导民权、以民权作为各种政治法律制度的基础的结果。中国社会始建律师制度之时,自由平等之风未行,专制特权之制仍在,作为法律改良的一部分而引进律师制度的直接动因,乃是为了消除列强的治外法权以重整国家治权。因此,如果说与民众权利结合的律师制度是民主精神的一种外化,那么从国家治权出发的律师制度则是一种有待于民主精神滋润的现代标识。其二,律师制度所内含的自由平等精神,与中国固有的以宗法等级为基调的法律文化传统是异质的,而在形式上,律师却极易被混同于为社会所不屑、从而不可能有道德和法律上的正当性的"讼师""讼棍"一类,由此而使律师制度的发展面临双重危险:一是因与中国传统法律文化格格不入而遭排拒;二是因丧失现代精神而发生蜕变。

---

* 本文原载《光明日报》2003 年 9 月 23 日。

1949年中华人民共和国成立后,中国共产党开始了建立"新的律师制度"的尝试。新律师制度以当时的苏联为效仿对象,其主要特点是把律师纳入国家公职范围,统一领导,统一工作。但是,在1957年的反右派斗争中,众多的律师成为"右派",律师制度旋即夭折。

1979年,律师制度恢复重建。此后,随着中国社会不断改革开放而出现的新一轮的现代化运动,随着在国家和社会发展的目标模式上不断明确市场经济、民主政治和法治国家的取向,律师业也表现出持续而强劲的发展势头。在数量和规模上,律师事务所和从业人数大幅上升,加之既存的数量更为庞大的其他法律服务组织和服务人员,对于中国来说,无疑反映了一种无声息却划时代的社会剧变。

在质的方面,由于中国律师制度的改革和律师业的发展,律师已实现了由原先单纯的"国家法律工作者"向"为社会提供法律服务的执业人员"的转变,其执业形式是通过合伙和合作等途径设立的自律性律师事务所;作为国家事业单位的法律顾问处或律师事务所实际上已呈消亡之势。律师管理体制也开始实现由司法行政机关单纯的行政管理模式向司法行政管理与律师协会行业管理相结合的模式转变,并将最终过渡到"司法行政机关宏观管理下的律师协会行业管理体制"。

中国律师制度在社会主义现代化的总体背景下所呈现出的发展变化及其趋势,可以说是在更高层次上发生的一种超越本土法律文化传统——从而使这种传统不得不再次回归一种潜在状态——的运动。这种运动以律师业回归社会并形成与其职业使命和专业化要求相适应的自治自律机制为基本内容,因此它在总体上表现为一个完整的社会化过程。具体则可以将其概括为前后相继、互相依存的两部分内容:一是在与国家(相对于民间)的关系上发生的以律师业逐渐脱离对国家经费和编制的依赖为主要特征的中介化运动;二是在与社会(包含国家和民间)的关系上发生的以形成律师业自治自律的机制为目的的行业化运动。对于这种势必重塑中国律师制度和律师业的社会化进程,可以从三个方面予以积极的回应。

第一,世界各国尽管国情不同,但要建立民主法治的现代社会,就应该了解和重视这种社会在制度构造上的规律性和合理性。现代律师业作为现代法治社会的一种基本构件,其基本属性就是中介化和行业化。中介化是相对于把律师业纳入国家公职范围或作为"国家的法律工作者"而言的。律师业中介化的必要性可以从两个方面加以肯定:一方面,律师业是专门从事法律服务的职业,而按照现代法治社会国家和社会的二元构造,国家没有必要也很难把提供一切法律服务作为自己的职责;另一方面,现代社会是在尊奉民权的基础上构筑的法治社会,从保护民权和满足社会需要的角度看,一个不属于国家公权(特别是行政权力)系统而且有权专门从事法律活动的独立的律师业,更适宜监督和对抗公权的滥用,也更能有效地防止私权自身因滥用而变质和丧失。从"国家工作人员"到"为社会提供法律服务的执业人员"的转变,反映出我们从更加贴近律师的固有属性来认识律师的转变;也反映出政治制度对律师需求内容的重大变化。

第二,律师业的行业化是分散运作的律师业为加强职业内部的联系和交流、形成一种整体的力量以强化自身对社会的交涉力和影响力而表现出的一种自我整合过程。所不同的是,由于律师的职业活动在复杂的现代法治社会中的高度专业化,以及律师对当事人、对法律制度的完善和对社会所应负的责任,使得律师业在自身的组织和管理上具有高度的自治性和自律性。这也可以视为社会与律师业之间所达成的一种"交易",即社会承认律师业自治自律的"特权",以便律师业能实现其职业使命,造福于社会。从国家行政管理到不断增多的自治自律的变化,使中国的律师更加贴近民间社会,成为媒合国家和民间社会的中介,成为促进民间社会自我整合的不可缺少的因素。

第三,中国律师业的中介化和行业化,意味着在广泛的社会结构范围内而非原先的国家权力结构范围内重塑律师制度和律师业,因而不仅需要各种阶段性设计,而且还要有一种系统的构想。当中国律师业最终从国家公职范围中脱离出来,从而彻底割断与国家权力相连的"脐带"后,失去国家权力背景或依托的这一职业能获得足够的资源去实现自己维护民权、促进法治发展和实现社会正义的职业使命吗?中国律师业能在现有状况的基础上取得行业化的较理想状态吗?社会是一个有机联系的整体,重塑律师制度和律师业,需要与其密切相关的一些环境因素有什么对应的变化呢?这些方面的问题都是应该通盘考虑的。从许多现代发达国家的情况看,律师制度自始就是其制度构架的有机组成部分,律师业通过与周围社会环境的长期磨合,已转化为一种获得广泛的社会认同并包含律师业在各方面活动的现实合理性的职业传统。相比之下,中国律师制度和律师业的重塑,有着历史传统方面的诸多障碍。因此,改革和发展中国的律师制度和律师业,首先,必须从立法上对律师业作出与其职业使命相适合的定位,并提供充分必要的保障;其次,还要考虑律师业发展的现状及其自我拓展的能力。在这里,单纯的法律眼光显然是不够的,还要有广泛的社会视野。

4

关于被刑事追究者获得律师帮助的权利
——国际标准与国内立法之比较*

一、律师帮助的意义及其实现的国际标准

司法公正是现代文明的一项基本要求。为了实现司法公正,现代刑事诉讼形成了民主而合理的诉讼格局,其主要特点是:控、审分离,控、辩制衡,审判独立无偏。很显然,这三个特点是互为关联的。审判要做到独立无偏,必然要求控诉和审判之间的职能分离,要求控诉和辩护之间的平等制衡,反之,没有控、审分离,控、辩制衡,审判的独立无偏也就无从谈起。因此,如果立足于现代刑事诉讼的整体构造来看问题,那么要通过控、辩、审三方的合理互动实现现代刑事诉讼惩罚犯罪和保障人权的基本价值,辩护一环实属至关重要。

被刑事追究者所享有的辩护权是一项普遍人权。《世界人权宣言》第11条第(一)项规定:"凡受刑事追究者,在未经获得辩护上所需的一切保证的公开审判而依法证实有罪以前,有权被视为无罪。"通过解读这一规定,至少可以获得三条明确的信息:①辩护权是一切受刑事追究者所应该享有的一项基本人权;②辩护权是无罪推定原则和公平审判的基本要求;③辩护权的实现需要各种切实有效的保证措施。

---

* 本文原载《人权》2006年第6期。

那么，什么是宣言所说的"辩护上所需的一切保证"呢？查阅国际人权文献的规定，可以列举出许多情形，如有权迅速而详尽地被告知被指控的性质和原因，有权亲自出庭受审并为自己辩护，有权获得律师的帮助，不得被强迫自证其罪，受审时间不得被无故推延，在不懂法庭语言时有权获得帮助，等等。应该指出的是，在所有这些保证措施之中，获得律师的帮助的权利最为重要。由于被刑事指控者往往处于自由受到严重限制的被羁押状态，其所面对的是强大的国家公权，同时也由于现代诉讼极其复杂的程序设计，需要专门的知识和技巧，可以说，如果没有律师的帮助，被刑事追究者就不可能在与刑事追究者或指控者对等的意义上充分有效地实现自己的辩护权。获得律师的有效法律帮助是被刑事追究者行使辩护权、避免权利受侵害的重要手段。这也就说明了在国际人权文献中被刑事追究者的辩护权总是与律师的帮助相提并论的原因。

律师的帮助对于被刑事追究者辩护权的实现至关重要，但是，律师的帮助要服务和满足于被刑事追究者有效辩护的要求，同样需要具备各种基本的条件或要求。在这方面，比较概括的规定是《公民权利和政治权利国际公约》第14条第3款中的第（二）、（四）两项，它们同属受刑事追究者平等享有的"最低限度的"权利。其中，第（二）项规定：受刑事追究者应该"有足够的时间和便利准备他的辩护并与他自己选择的律师联络"。第（四）项规定：受刑事追究者有权"亲自在场接受审判，自行或者通过他自己选择的律师进行辩护；在他没有获得律师法律帮助时被告知享有这一权利；在司法利益有此需要的案件中为他指定律师提供法律帮助，并且在他没有足够的能力支付律师费用时免除其费用负担"。《欧洲人权公约》第6条第3款中重申了上述权利，其中第（二）项规定：受刑事追究者"为准备辩护，应有适当的时间和便利"；第（三）项规定："自行或者由自己选择的律师协助进行辩护，或者如果他无力支付法律协助的费用，则为公平的利益所要求时，可予免费。"《美洲人权公约》第8条第2款中也确认了上述权利。比较详尽的规定则可见于第八届联合国预防犯罪和罪犯待遇大会于1990年9月7日通过的《关于律师作用的基本原则》（以下简称《基本原则》）。按照这一文献，为了确保被刑事追究者获得律师的有效帮助，各国在立法和法律实践中应努力达到以下五个方面的标准：

（1）完整而平等地获得。所谓"完整"，是指被刑事追究者在刑事诉讼的各个阶段(包括侦查、起诉和审判等)都有权请求由其选择的律师提供辩护帮助。所谓"平等",是指各国政府应不加区分地——即基于种族、肤色、民族、性别、语言、宗教、政治见解、原国籍或社会出身、经济状况等原因所造成的歧视——为受其管辖的一切人提供平等有效的律师帮助的程序机制(《基本原则》第1、2条)。

(2)及时实现。主要有三项要求:其一,日常宣传。各国政府和律师组织在日常生活中也要积极采取行动,使公众特别是贫穷或其他处境不利的人了解律师对于保护自身权利的作用。其二,迅速告知。各国政府应确保主管当局迅速告知遭到逮捕或拘留,或者被指控犯罪的一切个人,他有权得到自行选定的一名律师为其提供协助。其三,迅速取得联系。被拘留或逮捕的所有人,无论是否受到刑事指控,均应迅速获得机会与一名律师联系,不管在任何情况下至迟不得超过逮捕或拘留后的48小时(《基本原则》第4、5、7条)。

(3)有效的法律援助。主要有两个方面:其一,任何贫穷或其他处境不利的被指控者,有权享受由政府提供资金和其他资源的免费法律服务。律师组织则负有积极合作的义务。其二,被指派提供法律援助的律师应当具备进行有效辩护的经验和能力(《基本原则》第3、4、6条)。因此,只是给贫穷或其他处境不利的被指控者免费提供辩护律师是不够的,从事法律援助的律师还必须堪当此任。[1]

(4)选择律师的自由。被刑事追究者有权自行选择辩护律师(《基本原则》第1、5条),这也就意味着他有权拒绝或更换辩护律师,包括为他指定的辩护律师。

(5)为律师履行职责提供充分的保障。如政府应确保律师能够履行职责而不受恐吓、妨碍或不当干涉,不会由于按照公认的专业职责、准则和道德规范所采取的任何行动而受到起诉或各种制裁,等等。这里要特别注意的是,该《基本原则》明确规定要为律师准备辩护提供足够的时间和便利。主要有两个方面:一是有足够的时间和便利进行联系。"所有被逮捕、拘留或监禁的人应有充分机会、时间和便利条件,毫无迟延地、在不

---

[1] 欧洲人权法院1980年5月13日在对Atrico案的判决中认为,如果被告人抱怨律师没有履行职责,而一国的国内法院拒绝替换所指定的律师,那么就否定了被告人享有有效律师辩护的权利。

被窃听、不经检查和完全保密的情况下接受律师来访和与律师联系协商。这种协商可在执法人员能看得见但听不见的范围内进行。""各国政府应该确认和尊重律师及其委托人之间在其专业关系内的所有联络和磋商均属保密性的。"(《囚犯待遇最低限度标准规则》第93条也有相同规定。)二是有足够的时间和便利查阅有关的证据材料。"主管当局有义务确保律师有充分的时间查阅当局所拥有或管理的有关资料、档案和文件,以便律师能向其委托人提供有效的法律协助。应该尽早在适当的时机提供这种查阅。"(《基本原则》第8、16、21、22项)

二、中国立法的进步及其与国际标准的差别

中国近二十年来一直致力于法制的健全、改革和完善工作。在刑事诉讼方面,1996年3月17日,第八届全国人民代表大会第四次会议通过决议,对1979年颁布的《中华人民共和国刑事诉讼法》(以下简称1979年《刑事诉讼法》)作出了一系列重大修改。作为其中的一项重要内容,就是众所周知的"律师在刑事诉讼中的提前介入"。

所谓"提前介入",是相对于1979年《刑事诉讼法》的有关规定而言的。按照1979年《刑事诉讼法》的规定,被告人只有在法院决定开庭的7日以前才被告知可以委托辩护人,因此,被告人只有在法庭审判阶段才有可能获得律师辩护。而按照1996年修正,1997年开始实施的《刑事诉讼法》(以下简称1997年《刑事诉讼法》)的规定,被刑事追究者聘请律师或委托辩护人提供法律帮助的权利则提前至侦查、起诉阶段。具体有以下两层含义:

其一,在侦查阶段有权聘请律师为其提供法律帮助。1997年《刑事诉讼法》第96条规定,"犯罪嫌疑人在被侦查机关第一次讯问后或者采取强制措施之日起",可以聘请律师为其提供法律帮助。这里的"法律帮助"主要指为犯罪嫌疑人提供法律咨询,代理申诉、控告,申请取保候审。为此,受委托的律师有权向侦查机关了解犯罪嫌疑人涉嫌的罪名,可以会见在押的犯罪嫌疑人,向犯罪嫌疑人了解有关案件情况。

其二,在起诉阶段有权委托辩护律师。1997年《刑事诉讼法》第33条规定:"公诉案件自案件移送审查起诉之日起,犯罪嫌疑人有权委托辩护人。自诉案件的被告人有权随时委托辩护人。人民检察院自收到移送审查起诉的案件材料之日起三日以内,应当告知犯罪嫌疑人有权委托辩

护人……"

由于律师的"提前介入",就使得被刑事追究者在刑事诉讼的各个阶段获得律师的帮助成为可能,从而与上述国际标准中有关获得律师帮助的"完整性"要求实现了对接。这无疑是中国刑事诉讼制度朝着民主、合理方向所迈出的重要一步。

应该指出的是,作为社会整体法治水平提高的表现,中国在刑事诉讼制度方面的进步和完善是整体性的。被刑事追究者在刑事诉讼各个阶段辩护地位的强化,体现了围绕控、辩、审三方关系而形成的更为民主、合理的诉讼结构,因此,这种强化不只是表现在律师的"提前介入"上,而且还表现在为保证被刑事追究者获得律师帮助以及律师作用的充分发挥而制定并不断完善的各种措施上。例如,在法律援助(包括援助的主体、对象、范围、形式,援助机构和基金的建立,申请援助的程序等)、律师履行职责的保障(包括与犯罪嫌疑人的会见和联络,查阅、摘抄、复制有关的诉讼文书、技术性鉴定材料,调查取证等)、律师的职业技能和伦理等方面,中国在规则层面和实际操作层面也都取得了长足的进步,并在不同程度上呈现出与国际标准"接轨"的趋势。

当然,要客观全面地了解和评价中国在刑事辩护制度方面的情况,除了《刑事诉讼法》外,还应该注意《中华人民共和国律师法》以及各种具有普遍法律效力的关于《刑事诉讼法》的"法律解释",如1998年1月19日最高人民法院、最高人民检察院、公安部、国家安全部、司法部和全国人民代表大会常务委员会法制工作委员会《关于刑事诉讼法实施过程中若干问题的规定》(现已失效),以及最高人民法院、最高人民检察院、安全部、司法部等分别或联合作出的其他有关解释。这些比较具体的规范性文件,在实际操作中往往起支配作用。

中国在刑事辩护权立法方面尽管已经取得了很大的进步,但比照有关国际标准,仍存在一些差距。这些差距突出表现在被刑事追究者在侦查阶段获得律师的帮助方面。具体如下:

(1)犯罪嫌疑人委托的律师在侦查阶段不具有辩护人的地位。1997年《刑事诉讼法》按照被刑事追究者是不是被起诉,而分别称之为"犯罪嫌疑人"和"被告人",前者处于侦查阶段,后者处于审查起诉和审判阶段。与此相对应,受委托的律师在侦查阶段不被视为"辩护人",他只是提供法律帮助,而不是辩护,即:向侦查机关了解犯罪嫌疑人涉嫌的罪名,会见在押的犯罪嫌疑人,向犯罪嫌疑人了解有关案件情况;为犯罪嫌疑人提供法律咨询、代理申诉、控告;在犯罪嫌疑人被逮捕时,为其申请取保候审。由于不具有辩护人的地位,在侦查阶段受委托的律师不能进行调查,不能阅卷,在侦查人员询问犯罪嫌疑人时也不能在场。

(2)犯罪嫌疑人难以获得法律援助。在中国,法律援助是指在国家设立的法律援助机构的指导和协调下,律师、公证员、基层法律工作者等法律服务人员为经济困难或特殊案件的当事人给予减、免收费的一项法律制度。按照1997年《刑事诉讼法》第34条和1997年5月20日司法部《关于开展法律援助工作的通知》(现已失效)的规定,只有可能被判处死刑的被告人,以及盲、聋、哑和未成年的被告人或犯罪嫌疑人,才能在没有委托辩护人时"应当"获得法律援助。同时,由于只有在审判阶段,法院才有义务为上述类型的被告人"指定承担法律援助义务的律师为其提供辩护",对于许多无力聘请律师的被刑事追究者、特别是处于侦查和审查起诉阶段的犯罪嫌疑人和被告人来说,就可能无法获得法律援助。而事实上审前阶段恰恰可能对被刑事追究者的权利具有关键性影响。

(3)犯罪嫌疑人与所委托律师的联络未能获得充分便利。1997年《刑事诉讼法》第96条中规定,"律师会见在押的犯罪嫌疑人,侦查机关根据案件情况和需要可以派员在场。涉及国家秘密的案件,律师会见在押的犯罪嫌疑人,应当经侦查机关批准"。同时,虽然按照有关规定,律师提出会见犯罪嫌疑人的,侦查机关应当在48小时内安排会见;对于组织、领导、参加黑社会性质组织罪和恐怖活动组织罪,以及走私、毒品犯罪、贪污贿赂等重大复杂的两人以上的共同犯罪案件,律师提出会见犯罪嫌疑人的,侦查机关应当在5日内安排会见,但是,法律并没有对如何保证被关押的犯罪嫌疑人"及时"获得律师帮助作出具体规定。另外,法律也没有规定侦查机关有义务及时告知犯罪嫌疑人有权利聘请律师。

(4)并非所有的犯罪嫌疑人在法律上都有可能聘请律师。按照1997年《刑事诉讼法》第96条中的规定,涉及国家秘密的案件,律师会见在押的犯罪嫌疑人,应当经侦查机关批准。鉴于侦查机关在实践中对"国家秘密"含义的宽泛任意的把握,上文提及的最高人民法院等五机关在1998年1月19日联合作出的《关于刑事诉讼法实施过程中若干问题的规定》(现已失效)第9条指出:"刑事诉讼法第九十六条规定的'涉及国家秘密的案件',是指案情或者案件性质涉及国家秘密的案件,不能因刑事案件侦查过程中的有关材料和处理意见需保守秘密而作为涉及国家秘密的案件。"但是,这里所说的"案情或者案件性质涉及国家秘密",仍然是一种过于开放的表述。单凭侦查机关判断决定,而不建立相应的制约监督机制,其流弊在所难免。

三、差距的原因:观念层面的分析

任何制度设计都有一定的理念。中国在律师辩护方面与国际标准之间存在的差别,许多是在现阶段难以避免或无法避免的[1],但也有一些是由于观念认识上的原因所造成的。

1. 信奉实事求是而非无罪推定

被刑事追究者获得律师帮助的权利是辩护权制度的基本内容之一,而辩护权制度的确立,则是为实现公平审判而确立的无罪推定原则的必然要求。如果不彻底确立无罪推定原则,被刑事追究者获得律师帮助的权利就不可能在一种充分的意义上被规定和实现。许多人认为,1997年《刑事诉讼法》确立了无罪推定原则,因为该法第12条规定:"未经人民法院依法判决,对任何人都不得确定有罪。"其实不然,对此只要简单比照一下国际人权文件的有关规定就可以说明。《世界人权宣言》第11条第(一)项规定:"凡受刑事追究者,在未经获得辩护上所需的一切保证的公开审判而依法证实有罪以前,有权被视为无罪。"这里的差异显而易见:前者的表述为"不得确定有罪",后者的表述是"有权被视为无罪"。从逻辑上说,"不得确定有罪"也就同时意味着"不得确定无罪",因而所体现的还是以事实为根据的实事求是原则。

---

[1] 以法律援助为例。根据中国司法部法律援助中心1997年的一份报告,该年中国城市贫困人口有2 000万,农村贫困人口有6 500万,共8 500万。如果千分之一的贫困人口需要法律援助,每年有8 500件法律援助案件。中国有未成年人约4亿,如果万分之一的未成年人需要法律援助,每年有4万件法律援助案件。中国有残疾人6 000万,如果千分之三的残疾人需要法律援助,每年有18万件法律援助案件。国家统计局1994年年底统计的老年人口有8 000万,如果千分之一的老年人需要法律援助,每年有8万件法律援助案件。上述几项相加,每年的法律援助案件约有38.5万件。中国现有律师10万余人(地区分布严重不平衡),如果每位律师每年无偿办理1~2件,也仅能完成一半。剩下的约20万件如果平均每件需要拨款1 200元,则需要法律援助费3个多亿。因此客观上就产生了怎样基本满足社会对法律援助需求的问题。

按照参与《刑事诉讼法》修改者的解释,1997 年《刑事诉讼法》第 12 条规定的立法原意是为了废除免予起诉制度,保证法院统一行使定罪权,它并不意味着彻底吸纳无罪推定原则。

2. 公、检、法分工负责、互相配合、互相制约的原则及其对律师作用的不利影响

公、检、法"三机关"分工负责、互相配合、互相制约一直是中国刑事诉讼制度中的一项基本原则。如果对这一原则的规范含义细加分析,并考察它们实施的实况,那么就可以发现,它在普遍意义上促成了刑事诉讼中三机关并驾齐驱的态势,使它们成为刑事诉讼职能的承担者,成为刑事诉讼过程的操纵者,从而在很大程度上形成了一种封闭格局。中国律师制度是在 20 世纪 70 年代末重建的,律师对刑事诉讼的介入以及律师作用的强化,无异于在这种既成的封闭格局中契入一种新的因素,从而必然对总体平衡造成影响。随之而来的是,律师的作用必然在很长一段时期里受到既定格局的"排异"限制。

3. 对律师立场、作用的怀疑

长期以来,人们一直把被刑事追究者视同罪犯,把律师辩护看作"为罪犯说话""没有立场"。这种观念尽管目前已有根本性的改变,但其影响是根深蒂固的。同时,由于中国律师业的发展尚处于初步发展阶段,职业伦理规范还不健全,也影响了其整体的社会公信度。

4. 对侦查阶段刑事辩护意义认识不足

侦查阶段获得律师辩护帮助的意义在于,案件的决定性证据可能在这一阶段产生,如果此时缺乏法定有效的辩护帮助,就可能会严重损害被刑事追究者的辩护权和司法公正。对此,人们显然认识不足。

5. 对刑事追究机关的"追究"偏向在制度设计上认识不足

"以事实为依据,以法律为准绳"是中国刑事诉讼的基本原则之一。作为这一原则的体现,1997 年《刑事诉讼法》第 89 条规定:"公安机关对已经立案的刑事案件,应当进行侦查,收集、调取犯罪嫌疑人有罪或者无罪、罪轻或者罪重的证据材料……"这一规定尽管没错,但却蕴涵着一种观念,即人们一般总是倾向于认为,侦查机关作为行使国家公权的机关,只要无私心私情的干扰,就能够以事实为重,秉公办案。这显然是一种为常识所蒙蔽的想法。其实,侦查机关作为追究犯罪的机关,虽然与被追究者不存在个人恩怨,但由于它们在刑事诉讼中所处的特殊位置,往往会偏

向于"追究者"的立场。因此,要求它们尽可能采取客观态度的规定固然必要,但是,如果这种要求停留于表面,而不进一步通过强化辩护权等作出制度上的制约和防范,就不足以纠偏,不足以防止权力滥用和保障人权。

5

中国加入WTO后的法律服务市场监管*

中国加入WTO之后,管理部门如何构筑法律服务市场的有效监管制度?对于这一问题的思考和回答,取决于人们怎么看待加入WTO这一事件。

时常听到的说法是,"狼来了!"这是一种什么心态呢?从孩提时代起,我们就听过民间流传的"狼来了"的故事。按照最常见的故事版本,它说的是一个爱撒谎的小孩,由于他一而再、再而三地谎报"狼来了",失信于人,最后到了狼真来了的时候,已经没有人相信他的话,落了个葬身狼腹的下场。用这样一个故事来比喻中国政府费尽九牛二虎之力加入世界贸易组织这件事,那不等于说,(当前)有133个成员国、贸易额占世界贸易总额90%以上从而被称之为"经济联合国"的世界贸易组织是一条凶恶的狼吗?不等于说政府的行为是引狼入室、开门揖盗的不智之举吗?而期盼"入世"的民众不也是昏了头吗?所以,这种说法应该纠正。

有人会说,"狼来了"说的是中国在加入世界贸易组织后可能面临的各种挑战,说的是许多存活于政府羽翼的保护之下而悠然自得的行业如电信、金融、保险和一些制造业等,将不得不被"断脐""断奶",从而在平等的条件下与外来的强大对手进行竞争,那么,富有同情心的确切说法是"浪来了!"就像媒体和各地街头的招贴所讲的那样:"中国加入WTO:挑

---

* 本文以《狼来了?浪来了?还是粮来了?》为题,发表于《环球法律评论》2001年第2期。

战和机遇!"

不过,在笔者看来,把"入世"仅仅说成是"浪来了",是挑战,态度还是不够积极,不够端正,还有潜在的许多消极或无奈。实际上,对于经历了二十多年的改革开放而成就卓著的中国来说,加入世界贸易组织恰恰是克服许多难以逾越的障碍的新的动力装置。正如作为世界贸易组织前身的关税与贸易总协定的产生不单纯、甚至主要不是出于发展经济贸易的考虑一样,加入世界贸易组织,也必然全面推动中国的改革开放事业。从法治的角度看,"入世"将会强有力地推进中国的法治进程,使得在社会生活的各个领域产生法治国家所需要的观念更新和制度创新。从中国律师业的发展来看,"入世"将为中国法律服务业带来真正的开放,从而强化律师业作为社会自由职业的性质,它有利于改善执业环境、开拓业务空间、促进观念更新、提高管理水平、提升律师素质。由此看来,中国加入世界贸易组织,不是"狼来了",也不只是"浪来了",而是"粮来了"。加入世界贸易组织,将是我国革故鼎新的一个良好契机,由此我国将获得新的精神食粮,新的物质食粮。

立足于这样一种积极的态度来讨论中国"入世"之后法律服务市场的监管问题,笔者认为,从总体上讲,有效的监管制度应该是与 WTO 规则和中国"入世"所作的承诺一致的监管制度。针对中国律师业的发展现状,笔者想特别强调以下五点:

第一,有效的监管制度需要体现为规则治理的模式。世界贸易组织是以规则为基础的,按照《服务贸易总协定》的要求,成员国必须在服务贸易中遵循最惠国待遇、国民待遇、市场开放、公平竞争、透明度等原则。为了执行这些原则,我们应该就涉及法律服务方面的法律、法规和规章进行彻底的清理,做好规则的立、改、废。同时,要根本转变政府的管理方式,真正体现依法行政、依规行政。

第二,有效的监管制度应该以行业协会为主导。虽然从理论上说,经过多年的改革,中国已经从以往单一的行政管理,转变为政府宏观管理和律师协会的行业管理相结合的律师工作管理体制,但从实践情况来看,政府司法行政部门仍过于强势,律师协会则过于弱势、依附性强,官方色彩太浓。而从律师行业的性质、功能和发展要求看,从应对 WTO 规则要求和借鉴法治发达国家的经验看,以及从市场经济和民主政治的需要看,加强律师协会的行业管理,实现真正的行业自治和自律,都应该是中国律师业今后的发展方向。

第三，有效的监管制度应该体现对法律服务市场的统一管理。中国目前的法律服务市场存在严重的割离和不统一。受政府部门职权划分影响和部门利益驱使，企业法律顾问、专利代理、商标代理、工商注册代理和税务代理等各成一摊，管理上各行其是，政出多门。这不仅严重阻碍了目前律师业的发展，而且也肯定不能适应 WTO 规则的要求和应对加入之后的局面。

第四，有效的监管制度应该在保护和开放、自足和合作之间求得动态的平衡。尽管在"入世"之后，为实现国内法律服务业与国际做法的顺利接轨，我们必须利用 WTO 提供的各种缓冲机制，但作为趋势，中国的法律服务将不得不从保护、自足走向开放、合作。

第五，有效的监管制度应该以观念更新为先导。WTO 以规则为基础、以自由贸易为理念，监管制度上的改革创新，最终前提还是思想观念的更新，如法治观念、平等竞争的意识、市场经济的意识等。